土地管理教程

TUDI GUANLI JIAOCHENG

主 编：李江风

副主编：刘艳中 苏黎兰 张 祚

王振伟 向敬伟

中国地质大学出版社

ZHONGGUO DIZHI DAXUE CHUBANSHE

图书在版编目(CIP)数据

土地管理教程/李江风主编;刘艳中,苏黎兰,张祚,王振伟,向敬伟副主编.—武汉:中国地质大学出版社,2017.1
ISBN 978-7-5625-3283-5

Ⅰ.①土…
Ⅱ.①李…
Ⅲ.①土地管理-中国-教材
Ⅳ.①F321.1

中国版本图书馆 CIP 数据核字(2017)第 009321 号

土地管理教程					李江风	**主　编**
	刘艳中	苏黎兰	张　祚	王振伟	向敬伟	**副主编**

责任编辑:舒立霞	责任校对:周　旭
出版发行:中国地质大学出版社(武汉市洪山区鲁磨路388号)	邮政编码:430074
电　　话:(027)67883511　　传真:67883580	E-mail:cbb@cug.edu.cn
经　　销:全国新华书店	http://www.cugp.cug.edu.cn
开本:787mm×1092mm　1/16	字数:458千字　印张:17.875
版次:2017年1月第1版	印次:2017年1月第1次印刷
印刷:武汉市籍缘印刷厂	印数:1—2000册
ISBN 978-7-5625-3283-5	定价:42.00元

如有印装质量问题请与印刷厂联系调换

前　言

　　土地是关系社会经济可持续发展和人类生存重要的资源和资产。土地问题和土地管理是全世界共同面对的重要社会经济课题。随着中国经济持续高速发展,城市化进程的加快,对于土地的需求持续增加。在此背景下,如何科学管理好有限的土地,提高土地利用效率和效益,处理好"吃饭"与"建设"的关系,为国家科学发展、可持续发展、区域统筹协调发展提供支撑,具有重要的理论和现实意义。一直以来,我国党和政府高度重视土地问题,将"十分珍惜、合理利用土地和切实保护耕地"列为基本国策,并不断完善《中华人民共和国土地管理法》,在探索更加有序和科学管理土地的道路上不断前进。

　　随着我国经济、社会形势的快速变化,现代土地管理面临着新的问题。科学技术的快速发展也使我国现代土地管理的内涵和实践逐渐发生了深刻的变化,彻底改变了传统的技术方法和管理模式。现代土地管理工作如何适应科学技术发展,如何有效利用科学技术进行土地管理,也就成为摆在我们面前的一个重要课题。在此背景下,本书面向当前和可预见的未来我国土地管理中可能出现的新问题,着眼于最新的土地管理技术和方法,深入探索土地管理的内涵和实践意义,并尝试将其融入到完整的知识体系中。在本书的编写过程中,结合了编者多年的教学实践经验,充分吸收了本领域最新的研究成果,在编写方法上也借鉴和采取了将大量"知识点"作为信息框插入文中等较灵活、新颖的方式。

　　全书共分为8章:第一章导论,对什么是土地、土地管理、土地管理制度、体制和技术支持进行概述;第二章至第五章分别从地籍与不动产登记管理、土地产权管理、土地利用规划与计划管理、土地利用管理作了详细的叙述;第六章和第七章分别在土地信息管理、土地法治管理方面作了详细的叙述;第八章对国外及我国港澳台地区土地管理概况进行了介绍。本书大纲由李江风、刘艳中拟定,第一章由王振伟、李江风执笔,第二章由王振伟、苏黎兰执笔,第三章由刘艳中、王振伟执笔,第四章、第五章由刘艳中执笔,第六章由张祚执笔,第七章由苏黎兰执笔,第八章由张祚、李江风执笔,附录由李江风、向敬伟执笔,全书由李江风、刘艳中、苏黎兰、向敬伟统稿。参加本书前期工作的还有张丽琴、渠丽萍、刘志玲、龚健、方世明、朱江洪等老师。

本书可作为土地资源管理、农业经济管理、农业资源利用与环境保护、房地产经济管理、自然地理与城乡规划及其相关专业本科专业教材,也可作为上述专业研究生的参考书,同时,可供经济学、管理学相关学科的研究人员,以及从事国土管理的实际工作人员参阅。

本书的出版得到了中国地质大学(武汉)教务处教材资助项目、湖北省教育科学"十二五"规划(编号 2013A010)、中国地质大学(武汉)公共管理学院教材资助项目等的资助。在本书的编写过程中,引用或参考了国内外众多专家、学者的文献、研究成果,也获得了同行专家学者、相关部门领导的大力支持,在此,编者一并表示崇高的敬意和衷心的感谢。由于编者水平所限,疏漏之处在所难免,恳请读者不吝批评、指正。

编　者

2016 年 8 月

目 录

第一章 导 论 (1)

第一节 土地 (1)
一、土地的涵义及相关概念 (1)
二、土地的特性 (2)
三、土地的功能 (5)
四、影响土地利用的因素 (6)

第二节 土地管理 (6)
一、土地管理的涵义 (6)
二、土地管理的目的和特征 (7)
三、土地管理遵循的原则 (8)
四、土地管理的任务和内容 (10)

第三节 土地管理的技术支撑 (11)
一、RS 在土地管理中的应用 (12)
二、GPS 在土地管理中的应用 (12)
三、GIS 在土地管理中的应用 (13)

习题与思考题 (14)

主要参考文献 (14)

第二章 地籍与不动产登记管理 (15)

第一节 地籍管理概述 (15)
一、地籍 (15)
二、地籍管理 (17)
三、地籍管理的原则与手段 (18)

第二节 土地调查 (20)
一、土地利用现状调查 (20)
二、土地变更调查 (26)
三、土地调查成果 (27)

  第三节 地籍调查 ································· (27)
   一、相关概念 ······································· (27)
   二、地籍调查的类型 ································· (28)
   三、地籍数据库和地籍信息系统建设 ····················· (29)
  第四节 不动产登记管理 ······························· (31)
   一、不动产登记概述 ································· (31)
   二、不动产登记机构 ································· (34)
   三、不动产登记类型 ································· (36)
   四、不动产登记簿 ··································· (39)
   五、不动产登记程序 ································· (44)
   六、建立统一的不动产登记信息管理平台 ················· (48)
  第五节 土地统计 ······································ (50)
   一、土地统计的概念与特点 ··························· (50)
   二、土地统计程序 ··································· (51)
   三、土地统计类型 ··································· (54)
   四、土地统计管理体制 ······························· (55)
  第六节 地籍档案管理 ·································· (56)
   一、地籍档案的概念 ································· (56)
   二、地籍档案的类型 ································· (56)
   三、地籍档案的特性 ································· (57)
   四、地籍档案的作用 ································· (57)
   五、地籍档案管理工作的程序 ························· (58)
   六、地籍档案管理 ··································· (59)
  第七节 国外地籍管理制度的特点 ······················· (59)
   一、地籍管理的作用 ································· (60)
   二、地籍管理的内容 ································· (60)
   三、土地登记 ······································· (60)
   四、地籍管理制度及机构 ····························· (61)
  习题与思考题 ··· (64)
  主要参考文献 ··· (64)

第三章 土地产权管理 ····································· (66)
  第一节 土地产权与土地制度概述 ······················· (66)
   一、土地产权 ······································· (66)

球表面的一个特定地区,其特性包含着此地面以上和以下垂直的生物圈中一切比较稳定或周期循环的要素,如大气、土壤、水文、动植物密度,是人类过去和现在活动及相互作用的结果,对人类和将来的土地利用都会产生深远影响。"

原国家土地管理局 1992 年出版的《土地管理基础知识》中这样定义土地:"土地是地球表面上由土壤、岩石、气候、水文、地貌、植被等组成的自然综合体,它包括人类过去和现在的活动结果。"因此,从土地管理角度,可以将土地看成是自然的产物,是人类过去和现在活动的结果。

目前,被广泛接受的土地的概念为:土地是地球表层的陆地部分及其以上、以下一定幅度空间范围内的全部环境要素,以及人类社会生产生活活动作用于空间的某些结果所组成的自然-经济综合体。

不同学科对土地的定义

从地理科学的角度来看,土地指地球表层(包括海洋、大陆、内陆水面、岛屿、高山和南北极冰川)由土壤、岩石、气候、水体、地貌、植被等因素所组成的自然综合体。地球表层指大气圈、水圈、土壤圈、岩石圈、生物圈相互渗透、相互作用形成的一个整体。它分为陆地和海洋两部分。

从经济学的角度来看,西方经济学家把陆地、水面、地上空气层、地下矿产物以及附着在土地上的阳光、热能、风力、地心引力、雨水等一切自然物和自然力,都纳入土地范畴之列。

从政治经济学角度来看,政治经济学中将土地定义为实现劳动过程和任何生产的必要条件,起着生产资料的作用。这个定义着重强调了土地的生产功能。如马克思认为:"土地是一切生产和一切存在的源泉。"

从法学观点来看,凡占有某块土地者,其所有权可能管辖的范围包括地表、地下及地上所附着的一切自然物和自然力。法律上的土地是仅指人们能够利用、控制的土地。人们难以达到、难以控制利用的陆地,还不能成为法律意义上的土地。人力尚不能利用的沙漠和冰峰、雪山在人们尚未开发之前只能是陆地而不是土地。

二、土地的特性

土地的特性包括自然特性与经济特性。自然特性是土地自身所固有的,不以人的意志为转移的自然属性;土地的经济特性则指人们在利用土地的过程中,在生产力和生产关系方面表现的特性。

(一)土地的自然特性

土地的自然特性包括:土地的不可替代性、土地面积的有限性、土地位置的固定性、土地质量的差异性、土地功能的多样性、土地永续利用的相对性等。

(1)土地的不可替代性。地表上绝对找不出两块完全相同的土地。任何一块土地都是独一无二的,故又称土地性能的独特性或差异性。其原因在于土地位置的固定性及自然、人文环境条件的差异性。即使是位于同一位置相互毗邻的两块土地,由于地形、植被及风景等因素的影响,也不可能完全相互替代。

第一章 导 论

土地是人类社会赖以生存和发展的最基本要素，"皮之不存，毛将焉附？"这句古话最形象也最贴切地描述了土地对于人类的重要性。土地资源作为人类最宝贵的资源之一，其稀缺性是显而易见的，科学合理地管理土地资源任重而道远。要对土地及土地资源的基本概念、性质、特点以及土地资源管理的基本情况有一个本质的、客观的认识，才能进一步深入地学习和探讨这门学科。本章就土地资源管理的一般知识和总体情况作概要介绍。

第一节 土 地

2000多年前，《管子》一书中写道："地者，万物之本源，诸生之根菀也。"300多年前，英国古典政治学家威廉·配第指出：财富的最后源泉，终归是土地和劳动；土地为财富之母，而劳动则为其父。

"土地"是我们最熟悉不过的词语，从古到今颇受关注。但是它所包含的内容与意义却不是三言两语能够解释清楚的。这一术语在不同的学科和不同的场合有不同的涵义。

一、土地的涵义及相关概念

一般地，我们可以把土地的定义粗略地划分成狭义的和广义的概念。

狭义的土地，仅指陆地部分。较有代表性的是土地规划和自然地理学家的观点。土地规划学者认为："土地是指地球陆地表层，它是自然历史的产物，是由土壤、植被、地表水及表层的岩石和地下水等诸多要素组成的自然综合体……"；自然地理学者认为："土地是由地理环境（主要是陆地环境）中互相联系的各自然地理成分所组成，包括人类活动影响在内的自然地域综合体。"

广义的土地，不仅包括陆地部分，而且还包括光、热、空气、海洋……。较有代表性的是经济学家的观点。英国经济学家马歇尔指出："土地是指大自然为了帮助人类，在陆地、海上、空气、光和热各方面所赠与的物质和力量。"美国经济学者伊利认为："……土地这个词……它的意义不仅指土地的表面，因为它还包括地面上下的东西。"

由于土地概念涉及并影响世界各国，联合国也先后对土地作过定义。1972年，联合国粮农组织在荷兰瓦格宁根召开的土地评价专家会议，对土地下了这样的定义："土地包含地球特定地域表面及以上和以下的大气、土壤及基础地质、水文和植被。它还包含这一地域范围内过去和目前人类活动的种种结果，以及动物就它们对目前和未来人类利用土地所施加的重要影响。"1975年，联合国发表的《土地评价纲要》对土地的定义是："一片土地的地理学定义是指地

二、土地制度 ……………………………………………………………………… (67)

第二节　土地所有权管理 ……………………………………………………… (69)
一、土地所有权的涵义 …………………………………………………………… (69)
二、土地所有权的特性 …………………………………………………………… (69)
三、土地所有权的内容 …………………………………………………………… (70)

第三节　土地使用权管理 ………………………………………………………… (70)
一、土地使用权的涵义 …………………………………………………………… (70)
二、土地使用权的内容 …………………………………………………………… (71)
三、国有土地使用权流转 ………………………………………………………… (72)
四、农村集体土地使用权流转 …………………………………………………… (75)

第四节　土地征收 ………………………………………………………………… (78)
一、土地征收补偿 ………………………………………………………………… (79)
二、土地征收与农用地转用的审批 ……………………………………………… (83)
三、国外土地征收补偿 …………………………………………………………… (84)

第五节　土地他项权管理 ………………………………………………………… (87)
一、土地他项权利的概念和特征 ………………………………………………… (87)
二、土地他项权的类型 …………………………………………………………… (87)

第六节　土地权属争议处理 ……………………………………………………… (89)
一、土地权属争议的涵义 ………………………………………………………… (89)
二、土地权属争议处理的原则 …………………………………………………… (89)
三、土地权属争议处理的程序 …………………………………………………… (89)

第七节　土地违法行为查处 ……………………………………………………… (91)
一、土地违法行为的概念 ………………………………………………………… (91)
二、土地违法行为的主要类型 …………………………………………………… (91)

习题与思考题 ………………………………………………………………………… (94)

主要参考文献 ………………………………………………………………………… (94)

第四章　土地利用规划与计划管理 ……………………………………………… (95)

第一节　土地利用规划管理与管制制度 ………………………………………… (95)
一、土地利用规划管理 …………………………………………………………… (95)
二、土地利用管制制度 …………………………………………………………… (113)

第二节　土地利用年度计划管理 ………………………………………………… (117)
一、土地利用计划概述 …………………………………………………………… (117)
二、土地利用年度计划 …………………………………………………………… (117)

V

习题与思考题 ………………………………………………………………………… (120)

主要参考文献 ………………………………………………………………………… (120)

第五章　土地利用管理 ……………………………………………………………… (122)

第一节　土地利用管理概述 ……………………………………………………… (122)

一、土地利用管理的概念 ………………………………………………………… (122)

二、土地利用管理的原则 ………………………………………………………… (122)

三、土地利用管理的内容 ………………………………………………………… (122)

第二节　土地利用分类管理 ……………………………………………………… (122)

一、农用地利用管理 ……………………………………………………………… (122)

二、建设用地利用管理 …………………………………………………………… (131)

三、其他土地利用管理 …………………………………………………………… (148)

第三节　土地节约集约利用管理 ………………………………………………… (149)

一、土地节约集约利用的概念 …………………………………………………… (149)

二、土地节约集约利用制度的建设 ……………………………………………… (149)

第四节　土地利用生态保护管理 ………………………………………………… (156)

一、土地生态系统概述 …………………………………………………………… (156)

二、土地利用生态保护管理的概念 ……………………………………………… (157)

三、土地利用生态保护管理的基本原则 ………………………………………… (157)

四、土地利用生态保护管理的内容 ……………………………………………… (158)

第五节　土地利用动态监测管理 ………………………………………………… (160)

一、土地利用动态监测的概念和目的 …………………………………………… (160)

二、土地利用动态监测的特点和作用 …………………………………………… (161)

三、土地利用动态监测的内容 …………………………………………………… (161)

四、土地利用动态监测的技术方法 ……………………………………………… (161)

习题与思考题 ………………………………………………………………………… (166)

主要参考文献 ………………………………………………………………………… (166)

第六章　土地信息管理 ……………………………………………………………… (167)

第一节　土地信息管理发展概述 ………………………………………………… (167)

一、土地信息管理与土地信息管理系统 ………………………………………… (167)

二、国外土地信息管理发展概述 ………………………………………………… (169)

三、我国土地信息管理发展概述 ………………………………………………… (173)

第二节　土地信息系统及相关技术 ……………………………………………… (175)

一、土地信息系统与地理信息系统 …………………………………………………… (175)
　　二、土地信息系统与遥感、全球定位系统 ……………………………………………… (175)
　　三、土地信息系统与管理信息系统 ……………………………………………………… (177)
　　四、土地信息系统与测绘技术 …………………………………………………………… (177)
　　五、土地信息系统与网络技术 …………………………………………………………… (178)
　第三节　土地信息系统构架及应用 ………………………………………………………… (179)
　　一、土地管理信息系统构架概述 ………………………………………………………… (179)
　　二、土地管理信息系统主要功能应用 …………………………………………………… (180)
　　三、土地管理信息平台 …………………………………………………………………… (186)
　第四节　国家"金土工程" ……………………………………………………………………… (189)
　　一、国家"金土工程"概况 ………………………………………………………………… (189)
　　二、"金土工程"的总体框架和构成 ……………………………………………………… (190)
　第五节　土地管理"一张图"模式 …………………………………………………………… (191)
　　一、系统概述及应用特点 ………………………………………………………………… (191)
　　二、系统功能及应用 ……………………………………………………………………… (192)
　习题与思考题 …………………………………………………………………………………… (195)
　主要参考文献 …………………………………………………………………………………… (195)

第七章　土地法制管理 ………………………………………………………………………… (197)

　第一节　土地管理体制概述 ………………………………………………………………… (197)
　第二节　土地法律体系 ……………………………………………………………………… (198)
　　一、土地法律体系的涵义 ………………………………………………………………… (198)
　　二、我国现行的土地法律体系 …………………………………………………………… (199)
　第三节　我国《土地管理法》的制定与修订 ………………………………………………… (206)
　　一、诞生：新中国成立后第一部全面规范土地管理和土地利用的法律 ……………… (206)
　　二、第一次修订：土地作为生产要素进入市场 ………………………………………… (207)
　　三、第二次修订：实行最严格的耕地保护制度 ………………………………………… (209)
　　四、第三次修订：进一步明确征地制度内涵 …………………………………………… (212)
　第四节　土地管理基本法律制度 …………………………………………………………… (214)
　　一、土地所有权制度 ……………………………………………………………………… (214)
　　二、土地使用权制度 ……………………………………………………………………… (214)
　　三、土地利用总体规划制度 ……………………………………………………………… (214)
　　四、耕地保护制度 ………………………………………………………………………… (215)
　　五、建设用地管理制度 …………………………………………………………………… (216)

  六、土地调查制度 …………………………………………………………(216)
  七、土地行政管理法律制度 ……………………………………………(217)
 第五节 土地督察 ………………………………………………………(219)
  一、基本释义 ……………………………………………………………(219)
  二、概念辨析 ……………………………………………………………(221)
  三、国家土地督察制度 …………………………………………………(223)
  四、国外的相关监管体制 ………………………………………………(230)
 习题与思考题 ………………………………………………………………(233)
 主要参考文献 ………………………………………………………………(233)

第八章 海外(地区)土地管理概述 ………………………………(234)
 第一节 国外土地管理概述 ……………………………………………(234)
  一、美国土地管理概述 …………………………………………………(234)
  二、英国土地管理概述 …………………………………………………(240)
  三、德国土地管理概述 …………………………………………………(243)
  四、加拿大土地管理概述 ………………………………………………(245)
  五、日本土地管理概述 …………………………………………………(247)
 第二节 港澳台地区土地管理概述 ……………………………………(251)
  一、香港土地管理概述 …………………………………………………(251)
  二、澳门土地管理概述 …………………………………………………(255)
  三、台湾土地管理概述 …………………………………………………(257)
 习题与思考题 ………………………………………………………………(260)
 主要参考文献 ………………………………………………………………(260)

附录 农村土地调查管理系统上机实习指导 ………………………(263)
 实习作业 ……………………………………………………………………(276)

(2)土地面积的有限性。土地是自然的产物,人类不能创造土地。广义土地的总面积,在地球形成后,就由地球表面积所决定。人类虽然能移山填海,扩展陆地;或围湖造田,增加耕地,但这仅仅是土地用途的转换,并没有增加土地面积。所以,人类必须充分、合理地利用全部土地,不断提高集约化经营程度,在不合理利用的情况下,土地将出现退化,甚至无法利用,从而使可利用的土地面积减少。

(3)土地位置的固定性。土地位置的固定性,亦称不可移动性,是土地区别于其他各种资源或商品的重要标志。我们可以把可移动的商品如手机、汽车、食品、服装以及可移动的资源如人力、矿产等,由产地或过剩地区运送到供给相对稀缺或需求相对旺盛因而售价较高的地区,但我们还无法把土地如此移动。这一特性决定了土地的有用性和适用性随着土地位置的不同而有着较大的变化,这就要求人们必须因地制宜地利用土地;同时,这一特性也决定了土地市场是一种不完全的市场,即不是实物交易意义上的市场,而只是土地产权流动的市场。

(4)土地质量的差异性。土地的质量特征,是土地各构成要素(地质、地貌、气候、水文、土壤、植被等)相互联系、相互作用、相互制约的总体效应和综合反映。不同地域,由于土地的自然性状不同,而且人类活动的影响也不同,从而使土地的结构和功能各异,最终表现在土地质量的差异上。这种差异性不仅存在于一个国家或一个地区的范围之内,即使在一个基层生产单位内也同样存在着。随着生产力水平的提高和人类对土地利用范围的扩大,这种差异性会逐步扩大,而不是趋于缩小。土地的空间差异性,要求人们因地制宜地合理利用各类土地资源,确定土地利用的合理结构与方式,以取得土地利用的最佳综合效益。

(5)土地功能的多样性。土地可以被人类用作各种不同的用途,如可以作为耕地、园地、林地、牧草地,也可用来建造住宅、商场、工厂、仓库、公路、铁路等。对同一种用途的土地,又可以选择不同的利用方式,如住宅用地,既可以修建平房,也可以修建多层或高层楼房。土地的多功能性决定了土地利用的竞争性,因此存在土地资源在国民经济各部门之间合理分配的问题。这就要求我们制定土地利用总体规划,确定土地的最佳用途,发挥土地的最佳综合效益。

(6)土地永续利用的相对性。土地利用的永续性具有两层涵义:第一,作为自然的产物,它与地球共存亡,具有永不消失性;第二,作为人类的活动场所和生产资料,可以永续利用。其他的生产资料或物品,在产生过程或使用过程中,会转变成另一种资料、物品,或逐渐陈旧、磨损、失去使用价值而报废。土地则不然,只要人们在使用或利用过程中注意保护它,是可以年复一年地永远使用下去的。但是,土地的这种永续利用性是相对的。只有在利用过程中维持了土地的功能,才能实现永续利用。

(二)土地的经济特性

土地的经济特性包括:土地供给的稀缺性、土地用途的多样性、土地用途变更的困难性、土地报酬递减的可能性、土地的产权特性、土地的不动产特性、土地增值性。

(1)土地供给的稀缺性。两层涵义:其一,给人们从事各种活动的土地面积是有限的;其二,特定地区、不同用途的土地面积也是有限的,往往不能完全满足人们对各类用地的需求。

(2)土地用途的多样性。对一种土地的利用,常常产生两个以上用途的竞争,并可能从一种用途转换到另一种用途。比如说一块农地,既可以用作耕地,也可以用作园地、林地、菜地等,一块建设用地既可以用作住宅,也可以用作商业、公益、旅游等。这种竞争常使土地趋于最佳用途和最大经济效益,并使地价达到最高。这就要求人们在利用土地时,考虑土地的最有效利用原则,使土地的用途和规模等均为最佳。

(3)土地用途变更的困难性。一方面,土地用途往往是历代人民经过无数次试验或改造之后形成的,往往已达到最佳用途,若轻易改变,需要付出一定的代价。比如缺水宜林的山地改作种植水稻就难以实现,优质的水田改作林地或草地后经济效益会大大降低。另一方面,土地用途一旦转换,往往逆转比较困难,比如耕地变更为建设用地后,往往会对土壤土质造成破坏,逆转为耕地的难度较大。此外,我国实行土地用途管制,实行用途变更许可制度,土地用途的变更一般要经过国土资源管理部门和城市规划部门的同意,经过一定的审查程序才能完成。

(4)土地报酬递减的可能性。在技术不变的条件下对土地的投入超过一定限度,就会产生报酬递减的后果,这就要求人们在利用土地增加投入时,必须寻找在一定技术、经济条件投入下投资的适合度,确定适当的投资结构,并不断改进技术,以便提高土地利用的经济效益,防止出现土地报酬递减的现象。

(5)土地的产权特性。土地产权指对土地享有的直接支配和排他性权利,是有关土地财产的一切权利的总和,包括土地所有权、土地使用权、土地租赁权、土地抵押权、地役权等。不同的权力附加意味着土地价值巨大的差异,土地的价值更多地取决于土地上附加的权益。

(6)土地的不动产特性。不动产是指依自然性质或法律规定不可移动的土地、土地定着物、与土地尚未脱离的土地生成物、因自然或者人力添附于土地并且不能分离的其他物。不动产的核心就是土地,与土地位置的固定性关联,且需求一般为刚性需求,价值量也较大。

(7)土地增值性。一般商品的使用随着时间的推移总是不断地折旧直至报废,而土地则不同,在土地上追加投资的效益具有持续性,而且随着人口增加和社会经济的发展,对土地的投资具有显著的增值性。

土地报酬递减规律

> 土地报酬递减规律是指在一定面积的土地上连续追加劳动或资本,其增加的收获量不能与劳动或资本的追加量保持同一比例,即劳动或资本的追加量超过一定界限以后,其收获量增加的比例呈现下降的趋势,又称土地肥力递减律、土地收益递减律。这是西方经济学中关于土地生产力变化趋势的经济理论。该理论由法国杜尔哥和英国安德森同时各自提出,在近两百年来的西方经济学著作中被反复运用和引用,并从农业部门扩展至所有产品部门,被视作经济管理中的一个重要法则。
>
> 土地报酬递减规律的3个阶段:
>
> 在第一阶段,平均报酬处于递增状态,从而增加劳动投入能带来总报酬更大比例的增长,因此在这个阶段停止投入是不合理的,继续劳动投入将使得"劳动—土地—资本"等生产要素组合的生产效率得到进一步提高。
>
> 第二阶段:平均报酬等于边际报酬之后到边际报酬等于零之前为第二阶段。在通常情况下,选择在第二阶段组织生产是合理的,但具体选择多少变动要素(比如劳动),还要取决于农产品价格和投入要素价格。
>
> 第三阶段:边际报酬为零,总报酬达到最大之后为第三阶段。在此阶段,投入劳动的边际报酬和生产弹性均为负数,而且平均报酬继续递减,总报酬也趋于下降。因此在这一阶段继续投入是不合理的。

三、土地的功能

土地是宝贵的自然资源和资产,是人类赖以生存和发展的重要物质基础,土地的主要功能可归纳为以下几个方面。

(一)负载的功能

土地是负载万物的基础。土地为人类提供了生存空间和活动场所,也是各项生产活动得以实施的基地。动物、植物等生物,各种建筑物、构筑物、道路等非生物所以能存在于地球上,是因为土地有负载的功能。没有土地,万物自无容身之地。

(二)养育的功能

由于土地位于地球表面大气圈、水圈和陆地表层交汇处,是地球表面物质循环、合成、交汇以及生命活动最为活跃的地区,特别是绿色植物的光合作用合成有机质及产生氧气,土壤的矿质营养支持植物生长发育,支撑整个地球和人类的生命和活动的生态系统,从而使各种生物得以生存、繁殖、世代相传,使地球呈现出一片生机勃勃的景象。

(三)生产的功能

土地在人类社会中,是重要的生产资料和劳动对象,人类从事的农、林、渔、牧、矿及工业交通等各项事业所需要的一切资源,无一不是由土地所提供,而且农业、矿业等的劳动对象也是直接利用土地。当然,不同产业对土地的具体要求是不完全相同的,因为土地在不同产业部门中的作用不同,但各产业的物质资源均来源于土地则是相同的。

(四)仓储的功能

土地蕴藏着丰富的金、银、铜、铁等矿产资源,石油、煤、水力、天然气等能源资源,沙、石、土等建材资源,为人类从事生产、发展经济提供了必不可少的物质条件。

(五)提供景观的功能

土地自然形成的各种景观:秀丽的群山、浩瀚的大海、奔腾的江河、飞泻的瀑布、无垠的沃野、悬崖幽谷、奇峰怪石、清泉溶洞、千姿百态,为人类提供了丰富的风景资源。

(六)储蓄和增值的功能

由于土地的自然文化属性及稀缺性、不可移动性、可控性、稳定性与增值性,土地成为资源性的资产。土地作为资产,随着对土地需求的不断扩大,其价格呈上升趋势,因此,投资于土地,能获得储蓄和增值的功效。

土地增值税

> 由于土地的增值特性,为了维护国家土地所有权益,避免土地投机行为,我国制定了《土地增值税暂行条例》。土地增值税是指转让国有土地使用权、地上的建筑物及其附着物并取得收入的单位和个人,以转让所取得的收入包括货币收入、实物收入和其他收入为计税依据向国家缴纳的一种税赋,不包括以继承、赠与方式无偿转让房地产的行为。纳税人为转让国有土地使用权及地上建筑物和其他附着物产权,并取得收入的单位和个人。课税对象是指有偿转让国有土地使用权及地上建筑物和其他附着物产权所取得的增值额。土地价格增值额是指转让房地产取得的收入减除规定的房地产开发成本、费用等支出后的余额。土地增值税实行四级超额累进税率。

四、影响土地利用的因素

土地利用不是一成不变的,它是一个动态的过程。土地的用途、土地资源的分配、土地利用的程度和效益等是随着社会经济条件和自然条件的变化而不断变化的。影响土地利用的因素是多种多样的,归纳起来,主要有以下几个方面。

(一)自然因素

影响土地利用的自然条件是指土地的自身状况和环境状况,包括土地的位置、地貌、水文、气候、土壤、植被、矿藏及自然景观等。土地的自然条件不同,对土地的可用性及土地的适合用途起着决定性的作用。土地的自然属性是土地利用的基础,但土地的自然属性几乎是永久性的,人们只能在固定的地块上进行生产和生活活动,而这些生产和生活活动是受土地的自然属性及其他外部环境条件制约的。因此,必须要因地制宜,依据土地的适宜性和限制性,合理地确定与区域的土地自然特征相适应的土地利用方式和利用程度、强度等。

(二)社会经济因素

自然因素决定了不同土地利用的物质基础,而不同的社会经济因素则决定了土地利用的方式、结构及如何利用。社会制度、土地制度、经济发展水平、产业结构、投入水平、人口、法规、政策、教育、技术乃至风俗和宗教都对土地利用构成较大的影响。土地是经济活动中一种供给有限但用途无限的特殊经济资源,是社会经济活动的空间和载体,经济条件决定着土地利用的可能性、广度与深度的加强程度。国家的社会制度和经济政策对土地利用有着重要的影响,尤其是国家采用怎样的土地资源配置机制,即按照何种方式,或通过何种途径将土地资源配置到各部门各单位,将会影响土地利用效率的高低。

(三)人的文化素质

人们的知识水平、科学技术水平,对土地利用的整体性、长远性的认识,都会给土地利用带来深远的影响。地球表面原是一片原始自然状态,在自然因素和社会经济因素作用下,人类逐渐对土地资源进行大肆掠夺,原始森林逐渐缩小,耕地逐渐扩展,随着人口的增加,城镇用地又在不断蚕食农田。特别是近些年,人们盲目建筑,肆意开荒,滥占耕地,排放"三废",污染土地,破坏耕地等,都对土地利用造成了很大的危害。同时,随着生产的发展,科学技术的进步,也使得不少沙漠变成了绿洲,荒芜的不毛之地变成了良田,土地利用的程度与效益不断提高。当然,人的文化素质是不断提高的,通过宣传教育,普及科学技术知识,不断提高对自然规律和社会经济规律的认识,我们完全可以做到自觉地合理地利用土地,实现土地的可持续利用。

第二节 土地管理

一、土地管理的涵义

土地管理是国家的基本职能之一,是国家在一定的环境条件下,综合运用行政、经济、法律、技术方法,为提高土地利用生态、经济、社会效益,维护在社会中占统治地位的土地所有制,

调整土地关系监督土地利用,而进行的计划、组织、控制等综合性活动。我国土地管理主要包括以下几个方面的内涵:

(1)土地管理的主体是国家。国家委派国务院土地行政主管部门管理全国土地。

(2)土地管理的客体是土地,以及土地利用中产生的人与人、人与地、地与地之间的关系。

(3)土地管理的基本任务是维护在社会占统治地位的土地所有制,调整土地关系,监督土地利用。目标是不断提高土地利用的生态效益、经济效益和社会效益,以满足社会日益增长的需求。

(4)综合运用行政、经济、法律、技术等方法管理土地。

(5)管理的职能是计划、组织与控制。计划是预测未来,设定目标,决定政策,选择方案的连续过程。

(6)土地管理的目的和特点受到社会环境的制约,主要受社会制度、土地制度的制约。例如,我国是社会主义国家,在土地制度上实行社会主义公有制,这就决定了我国的土地管理除了要最大限度地提高土地利用综合效益外,还要维护社会主义公有制,从而为有计划、合理利用土地提供保证。

二、土地管理的目的和特征

(一)土地管理的目的

《中华人民共和国土地管理法》(以下简称《土地管理法》)明确了土地管理的目的是:加强土地管理,维护土地的社会主义公有制,保护、开发土地资源,合理利用土地,切实保护耕地,促进社会经济的可持续发展。我国土地管理的具体目的主要包括:

(1)维护土地公有制。我国实行土地的社会主义公有制,即全民所有制和劳动群众集体所有制。土地公有制是我国土地制度的基础,体现出社会主义制度的基本特征。

在实行市场经济的条件下,土地公有制和土地市场化并容,以土地所有权和使用权分离的方式实现土地的商品性。

(2)调整土地关系,提高土地利用的经济效益、生态效益和社会效益。随着经济社会的发展,土地所有权和土地使用权处于经常变动之中。国家必须依照土地管理的目标,采取必要的措施,对客观需要的土地所有权和使用权的变动进行管理、监督和调控,避免盲目性,防止权属混乱及土地纠纷。调整土地关系,增加土地可利用面积,提高土地利用率和产出率,提高土地的集约化利用,促进土地利用的社会效益、经济效益、生态效益三者协调统一。

(3)实现土地资源的可持续利用。当前,走可持续发展的道路已经成为世界各国的共同选择。土地作为一种自然资源,它的存在是非人力所能创造的,土地本身的不可移动性、地域性、整体性、有限性是固有的,人类对其依赖和持续利用程度的增加也是不可逆转的。因此,通过立法强化土地管理,保证对土地的永续利用,以促进社会经济的可持续发展。

(二)土地管理的特征

1. 土地管理具有阶级性

土地管理首先是国家行政机关围绕土地事务进行的行政管理。行政是国家的组织活动,是社会上层建筑的一部分,是统治阶级运用国家机关,按照本阶级的利益和意志,对国家意志进行管理的活动,它不可能脱离国家而独立存在。任何行政管理活动都服从于国家,服从于统治阶级。行政管理的性质由国家的性质所决定,并最终决定于该国家的社会经济基础。我国是以生产资料公有制为主要经济基础的社会主义国家,我国的政权组织形式是工人阶级领导的、以工农联盟为基础的人民民主专政。土地行政管理作为国家政权的一项重要功能,必然要体现人民群众的根本利益。人民代表大会制度是我国的根本政治制度,人民代表大会是国家的权力机关,土地行政管理必须按照国家权力机关制定的法律法规进行,并接受权力机关的监督和控制。通过人民代表大会,人民实现其对国家事务和社会事务的民主管理,包括对土地事务的民主管理,从而体现我国土地管理的社会主义性质。

2. 土地管理具有社会性

土地管理不仅体现统治阶级的意志,执行国家的统治功能,具有阶级性;同时,土地管理也干预和管理由社会一般公共需要所产生的土地公共事务,执行国家社会服务功能,具有社会性。如促进土地资源的合理利用,保护土地资源,防止土地资源退化,保护和改善土地生态环境,鼓励开展土地整理、开发,学习西方发达资本主义国家在土地管理方面的先进技术和经验等。为适应经济、社会发展的需要,土地管理的服务职能、社会职能日趋重要。

土地管理的阶级性和社会性是统一的。不能片面强调其阶级性而忽略其社会性,也不能片面强调其社会性而否定其阶级性。

3. 土地管理具有法制性

土地管理必须遵守国家的法律法规。土地管理过程要始终贯彻法制原则,严格实施法律监督,做到有法可依、有法必依、执法必严、违法必究。土地管理的法制性表现在以下几个方面:一是土地管理的各个方面都有相关的法律规定,都有法可依;二是不同级别的土地管理部门的权力都是由法律赋予的,它们各自在法律赋予的权限范围内进行管理;三是土地管理部门管理土地事务以法律为依据,依法行政;四是土地管理活动处于法律监督之下,实施违法行为者应当承担相应的法律责任。

4. 土地管理具有技术性

土地管理具有行政管理的一般属性,如政治性、服务性、法制性等。但是,与一般的社会活动和管理活动相比,土地管理的技术性表现十分明显。土地是一种稀缺资源,怎样合理利用土地,如何开发未利用地,怎样开展土地整理、复垦,怎样评价土地的可持续利用性,怎样编制科学可行的土地利用总体规划,怎样评定土地等级,怎样确定土地价格,等等,都与科学技术的发展密不可分。这些要求国家有关主管部门制定大量的技术规程和操作规范,如土地利用总体规划编制规程、土地调查规程、土地分等规程、土地定级规程、土地估价规程等。

三、土地管理遵循的原则

土地管理原则是指国土资源管理部门及其工作人员从事土地管理活动所必须遵循的基本行为规则和标准。土地管理原则取决于土地制度和土地管理的总目标。我国的土地管理是建立在社会主义土地公有制基础上的,是以充分、合理利用土地,切实保护耕地为总目标。因此,我国土地管理必须遵循以下基本原则。

(一)依法管理土地的原则

土地是不可再生资源,是国家的财富,只有将土地管理纳入法制轨道,依法管理,才能有效地维护社会主义土地公有制和保证土地永续利用。我国《土地管理法》的颁布和施行,为依法统一管好土地,包括惩治乱占滥用土地和破坏耕地的人和事提供了法律依据。在土地管理过程中,贯彻社会主义法制原则主要体现在两个方面:一是要求严格依照土地法律和法规办事,做到有法必依,执法必严,违法必究;二是在管理土地上做好法制宣传工作,提高执法的自觉性,做到有法可依,有规章可循。

(二)合理利用土地资源,切实保护耕地的原则

"十分珍惜、合理利用土地和切实保护耕地"是我国的基本国策。我国是一个人多地少的国家,人均占有量少,现有耕地资源不足,后备资源缺乏,人地矛盾突出,正日益严重地成为我国国民经济和社会发展的制约因素。因此,土地管理要把节约、集约用地和保护耕地作为自己的最基本任务和基本行为准则。一方面,在经济建设中,通过土地利用规划引导和调控土地节约和集约利用,提高投入产出效益。另一方面,严格控制建设用地指标,尽可能少占或不占耕地。对建设确需占用耕地的,必须严格按照"占一补一"原则,及时补充耕地,确保有效的耕地面积。

(三)统筹兼顾,效率与公平兼顾的原则

随着经济的快速发展,各行各业都需要用地。而人类拥有的土地又是有限的,因此,土地在国民经济各部门分配与调整时,要根据社会主义建设全局的需要,兼顾各单位、各部门的特点和各地段的自然经济条件,协调处理部门之间的利益分配,并坚持统筹兼顾,正确处理局部与全局、当前与长远的关系,合理安排好各部门各行业经济建设的用地需求。特别要注重处理好农用地与建设用地之间的分配关系,既要保护好耕地,把质量最好的土地优先用于农业,又要积极为各项经济建设提供必要的用地。土地是农业生产的基本生产资料,农业生产需要的只是土地的肥力,并不考虑土地的承载力。其他建设用地,一般不受土地质量的影响,只需考虑土地的承载力。为此,提供用地时,必须把质量好、肥力高的宜农用地,优先用于农业生产。正确处理和协调各方面用地的利益关系,促进土地利用的可持续发展。

土地作为公共资源,对于具体的土地使用者又是财产,在具体的土地利用和管理过程中,如国家建设征地、城市旧城改造中的拆迁等,均应坚持效率与公平兼顾的原则。

(四)坚持生态、经济和社会效益统一的原则

从全局的、长远的观点来看,土地利用的生态、经济和社会三大效益是一致的,具有良好生态效益的土地利用,必然会取得良好的经济效益和社会效益。但在人们对土地利用的过程中,常常会出现只重视眼前的经济利益而忽视长远的社会和生态环境利益的短期行为,如大量的毁林开荒、盲目围湖造田、过量的施用化肥、随意采沙取土等。这些短期行为的后果在当时并不明显,需经过较长的时间才会显现出来,当人们注意到时,严重的后果已经产生了,如果要消除这种后果,就要付出昂贵的代价。因此,在土地管理过程中,土地管理人员,必须要从长远利益出发,科学规划,坚持生态、经济和社会三大效益相统一的原则。

(五)公众参与原则

土地管理的公众参与是指在土地管理过程中,充分调动人民群众管理土地的积极性和主观能动性,保护和开发土地资源,维护社会主义土地公有制,保证土地管理目标实现的过程。

我国《土地管理法》修订时,通过新闻媒体公布,并广泛征求全国人民的修改意见,充分体现了我国社会主义民主的性质。人民群众不仅可以参与立法,也可以对国土资源管理部门的具体政策行为进行监督,同时还可以直接参与国土资源管理部门基层组织的一些具体活动,如

国土资源管理巡查工作,在很大程度上是依靠基层群众提供的信息而开展的。

公众参与是土地管理中的一个重要组成部分,是实现土地管理目标的重要环节。土地管理需要广泛征求公众或公众代表(专家和民众)的意见和建议,建立相关信息交流和互动渠道,通过公众参与,完善土地管理的决策机制和监督机制,做到以人为本、公正透明,提高土地管理的科学性。

四、土地管理的任务和内容

(一)土地管理的任务

土地管理的基本任务是应用土地管理的原理和方法,来研究和阐明一定的社会生产方式下调整土地关系,监督、调控土地利用的规律性,以达到平衡土地供需矛盾,取得尽可能大的生态效益、经济效益和社会效益的目的。

在不同的社会生产方式下,土地管理的任务是不相同的。在资本主义社会,土地管理的任务是研究如何管理土地才能达到维护资本主义土地关系,并获取最大利润的目的;社会主义社会,土地管理是为维护社会主义土地关系和满足整个社会对土地的需求服务的。

我国土地管理的基本任务是维护社会主义土地公有制及土地所有者和使用者的合法权益,保护、开发、合理利用土地,切实保护耕地,促进社会经济的可持续发展。现阶段,我国土地管理的具体任务是:

(1)加强耕地保护,实现耕地总量的动态平衡。贯彻"十分珍惜、合理利用土地和切实保护耕地"的基本国策,制定和执行世界上最严格的耕地保护措施,确保全国人口吃饭对耕地的需求,从严控制城乡建设用地,保障城市化和第二、三产业建设所必需的土地供给。在保护生态环境的前提下加强耕地开发和复垦,积极推动土地整理,努力提高土地利用效率,确保耕地总量的动态平衡。

(2)保护土地资源,促进土地资源合理配置与利用。土地资源是人类赖以生存和发展的基本资源,而且是有限的、不可再生的资源,土地管理过程中必须从整个社会的角度,从人类长远发展的角度,去规范和控制土地开发与利用行为,促进土地资源的合理配置与利用。

(3)保障土地使用者的合法权益。土地是整个社会的基本资源和财产,在土地的开发与利用过程中,会形成社会各方面的权利义务关系。比如:从关系的主体上,有国家、集体与个人之间的关系,有土地使用者与土地所有者之间的关系,还有土地使用者与土地使用者之间的关系;从关系的内容上,有经济利益与经济责任的关系,有权利与义务的关系等。而这些关系都是在一定的法律制度框架下的土地利用过程中发生的,可能有合法的权益,也可能会产生不合法的权益,或者说在各种关系中会存在这样那样的矛盾。因此土地管理过程就是要保障合法的权益,防止或制止非法的权益,以保证土地利用过程合法、有序地进行。

(4)加强土地资源信息系统建设,实现信息服务社会化。进行土地资源信息建设,形成全国"一张图",建立全国土地资源信息网络,做到信息共享;利用现代科技和管理手段建立土地资源动态监测系统,为政府决策提供科学依据,为社会提供信息服务。

(5)健全法制,依法行政。加强土地管理法制建设,形成完备的法律体系,建立和完善土地管理执法体系,组建强有力的执法队伍。坚持严格依法行政,加大执法监测力度,严肃查处土地方面的违法案件,保护土地资源。

(二)土地管理的内容

土地管理(包括对农村土地和城镇土地的管理)的基本内容由地籍管理、土地权属管理、土地利用管理、土地市场管理四大部分构成。

(1)地籍管理。包括土地调查和土地动态监测,土地资源评价,土地登记,土地统计,地籍信息资料的管理、应用、维护、更新等内容。

(2)土地权属管理。包括土地所有权、使用权等的审核和依法确认,土地权属变更管理,土地权属纠纷的调处,依法查处有关侵犯土地所有权、使用权等方面的违法案件等内容。

(3)土地利用管理。是通过编制和实施全国、省、地(市)、县、乡土地利用总体规划和专项规划,土地用途管制,采取地租、价、税等经济杠杆对农用地,特别是耕地、建设用地、未利用地的开发、利用、保护进行组织、监督和调控。

(4)土地市场管理。包括对土地市场供需、土地交易、土地价格、土地市场化配置等进行管理。

上述4部分内容是相互联系、相互依赖的,它们共同构成完整的土地管理内容体系。地籍管理为土地权属管理、土地利用管理和土地市场管理提供有关土地的数量、质量、权属和利用状况及其变化的信息以及土地权属状态的法律凭证,是搞好土地权属管理、土地利用管理和土地市场管理的基础性工作。土地权属管理、土地利用管理和土地市场管理之间同样是相互联系的。土地权属的变更、土地市场交易必须要符合土地利用总体规划的要求。例如,国家依法征用的土地,依法出让的国有土地,这些土地的位置和征用、出让后的用途必须以土地利用总体规划为依据。同样,土地利用总体规划和土地利用计划的编制,必须考虑到土地权属状况和变更计划,以及土地市场状况,才能更科学、有效地进行土地利用管理。由于土地利用最终是土地权属单位对土地的利用,而且土地权属变更和土地用途变化往往是通过土地市场实现的。所以,土地利用管理、土地权属管理、土地市场管理三者是紧密地联系在一起的。

从上述四大内容在土地管理系统中的作用来看,地籍管理是基础,土地权属管理和土地市场管理是手段,土地利用管理是核心。因为土地管理的总目标是取得尽可能大的生态效益、经济效益和社会效益,实现土地资源的持续利用,这主要是通过合理利用土地来实现的,而土地权属管理、土地市场管理的任务在于正确地调整土地关系,调动土地权属单位合理用地的积极性,并通过市场机制合理配置土地资源,为实现土地管理的总目标服务。

第三节 土地管理的技术支撑

土地管理是一项复杂的工作,有海量的信息需要综合处理和考虑,而传统的资源信息获取能力有限,不能及时、准确、全面地了解资源状况信息,传统的管理模式已不能适应当前形势的发展。近年来,随着遥感数据分辨率的提高以及GIS、GPS的应用,大大提高了土地资源管理的科技水平,3S技术在土地资源管理中拥有广阔的前景。

3S技术是全球定位系统GPS(Global Positioning System)、遥感RS(Remote Sensing)和地理信息系统GIS(Geographic Information System)的简称。

一、RS 在土地管理中的应用

遥感技术(Remote Sensing),广义是指用间接的手段来获取目标状态信息的方法。但一般多指从人造卫星或飞机对地面观测,通过电磁波(包括光波)的传播与接收,感知目标的某些特性并加以进行分析的技术。这是 20 世纪 60 年代兴起的一种探测技术,是根据电磁波的理论,应用各种传感仪器对远距离目标所辐射和反射的电磁波信息,进行收集、处理,并最后成像,从而对地面各种景物进行探测和识别的一种综合技术。目前广泛应用于土地资源调查、土地利用动态监测等土地管理工作当中。

(1)土地资源调查。遥感对地观测获取的信息是地球上各种目标的电磁波反射与辐射信息,遥感图像全面、客观、真实地记录了地表的综合景观和各种地物的地表特征,并以各自的形状、大小、花纹、色调等显示在图片上。人们可以根据这些影像特征区分不同的土地利用状况,它在国土资源调查中可发挥重要作用。在第一次全国土地调查中,部分经济较发达的市县就应用普通航摄照片和正摄影像图作为基础底图进行了调查。在第二次全国土地调查中,遥感技术得到了广泛应用,大规模应用了航空卫星遥感数据,通过飞机和卫星,对我国所有土地进行全覆盖照相,并由国家统一购置航空、航天遥感资料,统一制作调查基础图件,首次采取覆盖全国的遥感影像调查底图,做到图、数、实地相一致。

(2)土地利用动态监测。随着经济的快速发展和土地利用持续变化,原有的土地利用数据库出现了现实性差、失真严重、数据更新精度低且速度慢等问题,如何准确反映出土地利用的变化,是国土资源管理的一个难题。从 1999 年开始,国家正式启动"利用遥感影像进行土地利用动态监测项目",利用卫星遥感监测技术配合土地执法检查,采用"地上查、天上看、网上管,不放过对每一块土地的监管"方法,贯彻"预防为主、防范和查处相结合"的国土资源执法监察新思路,强化国土资源执法监察,为国土资源规划、管理、保护和合理利用提供强有力的科技支撑。

卫片执法检查

"卫片"是卫星遥感图片的简称,是利用卫星遥感等技术手段制作的叠加监测信息及有关要素后所形成的专题影像图片。通过卫星遥感等技术手段可以将一个地区的土地利用情况形成卫片,将该地区同一地域前后两个不同时间的卫片进行叠加对比后,就可以反映出该地域土地利用的变化情况,如一块地原来是耕地,被占用搞建设后,就可以在图上反映出来。卫片执法检查就是依据卫片对一个行政区域开展执法检查,通过对卫片所反映的土地利用情况发生变化的地块逐一进行核查,就可以掌握该行政区域的新增建设用地情况,发现和查处违法用地。

2010 年开始,土地卫片执法检查范围覆盖全国所有的县、市、区、旗行政管辖区域(不含港、澳、台地区),卫片执法检查工作每年要开展一次,成为国家对国土资源监管的常态工作。

二、GPS 在土地管理中的应用

全球卫星定位系统(Global Positioning System)是一种结合卫星及通讯发展的技术,利用导航卫星进行测时和测距。目前,全球卫星定位系统以全天候、高精度、自动化、高效益等特点,成功应用于大地测量、土地利用变更调查等土地管理工作。

(1)地籍测量。GPS相比较传统的测绘方式具有操作简便、减少人力费用、全天候作业以及测量精度和自动化程度都比较高的优势,成为地籍测绘中的重要技术手段之一。GPS在地籍碎部测量方面的应用,主要采用实时动态定位(RTK)方式,在保持连续跟踪的情况下,一般单点测量仅需要几十秒,与全站仪相当。但是在以基准站为中心方圆20km内,减少了全站仪频繁换站所花费的时间,且可以使多个流动站同时工作而互不影响。

(2)土地利用变更调查。土地利用变更是土地管理中基础而重要的环节,是一个极其复杂的工作,需要处理大量数据,如何提高土地信息变更的效率和质量,对土地管理信息化建设十分重要。通常采用传统的土地利用调查方法不仅投资大,而且时间长,达不到动态监测、快速反映的目的。随着3S技术等高新技术的发展,特别是GPS技术的精确、快速定位特点,对土地利用变化区域进行方便、快捷、实时定位,使它在宏观的土地利用动态监测上具有其他技术难以比拟的优势,可以及时地反映土地利用中存在的问题。

此外,GPS测量成果(坐标)是土地利用调查和动态监测的一种微观的精确数据,据此可为制作土地调查、利用、规划的各种图件提供准确的定位数据,为各种统计分析提供基础信息。所以GPS数据可以方便地进入GIS/LIS系统中,GPS与LIS结合应用于土地管理、土地资源调查及动态监测是将来的发展方向。

中国北斗卫星

> 北斗卫星导航系统是中国自行研制的全球卫星定位与通信系统(BDS),是继美全球定位系统(GPS)和俄(GLONASS)之后第三个成熟的卫星导航系统。系统由空间端、地面端和用户端三部分组成,可在全球范围内全天候、全天时为各类用户提供高精度、高可靠定位、导航、授时服务,并具短报文通信能力,已经初步具备区域导航、定位和授时能力,定位精度优于20m,授时精度优于100ns。地面端包括主控站、注入站和监测站等若干个地面站。用户端由北斗用户终端以及与美国GPS、俄罗斯"格洛纳斯"(GLONASS)、欧盟"伽利略"(GALILEO)等其他卫星导航系统兼容的终端组成。2020年将形成由30多颗卫星组网具有覆盖全球的能力。
>
> 中国目前已成功发射4颗北斗导航试验卫星和16颗北斗导航卫星。2012年12月27日,北斗系统空间信号接口控制文件正式版正式公布,北斗导航业务正式对亚太地区提供无源定位、导航、授时服务。
>
> 该系统已成功应用于测绘、电信、水利、渔业、交通运输、森林防火、减灾救灾和公共安全等诸多领域,产生了显著的经济效益和社会效益。特别是在2008年北京奥运会、汶川抗震救灾中发挥了重要作用。

三、GIS在土地管理中的应用

GIS(Geographic Information System)又称地理信息系统,是一门综合性学科,结合地理学与地图学,已经广泛地应用在不同的领域,是用于输入、存储、查询、分析和显示地理数据的计算机系统。目前广泛应用于土地资源评价、土地规划和土地信息系统建设与管理。

(1)土地资源评价。目前主要是借助于GIS对空间数据管理和空间分析工具,根据土地评价的理论和方法,对土地资源的潜力、适宜性、地价进行评价并分等定级,揭示其空间变化规律及其数量特征,为土地利用总体规划,特别是为有效地利用、保护土地资源提供依据。另一个方面是建立土地评价、定级或地价信息发布系统,不仅有效地利用了现有的各种土地评价资料,而且极大地减少了土地评价的工作量,同时也起到积累资料,提高评价质量的作用。

(2)土地规划。土地利用总体规划、土地整治规划、基本农田保护规划等各项土地规划是合理利用和配置有限土地资源的重要手段,是国土管理部门保护耕地、协调各类用地的主要依据。建立土地规划信息系统最终目标是以 GIS 技术为核心,以计算机网络为传输载体,使用可视化技术,在建立土地规划信息库的基础上,紧密结合各项规划的业务流程,实现规划编制、修改、实施的自动化管理,结束长期以来规划成果基本上靠人工管理的存取效率低下、信息形式单一、难以保存、易损坏等问题,为土地规划的动态实施和成果的管理提供了科学的方法和现代化手段。

(3)"数字国土"及全国"一张图"。随着国家信息化建设的推进,"数字地球"战略的实施,"数字国土"呼声越来越高。2003 年提出在全国范围内建立县级土地利用数据库和地籍管理信息系统部署,这无疑将推进"数字国土"的建设,推进国土资源管理的全面信息化。同时,由于以往不同部门、各级管理部门之间的资料存在一定差异,难以对其进行统一的管理、应用,为了便于管理,建立统一而规范的数据库达到空间数据的共享,实现全国"一张图"非常必要,这就需要利用 GIS 技术,建立土地利用/土地覆盖数据库,进而形成国家、省、市、县等多级土地利用信息系统。

习题与思考题

1. 土地的特性有哪些?
2. 土地管理的目的和任务是什么?
3. 简述土地管理的主要内容及它们之间的关系。
4. 简述建国以来我国土地管理体制的变化。
5. 简述"3S"技术在土地管理中的应用。

主要参考文献

方芳.土地资源管理[M].上海:上海财经大学出版社,2006.
黄贤金,张安录.土地经济学[M].北京:科学出版社,2008.
刘胜华,刘家彬.土地管理概论[M].武汉:武汉大学出版社,2005.
刘卫东,彭俊.土地资源管理学[M].上海:复旦大学出版社,2005.
陆红生.土地管理学总论[M].北京:中国农业出版社,2002.
倪金生,李琦,曹学军.遥感与地理信息系统基本理论和实践[M].北京:电子工业出版社,2004.
王万茂.土地资源管理学[M].2 版.北京:高等教育出版社,2010.
赵文吉.数字国土设计、实现与应用[M].北京:科学出版社,2008.

第二章　地籍与不动产登记管理

第一节　地籍管理概述

一、地籍

（一）地籍的涵义

地籍亦可称为土地的户籍，是指记载土地的权属、位置、数量、质量、价值、利用等基本状况的图簿册及数据。

在我国古代历史上，籍也有税之意，即税由籍而来，籍为税而设。我国《辞海》（1979年版本）中，给地籍下的定义为："中国历代政府登记土地作为征收田赋根据之册簿。"可见，地籍最初就是为征税而设立的一种田赋清册或簿册。其主要内容包括土地面积、土壤质量及土地税额的登记。

随着社会的发展，现代地籍已经不仅仅是课税对象的登记清册了，还包括了土地调查、土地定级、土地估价、土地统计、土地产权登记和地籍档案信息管理等内容的登记簿册。

地籍管理以土地产权为核心，依法实行土地登记制度、土地权属争议调处制度、土地调查制度、土地统计制度、土地动态遥感监测制度。

（二）地籍的主要作用

设置地籍的目的，一般应由国家根据具体国情并结合土地产权者利益等因素来确定。我国的地籍已经由原来以课税为目的，扩大到产权登记、土地利用服务的多目标地籍，其主要作用可归纳如下。

1. 为维护土地产权权益等提供基础资料

地籍的核心是权属，它所记载的土地权属界址线、界址点、权源及其变更状况资料是调处土地争执、确认地权、维护社会主义土地公有制及保护土地产权合法权益的基础资料。

2. 为土地管理提供基础资料

地籍提供有关土地的空间位置、数量、质量和法律状况的基本资料，是调整土地关系、合理组织土地利用的基本依据，可以为合理配置土地资源、编制土地利用总体规划、征收土地税等土地管理工作提供基础资料。

3. 为改革与完善土地使用制度提供基础资料

实行土地有偿使用制度，需制定土地使用费和各项土地课税额的标准。反映宗地面积大小、用途、等级状况的地籍,为改革与完善土地使用制度提供了基础资料。

4. 为编制国民经济发展计划等提供基础资料

地籍所记载的有关土地资源社会经济状况,以及土地数量、质量及其分布状况与变化特征等资料与图件,为编制国民经济发展计划和土地利用年度计划提供了基础资料。

(三)地籍的分类

地籍,根据其特点、目的、作用、任务及管理层次的不同,可以分为以下几种类型。

1. 按地籍发展阶段分为税收地籍、产权地籍和多用途地籍

税收地籍是一份提供确定的宗地价值和应征税额所必需信息的宗地索引。它的主要功能是为税收服务的,要求准确地记载地块的面积和质量,在此基础上,编绘而成的地籍簿(含图),称为税收地籍。一般采用图解测量方法进行。随着经济的发展,不动产业作为社会经济的一大支柱产业而变得日益活跃,不动产交易活动也日益频繁,税收地籍的功能亦已不能满足经济发展的需要,也就促使税收地籍向产权地籍发展。

产权地籍也称法律地籍,是国家为了维护土地合法权利、鼓励土地交易、防止土地投机和保护土地买卖双方的权益而建立的土地产权登记簿册。它要求准确记载宗地的界线、界址点、权属状况、数量、质量、用途等,在此基础上,编绘而成的地籍簿(含图),称产权地籍。其最主要的特点是,凡经过产权登记的土地,其产权证明具有法律效力。一般采用解析或解析与图解相结合的地籍测量方法。

多用途地籍亦称现代地籍,是税收地籍和产权地籍的进一步发展,其目的不仅是为课税或产权登记服务,更重要的是为土地整理、土地开发、利用、保护以及全面、科学地管理土地提供信息、数据和图件资料,并逐步向技术、经济和法律等综合方向发展,其手段也将逐步采用光电、遥感、缩微、计算机技术和数字化制图。它除了要求准确地记载土地的数量、质量、位置、权属、用途外,还要求记载地块的地形、地貌、土壤、气候、水文、地质等状况,在此基础上,编制而成的地籍簿、图,称为多用途地籍。

2. 按地籍的特点和任务的不同,分为初始地籍和日常地籍

初始地籍是指在一定时期内,对县以上行政辖区内全部土地(或全部农村土地或全部城镇土地)进行全面调查后,最初建立的簿册(含图),因此又可以称之为基本地籍,但它不是历史上的第一本簿册,是对辖区内土地进行全面调查、登记、统计而建立的地籍资料系统。

日常地籍亦称经常地籍、年度地籍,它的出现是因为土地的数量、质量及其他各项地籍资料是不断变化的,要保持其现势性就必须经常对其进行更新和补充,所以日常地籍就应运而生。由此可见,它是以初始地籍为基础,针对土地数量、质量、权属及其分布和利用、使用情况的变化等进行补充、修正和更新的一种地籍,具有现势性和连续性。它和初始地籍共同构成地籍不可分割的一个完整体系,初始地籍是基础,日常地籍是对初始地籍的补充、修正、变更和完善。

3. 按照地籍行政管理的层次不同,分为国家地籍和基层地籍

国家地籍是指以集体土地所有权单位的土地和国有土地的一级土地使用权单位的土地为对象的地籍。基层地籍是指以集体土地使用者的土地和国有土地的二级使用者的土地为对象的地籍。为强化国家对非农建设用地的控制管理,可把农村宅基地及乡、镇、村企业建设用地等方面的地籍,划属于国家地籍。从地籍的功能和特征来看,国家地籍是国家为全面掌握和了解土地使用状况以进行地政管理而建立的,主要服务于土地权属的国家统一管理;基层地籍是国家地籍的分支和基础,主要服务于城市、农村土地行政工作,对其进行指导和监督,二者互为补充而形成一个完整的体系。

4. 按城乡土地的不同特点,分为城镇地籍和农村地籍

城镇地籍是以城市和建制镇城区的土地,以及独立于城镇以外的工矿企业、铁路、交通等用地类型的土地为对象而编制成的地籍簿和图。农村地籍是以城镇郊区及农村集体所有土地、国营农场使用的国有土地和农村居民点用地等为对象编制成的地籍簿和图。

较之于农村地籍,城镇地籍的内容更详细更复杂,技术要求更高,原因在于城镇土地利用率高,集约化程度高,建筑物密集,级差收益显著,所以城镇地籍需要采用较大比例尺(1∶500)和较高精度的图纸,其数据及界址要求采用精度较高的测量和面积量算的方法取得。农村地籍图纸精度的要求比城镇地籍要低。然而,农村居民点(村镇)地籍与城镇地籍也有许多相同的地方,所以,在实践中农村居民点地籍可以按城镇地籍的相近要求编制并统称为城镇村庄地籍。

地籍的发展

地籍在古代就是指土地的登记册簿,是国家为了征税而建立的一种田赋清册或簿册。从中国夏、商、周时代采用的贡、助、彻税制和井田制中已可窥见古代地籍工作的雏形。以后各封建朝代都重视土地调查和地籍清查工作。如晋代的课田制或户调制,北魏颁布的均田制,宋代王安石推行的方田法以及南宋实行经界法时记载田块的"砧基簿"(即地籍簿),明代设立的户口田帖和编制的全国土地登记簿——鱼鳞图册等。中华民国成立初期,政府为保障土地私有制,征收土地税,开始进行全国的田籍整理工作。在中国共产党领导的解放区,土地改革中没收地主土地并销毁旧地契后,曾向分得土地的农民颁发土地证书。1950年10月,中央人民政府进行"查田定产"。1986年6月25日颁布的《中华人民共和国土地管理法》规定:"集体所有的土地由县级人民政府登记造册,核发证书,确认所有权。全民所有制、集体所有制单位和个人依法使用的国有土地,由县级以上地方人民政府登记造册,核发证书,确认使用权。"

历史上最早的地籍只对土地进行描述和记载,没有涉及土地上的建筑物、构筑物。18世纪,随着社会结构发生了深刻的变化,土地的利用呈现多元化,测量技术的发展也为地籍提供了准确的地理参考系统,这时期的地籍内容增加了附属物的内容。随着社会的发展,现代地籍除了一些传统的内容外,还包括有关土地的自然属性、社会经济状况和法律状况的调查及其隶属关系的一系列记录。

二、地籍管理

(一)地籍管理的概念

地籍管理是科学管理土地的一项不可缺少的基础工作。地籍管理就是为建立地籍、编制地籍图和地籍簿而开展的土地调查、土地登记、土地统计和地籍档案管理等一系列工作。

地籍管理是科学管理土地的一项不可缺少的基础工作。按照地籍工作任务和进行时间的不同可区分为初始地籍工作和经常地籍工作。初始地籍工作指对行政区域内全部土地所进行的全面调查、分等定级、登记、统计、建立地籍档案系统。经常地籍工作是在初始地籍工作的基础上,对土地数量、质量、权属和利用状况所进行的调查、登记、统计、更改地籍图等工作,以保持地籍资料的现势性和适用性。

(二)地籍管理的内容

根据《土地管理法》,我国目前的地籍管理主要包括以下几个方面的内容。

1. 土地调查

土地调查是以查清土地的位置(界线、四至)、数量、质量、利用和权属状况而进行的调查。在不同的发展阶段,土地调查的侧重点也不同,据此,土地调查可分为土地利用现状调查、地籍调查和土地条件调查3种。土地利用现状调查是一种普查,主要是以县为单位,按土地利用现状分类查清各类用地的面积、分布和利用状况,根据不同的要求,可分为概查和详查。地籍调查包括地籍测量和土地权属调查,主要包括土地权属、位置、界址、用途(类别)、等级和面积等方面的调查。土地条件调查主要是对土壤、植被、地貌、气象、水文和水文地质等自然条件以及对土地投入、产出、收益、交通、区位等社会经济条件的调查和资料的收集、整理。土地利用现状调查、地籍调查和土地条件调查,三者可分别单独进行,也可以结合进行。

2. 土地登记

土地登记是国家用以确认土地的所有权、使用权和他项权利,依法实行土地权属的申请、审核、登记造册和核发证书的一项法律措施。目前,依照我国土地法律的规定,主要开展国有土地使用权、农村集体土地所有权和农村集体土地使用权以及土地他项权利的登记。

3. 土地统计

土地统计是国家对土地的数量、质量、分布、等级、利用和权属状况等进行统计调查、汇总与分析,提供土地统计资料,实行统计监督的制度。土地统计既是管理手段,也是一种管理方式。土地统计可分为原始统计和年度统计;土地数量统计和土地质量等。

4. 地籍档案管理

地籍档案管理是对在土地调查、分等定级、登记、统计等各项地籍管理活动中形成的历史记录、文件、图册进行收集、整理、鉴定、保管、统计、提供利用和编研等各项工作的总称。地籍档案管理是土地管理的基础性工作,是建立、健全各项土地管理制度的基础。地籍档案管理的最终目的就是为土地行政主管部门及国家其他有关部门提供服务。

上述诸项工作有一定的独立性,但又是相互衔接和联系的,它们共同组成了地籍工作体系。地籍管理的内容不是一成不变的,其各项内容也不是相互孤立存在的,而是需要相互联系和补充的。其中,土地调查和土地分等定级是基础;土地统计与土地登记是土地调查的后续工作。随着社会经济的发展和国家对地籍资料需求的增长,地籍管理的内容将不断变化和完善。

三、地籍管理的原则与手段

(一)地籍管理的基本原则

1. 地籍管理的统一性和规范性原则

为了使地籍工作规范化、制度化,实现城乡地籍的统一管理,达到预期效果,国家必须对地籍管理的各项工作制定规范化的政策和统一的技术要求。例如,地籍的簿册、图件(包括比例尺的要求)等的格式、项目、填写内容及详略程度；土地登记和统计的分类体系；填报程序和日期；土地分类系统及标准等，均应按国家的统一制度进行，地方的规定不能与全国的统一规定相矛盾。

2. 地籍资料的连续性和系统性原则

地籍管理的基本文件，应该是有关土地数量、质量和权属等状况的连续记载资料。这就决定了地籍工作不是一次性的工作，而是经常性的工作。初始地籍是最初的统计、登记资料；日常地籍是随着时间的推移而对初始地籍资料的修正和补充，它们反映了地籍资料具有连续性和动态性的特点，通过土地补充调查、评价、变更登记和经常统计，使地籍资料(数据和图件)不断更新，始终保持在现势性的水平上。初始地籍和日常地籍，各种簿、册、图等是相互联系的，具有连续性，共同构成了地籍管理信息的一个完整性系统。

3. 地籍资料的可靠性和精确性原则

为保证地籍资料的可靠性和精确性，其基础资料必须具有一定精度要求的测量、调查和土地分等定级的成果性资料。地籍中有关的地界及其权属关系，必须以相应的法律文件为依据；地籍中凡涉及到宗地的界址线、界址拐点位置的，应达到随时可以实地得到复原的要求；土地登记的面积必须准确；土地统计的面积必须达到可以相互校核的目的。

4. 地籍资料的概括性和完整性原则

所谓地籍资料的概括性和完整性是指地籍管理的对象必须是完整的土地区域空间。地籍资料必须是全部土地资源状况的记载。如全国的地籍资料其覆盖面必须是全国的土地；省级、县级和县级以下的地籍资料的覆盖面，必须分别是省级、县级和县级以下乡镇村行政区域范围内的全部土地。同时宗地或地块的地籍也必须保持一宗地或一个地块的完整性，保证宗地或地块间的地籍资料不出现间断和重漏现象。

(二)地籍管理的手段

地籍管理是一项政策性、技术性均很强的工作，所以，地籍管理不仅要充分运用行政、法律的手段，而且还要充分运用测绘、遥感和计算机等工程技术手段。

1. 行政法律手段

为了保证地籍管理各项措施的实施，国家不仅要强化行政手段，而且还必须重视地籍管理方面的立法工作。我国在民国时期就有《土地法》，其中立有"地籍篇"条款，制定了土地登记规划、荒地勘测法、土地重划办法、地价调查估计规则等地籍法规。新中国成立后，国家更重视运用行政、法律手段以促进地籍管理工作的规范化、制度化和科学化，不仅在《土地管理法》中立了土地登记、发证和建立土地调查统计制度的条款，而且还先后制定了土地登记规则、土地利用现状调查规程、城镇村地籍调查规程以及土地统计报表制度等。除此之外，地籍管理还要依靠一定的法律程序，形成必要的法律文件，作为地籍管理的法律依据。

2. 经济手段

经济手段是指根据客观经济规律，运用各种经济措施，调节各种不同经济利益之间的关系，以获得最佳的经济效益和社会效益。常用的经济手段有价格、税收、罚款等。运用经济手段时要兼顾国家、集体、个人三者利益以及中央与地方之间的利益，并与其他行政、法律、技术等手段相结合。

3. 技术手段

地籍管理中的地籍测量、地籍调查、航片调绘和转绘、面积测算、地籍图和宗地图绘制、土地利用遥感动态监测以及地籍信息系统建立等，都离不开测绘、遥感和计算机等技术手段。地籍测绘历来是地籍管理中最基本的技术手段。从地籍产生开始，就离不开土地界线的丈量和面积量算；随着现代科学技术的发展，地籍测绘工作逐步从最简易的丈量，发展到用光学仪器测量，再发展到电子全站仪完成地籍测量的全过程；地籍的测绘手段还包括航测、遥感等技术的广泛应用。计算机技术的广泛应用，大大推动了地籍管理手段的标准化和自动化，建立以计算机为手段的地籍数据库或地籍信息系统，可以实现数据采集、处理，地籍图的编绘和更新，以及数据库应用等方面的信息化管理，计算机技术是实现地籍管理科学化、现代化的重要手段。

第二节　土地调查

土地调查是指对土地的地类、位置、面积、分布等自然属性和土地权属等社会属性及其变化情况，以及基本农田状况进行的调查、监测、统计、分析的活动。

一、土地利用现状调查

（一）目的与任务

1. 目的

全面查清土地资源和利用状况，掌握真实准确的土地基础数据，为科学规划、合理利用、有效保护土地资源，实施最严格的耕地保护制度，加强和改善宏观调控提供依据，促进经济社会全面协调可持续发展。

2. 任务

（1）农村土地调查。逐地块实地调查土地的地类、面积和权属，掌握各类用地的分布和利用状况，以及国有土地使用权和集体土地所有权状况。

（2）城镇土地调查。调查城市、建制镇内部每宗土地的地类、面积和权属，掌握每宗土地的位置和利用状况，以及土地的所有权和使用权状况。

（3）基本农田调查。依据基本农田划定和调整资料，将基本农田地块落实至土地利用现状图上，掌握全国基本农田的数量、分布和保护状况。

（4）土地调查数据库及管理系统建设。建立国家、省、市（地）、县四级集影像、图形、地类、面积和权属于一体的土地调查数据库及管理系统。

（二）调查方式和工作程序

1. 调查方式

（1）土地普查。在全国或较大范围内进行全面调查，查明在某一时点或一瞬间的土地数量、质量及其利用状况。

（2）土地重点调查。一种非全面性调查，即在拟调查单位中选择一部分具有代表性的重点单位进行调查。

(3)土地抽样调查。按随机原则在用地单位总体中选取一部分单位为样本进行调查。

(4)土地典型调查。在拟调查单位中选择若干典型单位进行深入的、系统的调查。通过土地调查可以从整体上认识土地利用中存在的问题与发展趋势。

2. 调查程序

(1)准备工作：包括方案制定、人员培训、资料收集、仪器设备准备，以及调查底图制作等。

(2)工作底图制作：主要包括数字正射影像图制作和辅助信息的叠加。

(3)外业调查：主要包括土地利用调查、土地权属调查、地籍测量、表格填写、现场记录等相关工作。

(4)数据库建设：主要包括土地调查数据库及管理信息系统建设等。

(5)成果制作：主要包括土地调查图件以及表格的制作、报告编写等。

(6)检查验收：主要包括对调查成果的自检、预检、验收、核查确认等各项工作。一般由县级组织自检，市级组织复查，省级组织验收，国家组织核查、确认。

(7)成果资料归档和汇交：主要包括各项土地调查成果的存档、汇交以及数据安全工作。县级以上各级汇总主要包括建立各级数据库及管理系统，开展数据和成果汇总。

(三)土地利用现状分类

我国先后共发布过5种土地分类体系，其中广泛应用于全国土地统计的有3种，分别是：第一次全国土地详查所采用的1984版《土地利用现状分类》(八大类)；2002年以后土地利用变更调查所采用的《全国土地分类》(过渡期间使用)(也称为"过渡期分类")；第二次全国土地调查所采用的2007版《土地利用现状分类》(国家标准)。

1.《土地利用现状分类》

发布于1984年全国农业区划委员会制定的《土地利用现状调查技术规程》，采用两级分类：8个一级类、46个二级类。8个一级类分别是：耕地、园地、林地、牧草地、居民点及工矿用地、交通用地、水域、未利用土地。

《土地利用现状分类》由于对农用地的划分比较细致，常被认为是城镇以外土地的分类。土地详查和早期的土地变更调查采用这一分类。它从1984年颁布开始，一直沿用到2001年12月。

2.《城镇土地分类》

发布于1989年原国家土地管理局制定的《城镇地籍调查规程》，对城、镇、村土地分类作了细化和充实，采用两级分类：10个一级类、24个二级类。10个一级类分别是：商业金融业用地、工业仓储用地、市政用地、公共建筑用地、住宅用地、交通用地、特殊用地、水域用地、农用地、其他用地。

《城镇土地分类》用于城镇地籍调查和城镇地籍变更调查。从1989年发布开始，一直沿用到2001年12月。

3.《全国土地分类》(试行)

为了满足国家社会经济发展的需求和全国土地统一管理的需要，2001年国土资源部颁布《全国土地分类》(试行)，整合了以上两个土地分类体系，试图构建城乡统一的土地分类。采用三级分类:3个一级类、15个二级类、71个三级类。

(1)3个一级类。为《土地管理法》规定的农用地、建设用地、未利用地三大类。

(2)15个二级类。原《土地利用现状分类》8个一级类中的耕地、园地、林地、牧草地及新设的"其他农用地"等5个地类共同构成农用地;原《城市土地分类》的商服、工矿仓储、公用设施、公共建筑、住宅等5个一级类及原来两个分类中都有的特殊用地、交通用地(除农村道路)和从原《土地利用现状分类》的"水域"中分离出来的水利设施用地等共8个地类构成了建设用地;原《土地利用现状分类》的"未利用土地"(除田坎)和未进入农用地、建设用地的其他水域2个地类共同构成未利用地(未利用土地、其他土地)。

(3)71个三级地类。在原来两个土地分类的二级地类基础上调整、归并、增设而来。

4.《全国土地分类》(过渡期间使用)

鉴于2002年我国城镇和村庄地籍调查工作尚未完成,因而难以一步到位地全面实施城乡一体化分类。因此,国土资源部又补充发布了一个过渡期间使用的土地分类,自2002年8月起使用至2009年全国第二次土地调查结束。

这一分类与前者的区别在于建设用地的二级类简化为3个:居民点及工矿用地、交通用地、水利设施用地。具体操作如下:

(1)在完成城镇和村庄地籍调查的地区,按《全国土地分类》(试行)标准,结合年度土地变更调查,重点对城乡居民点和独立工矿用地,按新标准进行补充调查;对水域用地进行必要的补充调查、调整,将其"一分为三",分别归入农用地、建设用地、未利用地;依照辖区总面积不变和不重不漏的原则,将城乡土地统一合并、归类,全面过渡到新的《全国土地分类》(试行)标准。

(2)尚未完成城镇和村庄地籍调查的,其城市、建制镇和农村居民点不打开,土地变更调查与圈内的城镇和农村地籍调查仍分别进行。在过渡期内,《全国土地分类》(试行)建设用地中的商服用地、工矿仓储用地、公用设施用地、公共建筑用地、住宅用地和特殊用地等6个二级类及"交通用地"中的"街巷"1个三级地类暂不启用,仍沿用原《土地利用现状分类》中的居民点及工矿用地,编号为"20",其下的三级地类过渡期间均可暂不变动,其三级地类包括:城市用地、建制镇用地、农村居民点、独立工矿用地、盐田、特殊用地。居民点及独立工矿用地中包含的农用地、水域、其他建设用地,过渡期间均可暂不变动。

5.《土地利用现状分类》(国家标准)

2007年发布,为第二次全国土地调查所采用。该分类与《全国土地分类》(试行)类似,也是一套城乡用地统一分类体系。区别在于取消了农用地、建设用地、未利用地的划分,仍采用二级分类:12个一级类,57个二级类。

(1) 12个一级类。沿用《全国土地分类》(试行)农用地分类中的耕地、园地、林地、草地(加入未利用地中的荒草地);沿用《全国土地分类》(试行)建设用地分类中的商服、工矿仓储、住宅、特殊用地;将公用设施、公共建筑用地合并为公共管理与服务用地;撤销其他农用地、水利设施用地;将农村道路并入交通用地;将坑塘水面、沟渠、水库水面、水工建筑、未利用地中的"其他土地"合并为水域和水利设施用地;增设其他土地,包含上述地类以外的其他类型土地。

(2) 57个二级类。对《全国土地分类》(试行)的三级地类进行了归并和简化。在其他土地中增设了空闲地,指城镇、村庄、工矿内部尚未利用的土地。该标准在应用于农村土地调查时,与"过渡期分类"类似,商服用地、工矿仓储用地、住宅用地、公共管理与服务用地和特殊用地等5个一级类及交通用地中的街巷、其他土地中的空闲地等2个二级类不启用,改用城镇村居民点及工矿用地,编号为20。与原居民点及工矿用地相比,《土地利用现状分类》(国标)取消了独立工矿用地,将采矿用地与盐田合并为采矿用地(204),其他用地类型合并为风景名胜和特殊用地(205)。

《土地利用现状分类》的出台,标志着我国在统一土地分类标准中,迈出了关键性的一步,我国土地资源分类第一次拥有了全国统一的国家标准,对科学划分土地利用类型、掌握真实可靠的土地基础数据、实施全国土地和城乡地政统一管理乃至国家宏观管理和决策具有重大意义。

(四)全国第二次土地调查

1996年第一次全国土地调查完成以来,经济社会快速发展,城乡面貌发生了很大变化,原有的土地信息已难以满足新形势下节约集约用地的需要。掌握真实准确的土地基础数据,是实行最严格土地管理制度的迫切需要。为此,国家决定于2007年7月1日全面启动全国第二次土地调查,于2009年底完成。2008年2月7日,国务院发布《土地调查条例》,它是指导全国土地调查的基本依据。

1. 调查目标

第二次全国土地调查的目标是全面查清全国范围内的土地利用状况,掌握真实的土地基础数据,建立和完善我国土地调查、土地统计和土地登记制度,实现土地资源信息的社会化服务,满足经济社会发展及国土资源管理的需要。

2. 调查内容

(1)土地利用现状及变化情况,包括地类、位置、面积、分布等状况。

(2)土地权属及变化情况,包括土地的所有权和使用权状况。

(3)土地条件,包括土地的自然条件、社会经济条件等状况。

进行土地利用现状及变化情况调查时,应当重点调查基本农田现状及变化情况,包括基本农田的数量、分布和保护状况。

3. 主要任务

调查的主要任务包括,农村土地调查,查清每块土地的地类、位置、范围、面积分布和权属等情况;城镇土地调查,掌握每宗土地的界址、范围、界线、数量和用途;基本农田调查,将基本农田保护地块(区块)落实到土地利用现状图上,并登记上证、造册;建立土地利用数据库和地籍信息系统,实现调查信息的互联共享。在调查的基础上,建立土地资源变化信息的统计、监测与快速更新机制。具体任务如下。

1) 农村土地调查

农村土地调查是指对城市、建制镇以外的土地进行调查。农村土地调查是第二次土地调查的重点任务。按照调查内容,农村土地调查分农村土地利用现状调查和农村土地权属调查两部分。

(1)农村土地利用现状调查。以1∶1万比例尺为主,以县区为基本单位,按照统一的土地调查技术标准,以正射影像图为基础,实地调查城镇以外的每块土地的地类、位置、范围、面积、分布等利用状况,查清全国耕地、园地、草地、林地、农村居民点等各类土地的分布和利用现状。

(2)农村土地权属调查。农村土地权属调查主要是查清农村集体土地所有权和公路、铁路、河流以及农、林、牧、渔场(含部队、劳改农场及使用的土地)等国有土地的使用权状况,充分利用土地调查成果,加快推进土地登记发证,完成农村集体土地所有权登记发证工作。

2) 城镇土地调查

城镇土地调查是指对城镇范围以内的土地开展大比例尺调查。依据地籍调查技术规程,充分利用已有地籍调查成果,查清城镇内部建设用地的使用权状况,确定城镇内部每宗土地的界址、范围、界线、数量、用途等。通过汇总分析,掌握工业用地、基础设施用地、金融商业服务用地、房地产用地、开发园区等土地利用状况。

3) 基本农田调查

由各地组织,依据本地区的土地利用总体规划,按照基本农田保护区(块)划定资料,将基本农田保护地块(区块)落实至土地利用现状图上,统计汇总出各级行政区域内基本农田的分布、面积、地类等状况,并登记上证,造册。

4) 各级土地利用数据库建设

建立四级土地利用数据库。按照土地利用数据库建设标准,以县(区、市)为单位组织开展土地利用数据库建设,对土地利用现状数据、土地权属数据和基本农田等数据进行管理,满足县级日常变更等业务需要;在市级,以市(地、州)为单位,结合市级管理模式,整合各县级土地利用数据库,构建市级土地利用数据库,满足市级国土资源日常管理需求;以省为单位组织,对市县级土地利用数据库全面整合,建立省级土地利用数据库,满足省级国土资源管理对土地基础数据的基本需要;在中央一级,借助现有的网络系统,由国家组织建立国家级土地利用数据库,提供对各级土地数据到地块的查询检索、统计汇总、分析输出、及时调用和定期备案等功能。另外,各级数据库之间提供访问和调用接口,满足数据上传、接收、交换、备份、更新维护、日常应用等工作需要。

建立市县地籍信息系统。各市(县)按照地籍信息系统建设有关技术标准和要求,以市(县)为单位,组织建立地籍信息系统,对市(县)地籍调查和地籍测量结果的图形数据、宗地属性以及各种表、卡、册等数据信息进行集中管理,并提供编辑录入、查询统计、日常变更、制图输出、登记发证以及办公流程等管理功能,满足日常业务及管理需求。

5) 成果汇总

(1)数据汇集。在土地利用数据库的基础上,逐级汇总各级行政辖区内的各类土地利用数据以及基本农田和城镇建设用地等数据,增加非调查区域的港澳台地区的土地数据,形成国家及各级行政辖区内的综合及专题调查汇总成果。

(2)图件编制。利用数据库管理和计算机辅助制图等技术,采用缩编等手段对全国土地调查图形数据进行整理缩编,编制出国家、省、地(市)、县级系列土地利用图件(集)和各种专题图件(集)等。

(3)成果分析。根据土地调查结果,结合相关资料信息,开展土地利用状况分析。对耕地、基本农田等各类土地的数量、分布、利用结构及其变化状况进行综合分析,评判土地利用的集约节约程度,预测变化趋势,为土地开发潜力挖掘、节约集约利用土地资源提出建议。根据土地调查及分析结果,各级国土资源管理部门编制第二次土地调查报告。

为保持调查成果现势性,从2009年下半年开始,继续进行每年一次的土地变更调查工作,组织各地对土地利用变化状况进行全面调查,及时汇总调查成果;国家建立及时监测系统,运用航空(天)遥感等高技术手段,定期对重点地区、重点地类进行变化监测,并周期性覆盖全国,及时检查各地变更调查工作情况,并利用监测成果积极做好成果维护和应用工作。制定土地调查、统计、登记相关法律、法规,逐步建立稳定的常设调查队伍,保障调查经费,进一步完善全国统一的土地调查、统计和登记制度。

4. 技术方法

1) 以航空、航天遥感影像为主要信息源

农村土地调查将以 1∶1 万比例尺为主,充分应用航空、航天遥感技术手段,及时获取客观现势的地面影像作为调查的主要信息源。采用多平台、多波段、多信息源的遥感影像,包括航空、航天获取的光学及雷达数据,以实现在较短时间内对全国各类地形及气候条件下现势性遥感影像的全覆盖;采用基于 DEM 和 GPS 控制点的微分纠正技术,提高影像的正射纠正几何精度;采用星历参数和物理成像模型相结合的卫星影像定位技术和基于差分 GPS/IMU 的航空摄影技术,实现对无控制点或稀少控制点地区的影像纠正。

2) 基于内外业相结合的调查方法

农村土地调查以 1∶1 万比例尺为主,以正射影像图作为调查基础底图,充分利用现有资料,在 GPS 等技术手段引导下,实地对每一块土地的地类、权属等情况进行外业调查,并详细记录,绘制相应图件,填写外业调查记录表,确保每一地块的地类、权属等现状信息详细、准确、可靠。以外业调绘图件为基础,采用成熟的目视解译与计算机自动识别相结合的信息提取技术,对每一地块的形状、范围、位置进行数字化,准确获取每一块土地的界线、范围、面积等土地利用信息。

城镇土地调查以 1∶500 比例尺为主,充分运用全球定位系统、全站仪等现代化测量手段,开展大比例尺权属调查及地籍测量,准确确定每宗土地的位置、界址、权属等信息。地籍调查尽可能采用解析法。

3) 基于统一标准的土地利用数据库建设方法

系统整理外业调查记录,并以县区为单位,按照国家统一的土地利用数据库标准和技术规范,逐图斑录入调查记录,并对土地利用图斑的图形数据和图斑属性的表单数据进行属性联结,形成集图形、影像、属性、文档为一体的土地利用数据库。

以地理信息系统为图形平台,以大型的关系型数据库为后台管理数据库,存储各类土地调查成果数据,实现对土地利用的图形、属性、栅格影像空间数据及其他非空间数据的一体化管理,借助网络技术,采用集中式与分布式相结合方式,有效存储与管理调查数据。考虑到土地变更调查需求,采用多时序空间数据管理技术,实现对土地利用数据的历史回溯。另外,由于土地调查成果包括了土地利用现状数据、遥感影像数据、权属调查数据以及土地动态变化数据等,数据量庞大、记录条目繁多,采用数据库优化技术,提高数据查询、统计、分析的运行效率。

4) 基于网络的信息共享及社会化服务技术方法

借助现有的国土资源信息网络框架,采用现代网络技术,建立先进、高速、大容量的全国土地利用信息管理、更新的网络体系,按照"国家—省—市—县"四级结构分级实施,实现各级互联和数据的及时交换与传输,为国土资源日常管理提供信息支撑。同时,借助现有的信息网络及服务系统,依托国家自然资源和空间地理基础数据库信息平台,实现与各行业的信息共享与数据交换,为各相关部门和社会提供土地基础信息和应用服务。

二次全国土地调查比较

> 历时:第一次全国土地调查于1984年5月开始一直到1997年年底结束,历时13年之久;第二次全国土地调查于2007年7月1日全面启动,于2009年底完成,历时两年多。
>
> 调查地图:第一次全国土地调查采用的基础图件主要是不同比例尺的普通航摄照片和部分正摄影像图,是由各县到测绘部门收集,而且很多是1980—1987年期间拍摄的。大多数的外业调查是在20世纪90年代初进行的,中间间隔了五六年,大大增加了外业调绘的难度和新增地物补测的工作量,影响了调查进度和质量;第二次调查由国家统一购置航空、航天遥感资料,统一制作调查基础图件。一方面减轻了地方负担,另一方面确保了基础资料的可靠性、时效性和统一性。
>
> 技术手段:第一次调查时由于计算机应用刚刚起步,大部分内业工作是人工操作,如航片转绘、编图绘图、图件缩编等。仅面积量算采用了当时较先进的计算机扫描计算技术,但仍有少数单位采用求积仪人工计算的,工作量大耗时长。由于计算机运用程序五花八门各地不一,图件一般是薄膜成图,使后续的市级、省级数据汇总、图件缩编困难重重、进度缓慢;第二次调查采用RS、GPS、GIS等高新技术手段,为提高这次土地调查的质量和效率奠定了基础。在第二次全国土地调查中,遥感(RS)为GIS系统提供了可靠的数据源,卫星定位系统(GPS)在外业调查中获取更新数据,而地理信息系统(GIS)则对GPS获取的数据和RS提供的数据源进行了详细的信息分析与应用。

二、土地变更调查

土地变更调查是对自然年度内的全国土地利用现状、权属变化,以及各类用地管理信息,进行调查、监测、核查、汇总、统计和分析等活动。全国土地变更调查工作应在各地日常变更工作的基础上,每年集中开展一次,统一时点是当年12月31日。

(一)目的

开展全国土地变更调查工作的目的是,掌握全国年度土地利用现状变化情况,保持全国土地调查数据和国土资源综合监管平台基础信息的准确性和现势性,以满足国土资源管理和经济社会发展的需要。

(二)工作内容

全国土地变更调查工作应在上年度国土资源遥感监测全国"一张图"的基础上,各级国土资源主管部门将日常管理形成的"批、供、用、补、查"用地管理及矿产资源勘查开发监管等信息,实时叠加到"一张图"上,逐步实现实时变更。各地要及时利用年度土地变更调查结果,更新下一年度国土资源遥感监测全国"一张图",并保持综合信息监管平台相关信息更新的连续性与现势性。

在遥感数据需求统筹的基础上,采购当年覆盖全国的最新遥感影像数据,加工制作遥感正射影像图,内业提取当年新增建设用地图斑,开展遥感监测工作,辅助开展变更调查。同时提供给相关矿政业务部门,利用遥感影像对矿产地储备范围进行监督管理。

以县(市、区)为单位,全面开展土地利用现状变化调查,查清年度内各类土地的实际变化情况,重点查清建设用地、耕地的年度变化情况。

以县（市、区）为单位，开展用地管理信息调查，查清年度内各类新增建设用地的审批情况、用地合法性情况、"批而未用"土地情况、基本农田保护情况、土地整理复垦开发补充耕地情况等日常用地管理信息。

依据年度变更调查结果和日常变更结果，按照数据库建设的国家标准和规范，实时更新土地调查数据库。每一年度，年底按统一时点要求，全面更新各级土地调查数据库。

依据调查结果，开展土地变更调查结果数据的分析工作，对年度土地利用现状变化情况及耕地保护、基本农田保护、土地利用计划安排使用、土地节约集约利用、违法用地与土地督察等情况进行分析，并提出对策与建议，编写分析报告。

三、土地调查成果

土地调查成果包括数据成果、图件成果、文字成果和数据库成果。土地调查数据成果，包括各级行政区各类土地面积数据、各类土地的权属信息数据、基本农田面积数据、不同坡度等级的耕地面积和城镇土地利用分类面积数据等。土地调查图件成果，包括土地利用现状图、土地权属界线图、基本农田分布图、耕地坡度分级图、城镇土地利用现状图等。土地调查文字成果，包括土地调查工作报告、技术报告、成果分析报告和其他专题报告等。土地调查数据库成果，包括土地利用数据库、土地权属数据库、遥感影像数据库、基本农田数据库和地籍数据库等。

第三节 地籍调查

一、相关概念

（一）地籍调查

地籍调查，是依照有关法律程序，通过权属调查和地籍测量，查清每一宗土地的权属、界址、位置、面积、用途等，形成地籍调查数据、图件等调查资料，并在此基础上进行土地登记和土地统计的过程。地籍调查是土地登记的前期基础性工作，其资料成果经土地登记后，具有法律效力。

（二）地籍总调查和日常地籍调查

地籍总调查，是在一定时间内，对辖区内或者特定区域内土地进行的全面地籍调查。

日常地籍调查，是因宗地设立、灭失、界址调整及其他地籍信息的变更而开展的地籍调查。

（三）调查单元

地籍调查的基本单元是宗地。

在地籍子区内，划分国有土地使用权宗地和集体土地所有权宗地；在集体土地所有权宗地内，划分集体建设用地使用权宗地、宅基地使用权宗地。

两个或两个以上农民集体共同所有的地块，且土地所有权界线难以划清的，应设为共有宗；两个或两个以上权利人共同使用的地块，且土地使用权界线难以划清的，应设为共用宗。土地权属有争议的地块可设为一宗地。

公用广场、停车场、市政道路、公共绿地、市政设施用地、城市(镇、村)内部公用地、空闲地等可单独设立宗地。

(四)宗地和宗地图

宗地,是土地权属界址线封闭的地块或空间。

宗地草图,是描述宗地位置、界址点、界址线和相邻宗地关系的现场记录。界址线,是宗地的边界线。界址点,是土地权属界址线的转折点。

宗地图,是描述一宗地位置、界址点线和与相邻宗地关系等要素的地籍图,是土地证书和宗地档案的附图。

宗地代码。①代码结构。宗地代码采用五层19位层次码结构,按层次分别表示县级行政区划、地籍区、地籍子区、土地权属类型、宗地顺序号。②编码方法。第一层次为县级行政区划,代码为6位,采用《中华人民共和国行政区划代码》(GB/T 2260)。第二层次为地籍区,代码为3位,用阿拉伯数字表示。第三层次为地籍子区,代码为3位,用阿拉伯数字表示。第四层次为土地权属类型,代码为2位。其中,第一位表示土地所有权类型,用G、J、Z表示,G表示国家土地所有权,J表示集体土地所有权,Z表示土地所有权争议;第二位表示宗地特征码,用A、B、S、X、C、W、Y表示,A表示集体土地所有权宗地,B表示建设用地使用权宗地(地表),S表示建设用地使用权宗地(地上),X表示建设用地使用权宗地(地下),C表示宅基地使用权宗地,W表示使用权未确定或有争议的土地,Y表示其他土地使用权宗地,用于宗地特征扩展。第五层次为宗地顺序号,代码为5位,用00001~99999表示,在相应的宗地特征码后编码。

(五)地籍图

地籍图,是按特定的投影方法、比例关系,采用专用符号,突出表示地籍要素的地图。

地籍图比例尺。地籍图可采用1∶500、1∶1000、1∶2000、1∶5000、1∶10 000和1∶50 000等比例尺。

集体土地所有权调查,其地籍图基本比例尺为1∶10 000。有条件的地区或城镇周边的区域可采用1∶500、1∶1000、1∶2000或1∶5000比例尺。在人口密度很低的荒漠、沙漠、高原、牧区等地区可采用1∶50 000比例尺。

土地使用权调查,其地籍图基本比例尺为1∶500。对村庄用地、采矿用地、风景名胜设施用地、特殊用地、铁路用地、公路用地等区域可采用1∶1000和1∶2000比例尺。

二、地籍调查的类型

(一)地籍调查的目的

地籍调查是土地登记法律行为的重要程序,是建立地籍管理制度的必要手段。地籍调查的目的是核实宗地的权属和确认宗地界址的实地位置并掌握土地利用状况;通过地籍测量获得宗地界址点的平面位置、宗地形状及其面积的准确数据,为土地登记、核发土地权属证书提供科学依据。

(二)地籍调查的类型

(1)按调查的时期和任务不同,可分为初始地籍调查和变更地籍调查,前者是指在初始登记前进行的区域第一次普遍调查,后者则是指在土地变更登记前对变更宗地的调查。通过初始地籍调查和变更地籍调查以保持地籍的现势性。

(2)按地籍调查的地域特征划分,有城镇地籍调查和农村地籍调查。目前,我国开展的地籍调查是在城市、建制镇、独立工矿区进行的,同时也包括集镇和村庄。农村地籍调查是在土地利用现状调查中,结合土地权属界线调查完成的。

(3)按地籍调查的内容分,包括权属调查、地籍测量两项工作。

(三)地籍调查的内容

地籍调查包括土地权属调查和地籍测量。

1. 权属调查

土地权属调查是对土地所有者或使用者的土地权属及其权利所及的位置、界址、数量和用途等基本情况的调查工作。权属调查是地籍调查的核心。权属调查的基本单元是宗地。权属调查可分为宗地权属状况调查、界址点认定调查、土地利用类型调查等3项工作。界址调查是权属调查的重点,目的是确定土地位置及权属范围,是土地使用者最关心的问题。界址的认定必须严格按照法定程序进行。

2. 地籍测量

在土地权属调查的基础上,借助测量仪器,以科学方法,在一定区域内测量每宗土地的权属界线、位置、形状及地类界线等,并计算其面积和绘制地籍图,为土地登记提供依据。其主要内容包括:地籍控制测量、界址点测量、地籍图测绘和面积量算等。

权属调查和地籍测量有着密切的联系,但也存在着质的区别。前者主要是遵循规定的法律程序,根据有关政策,利用行政手段,确定界址点和权属界线的行政性工作;后者则主要是将地籍要素按一定比例尺和图示绘于图上的技术性工作。

三、地籍数据库和地籍信息系统建设

地籍总调查结束后,应将成果资料按照地籍数据库建设的要求入库,并建设地籍信息系统。日常地籍调查后,应对地籍数据库进行更新,维护升级地籍信息系统。

(一)地籍数据库建设

1. 地籍数据库内容

地籍数据库包括地籍区、地籍子区、土地权属、土地利用、基础地理等数据。

土地权属数据主要包括宗地的权属、位置、界址、面积等。

土地利用数据主要包括行政区(含行政村)图斑的权属、地类、面积、界线等。

基础地理数据主要包括数学基础、境界、交通、水系、居民地等。

2. 地籍数据库的建设、更新与维护

地籍数据库建设、更新与维护的主要工作内容包括:准备工作、资料预处理、数据库结构设计、数据采集和编辑处理、数据建库、质量控制、成果输出、文字报告编写、检查验收、成果归档、数据库更新与应用、数据库运行与管理等。

(二)地籍信息系统建设

1. 建设原则

(1)实用性。系统的建设应围绕日常地籍管理业务,针对不同的业务特点和业务流程,设计操作简便、结构合理、运转流畅的系统,切实提高地籍管理工作的效率。

(2)稳定性。应按照软件工程的要求进行质量控制,在系统功能和流程设计上要充分考虑容错能力,在系统可能出现软硬件故障的情况下,保障数据的安全。

(3)易操作性。方便易学、易于操作,可实现全菜单式处理和各种快捷键操作。

(4)安全性。系统应形成相对独立的安全机制,能够有效防止系统外部的非法访问,应实现方便的操作控制和存取控制,提供便捷数据备份和恢复能力。

(5)先进性与开放性。在系统的总体架构上,采用成熟、可靠、先进的技术,选用主流的网络环境、硬件产品和软件平台,系统应具有一定的灵活性,便于业务功能扩展和软硬件升级等。

2. 主要功能

(1)数据采集与交换。系统应支持多种形式的数据采集方式和主流的数据格式交换。

数据采集方式:能实现数字化仪、屏幕数字化、扫描数字化和 GPS 接收机、全站仪、数字测图和数字摄影测量等系统的数据导入与编辑等。

数据格式交换:能与主流的地理信息系统(GIS)、计算机辅助制图系统(CAD)等软件系统所支持的数据格式进行交换。数据交换后应做到有效信息无损失、数据转换精度在允许的范围内、符号系统自动匹配等。

(2)坐标转换与投影变换。地籍信息系统所采用的平面坐标系应能够与 1980 西安坐标系、1954 年北京坐标系、2000 国家大地坐标系统、地方坐标系统、独立坐标系等坐标系统之间建立有效的转换关系,能够进行坐标转换。

地籍信息系统所采用的高程基准应与 1956 年黄海高程系、1985 年国家高程基准和独立高程系统等高程基准之间建立有效的转换关系,能够进行高程转换。

地籍信息系统所采用的投影应与高斯-克吕格投影 3°带与 6°带之间建立有效的变换关系,能够进行投影变换。

(3)数据编辑与处理。应有数据复制、修改、移动、增加、删除、剪切等图形编辑及属性增加、插入、修改、删除等功能。图形编辑能够实现空间几何实体拓扑错误检查和拓扑关系维护,确保图形数据与属性数据的一致性。能够实现扫描纸质的申请书、调查表、审批表、土地证,以及权属来源证明文件等资料与属性信息的挂接。支持长事务数据处理、时点数据的恢复和历史数据的管理。

(4)数据检查。应实现数据的完整性检查,数据结构正确性检查,数据内容完备性检查,层间与层内图形拓扑关系检查,图形与属性数据一致性检查等。

(5)工作流管理。实现地籍调查、土地登记、土地统计等业务的流程管理。

(6)查询统计。能够实现单一条件的图形、属性信息查询;能够实现任意时间点、任意时间段、组合条件的图形、属性信息查询;能够实现报表的定制、报表的统计和统计图的制作等。

(7)空间分析。提供空间数据的叠加、抽取、裁剪、临近、缓冲等空间分析功能。

(8)元数据管理。提供元数据的采集、编辑、检索、查询、维护与更新等管理功能。

(9)系统维护与升级。提供用户的操作权限和口令密码维护、数据字典和日志管理维护、系统安全管理与升级更新等功能。

第四节 不动产登记管理

一、不动产登记概述

(一)不动产与不动产登记

将物划分为动产和不动产,最早起源于罗马法,也是各国立法通行的做法。关于不动产的概念和范围,存在两种立法体例。一种立法例规定,不动产是指不能移动或移动后必然毁损其经济价值的物。包括土地、土地上的固着物(如建筑物、固定于土地上的机器设备等)、不能与土地分离的物(如土地和出产物、果实、树木、种子、肥料等)。此种体例以《德国民法典》《日本民法典》《意大利民法典》及我国台湾地区《民法》为代表。另一种立法例规定,不动产是指依性质或用途不可移动、权利客体不可移动、法律规定不可移动的财产。包括土地、建筑物、固定于土地和建筑物之上的和物、土地之上不可与土地分离的物(如土地出产物、种子、肥料、农具、不动产的使用收益权、地役权、返还不动产的诉讼权等)。此种体例以《法国民法典》为代表。

关于不动产的定义和范围,我国学理和立法皆倾向于前述第一种立法体例。在梁慧星和王利明分别主持的《民法典》草案建议稿中,都对不动产进行了界定:王利明(2005)主张"不动产是指依其自然性质不能移动,或者一经移动便使其用途受到损害的物,包括土地、土地定着物、与不动产尚未分离的出产物等。梁慧星(2004)认为"不动产,是指依自然性质或者法律规定不可移动的物,包括土地、土地定着物、与土地尚未脱离的土地生成物、因自然或人力添附于土地并且不能分离的其他物。"在我国立法上,1986 年的《民法通则》虽提及不动产的概念,但未予明确定义。1995 年的《担保法》第九十二条第一款规定"本法所称不动产是指土地以及房屋、树木等地上定着物。"2007 年颁布的《物权法》仅在其第二条第二款中提及不动产的概念,亦未明确定义。2014 年《不动产登记暂行条例》第二条第二款规定:"本条例所称不动产,是指土地、海域以及房屋、林木等定着物。"

我国立法中对不动产的界定

> 我国《民法通则》中没有关于不动产和动产划分的规定。《物权法》中对不动产亦没有一个清楚、明确的定义,尽管《物权法》第二条第二款将物分为动产和不动产,却始终没有对"不动产"进行界定。在《不动产登记暂行条例》颁布之前,我国立法上明确对"不动产"一词进行界定的只有 1995 年颁布的《担保法》第九十二条第一款规定:"本法所称不动产是指土地以及房屋、林木等地上定着物。"此条以列举的方式对"不动产"做出了定义。
>
> 2014 年《不动产登记暂行条例》(国务院令第 656 号)第二条第二款规定:"本条例所称不动产,是指土地、海域以及房屋、林木等定着物。"通过列举明确外延的方式来确定了不动产的概念。

在我国,无论是学者还是立法对不动产的界定主要表现为:在内涵上强调其不可移动性,在外延上,强调其与土地的相关性。不动产的概念注定是一个历史的概念、不断发展的概念,必须具备与时俱进、外延开放的特点。也就是说,不动产的内涵会随着社会的发展进程不断发生调整,其外延有不断扩张的趋势,当然也有可能发生某些曾经是不动产的物不再成为不动产的情况(熊玉梅,2014)。

我国《物权法》第二条给出了"物权"的定义:是指权利人依法对特定的物享有直接支配和排他的权利。物权是对世权,不特定的第三人负有不作为的义务。因此,物权的主体、内容应该通过一定方式告知于不特定的第三人,以便使其履行不作为的义务。此外,出于交易安全的考虑,应通过法律保护、国家信用担保的方式表征物权的内容、主体等,以便买受人放心交易。这种物权的表征方式就是指物权公示。

所谓物权公示,是指"以一定方式确认和表现物权权属状况,并使外界通过这一方式足以明辨和信赖该状况,对此负有不作为义务的责任。"(胡志刚,2006)根据物权公示原则,不动产物权发生变化时需要以一定方式公示,以便更好地发挥不动产物权的排他作用,这种公示的方法就是不动产登记。因不动产登记的内容,就是关于不动产的种种物权变动的登记,所以不动产登记又被称之为不动产物权登记。

不动产登记,是指法定的不动产登记机构依当事人的申请或依职权,按法定程序,对不动产的客观状态或不动产上之权利及其变动情况记载于登记机构专门设置的统一的不动产登记簿的事实或行为(孙宪忠,1996)。

不动产登记制度是指"一国根据自己国家的社会实际和法律渊源所构建的不动产物权变动的立法体例"(常昱等,2009),在物权公示的方法中处于核心地位。

(二)土地登记与其他不动产登记的关系

依据被登记的不动产的不同,不动产登记包括土地登记,以及房屋登记等其他不动产登记。土地是其他不动产(房屋、林木等定着物)的载体,由此土地登记是不动产登记的基础(程尧等,2013)。以土地登记为核心、为基础建立我国的不动产统一登记制度不仅尊崇了土地自然属性,符合国际通行做法和我国国情,而且更加有利于保护不动产权利人的合法权益,促进经济的繁荣发展,促进我国经济社会的科学发展和可持续发展。

从产权客体空间关系来看,林权、草原权、耕地承包经营权在空间上是区域性的、不连续,难以全部覆盖国土空间,而且在交错区域还存在重叠,难以作为统一登记的基础。缺乏土地空间方位数据,则无法体现土地及地上定着物之间的相互关系。从不动产依存关系来看,地上与地下物权是随着城市化、工业化进程的加快,土地的立体化利用而出现的土地权利。相互独立的地上定着物,与土地具有依附关系,组成空间位置相对固定的不动产整体。

因此,建立以土地为基础的不动产统一登记制度,不仅能够建立空间上连续的、全覆盖的产籍资料,而且能够避免产权的空间纠纷。

(三)不动产登记制度的演变

1. 分别登记制度

由于种种原因,我国长期以来是采用不动产分别登记的制度。我国的不动产因管理机构不同而由不同的机构登记,如房屋由住房和城乡建设部门主管和登记,建设用地使用权和集体土地所有权等由国土资源部门负责登记,草地由农业部门进行主管和登记,林地由林业部门进行管理和登记,承包经营的耕地是由农业部门进行登记。另外还有一些不动产或者权利由其他的部门进行管理和登记,如水面、滩涂的养殖使用权由渔业部门进行管理和登记,滩涂由国家海洋部门进行登记。除此之外,不动产抵押权的登记,有的由国土资源部门负责,有的由住房和城乡建设部门负责,有的甚至由工商部门负责等。

之所以各个部门都对不动产进行登记,主要是各个部门都有各自的法律作为依据,如《森林法》《草原法》《农村土地承包法》《城市房地产管理法》《渔业法》《海域使用管理法》《担保法》等。国土资源部门对土地进行登记则依据的是《土地管理法》,并且此法第十一条第三款还明确规定"确认林地、草原的所有权或者使用权,确认水面、滩涂的养殖使用权,分别依照《中华人民共和国森林法》《中华人民共和国草原法》和《中华人民共和国渔业法》的有关规定办理",承认了土地分散登记的现状。

在不动产统一登记制度建立之前,各类不动产登记的范围、内容、登记机关不同,且分类颁发权利证书。

2. 统一登记制度

从各国通行的做法来看,土地登记是不动产统一登记的基础(邱烈飞,2006),大多数国家和地区都是由土地主管部门负责登记。世界上大多数国家都是将地上建筑物、林木等作为土地的组成部分,土地登记就包括地上附着物的登记。大陆法系国家是直接在法律中将地上房屋、林木等规定为土地的一部分。在英美法系国家,虽然很少有关于土地的成文法,但是其关于财产法的书籍和法律辞典一般都认为土地是由地表、地表上空以及地表下部所组成的一个立体的空间,以及在其中生长或永久附着的任何东西。它不仅包括地上的空间,地下的泥土,而且包括生长在土地上的植物,建在地上的建筑物、固定设施,土地附属物及土地的权益等。

从自然属性上来看,土地是万物之本,是最重要、最基础的不动产。土地具有基础性,任何其他不动产,如房屋、林木等,都不得不依附于土地而存在。实践中,其他不动产进行登记时,也不得不记录该不动产的坐落位置等有关土地的信息。以土地为基础进行登记,可以包容其他的不动产物权的登记,而其他不动产的登记则无法包容无地上附着物的土地的登记;土地具有永续性,附着于土地的房屋、林木、牧草等经常因灭失、砍伐等原因发生变动,仅有土地是相对永恒不变的,以土地为基础统一不动产登记有利于保持登记的持续性和长久性(蔡卫华,2013)。

我国《物权法》第十条明确规定国家实行不动产统一登记制度,但受部门体制的约束,不动产统一登记制度一直未能建立,不动产重复登记、机构重叠的问题长期存在。2004年国务院颁布的《关于深化改革严格土地管理的决定》(国发〔2004〕28号)明确指出,国土资源部要会同有关部门抓紧建立和完善统一的土地分类、调查、登记和统计制度。2013年党的十八届三中全会通过的《中共中央关于全面深化改革若干重大问题的决定》(以下简称《决定》)提出,"健全自然资源资产产权制度和用途管制制度","对水流、森林、山岭、草原、荒地、滩涂等自然生态空间进行统一确权登记,形成归属清晰、权责明确、监管有效的自然资源资产产权制度"。习近平总书记在关于《决定》的说明中指出"山水林田湖是一个生命共同体……由一个部门负责领土范围内所有国土空间用途管制职责……"。为此,《决定》要求在不动产统一登记的基础上,"对水流、森林、山岭、草原、荒地、滩涂等自然生态空间进行统一确权登记,形成归属清晰、权责明确、监管有效的自然资源资产产权制度"。2013年11月20日,国务院第31次常务会议正式决定将分散在多个部门的不动产登记职责整合由国土资源部一个部门承担,建立不动产统一登记制度,由国土资源部负责指导监督全国土地、房屋、草原、林地、海域等不动产统一登记职责,实现登记机构、登记簿册、登记依据和信息平台"四统一"的目标。2014年11月24日,国务院第656号令《不动产登记暂行条例》出台,对不动产登记的基本原则、程序和主要制度做了框架性规定,标志着我国不动产统一登记制度的正式建立。2016年1月1日,《不动产登记暂行条例实施细则》正式颁布实施,标注着我国以《物权法》为统领,以《不动产登记暂行条例》为核心,以《不动产登记暂行条例实施细则》等配套规章规范为支撑的不动产统一登记制度体系基本形成。

《物权法》在不动产登记方面的创新性规定(中国土地学会等,2007)

> 《物权法》贯彻不动产物权公示的原则,在不动产登记方面作出了多项创新性规定:一是确立了不动产统一登记制度;二是确立了不动产登记生效原则;三是对更正登记、异议登记和预告登记制度作出了明确规定;四是明确了不动产登记簿的效力和登记机构的职责;五是明确了不动产登记机构的赔偿责任。

二、不动产登记机构

(一)不动产登记机构的性质与设置

不动产登记机构,也称不动产登记机关,它是负责不动产登记活动的组织,在整个不动产登记中占据非常重要的地位。从比较法上来看,不动产登记机关的设置,大致有行政机构模式、法院模式和混合模式(程啸,2011)(表2-1)。从国际通行做法来看,无论采用何种性质的机构,一般都设立了专门的登记机构对不动产进行统一登记。统一的登记机构是不动产变动公示具有公信力的基本要求,由专门机构对不动产进行统一登记,才能使不动产登记信息规范、集中、连续,便于查阅和避免错误的发生,符合效率的原则。

1. 行政机关作为不动产登记机构的模式

由行政机关来负责不动产登记是许多国家和地区采取的模式,登记机构的性质,一种是行政机关,如澳大利亚、法国、美国的大多数州、意大利、瑞典、我国台湾地区、我国香港特别行政区等;还有一种是司法行政机关,如英国、新西兰、日本以及我国澳门特别行政区等。

行政机关作为登记机构,可以保证登记的权威性,效力的统一性,并且办事效率高、威信高。行政机关还可以利用自身的职权对登记进行实质性审查。

2. 法院作为不动产登记机构的模式

由法院负责不动产登记的国家主要有德国、韩国、奥地利等。

不动产登记机构从属于法院系统,可以保证登记的中立性、公示的权威性、效力的终极性,有利于实现不动产物权变动和保护,公信力特别强。

3. 混合模式

瑞士采取的是混合模式。瑞士是一个联邦制国家,它有多个不动产登记体系,即联邦的不动产登记体系与各州的不动产登记体系。在联邦层面,负责不动产登记的是行政机关。而在州的层面,不动产登记机构的性质各异,大致有3种类型:①不动产登记机构属于行政机关。例如,Basel市的不动产登记机构就是市政府建筑与交通部的登记簿与测量局。而在Glarus州,不动产登记处是国民经济与内政部的经济与劳动局的下属机构。②公证机构负责不动产登记。例如,在Zurich州,依据该州《公证法》第一条,不动产登记簿的设置、管理以及登记事务由公证处负责。③不动产登记机构隶属于法院。在一些州地方,不动产登记机构为地方法院。例如,在 Luzern 州,不动产登记局就属于司法机构,它隶属于 Luzern 州法院并受到登记簿监督员的监督。

表 2-1　国际上登记机构的性质

登记机构的性质	国家或地区	不动产登记机构
行政机构模式	澳大利亚	各州土地登记局
	法国	抵押权登记机构
	美国的大多数州	各州的县政府
	意大利	经济财政部下属的一个机构
	瑞典	制图、地籍和土地登记局
	台湾地区	地政机关下属的地政事务所
	香港特别行政区	土地注册处
	澳门特别行政区	行政法务司下属的法务局下的物业登记局
	英国	司法部领导下的土地登记局
	新西兰	司法部领导下的土地登记办公室
	日本	法务省下的法务局
法院模式	德国	地方法院内设的土地登记局
	韩国	地方法院内的登记所
	奥地利	地方法院内的登记机构
混合模式	瑞士	联邦层面,是联邦不动产登记局
		州的层面,登记机构有的属于行政机关,有的隶属于法院,有的是公证处

(二)我国不动产登记机构的统一

统一不动产登记遵循的是不动产的自然规律和国际通行做法,世界上绝大多数国家实行的是统一登记。在我国,长期以来各类不动产登记职责分散在不同的部门,土地、房屋、林地、草原、海域等不同的不动产权利分别由不同部门登记,形成"九龙治水"的局面。

根据我国不动产登记制度的历史沿革,我国长期以来将登记作为行政职能而不是物权公示的方法,从而形成以行政职能来确定不动产登记部门的历史传统。例如,城建部门负责房屋产权登记;海洋行政管理部门负责海域使用权登记等。与此同时,同一部门之内还进行分级管理,例如我国法律规定由县级以上地方人民政府地产行政主管部门负责管理房屋的产权、产籍,这个"县级以上"就包括县、市、省政府和国务院多级的房地产行政主管部门。多部门承担不动产登记职责,"多头管理,分级登记"的现象为我国大陆所独有。

随着社会主义市场经济体制逐步完善,人民群众财产权意识不断提高,对产权保障和交易安全的要求日益提升,分部门对不动产进行分散登记的弊端日益显现。分部门登记导致不动产权利相互交叉、重叠,不利于权利人保护自己的合法权益,不利于不动产交易安全,影响市场决定性作用的充分发挥和有效运行。同时,由于登记机构设置重复,登记部门多,人为地增加了公民和社会组织负担,影响政府行政效率和公信力。

继国务院第31次常务会议明确由国土资源部负责指导监督全国土地、房屋、草原、林地、海域等不动产统一登记职责后,2014年5月7日,国土资源部办公厅下发《关于在地籍管理司加挂不动产登记局牌子的通知》(国土资厅函〔2014〕402号),在国土资源部地籍管理司加挂不动产登记局牌子,承担指导监督全国土地登记、房屋登记、林地登记、草原登记、海域登记等不动产登记工作的职责。

地籍管理司(不动产登记局)是国土资源部负责指导监督全国土地、房屋、林地、草原、海域等不动产登记和组织指导土地调查、统计、遥感监测、不动产权属争议调处的职能部门。主要任务是:拟订地籍管理办法;拟订不动产确权、登记、争议调处办法并监督指导工作,会同有关部门调处重大不动产权属争议;会同林业部门负责国务院确定的重点国有林区森林、林木、林地的登记发证;会同海洋部门负责国务院批准项目用海、用岛的海域使用权和无居民海岛使用权的登记发证;承担各类不动产登记资料的收集、整理、共享、汇交管理和归档;拟订土地调查、监测、统计的标准规范和全国土地调查、监测总体方案并组织实施;指导地方地籍管理和不动产登记工作[①]。

三、不动产登记类型

不动产登记是指不动产登记机构依法将不动产权利归属和其他法定事项记载于不动产登记簿的行为[②]。依据不同的标准,不动产登记可以区分为不同的类型。例如,依据登记的权利性质,可分为实体权利登记与程序权利登记。依据登记的事项,可以分为所有权登记与他项权利登记。依据登记是否有终局效力,可分为本登记与预备登记。依据不动产的类型,可以分为土地登记、房屋登记与其他不动产登记等。

上述分类中,有些属于立法上的分类,如初始登记、设立登记、变更登记、转移登记与注销登记的区分以及土地登记、房屋登记与其他不动产登记的区分;有些属于学说上的分类,如实体权利登记与程序权利登记的区分等(程啸,2011)。

(一)实体权利登记与程序权利登记

依据登记的权利性质,可以分为实体权利登记与程序权利登记。

所谓实体权利登记,就是指对于当事人所享有的实体权利的登记。而所谓程序权利登记,在不动产法上就是顺位登记。所谓顺位,是指对他人的不动产所享有的权利在该不动产所承担的一系列他人权利中的顺序中的位置(孙宪忠,1997)。一切不动产客体上均可承担性质各不相同的多个不动产物权,如在一项地产之上,即可同时存在所有权、以使用收益为目的的用益权、以管线架设为目的的地役权、租赁权、依顺位排列的多个抵押权等。在一个不动产之上负担两个以上的他物权时,这些他物权有一个权利实现竞争的问题。这些权利的权利人能否全部实现其权利,完全取决于他们的权利所处的登记顺位(孙宪忠,2001)。

---

① 参见 http://www.mlr.gov.cn/bbgk/jgsz/bnss/djgls/201408/t20140819_1327433.htm,2014-08-19。
② 参见《不动产登记暂行条例》第二条第一款。

(二)所有权登记与他项权利登记

依据登记的事项,可以分为所有权登记与他项权利登记。

顾名思义,所有权登记就是以不动产的所有权为对象而进行的登记。所有权登记之外的其他登记一般称之为他项权利登记,它们是在不动产所有权确立之后因对所有权的各种变更,或者说是所有权人对其不动产的各种处分产生新的物权形态而必须进行的登记。一般包括:①创设物权登记,如在不动产上创设使用权、用益权、地役权、抵押权,以及设立有物权化倾向的租赁权的登记等。②移转物权登记,即已完全成立的物权作为独立财产在民事主体之间进行转让而进行的登记,在我国,它包括不动产的所有权、使用权、用益权、抵押权的移转登记。③变更物权登记,指在不涉及其他人的情况下权利主体对自己的权利内容的变更,如国有土地使用权的权利人变更土地使用目的,或者扩大与缩小原来的权利范围的登记等。④废止物权登记,包括权利人抛弃其不动产物权的登记,和不动产因自然灭失而进行的登记等(孙宪忠,1996)。

(三)本登记与预备登记

依据登记有无终局效力,可将不动产登记分为本登记与预备登记。本登记是对将不动产物权的设立、变更、转让、消灭等法律事实进行的登记,它具有终局、确定的效力,因此又称"终局登记"。预备登记是在本登记之前进行的登记,不具有终局、确定的效力,其主要目的在于保护权利人的合法权益。

本登记中依据登记的效力类型,又可以分为初始登记、设立登记、变更登记、转移登记(也称"转让登记""过户登记")、注销登记与更正登记。预备登记包括异议登记与预告登记(程啸,2011)。

(四)我国的不动产登记类型

《物权法》第六条规定,"不动产的设立、变更、转移和消灭,应当依照法律规定登记"。按照《物权法》的规定,同时吸收和借鉴《土地登记办法》《房屋登记办法》等相关规定,2014年11月24日国务院颁布的《不动产登记暂行条例》(以下简称《暂行条例》)中规定的不动产登记类型包括:不动产首次登记、变更登记、转移登记以及注销登记;其他特殊登记类型包括更正登记、异议登记、预告登记、查封登记等(国土资源部不动产登记中心,2014)。

1. 不动产首次登记

不动产首次登记作为一种登记类型,是《暂行条例》的首创,在《暂行条例》出台之前,存在着土地总登记、初始登记、设立登记等相关登记类型,名称和内涵并不统一,《暂行条例》将其统一归纳为了首次登记。

2. 变更登记

不动产权利人的姓名或者不动产坐落等发生变化的,权利人应当向不动产登记机构申请变更登记。变更登记的主要情形包括:权利人姓名或者名称变更的;不动产坐落、名称、用途、面积等自然状况变更的;不动产权利期限发生变化的;同一权利人分割或者合并不动产的;抵押权顺位、担保范围、主债权数额、最高额抵押债权额限度、债权确定期间等发生变化的;地役权的利用目的、方法、期限等发生变化的;法律、行政法规规定的其他不涉及不动产权利转移的变更情形。

3. 转移登记

转移登记主要针对不动产权属发生转移的,这是各种不动产权利登记中最为普遍的一种登记类型,主要情形包括:买卖、继承、遗赠、赠与、互换不动产的;以不动产作价出资(入股)的;法人或者其他组织因合并、分立等原因致使不动产权属发生转移的;不动产分割、合并导致权属发生转移的;共有人增加或者减少以及共有不动产份额变化的;因人民法院、仲裁委员会的生效法律文书导致不动产权属发生转移的;因主债权转移引起不动产抵押权转移的;因需役地不动产权利转移引起地役权转移的;法律、行政法规规定的其他不动产权利转移情形。

4. 注销登记

不动产权利灭失的,权利人申请注销登记。注销登记在各种不动产登记中已经普遍存在。注销登记主要包括申请注销登记和嘱托注销登记两种情形。申请注销登记的情形主要包括:因自然灾害等原因导致不动产灭失的;权利人放弃不动产权利的;不动产权利终止的;法律、行政法规规定的其他情形。嘱托注销登记的情形主要包括:依法收回国有土地、海域等不动产权利的;依法征收、没收不动产的;因人民法院、仲裁机构的生效法律文书致使原不动产权利消灭,当事人未办理注销登记的;法律、行政法规规定的其他情形。

5. 更正登记

更正登记一般是指登记机构根据当事人的申请或者依职权对登记簿的错误记载事项进行更正的行为。《物权法》第十九条规定:"权利人、利害关系人认为不动产登记簿记载的事项错误的,可以申请更正登记。不动产登记簿记载的权利人书面同意更正或者有证据证明登记确有错误的,登记机构应当予以更正。"更正登记是《物权法》确定的一项新的登记类型,在日常登记实践中普遍存在。不动产登记工作实践中,由于各种原因难以避免地会导致各种错误,创设更正登记制度原因就在于通过规范纠正登记错误的程序,达到合法纠正登记错误之目的。《土地登记办法》和《房屋登记办法》也都对更正登记制度做出了更具有操作性的规定。

6. 异议登记

异议登记是指登记机构将事实上的权利人以及利害关系人对不动产登记簿记载的权利所提出的异议申请记载于不动产登记簿的行为。异议登记是《物权法》规定的一项新的不动产登记制度,《土地登记办法》和《房屋登记办法》对此制度进一步进行了明确的规定。

7. 预告登记

预告登记是为保全一项以将来发生的不动产物权变动为目的的请求权的不动产登记。它将债权请求权予以登记,使其具有对抗第三人的效力,使妨害其不动产物权登记请求权所为的处分无效,以保障将来本登记的实现。《物权法》第二十条规定:"当事人签订买卖房屋或者其他不动产物权的协议,为保障将来实现物权,按照约定可以向登记机构申请预告登记。预告登记后,未经预告登记的权利人同意,处分该不动产的,不发生物权效力。预告登记后,债权消灭或者自能够进行不动产登记之日起三个月内未申请登记的,预告登记失效。"

8. 查封登记

在民事诉讼中,查封是人民法院为限制债务人处分其财产而最常采用的一种强制措施。在刑事诉讼中,公安、检察机关为了侦查案件的需要,也可以对犯罪嫌疑人的财产进行查封。查封既可以适用于动产,也可以适用于不动产。对于动产的查封,一般是在查封标的之上加贴封条,以起到公示之作用;而对于不动产,除了采取张贴封条的方式外,更重要的是应当到不动产登记机构办理查封登记手续,否则,不得对抗其他已经办理了登记手续的查封行为。因为不动产以登记作为公示的手段。由此可见,查封登记,是指不动产登记机构根据人民法院等提供的查封裁定书和协助执行通知书,将查封的情况在不动产登记簿上加以记载的行为。

四、不动产登记簿

(一)不动产登记簿概述

1. 不动产登记簿的概念与地位

不动产登记簿是由不动产登记机构依法制作的,对特定辖区内的不动产自然状况、权利状况和其他依法应当记载的事项予以记载的具有法律效力的官方记录。通过不动产登记簿,不动产及其上的权利状况得以及时、准确、清晰的展示。

不动产登记簿在不动产登记制度中处于枢纽与核心地位,任何国家只要建立不动产登记制度,就必须设置不动产登记簿。几乎所有的不动产登记规则和制度都是围绕着登记簿而展开的。这是因为,所谓不动产登记实质上就是将不动产的自然状况与权利状况记载于不动产登记簿的过程。一方面,对从事不动产交易的当事人而言,只有登记的事项被记载于登记簿,登记才完成,不动产物权变动的效力才发生;反之,如果没有记载于登记簿,登记就没有完成,不动产物权变动的效力也不会发生。另一方面,对于不动产登记机构而言,无论是受理还是审核,这些环节都是为回答"是否将当事人申请登记的事项记载于不动产登记簿"这个问题提供依据的。受理并审核通过了,登记机构就可以将申请登记的事项记载于登记簿,反之,则不予登记(程啸,2014)。

在《物权法》颁布前,我国最重要的两部规范不动产登记制度的法律《土地管理法》与《城市房地产管理法》中并没有任何对不动产登记簿的规定。此外,即便是专门规定土地登记、房屋登记的部门规章和地方性法规,对不动产登记簿也是要么完全没有规定,要么简单规定几条。例如,原建设部颁布的《城市房屋登记管理办法》就完全没有提及房屋登记簿,相反却设专章规定了房屋权属证书。该办法甚至将房屋权属证书界定为"权利人依法拥有房屋所有权并对房屋行使占有、使用、收益和处分权利的唯一合法凭证(第五条第一款)"(程啸,2011)。

鉴于不动产登记簿的重要地位,我国《物权法》第二章第一节"不动产登记"首次对不动产登记簿的管理、登记簿的性质、登记簿的推定效力与公信效力以及查询、复制等问题做出了明确的规定。《暂行条例》第二章设专章对不动产登记簿的登记单元(第八条第一款)、登记内容(第八条第三款)、介质形式(第九条)、登记人员(第十一条)的要求以及登记簿的保管(第十二条、第十三条)等内容做出了具体规定。

2. 不动产登记簿的特征

1) 不动产登记簿是官方记录

不动产登记簿只能由不动产登记机构制作并加以管理。除法定的不动产登记机构外,任何自然人、法人或其他组织均不得制作、管理不动产登记簿,从事不动产登记活动。它们从事的登记不仅不会发生任何不动产物权变动效力,且有关行政主管机关还应对其给予相应的行政处分或行政处罚。

不动产登记簿是依法定制作并管理的官方记录。哪些不动产、哪些不动产权利可以记载入登记簿以及如何记载,登记簿的格式如何、载体是什么、如何管理和保存等问题都应依据法律的规定。

2）不动产登记簿是具有法律效力的簿册

首先，是否记载于不动产登记簿，决定了基于法律行为的不动产是否发生效力。《物权法》第十四条规定"不动产物权的设立、变更、转让和消灭，依照法律规定应当登记的，自记载于不动产登记簿时发生效力。"其次，不动产登记簿具有推定效力。《物权法》第十六条第一款规定"不动产登记簿是不动产物权归属和内容的根据。"换言之，凡是不动产登记簿中记载了的权利，就是推定该权利存在；凡是不动产登记簿中被注销了的权利，就是推定该权利不存在。再次，不动产登记簿具有公信效力。任何信赖不动产登记簿记载的第三人，在与非真实权利人进行不动产交易时，只要登记簿上没有异议登记，就认为该第三人是善意的，其可以如同与真实权利人进行交易那样取得相应的物权。最后，不动产登记簿上记载的事项存在错误时，任何人包括登记机构不得擅自更改，而必须依照法定的更正程序来更正登记簿的错误。

3）不动产登记簿用于记载不动产自然状况、权利状况及其他法定事项

不动产登记簿并非对社会生活中的所有财产都加以记载，而仅仅是记录不动产的自然状况、权利状况及其他法定事项的文件。首先，不动产登记簿应当记录不动产的标示即不动产的自然状况，如位置、四至、面积等，需要将其进行详细、清晰的记载，以保证物权的客体是特定的，为下一步记录该不动产上的权利状况奠定坚实的基础。其次，不动产登记簿是记录不动产上权利状况的文件。但是，并非所有的不动产上的权利和法律关系都需要在不动产登记簿上加以登记，只有那些具有登记能力的权利才能被记载在不动产登记簿上。此外，虽非不动产权利，但是法律规定可以记载入不动产登记簿的事项，也可以被记载入登记簿。

4）不动产登记簿是不动产登记的最终成果

不动产登记程序具有法定性，这一过程中将形成各种法定文件与资料，包括当事人申请资料、登记机构的审核资料等。这些资料与不动产登记簿一起，统称为"登记资料"。不动产登记簿属于不动产登记的最终成果意味着，所有的登记申请资料和登记机构的审核资料都服务于一个目的，即在不动产登记簿上加以记载。不动产登记完成与否的唯一标准就是，是否记载于不动产登记簿。至于是否颁发权属证书等，不是登记完成与否的标准。

不动产登记簿与不动产权证

> 《物权法》第十六条规定，不动产登记簿是物权归属和内容的根据；第十七条规定，不动产权属证书是权利人享有该不动产物权的证明。不动产登记簿不等同于不动产权证，不动产登记簿是权属依据，不动产权证只是权属证明。例如，产权证遗失，并不意味着权利人的权利丧失，其对房屋、土地等享有的权利都记载在不动产登记簿上，该簿由登记机构管理，相关机构可根据登记簿的记载为权利人补办相关权利证书。

3. 不动产登记簿的功能

不动产登记簿是不动产登记内容的载体，它不仅是不动产本身物理状况之反映，更是民事主体在不动产上所享有权利之表征。不动产登记簿作为不动产登记制度的核心内容，对于不动产登记制度的构建来说是必不可少的。之所以如此，是因为它具有以下功能（楼建波，2009）。

1）确认权利

无论是在采用登记生效主义的国家，还是征采用登记对抗主义的国家，将不动产物权的变

动记载于不动产登记簿上,都能起到由国家来确认该物权进而对该物权进行法律保护的作用。通常说来,物权的变动如果不记载于由国家保管的登记簿上,那么它是不会得到国家的充分认可的,也就难以得到国家的充分保护。

2)证明权利

不动产上的物权人如何证明自己对该不动产享有权利?如果该不动产已经在登记簿上进行记载,那么他只需援引登记簿上的记载即可。

3)公示权利

一旦某个不动产物权在登记簿上进行记载,就意味着该物权已经被告知所有不特定的第三人,那么第二人就不能再主张自己不知道此种权利。也就是说,一旦物权在登记簿上进行记载,即推定第三人都已经知道该物权的存在。

尽管从理论上来说不动产登记簿可能具有如上一些功能,但若要使这些功能得以充分发挥,则需要科学合理地设置不动产登记簿。

(二)我国的不动产登记簿证

1.《不动产登记簿》

公元1381年,明朝政府为加强土地税收发明的"鱼鳞图",是中国最早的反映土地权利的登记簿册证。而新中国成立后的数十年间,土地、房屋、林地、草原、海域等不同的不动产权利分别由不同部门登记,形成"九龙治水"的局面。不动产统一登记制度建立之前,各类不动产及不同的不动产物权分别由不同的登记机构记载于不同的登记簿上。因此,我国现行法中存在土地登记簿、房屋登记簿、农村土地承包经营权登记簿、林权登记簿、海域使用权登记簿等不同类型的登记簿。

随着社会的发展进步,"九龙治水"客观上造成了产权交叉、重登漏登、重复抵押等问题,影响不动产交易安全,也造成机构重复设置、资源浪费、行政成本增加、不方便群众和企业等问题。为加快建立和实施不动产统一登记制度,落实国务院关于统一登记簿册的要求,国土资源部制定了不动产登记簿证样式(试行),自2015年3月1日起,统一的不动产登记簿证样式正式全面启用。

不动产登记簿是物权归属和内容的依据。《暂行条例》第八条引入了不动产单元的概念,规定不动产以不动产单元为基本单位进行登记,不动产单元具有唯一编码,结束了分散登记模式下不同不动产按照不同登记单元进行登记的现状。《暂行条例》规定,不动产登记簿的主要记载事项,主要分为不动产的自然状况、权属状况以及其他限制、提示事项等3种类型(国土资源部不动产登记中心,2014)。

1)不动产的自然状况

不动产的自然状况主要是指坐落、界址、空间界限、面积、用途等信息。以土地登记簿记载为例,其坐落便是指宗地所在地的名称,界址主要是通过地籍编号和图号体现,面积则是指宗地的大小,用途主要是指土地的使用类型,具体包括水田、果园、天然牧草地、住宿餐饮用地等,按照《土地利用现状分类》的规定予以记载。对于房屋而言,还包括房屋的楼层等信息。

2)不动产的权属状况

不动产的权属状况,主要是指不动产权利的主体、类型、内容、来源、期限、权利变化等信息。以土地登记簿记载为例,权利人是指土地使用权人或所有权人;类型是指集体土地所有权、国有建设用地使用权等类型;内容是指房屋容积率等限制内容;来源是指继承、转让、赠与等取得土地权利的方式;期限是指土地使用权的期限;权利变化情况,是指不动产权利的转移、延续、注销等情况。

3) 不动产限制提示事项

这主要是针对异议登记、预告登记、查封登记等登记类型而规定的。在异议登记的情况下,登记簿记载的是他人对登记簿记载提出异议这一客观事实;在预告登记的情况下,登记簿记载的是他人享有将来发生物权变动请求权这一事实;在查封登记的情况下,登记簿记载的是司法机关查封的事实。上述情况下,都未发生权属的实际变动,记载只是一种风险的提示和权利的限制。

登记簿与档案管理的区别

不动产登记簿作为不动产登记机构在办理登记业务中形成的重要产权资料,与一般的管理档案之间应当注意加以区分。

一是不动产登记资料不属于严格意义上档案的范畴。按照《档案法》第二条的规定:"本法所称的档案,是指过去和现在的国家机构、社会组织以及个人从事政治、军事、经济、科学、技术、文化、宗教等活动直接形成的对国家和社会有保存价值的各种文字、图表、声像等不同形式的历史记录。"而不动产登记资料是不动产登记机构在登记过程中形成的资料,主要包括两部分:一部分是不动产登记结果,包括不动产登记簿记载的主要信息;另外一部分是不动产登记原始资料,包括不动产权属来源文件、不动产登记申请书等申请材料以及不动产登记机构审核材料。

二是不动产登记资料和档案在保存的目的、功能上存在差异。不动产登记资料保存的目的是为了便于公开查询。但是档案保存的主要目的是封存保护。虽然有的档案也允许查询,但是查询只是档案保存的很次要的目的或者功能。

三是将不动产登记资料作为档案管理,无法实现各部门之间的不动产信息共享。

四是将不动产登记资料作为档案管理,不利于不动产的交易。将不动产登记资料作为档案资料进行管理,一方面不便于当事人查询,不利于保护交易安全;另一方面由于不动产登记机构不掌握不动产登记资料,当事人因不动产发生买卖、抵押等情形申请登记时,不动产登记机构无法准确及时有效地办理不动产的转移、抵押等登记手续,不利于维护正常的经济秩序。

五是实践中土地登记资料和房屋登记资料等不动产资料都没有纳入档案管理。

2.《不动产权证书》

我国历来有对不动产权利人颁发权利证书的传统,《不动产权证书》就是新时期实施不动产统一登记后,给权利人颁发的统一证书。《不动产权证书》对于保护权利人合法权益、规范登记行为等具有重要的意义。根据《物权法》的规定,"不动产权属证书是权利人享有该不动产物权的证明。"权利人申请登记,领取《不动产权证书》,表明了权利人的不动产权利可以得到法律的保护。权利人也能够根据证书记载的内容,及时便捷地掌握自己的不动产财产状况,有效便捷地开展有关交易,保护和实现自己的不动产合法权益。同时,发证是不动产登记的一个重要环节,《不动产权证书》要发放到权利人手中,证书发放的及不及时、记载的准不准确,对登记机构也是一种监督,有利于规范不动产登记行为。《不动产权证书》也是重要的不动产权属来源材料,是申请不动产登记的必备材料,能够辅助登记机构审查登记的内容,提高登记质量和效率。

《不动产权证书》的内容根据登记簿的记载填写,证书记载的事项应当与登记簿一致,不一致的,除有证据证明登记簿有错误的外,以登记簿为准。

《不动产权证书》设置了"权利类型"栏,具体的不动产类型在颁发证书时,可以通过"权利类型"的填写体现出来。权利人通过"权利类型",能够清楚地看到权利人拥有的不动产及其权利种类。比如,权利人拥有一套商品房,则在"权利类型"中可以看到"国有建设用地使用权/房屋所有权",权利人土地权利和房屋所有权的权利性质、用途、面积以及土地权利使用期限等,在"权利性质""用途""面积""使用期限"中可以看到对应的内容(图 2-1)。

___( )___不动产权第 号	以张三在安徽省XX市购置的一套新建商品房登记为例,内页填写范例如下: 皖(2015)XX市不动产权第XXXXXXX号
权利人	权利人 张 三
共有情况	共有情况 房屋单独所有
坐 落	坐 落 福建省XX市XX小区1号楼602
不动产单元号	不动产单元号 340XXX 002002 Gb00151 F00010002
权利类型	权利类型 国有建设用地使用权/房屋所有权
权利性质	权利性质 出让/商品房
用 途	用 途 城镇住宅用地/住宅
面 积	面 积 共有宗地面积5980.7m²/房屋建筑面积148.18m²
使用期限	使用期限 国有建设用地的使用权2010年10月24日起2080年10月23日止
权利其他状况	权利其他状况 分摊土地使用权面积:15.93m² 房屋结构:钢混 专有建筑面积:117.31m²,分摊建筑面积:30.87m² 房屋总层数:12层,所在层数:第6层 房屋竣工时间:2014年01月01日

图 2-1 《不动产权证书》内页样式

目前证书上填写的权利类型(涉及两种权利时,用/表示)包括 18 种:集体土地所有权,国家土地所有权,国有建设用地使用权,国有建设用地使用权/房屋(构筑物)所有权,宅基地使用权,宅基地使用权/房屋(构筑物)所有权,集体建设用地使用权,集体建设用地使用权/房屋(构筑物)所有权,土地承包经营权,土地承包经营权/森林、林木所有权,林地使用权,林地使用权/森林、林木使用权,草原使用权,水域滩涂养殖、海域使用权,海域使用权/构(建)筑物所有权,无居民海岛使用权,无居民海岛使用权/构(建)筑物所有权等。虽然只列举了 18 种,但也为未来将其他物权纳入不动产统一登记预留了空间。

《不动产权证书》有单一版和集成版两个版本。所谓单一版,就是可以记载一个不动产单元上的一种权利或者互相兼容的一组权利,例如集体土地所有权、国有建设用地使用权及房屋所有权、土地承包经营权及林木所有权等。而在农村地区,人们还可以见到另一种版本即集成版,集成版证书记载同一权利人在同一登记辖区内享有的多个不动产单元上的不动产权利,即农村集体经济组织拥有多个建设用地使用权或一户拥有多个土地承包经营权的情况,例如某农民在某村拥有的集体建设用地使用权及房屋所有权、多块土地承包经营权及林木所有权,在一宗土地上拥有的多幢或多套房屋等。目前,主要应用的是单一版证书。

《不动产权证书》上3组号码的涵义(李倩,2015)

> 证书前后共出现3组号码,各自代表不同的涵义。一是编号,即印制证书的流水号,采用字母与数字的组合。字母D表示单一版证书,数字一般为11位,前2位为省份代码,后9位为证书印制的顺序码。二是不动产权证书号,填写登记机构所在省区市的简称、登记年度、登记机构所在市县的全称,以及年度发证的顺序号,一般为7位。三是不动产单元号,需填写不动产单元的编号。

3.《不动产登记审批表》和《不动产登记证明》

按照我国有关法律规定,不动产登记采取依申请登记原则。公众申请不动产登记时,需要填写一份不动产登记申请审批表。审批表涵盖登记收件情况、申请登记事由、申请人情况、不动产情况、抵押情况、地役权情况、登记原因及其证明情况、申请的证书版式及持证情况、不动产登记审批情况。各地根据实际情况,从便民利民和方便管理出发,可以对表格进行适当调整。

另外,《不动产登记证明》用于证明不动产抵押权、地役权或者预告登记、异议登记等事项。查封登记不颁发证书或证明。

《不动产登记簿》《不动产权证书》《不动产登记证明》
《不动产登记申请审批表》等"四大件"的用途(李倩,2015)

> 《不动产登记簿》是物权归属和内容的根据,也是不动产登记的核心载体,由登记机构持有;《不动产权证书》是权利人享有权利的法定凭证,由权利人持有;《不动产登记证明》用于证明不动产抵押权、地役权或者预告登记、异议登记等特殊事项;《不动产登记申请审批表》用于受理权利人申请登记及审批。

五、不动产登记程序

(一)不动产登记的原则

从登记效力方面来看,国外基本有两种立法体例:一种是登记生效主义;另一种是登记对抗主义。登记生效主义,即登记决定不动产物权的设立、变更、转让和消灭是否生效,亦即不动产物权的各项变动都必须登记,不登记者不生效。这种体例为德国、我国台湾地区所采纳。按照这种体例,不动产物权的各种变动不仅需要当事人的法律行为,还需要登记,法律行为和登记的双重法律事实决定不动产物权变动的效力。登记对抗主义,即不动产物权的设立、变更、转让和消灭的效力,仅仅以当事人的法律行为作为生效的充分必要条件,登记与否不决定物权变动的效力。但是为交易安全考虑,法律规定,不经登记的不动产物权不得对抗第三人(魏莉华,2014)。

根据《物权法》第九条的规定,我国实行的是登记生效为原则,以登记对抗为例外,同时第二十八条至第三十条,规定了3种不登记即可发生物权效力的行为。就需要登记的不动产权利种类来说,《物权法》对土地承包经营权、地役权明确规定的是登记对抗,对于其他不动产权利都是登记生效。

《暂行条例》根据《物权法》的有关规定，没有要求对不动产权利进行强制登记。但如果权利人不登记，其不动产交易安全将受到严重影响，也容易发生权属纠纷。因此，《暂行条例》重点从保护权利人物权的角度作了依申请登记的制度安排。随着制度的不断完善，登记机构的不断健全，不动产登记的重要意义就会不断地被权利人所认知，在自愿的基础上，营造权利人主动申请不动产登记的良好制度环境。

(二) 不动产登记的一般程序

不动产登记程序是指登记申请人和登记机关在不动产登记活动中所遵循的法定步骤和采用的相关手续(向明，2011)。不动产登记程序解决的问题是怎样让生效的物权变动记载于不动产登记簿，通过怎样的法定途径实现不动产物权的实体法律效果。《暂行条例》作为不动产登记的程序法，对不动产登记的申请程序、申请人所要提交的材料、登记机构的审查程序、登记程序的完成等登记程序的基本问题进行了明确的规定。

1. 提交申请

1) 申请原则

我国的不动产登记申请以共同申请为基本原则，以单方申请为例外。除一些法定的可以单方申请的情形外，其他情形均需当事人共同申请。不动产登记，作为不动产物权变动的公示方法，主要是为了不动产权利交易服务的，是交易双方关于权利变动的意思表示一致的外在表现。这就首先要求双方就权利变动达成意思表示的一致，而这种意思表示的一致在登记程序中就体现为共同申请。共同申请，目的在于"避免在物权变动过程中出现欺诈、胁迫、误解、主体不合格等情形，凡物权变动是以相对债权行为为原动力者，法律应规定登记申请原则上应当由相对法律关系的权利人和义务人共同办理以确保登记的准确性"(于海涌，2007)，例如，在抵押权登记上，应当由抵押权人与抵押物的所有权人共同申请办理登记。

《暂行条例》第十四条第一款明确了不动产登记以共同申请为原则。共同申请是不动产登记申请的一般方式，主要适用于因法律行为而产生物权变动的情形，如房屋买卖、交换、赠与、抵押等，这些行为都属于民事法律行为中的双方行为，需要两个意思表示的合致方得以成立。合同作为一种典型的双方行为，是物权变动的原因行为，仅具备债权效力，合同签订后，还须办理相应的不动产登记，才能发生物权变动的效力。基于这些行为的不动产登记，如果当事人不共同申请，登记机构就无法完整了解当事人的真实意思，登记结果的正确性也就无法保证，从而使登记的公示公信效力受到影响。

第十四条第二款明确规定了可以由当事人单方申请的情形。共同申请是登记启动的一般方式，单方申请是特殊方式且类型有限。单方申请的情形基本上可以分为两种：一是不存在不动产权利的交易，也就不存在对方当事人，只能单独申请；二是权利来源于法律的规定，不需要征得原不动产权利人的同意，也没有必要要求原权利人和现权利人一同申请。具体来说可以分为7种类型：第一类是尚未登记的不动产首次申请登记的情形；第二类是继承、接受遗赠取得不动产权利的情形；第三类是经过国家公权力确认导致物权变动的情形，包括司法行为、仲裁行为和政府行政行为；第四类是权利人姓名、名称或者自然状况变化，申请变更登记的情形；第五类是不动产灭失或者权利人放弃不动产权利，申请注销登记的情形；第六类是申请更正登记和异议登记的情形；第七类是法律、行政法规规定可以由当事人单方申请的情形。

2）现场登记

申请登记的地点应当到不动产登记机构现场进行。随着房地产经济的迅速发展，不动产的价值往往比较大，登记申请人亲自到场申请登记便于登记机构准确了解当事人的真实意思表示，可以在一定程度上减少登记错误的发生。在某些特殊情况下，当事人无法亲自到场进行登记申请，或者由于知识水平有限无法亲自完成手续复杂的登记申请，这时可以由当事人的代理人到场代其进行登记申请。代理登记，一般是指代理人在代理权限内，以被代理人的名义进行登记，登记的法律效果直接由被代理人承受的法律关系。代理登记具有以下特征：其一，代理人必须在代理权限内实施代理登记行为，代理人超越代理权限进行的代理行为，为效力待定行为，必须经被代理人追认才产生代理的法律效果；其二，代理人必须以被代理人的名义实施登记代理行为；其三，代理登记行为的法律效果直接归属于被代理人。

3）登记申请的撤回

根据登记依申请原则，在申请人向登记机构提交登记申请材料后，登记机构将登记事项记载于不动产登记簿之前的这段时间里，申请人可以撤回登记申请。这不仅是依申请设立登记原则的重要体现，也是对尊重当事人意思自治原则的诠释。登记事项记载于登记簿为登记生效要件，标志着登记的完成。而此前的登记申请人提交登记材料通过登记机构的初步审查后，仅仅发生受理的效力，意味着登记的机构将对登记事项进行下一步的审查，不代表登记机构一定会将申请登记事项记载于登记簿之上。

2. 准备材料

1）申请登记所需材料目录

登记申请书。登记申请书是由登记机构制作的，登记申请人填写的记载登记事项的文书，是除查封登记等特殊登记之外的任何登记当事人都必须提交的资料。登记申请书中需要填写的内容一般应当包括申请人的基本情况、不动产坐落情况、申请的具体事项等内容。

登记申请书具有重要的意义：首先，登记申请书表明了当事人有申请登记的意思表示。不动产登记以申请为基本原则，除非法律另有规定，否则登记机构不得依职权主动进行登记。因此，没有登记申请书，原则上登记机构不得依职权主动进行登记。其次，登记申请书中记载了需要登记的事项，其划定了登记机构的活动范围。登记机构不得超越该范围进行登记，否则属于违法行为。

申请人、代理人身份证明材料、授权委托书。这些都是能够证明登记申请人身份的材料，在《土地登记办法》中表述为"申请人身份证明材料"，具体可以分为本人申请和代理人申请两种情形。

相关的不动产权属来源证明材料、登记原因证明文件、不动产权属证书。这些材料都是用来证明申请人所申请登记的事项的，只是因申请登记事项不同，所提交的材料不同。如划拨国有建设用地使用权初始登记应提供人民政府的划拨决定书等材料，出让国有建设用地使用权初始登记应提供建设用地批准书、国有建设用地使用权出让合同等材料，抵押权的初始登记应当提供抵押土地的土地权利证书、抵押合同等证明材料。

不动产界址、空间界限、面积等材料。根据《物权法》第十一条"当事人申请登记，应当根据不同登记事项提供权属证明和不动产界址、面积等必要材料"的规定，《暂行条例》规定了申请不动产登记应当提供不动产界址、空间界限、面积等材料。

与他人利害关系的说明材料。能够说明与登记事项有关的他人利害关系的材料。如在因继承发生的不动产变更登记申请中,需要提交的能证明继承人与被继承人关系的户口本、其他继承人放弃继承权声明书以及继承人与被继承人亲属证明等材料。

法律、行政法规以及本条例实施细则规定的其他材料。这属于兜底性的规定,涵盖了其他的可能情形。

2) 初审和受理

收到登记申请材料后,登记机构进行初步审查:第一,审查登记申请事项是否属于不动产登记机构的职责范围。第二,审查申请人提供的申请材料是否齐全。第三,申请登记材料应当符合法定形式,对于申请材料不符合法定形式要求的,不能办理登记。初步审查符合以上 3 个条件的情形,不动产登记机构予以受理申请人的登记申请。

3) 审查

不动产登记机构受理不动产登记申请需要查验以下内容:一是不动产界址、空间界限、面积等材料与申请登记的不动产状况是否一致,通常可以通过审查测绘报告来进行。二是权属来源证明材料和有关证明文件与申请登记的内容是否一致。三是申请登记的不动产是否存在权属争议。申请登记的不动产如果存在权属争议,有尚未解决的纠纷存在,那么登记机构就不能对不动产进行登记,否则就相当于登记具有了审判的性质,对实体法律关系进行了裁判。四是登记申请是否违反法律、行政法规的规定。

3. 实地查看

实地查看。实地查看是不动产登记机构的一项重要审查职责,可以大大降低登记错误的发生率。但由于会降低登记效率,登记机构不可能做到对每一件登记申请都进行实地查看,为了便于登记机构的具体操作,《暂行条例》第十九条第一款对登记机构可以实地查看的情形做出了列举规定。

调查。《暂行条例》第十九条第二款、第三款规定了登记机构进行调查的权利和申请人、被申请人应当予以配合的义务。对可能存在权属争议,或者可能涉及他人利害关系的登记申请涉及的不动产进行实地查看和调查,有利于维护正常的不动产交易秩序,更好地保护权利人的合法权益,并且可以有效避免因申请人提交的申请资料与事实情况不符而造成的登记机构的登记错误,因此登记机构要求进行实地查看、询问等审查程序时,申请人、利害关系人或者有关国家机关有义务予以配合。登记机构可采取现场测绘、拍照、摄像等方式对不动产的自然状况记录存档以备查,也可通过对权利人、利害关系人等就房屋自然状况、权利状况和其他状况进行询问的方式来明确不动产物权的设立、消灭事项。

4. 完成登记

登簿。登记申请完全符合登记的条件,登记机构应当及时办理登记,将不动产物权变动状况和后果记载于登记簿,意味着登记机构对登记事项正当性的认可。

登记事项记载于不动产登记簿的时间就是登记完成的时间。实践中,往往有人认为只有不动产登记机构将不动产权属证书或者登记证明发给申请人手中之时登记才完成,而实际上不动产登记机构将登记事项记载于不动产登记簿之时登记就完成了。

颁证。登记完成后不动产登记机构应当依法向申请人核发统一的不动产权属证书或者登记证明。实行统一登记后,由不动产登记机构依法向申请人核发统一的不动产权属证书或登记证明,改变了多部门管理的乱象,便利了不动产交易,是便民原则的重要体现。

六、建立统一的不动产登记信息管理平台

不动产登记信息的广泛应用是不动产登记事业持续健康发展的生命价值。不动产登记信息管理基础平台是落实不动产统一登记各项制度和信息查询的基础。通过建立不动产登记信息管理基础平台,支撑全国各级不动产登记业务和数据的网络化、信息化管理,实现不动产登记信息与审批、交易信息实时互通共享,并提供依法信息查询,保护权利人合法权益,促进不动产交易安全,提高政府管理效率和水平。

建立统一的不动产登记信息管理基础平台是"四统一"目标之一,目前由国土资源部负责牵头不动产登记的信息化建设顶层设计,同时,各级不动产登记机构有将其登记的信息纳入统一的登记信息平台的义务。国家、省、市、县四级登记机构在办理登记过程中形成的登记信息,共同构成了统一的不动产登记信息管理基础平台的基本数据。登记机构的工作人员严格按照登记程序审查登记事项,及时录入登记信息,确保各级登记信息实时共享。另外,各级不动产登记机构都要接受国土资源主管部门的指导和监督,通过统一的信息平台,国土资源主管部门可以最清晰快捷地实现监管职能。

(一)不动产登记资料的信息共享

建立统一的不动产登记信息管理基础平台,国土资源部、住房和城乡建设部、农业部、林业局、海洋局等部门通过数据交换接口、数据抄送等方式,即可实现土地、房屋、草原、林地、水域滩涂、海域海岛等审批、交易和登记信息实时互通共享。对于在不动产登记信息管理基础平台中能够通过互通共享取得的信息,登记申请人即可不必重复提交。

国土资源和公安、民政、财政、税务、工商、金融、审计、统计等不负责不动产登记工作的部门,均负有加强不动产登记有关信息互通共享的义务。国土资源部门可以在信息平台中给上述部门留有接口,以方便职能部门查询所需的不动产登记信息,提高行政效率。同时,不动产登记机构在对不动产登记事项审核的过程中,也经常会遇到需要核对申请人提交材料真实性的情况,这也要求国土资源、公安、民政、财政、税务、工商、金融、审计、统计等部门加强不动产登记有关信息互通共享。

登记机构及人员的保密义务

> 不动产登记信息是在不动产登记过程中形成的信息,包括申请登记材料,登记机构对不动产事项进行审核形成的审查材料以及登记结果资料,其内容可能涉及个人隐私、商业秘密,甚至是国家秘密。《反不正当竞争法》界定了商业秘密,《保守国家秘密法》规定了国家秘密,这些信息都有一个共同的特征,就是知悉这些信息的主体都是特定范围内的,这些信息的泄露可能会影响到权利人的正常生活秩序、商业秩序甚至国家安全。因此,必须对随意泄露登记资料的行为做出规制。对于涉及国家秘密的不动产登记信息,应当进行必要的安全技术处理。具体操作依照《保守国家秘密法》的相关规定,以及出台相应的具体办法予以执行。

(二)不动产登记资料的公开查询

1. 登记查阅的理论基础

不动产登记制度的一个最主要的功能在于保护交易安全。这项功能的实现,一个重要的

环节就是登记查阅制度,也可以称为"登记信息公开制度"。当某个不动产物权被登记在登记簿上之后,若不允许第三人查阅,第三人仍然难以得知此种权利之存在,这样当事人仍然要承担很大的风险或者为了查明权利是否存在需要花费很大的成本。但如果允许第三人来查阅登记簿上的内容,就可以使当事人知道某不动产上的权利状况,从而决定是否从事该笔交易。因此,登记查阅制度是必要的,否则不动产登记制度就纯粹只有行政管理的效果,而达不到保护交易安全的目的。

对于登记查阅来说,需要考虑的主要问题是查阅的范围,包括客体范围和主体范围:是任何保存在登记机关的资料都可以查阅,还是仅限于某些特定的内容?是一国所有的公民都可以查询,还是仅限于权利人或者利害关系人?

通常来说在登记机关保存的关于土地登记的资料主要有两大类:第一大类,申请人提供的申请材料,比如在房屋买卖过户登记时,需要向登记机关提交的申请书、房屋买卖合同等,在设立抵押权时,需要向登记机关提交的申请书、抵押合同等;第二大类,登记结果,即"登记簿"。

从各国的情况来看,登记申请材料的查询要受到很多的限制,一般说来登记申请资料只有申请人、政府机关才可以查询,甚至根本是不公开的。但登记簿一般是可以被查阅的,但这种查询要受到的限制程度则有所不同。对各国基本情况的总结,可以分为3类(楼建波,2009)。

(1)对登记簿的查询没有限制,只要是在登记机关的上班时间,任何人对于登记簿的任何内容都可以自由阅读、复制、摘录。采用这种立法例的国家(地区)有美国明尼苏达州及夏威夷州、新西兰、爱尔兰、澳大利亚昆士兰州、我国香港特别行政区、韩国、俄罗斯等。采取此种立法例,给予公众查询不动产上权利以极大的自由,对于保护交易安全无疑是有利的。

(2)允许公众向登记机关提出请求,要求登记机关告知有关某土地的权利状况的信息或要求登记机关就某土地的权利状况出具证明,但是不允许公众自行阅览登记簿。采用这种立法例的国家(地区)有日本、我国澳门特别行政区等。采取这种立法例,对于交易安全之保护影响不大,但有增大登记机关运作成本的可能。

(3)仅允许有利害关系的人查阅登记簿,对于没有利害关系的人则不允许查阅。采取这种立法例的国家有德国、瑞士。采取此种立法例,其出发点可能有两个:其一,保护权利人的隐私;其二,防止某些与登记不动产毫无关系的人对登记机关进行纠缠。不过,有学者指出,在实践中,认定利害关系人的标准存在盲区和争议,即利害关系人要么被很宽泛地解释为任何人都具有利害关系,要么被很狭窄地解释为经过登记权利人授权的人。

2. 我国的不动产登记资料公开查询

随着我国法制体系建设的不断健全,推行信息公开,实现公民的知情权,是新形势下建设服务型政府的具体要求。因此,不动产登记信息对社会公众公开,是物权公示原则的体现,也是信息公开制度的体现。根据《物权法》第十八条规定:"权利人、利害关系人可以申请查询、复制登记资料,登记机构应当为公民提供"可知,不动产登记机构应当为公民提供不动产登记信息的公开查询。我国现行的登记公开查询实务中,土地登记和房屋登记信息已经实现了公开查询,并且国土资源部2003年第14号令颁布了《土地登记资料公开查询办法》,建设部2007年1月1日实施了《房屋权属登记信息查询暂行办法》。

《暂行条例》第二十七条对如何查询、复制不动产登记资料进行了规定。不动产登记资料的公开查询,是指为方便单位和个人查询不动产权利状况,保障不动产权利人的合法权益,实行的不动产登记资料可以公开查询的措施。这里的不动产登记资料是指不动产登记机构在登记过程中形成和收集的一系列文字和图件资料,包括不动产登记结果资料和原始登记资料。分为两个层面的内容,一是权利人、利害关系人的查询,二是公务查询。

(1)权利人、利害关系人有权依法对不动产登记资料查询和复制。这里的"权利人",是指在不动产登记簿上记载的不动产物权人,而不包括债权人,如房屋的租赁权人就不属于这里的权利人的范畴。这里的利害关系人,我国法律对其概念没有明确的规定,一般认为,登记机构只需在形式上审查查询申请人是否是利害关系人即可,即申请人只要能够提供与不动产登记事项有利害关系的说明材料,登记机构就可以认为申请人属于利害关系人,如房屋继承人、受赠人和受遗赠人,仲裁事项、诉讼案件的当事人都可以对登记资料进行查询、复制。

(2)公务查询的主体包括国家安全机关、公安机关、检察机关、审判机关和纪检监察部门等机关。此类查询是由有关国家机关在执行公务时所进行的查询,不动产登记机构有协助提供相应的不动产登记资料以供查询和复制的义务。

查询主体对登记信息不得滥用。通过公开查询方式获得不动产登记资料的单位、个人有说明查询目的的义务,只能将查询获得的登记资料用于查询目的。在申请查询不动产登记资料时,查询人应当填写登记信息查询申请表,表格中应当有要求申请人填写对登记资料的利用用途的栏目。具体的利用用途包括遗失补证、诉讼取证、公证仲裁、房产调查等。申请人应按照填写的利用用途对所获得的登记资料进行利用,不得将这些资料用于其他目的。在登记机构进行审查时,只需审查申请人填写的利用用途是否合法即可。

查询不动产登记资料的单位和个人,有不得随意泄露查询获得的登记资料的义务。不动产登记资料可能涉及个人隐私、商业秘密甚至国家秘密,必须对未经权利人同意向社会或者他人随意泄露查询获得的不动产登记资料的行为明令禁止。当事人未经同意,泄露他人隐私、商业秘密,甚至是国家秘密的,应该按照《侵权责任法》《反不正当竞争法》《保守国家秘密法》《刑法》等有关法律的规定,承担相应的法律。

第五节　土地统计

一、土地统计的概念与特点

(一)土地统计的概念

土地统计是利用数字、图表及文字资料,对土地数量、质量、分布、权属和利用状况及其动态变化,进行全面、系统记载、整理和分析的一项管理措施。

开展土地统计,具有十分重要的意义。首先,可以及时掌握全国土地数量、质量、分布、权属和利用状况及其动态变化,保持土地调查成果资料的现势性。其次,为党和国家制定各项政策、计划及监督其执行情况提供依据。最后,为科学管理土地,编制土地利用总体规划、土地利用年度计划等提供基础数据和图纸资料。

土地统计的主要任务是为维护社会主义土地所有制,充分合理利用土地和制订国民经济计划等,系统地收集、整理、保管和更新一切有关土地的自然、法律和经济方面的资料。具体任务是:

(1)将土地资源的数量、质量、分布、权属、利用状况及其动态变化信息,按国家统一规范要求,准确、及时、全面、系统地载入地籍簿册和地籍图。

(2)不断更新、充实、修正原有的统计资料,保持土地统计资料的现势性。

(3)建立土地统计信息库,逐步实施土地统计数据处理和传输的自动化。

(4)进行土地统计分析、提供统计信息、开展统计咨询、实行统计监督。

(二)土地统计的基本内容

土地统计的基本内容主要包括5个方面,即土地总面积、土地质量等级、土地权属状况、土地利用状况和土地位置界限。

(1)土地总面积是指统计范围内全部土地的总量。

(2)土地质量等级是指通过土地质量评价确定的土地等级,不同等级的土地具有不同的质量。通过土地统计,反映出不同质量等级的土地面积及其分布。

(3)土地权属状况是指不同权属类别的土地面积及其分布。

(4)土地利用状况是指各种土地利用类型的面积及其分布。

(5)土地位置界线是指土地的地理位置、范围界线和四至,包括各行政单位、土地权属单位以及各种地类的界线,用图件和文字形式表述。

(三)土地统计的特点

(1)区域性。土地统计数据反映特定区域内的土地分类、分布、权属、质量和等级等方面的情况。

(2)稳定性。土地是一种非再生资源,总量是稳定的。即一定区域内的土地总面积不会发生变化。各省、市、县的行政区域管理的土地可以进行调整,但全国的土地总面积是稳定不变的。

(3)一致性。数量上的变化反映了某一特定区域内的地界、地类、数量、质量、权属等情况发生的变化,那么图件上相应位置的地界、地类、数量、质量、权属等也应随之变化。因此,报表上的数量,图件上的要素标记必须与实地保持一致,才能保证土地统计资料的现势性。

(4)实用性。土地统计成果资料是制订国民经济计划、科学管理土地、合理利用土地的重要依据,同时还能够监督、检查各种计划、措施、方针政策的执行情况。

二、土地统计程序

对于任一内容的统计,完整的统计过程一般由统计设计、统计调查、统计整理及统计分析和预测等阶段组成。

(一)统计设计

统计设计是根据统计对象的性质和统计的目的对统计工作的各个方面及各个阶段的内容任务、方法及其操作进行全面的设想安排,通过统计设计形成完整的统计方案。

(二)统计调查

统计调查是在统计设计的基础上具体地采集统计资料的过程。这一阶段的工作包含两个步骤,即资料收集和实地调查。

1. 土地统计调查的内容

土地统计调查主要包含如下几个方面的内容：调查行政管理范围的土地总面积和各类土地面积；调查各类土地的分布及变动情况；调查各类土地的质量及变动情况；调查土地的利用状况、利用效果和防护情况；调查土地权属及变更等情况；调查土地的地理位置和范围界线。

2. 土地统计调查的种类

（1）土地统计调查按任务不同，可以分为土地初始统计调查、土地变更统计调查和其他专门调查。

（2）按调查范围的不同，土地统计调查又可分为全面调查和非全面调查两种。

（3）按调查登记的时间的连续性不同，土地统计调查又可分为经常性调查和一次性调查。

3. 土地统计调查的程序

土地统计调查是一项负责、细致的工作，一般情况下，土地统计调查的程序为：确定调查的目的；确定调查对象和单位；确定调查项目和内容，并制定调查表；确定调查时间；野外调查与收集资料；数据统计、整理；审核上报。

（三）统计整理

统计整理是将统计调查获取的资料进行科学的分类、汇总，使之系统化、条理化的过程，统计整理是为统计分析作准备的。

1. 土地统计表

我国土地统计报表按基层土地统计与国家土地统计的层次分为基层土地统计报表与国家土地统计报表。

基层土地统计报表。基层土地统计报表为基层土地管理服务，亦为及时准确地完成土地统计年报制度规定的向国家上报的土地变化状况的土地年度统计报表提供服务。基层土地统计报表主要包括《统计台账》《土地变更调查记录表》《年内地类变化平衡表》《土地统计簿》《耕地面积变化情况过录表》《各类建设用地当年增加面积过录表》《城镇建设用地当年增加面积过录表》。

国家土地统计报表。现阶段国家土地统计报表由 15 种报表组成。按报表所反映的内容可分为两类：一类是反映土地权属、利用、数量及其变更情况的土地情况统计资料，15 种表格中，有 11 种属于此类；另一类是反映土地管理机构情况的。

2. 土地统计图

1）土地统计图的作用

作为土地统计的重要文件之一，土地统计图主要具有下述 5 个方面的作用：

（1）用来记载各种地类的界线及其变化，从而反映出土地的利用现状及动态变化。

（2）据以量算行政区域、土地权属单位的面积和各地类面积以及变化部分的面积。

（3）用来记载不同质量等级土地的界线和面积。

（4）利用统计图，可以避免和检查土地统计中面积的遗漏或重复统计现象，保证统计数字的准确性。

（5）保持土地统计图、表、实地三者的一致，以增强土地统计的科学性。

2) 土地统计图的内容

根据土地管理和规划工作的需要,土地统计图应包括如下内容:

(1) 三角点、图根点等固定控制点的位置及注记。

(2) 行政界包括省、市、县、乡、村的行政界线。

(3) 土地权属界包括每个集体土地所有权单位和国有土地使用权单位的界线,以及权属单位的标准名称、编号与面积的注记。

(4) 地类界线包括各种土地利用类型的界线和地类简称注记。未依比例尺的线状地物要注记实丈宽度。如果需要详细地反映居民内部各户宅基地界线时,可另外绘制大比例尺的宅基地统计图作为补充图件。

(5) 地块即由末级固定线状田间工程围隔的相同地类、同一权属的土地单元,注记地块编号、面积、质量等级、地类简称。

(6) 土地使用单位面积统计表。

(7) 图编序号与图幅编号及图框 4 个角点的坐标值。

(8) 比例尺、指北针、图例。

(9) 土地统计图表编号日期、单位、编制人员的签名。

3) 土地统计图的编制与修改

土地统计图有两种。一种是分幅土地统计图,它是直接以地形图为底图,将土地统计各要素标示在底图上,然后按规定要求编绘而成。比例尺为 1:1 万;另一种是县、乡土地统计图,它是根据分幅土地统计图,以县或乡为单位编绘而成。通常,县级土地统计图的比例尺为 1:5 万,乡级土地统计图的比例尺为 1:1 万。在有条件进行城市、建制镇、村庄土地统计的地区,需要编制比例尺为 1:500 或 1:1000 或 1:2000 的居民点土地统计图。

土地统计图编制完成后,由于国家、集体建设的发展,需要占用一定数量的土地,从而使土地权属和地类不断地发生变化,这些变化都要及时地反映到土地统计图上,也就要对原土地统计图进行修改,使土地统计图与实地始终保持一致。

(四) 统计分析和预测

统计分析和预测是采用数理统计、系统工程等科学方法对统计资料进行归纳、推理和预测,说明土地利用等方面的情况,揭示其规律和趋势,为土地管理决策服务。

土地统计分析是土地统计工作的重要组成部分,它能通过土地统计数据找出土地利用变化的规律和趋势,总结土地利用的经验教训,为制定土地管理政策服务。土地统计分析的基本方法有两种:一是横向分析法,即在一定的时间和范围内,根据不同地类面积和土地总面积的关系,求出各类土地面积与土地总面积的比例;二是纵向分析法,即根据土地的动态变化数据,分析某一地区或单位历年的土地利用情况。土地统计分析的主要内容是:

(1) 农用地占土地总面积的比例。

(2) 农用地在不同时间的变化情况,如耕地的季度、年度变化等。

(3) 土地利用现状分类面积比率和城镇土地分类面积的比率。

(4) 建设用地占耕地及土地总面积的比率,包括国家建设用地、集体建设用地和农民建设用地的年度和历年变化比率。

(5) 农业结构调整情况,如耕地、园地、林地和牧草地在农用地中各占多大的比例等。

三、土地统计类型

由于依据标准的不同,土地统计有不同的类型划分。

(一)按统计时间和任务划分

土地统计可分为土地初始统计和土地变更统计两种。

1. 土地初始统计

土地初始统计是指利用有关统计图和统计表,对土地的数量、质量、分布、权属和利用状况所进行的首次较系统的记载和分析。

2. 土地变更统计

为了保持土地统计资料与土地实际情况相一致,必须不间断地将土地数量、质量、权属、利用状况所发生的变化及时地反映到土地统计文件中去,这就是土地变更统计。

(二)按统计层次划分

土地统计又可分为基层土地统计和国家土地统计。

1. 基层土地统计

基层土地统计主要针对县级土地管理部门组织乡(镇)土地管理所从事的经常性的土地统计工作。基层土地统计是以图斑或宗地为单位进行的调查、整理、汇总,是保证统计资料及时、准确的关键。

基层土地统计不仅为国家土地统计提供准确、及时、全面的土地统计资料,而且还为当地的土地管理和社会经济建设提供服务。基层土地统计的内容,除满足国家土地统计的需要外,还可以根据当地土地管理和社会经济发展的需要补充统计内容,整理出不同的分组资料。基层土地统计除全年统计年报外,还可通过月、季度、半年报的方式,随时掌握土地利用的变化情况。基层土地统计不仅要进行数字统计,而且还要通过实地调查测量,在图纸上标明其地界的空间变化。所以,反映土地位置变化的图纸资料和数字统计资料,都是基层土地统计的重要资料。

基层土地统计是一项涉及面广、技术性强的工作。开展这项工作必须遵守以下原则。①实事求是的原则。经调查获得的土地数量、质量、分布权属及利用状况必须如实统计、汇总、上报,不得瞒报、虚报。②准确、及时、全面的原则。准确是基层土地统计的生命和基础,及时、全面是基层土地统计工作的基本要求,准中求快、准中求全是基层土地统计的基本出发点。③图、数与实地保持一致的原则。基层土地统计工作以图、数为主要形式,表上的数字和图件上的要素标记必须与实地保持一致,保证基层土地统计资料的真实可靠。

2. 国家土地统计

国家土地统计主要针对县级(含县级)以上土地管理部门所进行的土地统计设计、调查、整理和分析等土地统计工作。

国家土地统计作为土地统计不可或缺的重要组成部分,其基本任务在于:制定土地统计的发展战略、土地统计工作目标、计划及土地统计体系;建立健全土地数量、质量、权属、分布、构成、价值等统计指标体系,维护统计信息的"窗口"地位,使其全面发挥决策助手的作用;进行土地统计的设计,组织全国性土地统计,搜集整理土地信息,以反映土地利用水平及动态变化趋势;充分利用统计信息反馈土地管理各项法规、政策、规定及计划的实施,体现整体意义上的统计服务与监督;分析土地供需、土地利用、土地经济及土地管理中的热点,为领导和社会经济各有关部门决策提供准确、全面、可靠的全方位统计信息。

国家土地统计应突出反映土地要素的现状、构成和动态变化趋势以及土地供需关系、土地产权关系、土地经济关系等。在现阶段,国家土地统计主要任务为:制订土地统计工作发展计划,建立健全城乡一体化的土地统计指标体系,保证土地资源、资产基本数据,突出土地资产管理与社会主义土地经济关系以及国有资产存量、流量在社会经济要素运行中的地位和作用;根据土地管理的需求,确定土地统计指标,制定一套自上而下、自下而上全面实施的土地统计报表制度,并逐步形成全国、省(自治区、直辖市)、市(地、州)、县(市、区)土地统计信息网络;在全国范围内开展土地变更调查的基础上,保持土地利用现状资料现势性;组织业务培训,不断提高土地统计人员的业务素质和统计能力。

四、土地统计管理体制

土地统计制度是国家统计制度的必要组成部分,是依据国家《统计法》和《土地管理法》,以及其他有关行政规定制定的。包括初始土地统计和日常土地统计制度,以及统计报表制度。

(一)土地统计管理体制

根据国家《统计法》的有关规定,国家实行统一领导和以行政管理区为单位的分级负责相结合的管理体制。

国土资源部主管全国土地统计工作,并按土地报表制度及有关规定,定期为国家提供准确的土地数据资料,对全国土地利用情况进行检查和监督。

省级土地管理部门主管本辖区的土地统计工作,按规定定期上报年度土地统计报表,并进行土地统计整理、分析,为地方政府提供准确的土地数据及其分析资料,对本地区的土地利用情况进行检查和监督。

县级土地管理部门负责本县的土地统计报表的汇总和上报工作,进行本级土地统计成果的整理、分析和提供利用等工作。在国家土地统计管理体制中,县级土地统计是基础,它起着承上启下的作用。县级以下的基层土地统计工作,由县级土地管理部门组织乡(镇)土地管理所负责进行。

(二)土地统计报表制度

土地统计报表制度是指基层单位和各级土地管理部门按照国家统一规定的表格形式,统一的报送时间和报送程序,定期向国家土地管理部门报告有关土地统计资料变化情况的一种报告制度。它是我国土地统计调查的基本组织形式,也是各级土地管理部门必须履行的一项重要的报告制度。

现行的报表制度是一个较为系统、完整的报表制度。通过它可以掌握我国土地资源的概况。经过历年的、多层次的统计资料,可以找到土地变化的差异与规律,从而为土地管理提供准确、可靠的数据。

第六节 地籍档案管理

地籍档案是土地档案的核心,是国家档案的重要组成部分。所以,地籍档案管理不仅是地籍管理的一项重要内容,而且是全面、科学管好、用好土地的重要保证。

一、地籍档案的概念

对于档案的理解各国都不相同。《苏联大百科全书》认为:"档案是机关、个人、家庭在活动中所形成的文件材料的总和。"《法兰西共和国档案法》(1979年)规定:"任何自然人或法人,任何国家机关或组织,或任何私人机构或部门,在自身活动中产生或收到的文件整体,不管其形成的日期、形式和制成材料都是档案。"美国档案学家谢伦伯格对档案的定义是:"经鉴定值得永久保存,以供查考和研究之用,业已藏入或者业已选出准备藏入某一档案机构的任何公私机构的文件。"我国在1987年颁布的《中华人民共和国档案法》指出:"档案是指过去和现在的国家机构、社会组织以及个人从事政治、军事、经济、科学、技术、文化、宗教等活动直接形成的对国家和社会有保存价值的各种文字、图表、声像等不同形式的历史记录。"

地籍档案是指在国家各级土地管理部门及所属单位中,由地籍管理活动直接形成的,具有保存、参考价值的历史记录。地籍档案是国家各级土地管理部门,包括土地勘测规划部门进行土地调查、土地登记、土地统计、土地分等定级与估价等各项专业活动逐步形成的历史真实记录,它不是按现在人们的主观意愿或需要而进行修正或肆意涂改的失真记录,也不是事后另行编制的材料。

不是所有的地籍资料都能成为地籍档案,地籍档案必须具备以下条件:

(1)与地籍直接关联的材料。如土地调查资料,土地分等定级资料,土地登记、统计资料都是与地籍有直接关系的资料,可以作为地籍档案。而地籍管理人员的劳动工资、住房等资料,与地籍没有直接关系,不能作为地籍档案材料。

(2)具有保存价值的地籍资料。一些地籍资料能在日后工作中起到参考或凭证作用,如土地证、土地登记卡、土地统计台账等,就需要作为地籍档案材料保存起来。

(3)经过编目、立卷归档的文件材料。在地籍工作中形成的各种文件材料,在具备了上述两个条件后,只能作为地籍档案材料,必须经过分类、编目、立卷归档,才能成为地籍档案。

二、地籍档案的类型

档案是国家资料的宝库,地籍档案也相当丰富,根据地籍档案形成的时间、表示方式和内容可分为若干种类:

(1)按历史时期分。我国很早就有地籍档案,从原始地籍档案到现代地籍档案可以分成:古代地籍档案、民国地籍档案、新中国地籍档案。

(2)按地籍记录的介质和表示方法分。地籍档案的记录介质,与社会和科学技术发展关系极大,过去日常地籍记录于结绳、竹木简、吊、纸之上,现在地籍记录的介质多为聚酯薄膜、胶片、磁带、光盘等新品种,表示的方法有文字、图表、声像、影像等。

(3)按地籍工作的内容分。目前地籍档案按其内容分为:土地调查档案、土地分等定级档案、房地产登记档案、土地统计档案、土地征用划拨档案、地籍综合档案等。

(4)按地籍信息的空间载体分。宗地档案,以宗地为单位形成的档案;非宗地档案,除宗地档案以外的地籍资料构成的档案,如地籍图、土地统计资料、坐标册等。

(5)按地籍形成的单位分。国家机关地籍档案,是指乡级以上土地管理部门的地籍档案;基层单位地籍档案,是指集体土地所有权单位、国有土地和集体土地使用单位的地籍档案,以及拥有集体土地和国有土地使用权的个人的地籍档案。

三、地籍档案的特性

地籍档案是国家档案的重要组成部分,它不仅具有一般档案的特点,同时还具有自己的特殊性质:

(1)是专业性和技术性较强的专门业务档案。
(2)具有严格的法律性。
(3)兼有文书和技术档案的特点。

四、地籍档案的作用

档案是国家的财富。地籍档案是地籍活动成果储备的基本形式。地籍档案的作用,从时间上看,现在有用,将来也有用。它不仅为当今土地管理业务活动提供依据,而且还为今后的工作提供参考。建立和健全地籍档案制度,是国家土地管理工作走上科学化、标准化的标志。地籍档案的最主要作用可以归纳为凭证作用和参考作用,并具体表现在以下5个方面:

(1)为土地权属的查证提供法律凭证。地籍档案是土地权属关系调整活动的真实历史记录,是土地所有权、使用权的历史凭证。所以,土地所有权、使用权的确认与变更,土地所有者、使用者合法权益的维护,土地权属界线及其权源争执的调处等,常常需要从地籍档案中查考先前的记载。否则,只凭记忆处理,会失去准确。而且随着时间的推移,难免会被人遗忘,最后造成"无案可查""无凭无据",必定会给土地管理工作带来许多困难。地籍资料的法律性质决定了地籍档案的凭证作用。地籍档案中保存的过去政府发布的文件或批件,也可为解决土地权属纠纷及其他土地问题的争执提供凭证。

(2)为土地管理工作提供借鉴。地籍档案中记载了地籍管理活动的经验和教训,它不仅是不同历史时期地籍管理制度和措施的资料汇集,同时也是各项技术成果的真实记录。为此,地籍档案不仅可以为土地管理的实际工作、地籍管理活动提供参考,为实行土地统计监督提供基本数据,而且还可以为指导生产和建设提供有参考价值的数据和经验,为政府制定有关土地方面的政策、法规提供参考和依据。

(3)为国家土地教育、宣传提供素材。地籍档案真实地反映了土地数量、质量的变化和人类对土地利用活动的基本规律。我国是人多地少的国家,重视开展土地教育和宣传工作,是一项带有战略意义的工作。土地教育、宣传需要有生动的素材,不仅要有现势性的材料,而且要有人们利用土地的历史记录。所以,地籍档案可以为土地教育宣传提供生动的素材。

(4)是土地科学研究的重要依据。土地科学是为适应社会生产力不断发展的客观需要而逐步发展起来的一门独立学科。为保证土地科学研究成果的质量和水平,需要足够的、连续的、系统的地籍档案作后盾。过去由于缺乏系统的资料,许多有关土地经济效益分析以及土地利用生态效益的预测性、决策性的研究成果等的可行性和科学性都受到一定的影响。有关对土地的自然、经济、法律等属性的动态规律的研究,也有类似的情形。

(5)为土地信息交流提供手段。地籍档案也是土地信息的一种载体。地籍档案提供的土地信息,不仅数量大,而且具有原始性和记录性的特点。所以,任何先进的储存系统,也无法完全代替地籍档案作为土地信息储存手段的作用。地籍档案是历史经验的总结、记载,还有不断补充的新档案资料。为了在生产部门、科研、教学单位推广新经验与成果,使之少走弯路,必须进行上下、左右之间的交流,以推动地籍工作的不断发展。历代的地籍档案虽然丰富,但分散在各地、各部门,有些还极少。为了更好地发挥档案的作用,有必要开展交流活动,传递档案信息,使地籍档案发挥更大的作用。

五、地籍档案管理工作的程序

地籍档案管理是一项业务性很强的工作,其全部过程应包括收集、整理、鉴定、保管、统计、提供利用和编研等工作。

(1)收集。就是要把分散在各机关、单位、社会团体和个人形成的地籍文件材料收集起来,集中保管。地籍资料的来源主要包括以下几个方面:①接收土地管理部门和房地产管理部门形成的地籍档案;②接收撤并机关移交的地籍档案;③接收社会散存的历史地籍档案。

(2)整理。把收集来的资料,按照土地档案卷宗和地籍档案的分类系统,按照各种图件、文据、凭证、表格和卡片的历史联系进行分门别类的系统整理,使整理出的地籍档案能够反映地籍工作的真实面貌,便于保管、查找和利用。其整理程序一般经过组卷、卷内文件整理、案卷封面填写、案卷装订、案卷排列、案卷目录编制等工序。

(3)鉴定。地籍档案的鉴定工作,就是通过各种地籍档案价值的确定,将失去价值的地籍档案剔除销毁,挑选出有价值的部分,并根据地籍档案对今后各方面可能起到的作用,确定其保管期限;根据地籍档案的保密程度和允许提供利用的范围,确定其密级等级,以利日后妥善保管和利用。地籍档案的鉴定工作,可以避免保管无价值档案造成的人力、物力和财力的浪费。鉴定的目的在于决定取舍、保存价值以及保管期限与密级程度。

(4)保管。地籍档案的保管主要就是防止地籍档案的损坏、延长档案的寿命和维护其完整与安全。

(5)统计。地籍档案的统计工作,就是以表册、数字的形式,反映地籍档案工作的有关情况,该项工作可分为地籍档案的登记和统计两部分。为了及时掌握档案的数量和质量以及利用情况,需要按照工作的规律,对档案进行经常性的统计。

(6)提供利用。提供利用是地籍档案工作的中心任务。提供利用工作对整个地籍档案工作的发展有着决定性的影响。但是同时,提供利用工作是建立在基础工作之上的,它不能离开基础工作而存在、发展。两者之间是相辅相成、相互促进和相互制约的辩证统一关系。地籍档案提供利用的具体方式有:①设置阅览室接待查档;②外借档案原件;③提供档案副本;④编写档案证明。

(7)编研。指汇编各种参考资料、出版期刊和档案史料。其主要目的是放大利用面,为各方面提供档案信息,发挥更大的社会效益和经济效益。具体地说,地籍档案的编研就是以满足社会利用档案为主要目的,以室藏档案为主要对象,在研究档案内容的基础上,编制参考资料、汇编档案史料、编写系统评述和介绍地籍档案材料的工具书、编研出版档案期刊等。地籍档案的编研资料,要做到选题正确、内容丰富、结构严谨、自成体系、观点正确、史料真实、有较高的利用价值和学术价值。

六、地籍档案管理

建立地籍档案需要对地籍档案材料进行收集整理、分类编目、归档保存等工作,这就是地籍档案的管理活动。所以,地籍档案管理可以理解为:以地籍档案为对象而进行的收集整理、分类编目、归档保存、提供利用等各种活动的总称。

《中华人民共和国档案法》明确规定:"档案工作实行统一领导、分级管理的原则,维护档案完整与安全,便于社会各方面的利用"。地籍档案工作是国家档案工作的一个分支,同样要贯彻档案工作的原则:①地籍档案工作必须服从国家的统一领导,接受国家监督;②地籍档案馆、室是各级档案工作的事业单位,是集中管理的文化机构,按规定对应立卷归档的材料定期向档案馆、室移交,实行集中管理,不允许分散保存;③地籍档案馆、室必须按照统一的法则制定地籍管理制度,实行档案管理科学化;④我国幅员辽阔,立卷归档的材料种类繁多、数量浩繁,一定要接受上级和同级档案主管部门的指导和监督。

(1)地籍档案管理的内容。所谓地籍档案工作就是以地籍档案为工作对象而进行的收集、整理、分类编目、归档保管和提供利用等各项活动的总称。换言之,地籍档案工作就是从事地籍档案管理的各项活动。

地籍档案就其工作性质可以分为:地籍档案行政管理工作,地籍档案馆、室工作,地籍档案宣传教育和科学研究工作。

地籍档案行政管理是指对其管辖范围内的地籍档案工作实行业务指导、监督和检查。国家档案局和地方各级档案局,是中央和地方的档案行政管理机关,主管全国和地方档案事务。

土地管理部门的档案馆、室工作,主要是收集、整理、保管本地区和本单位的地籍档案,并提供与之相关的各项服务工作。

地籍档案的宣传教育工作主要是为了实行地籍档案的科学管理,充分发挥地籍档案的作用,对国家的有关规定、档案工作情况和重要意义开展宣传、出版工作,举办各种培训班,编写教材,培养人才,以适应档案工作的需要。

地籍档案的科学研究工作,主要是对地籍档案管理的基础理论、技术和方法进行探讨和研究。

(2)地籍档案管理工作的基本任务。这项工作由于起步较晚,在国家档案工作统一管理的原则下,其具体任务有3个方面:一是建立统一的科学的档案管理制度;二是利用现代新技术,逐步实现地籍档案管理现代化,现阶段主要建立地籍信息系统;三是大力开发地籍信息资源,努力为国家建设服务。

第七节 国外地籍管理制度的特点

世界上许多国家地籍管理制度可追溯到十二三世纪甚至更早。为税收服务的起始功能在现有的地籍制度中依然较为鲜明地得到了体现。在诸多国家里土地登记,除了从法律的角度用来认定权属主体地位外,同时还作为财产单元、地产单元而单独地进行着登记。

一、地籍管理的作用

世界上多数国家长期经历着土地私有制度,土地自古是重要的财产,土地被理解为财富和权利的象征。即使在现代,土地这一财富在许多国家的财富总额中占的比重已不是最主要的了,但它的象征意义依然根深蒂固。地籍管理从税收阶段迈入到了以保护土地财富为主的历史阶段,记录土地财富的归属、保障土地权利、确保土地市场的发展自然就成为十分突出和重要的功能。而当今又步入了多用途的、追求土地资源可持续利用的目标,促进其流转增值成为十分主要的功能。

二、地籍管理的内容

几乎所有的国家都把土地登记列为最重要的内容之一,有的甚至通过同时存在多种土地登记来满足全面实施地籍管理的需要。

土地统计显然是国家、管理机关、交易市场乃至团体、个人都需要的信息内容。无论是反映土地权利归属的统计,作为财产的归属、财产的规模、财产的状态,作为资源的分配状况,乃至环境条件、质量状况等,都是国力、财力、市场竞争力的重要指标,因而土地统计作为地籍管理的重要内容之一,是理所当然的。

土地登记和土地统计的信息在税收地籍阶段和契据地籍制度下,大多靠申报的办法来获取,到了产权地籍阶段,都必须经由具有一定的技术能力(资质)的机构(人员)的调查来获取。调查核实,甚至现场获取宗地界址点线坐标、地类、用途等的调查,成为地籍管理的又一项内容。

土地评价,在不同的国家,并不都被列为地籍管理的内容之一。在俄罗斯及苏联解体后的一些国家中是明确被列为地籍管理内容之一的。在其他许多国家中不少将财产价值作为地籍登记的内容之一,但没有明确地提出土地评价为地籍管理的内容。

三、土地登记

在各国的地籍管理中都十分重视土地登记这项工作,如前所述各国在法律中用专款确立了土地登记的法律地位,足见土地登记在整个地籍管理中的重要性。

但是,在许多国家土地登记有两种形式(或称类型)的登记。如欧洲一些国家从地籍管理的角度进行着两种并行的登记:第一种是以法律形式进行的登记,一般称之为"Grundbuch"(土地簿)。第二种是以图解进行的登记,也就是地籍图(有时还附有登记情况),这种地籍图可以被认为是土地清单,它可以发挥政府和私人在关于土地和财产所有活动方面的信息系统作用。

形成这样的格局有其历史沿袭和演变的原因。土地是财产,也是历来国家征税的对象,从地籍产生一开始就被重视并成为登记的必要信息。土地交易的频繁出现,财产价值相关信息是交易各方十分关注的重要信息,因而在土地交易(流转)中对财产情况的了解,其登记与否,成为社会管理的需要,也是土地流转的需要。

地籍管理从契据登记进入到产权登记是一个大的历史跨越,产权的真实可靠性成为土地流转安全的一个关键环节(指标)。由于产权在社会生活中附有法律的特性,它有别于财产的真实可靠性,因而对土地产权的认定必须是具有法律效力的认定。

有一些国家如瑞典为了保障地籍的完整性,其"地籍系统的内容包括财产登记和土地登记"。瑞典地籍法律规定:"除了土地,土地上的其他财产也同样都是地籍包括的对象,一般称之为土地附着物",实际登记记录内容分 3 个方面进行。

(1)财产登记涵盖以下记录:房地产的面积,财产名称。登记资料的内容还涉及地上通行权、附属建筑物、土地分区管制及所涉及的法规文件、每一财产的坐标矩、该房产的街道地址等。

(2)土地登记资料包括:合法所有者的姓名、住址、公民登记号码,并且还包含抵押信息以及其他机关有关该财产的通知,如破产、重建等命令。土地信息数据库系统还包括房地产评估登记和人口登记。

(3)建筑物登记资料包括:各项建筑用于住宅、商业或工业用途的特性的相关资料,建筑物的位置,建筑物的使用情况,建筑物的价值。通过与资产评估登记以及城市建筑许可程序的连接,该注册可以随时得到更新。

在实行两种形式登记的地籍系统里,在土地登记即法律登记里,十分突出的是对土地所有权及抵押情况的登记。

并非所有的国家都并行存在着两种土地登记形式,有些国家只存在一种统一的土地登记。通过登记实现对土地权属的法律认可,同时实现对财产的认定。不过,即使是存在两种形式土地登记的国家里,它们的两种登记实际上是相互配合的,共同构成完整的地籍系统。

几乎所有国家都制定有"土地登记条例"用以规范土地登记工作,而且不少国家的土地登记条例中绝大多数条款都是一些强制性的规定,很少有指导性的条例。

四、地籍管理制度及机构

世界各国地籍管理制度和机构差别很大,既受地籍制度的影响,也与政体、民俗等因素有关。但它们一般都是与各国的行政体制相协调(或对应)的,然而各级的职能并不是一样的。

各国都十分重视土地法律登记工作,在有些国家该项业务是基层法院等司法机构负责实施的工作,如法国、瑞士、瑞典、挪威、波兰、美国、日本;有些国家则有专职的地籍部门负责实施,如捷克共和国、斯洛伐克、匈牙利、马来西亚、俄罗斯、哈萨克斯坦等;有些国家存在并行的两种登记,两种登记各在一个部门进行。因此,难以归纳出较为规范的模式。这里简略介绍一些国家的地籍制度和地籍管理机构。

(一)德国

德国的地籍管理具有以法律为基础、组织严谨、定义清晰、公证性强、应用广泛以及自助化程度高等特点。

德国特别重视地籍管理工作的法律规范,不仅对土地权属有明确的法律规定,对地籍管理中的诸多工作环节也做出了规范性的规定。如土地登记簿的应用、不动产的测绘管理、地籍图和土地证的规范性规定,乃至地籍图、宗地图的图例符号也都作了统一的、规范性的规定。

在德国实施土地登记的主要目的在于确定财产关系、公示土地物权、公示土地使用限制、公示一宗土地上多个物权之间的排序。德国的地籍管理以 3 个管理级别为主,个别的州级城市缺少中间一级的管理级别,而成为两级管理。

负责地籍事务的最高级别管理机构通常是州的内政部(最高级别地籍局),但是也有几个州是由财政部、州经济和技术部等负责当地的地籍事务。

中间管理层通常隶属于联邦州的一般管理机构,通常设在区政府中,称为地籍部。

最低级别的地籍管理部门是独立的国家性地籍局或者测量和地籍局。但是土地登记工作归基层法院负责。

（二）瑞士

受瑞士联邦政权结构的影响，地籍的行政管理机构划分为联邦、州和市3个级别，各州拥有自己的行政管理机构（图2-2）。

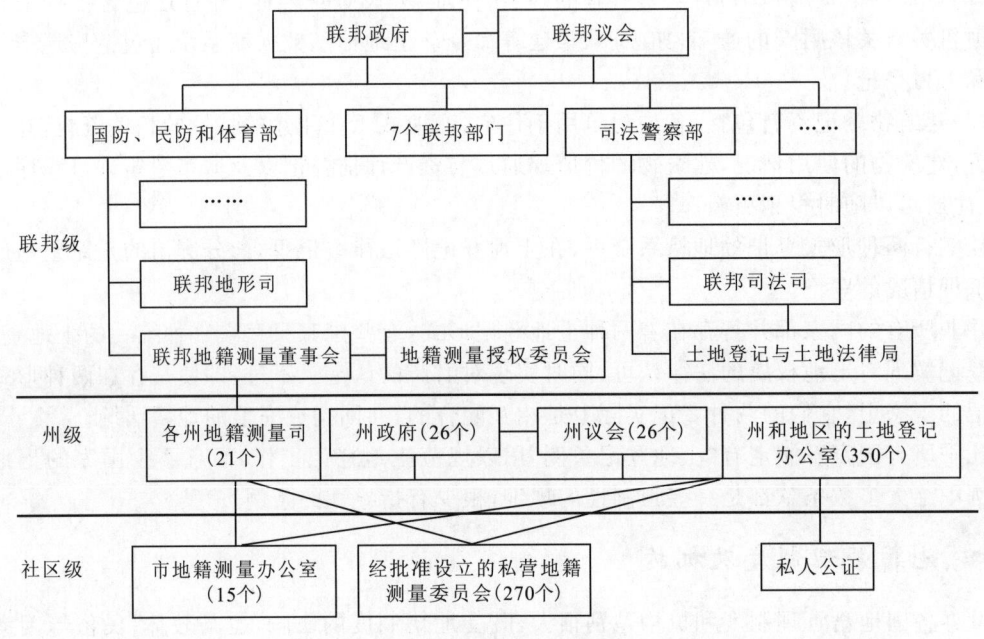

图2-2 瑞士联邦地籍系统中的组织机构

联邦当局的职责在于监督。州当局的职责在于执行，它的主要任务之一是进行土地登记和地籍测量。在市级层次上，除市政当局的少数测量办公室之外，经批准成立的私营测量机构负责官方测量工作。

（三）英国

英国在19世纪中叶开展土地登记是基于自愿（非强制性）基础上进行的，直到20世纪30年代才开始实施强制性的登记。

1862年前对土地的移转采用"私人保管的契据移转法"。当时在英国没有实行具有法律效力的登记或备案制度，买主在实施土地移转之前，必须全面查清楚。所涉及土地，前60年的权属来龙去脉之情况，必须确信交易无任何瑕疵，以防止出现欺诈的陷阱，为此买主往往求助于律师、法律顾问等。但要做到这些十分困难，既费时，又费资金，且存在不安全的风险。土地的正常流转颇受威胁。

1862年英国颁布了《威斯伯里勋爵法》，将权利登记体系引入英国，设置了政府登记局。

1875年颁布了《凯恩勋爵法》，对土地实行权利人自动登记的制度。1897年颁布了《土地移转法》，开始推行强制性登记制度。经几番修订，先后又颁布了《土地登记法》《土地负担法》和《财产管理法》等相关的法律，自1929年起在英国全面实行土地强制登记的制度。

英国的土地登记不是全面性的登记，只是对于所有权转移以及长期（21年以上）土地租赁权的建立与转移进行登记。目的是为土地转移提供安全、高效和经济的信息服务系统。土地登记在英国意味着代表英皇对法律担保和合法权利进行确认。

负责土地登记的机构是土地登记局。该机构的设置有中央和地方两个层次。土地登记局是一个独立的政府执行机构，并通过司法大臣对议会负责。

土地登记的具体内容主要有3个部分：财产登记、所有权人（业主）所有权登记、公民责任登记等。财产登记主要表明财产的地理位置、四至以及官方规划等。有时财产登记也会对相关的其他权利进行说明，如租赁权等。

业主所有权登记主要指明权利的性质，即说明是绝对的权利还是受约束的权利，并指出在与土地相关的出售、贷款或该事项中是否存在对权利的限制等问题。

责任登记主要说明登记财产的贷款项目及其他与财产有关的财务责任，同时也指出与财产有关的其他权利利益。

英国皇室测量师协会与地籍管理有十分密切的联系，登记中关于财产的地理位置、界址、官方规划、建筑物状态等都需由测量师协会提供技术信息资料。

从长远发展考虑，为了更好地满足公众对信息的要求，土地登记局正在会同有关部门，如测绘局、估价局以及地方政府等，建立包括更多信息量的国家土地信息系统。

（四）俄罗斯

自1991年苏联解体后俄罗斯（俄联邦）的土地资源管理体系一直为3级管理体制：联邦（中央）、主体（州、省）和地区（包括城市）。各级行政机构都专门设立了土地资源管理机构。整个管理实行垂直领导。这确保了各级管理机构的权威性和高效率性，较少受到当地政府的横向干预，这也有效地保证了全国土地的有效管理。

从2000年开始，俄罗斯在"联邦"之下增设了7个行政大区，各个大区都分别管辖一些主体（州、省）。此后，俄罗斯的土地管理体系就变成了4级管理。

俄罗斯目前涉及土地资源管理的部门共有6个，它们分别是俄罗斯联邦农业部、保健部、建设和住宅公用事业部、自然资源部、资产关系部和俄罗斯地籍局。其中只有地籍局是专门管理土地资源的国家机关，其他部门只是在自己的主管职权范围内涉及的土地利用领域而对土地资源的管理拥有一定的职能而已。

俄联邦地籍局是2000年设立的，是俄联邦政府专门授权管理俄联邦土地资源的中央机关，并在俄联邦89个主体（州、省）分别设有自己的省级管理机关。中央机关对省级机关实行垂直领导。89个省级土地资源管理委员会又管辖有1697个地区级土地资源管理和土地委员会，455个城市土地资源管理和土地委员会以及88个国有机构（单位）——地籍中心。

地籍司是俄联邦地籍局中具体开展地籍工作的最重要职能部门，它的工作在于建立具体地段的土地和与其有固定关系的不动产的具有法律效力的信息体系，这些信息包括地块的地理位置、指定的用途和法律地位等。建立国家地籍系统的主要目的之一是为了从信息和组织方面确保公平合理地征收土地税并使税收收入顺利地归入各级财政。地籍司的主要任务是为建立国家地籍系统给予方法和技术方面的保障。

2004年1月18日俄联邦政府通过了《俄联邦国家地籍法》，并根据该法开展地籍工作。

俄联邦地籍局中央机关组织机构情况见图2-3。

国家地籍的任务是收集、整理、处理、存储、更新俄联邦土地信息以及向各种使用者提供和传递有关信息。

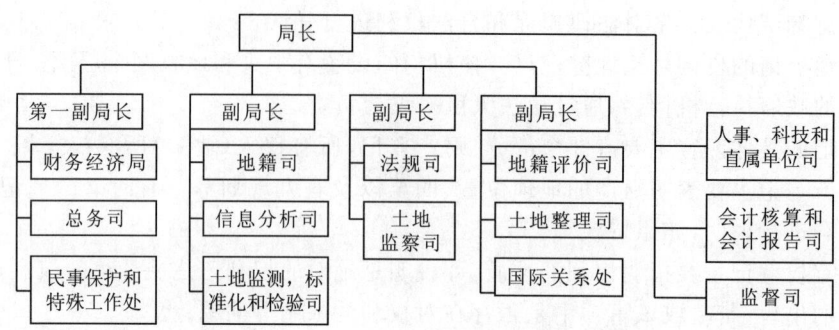

图 2-3　俄联邦地籍局中央机关组织机构情况

目前俄罗斯具体从事地籍工作的机构是俄联邦地籍局下属的地籍署。1999—2000年,在俄联邦各主体的参与下,俄联邦地籍局先后在俄联邦各主体建立了专门从事地籍工作的地籍署。

俄罗斯近10年来地籍工作的最大成果是,在土地私有化过程中,通过对土地的清查和划界,为几千万俄罗斯公民和法人确认了土地权,并发放了相应的土地证。激活了土地的流转,建立了可调控的土地市场,并在确保俄罗斯土地税收、增加国库的财政收入方面发挥了巨大的作用。

习题与思考题

1. 简述土地调查的目的与意义。
2. 分析我国土地分类体系的演变。
3. 我国开展第二次土地调查的目的是什么?使用了哪些先进技术?
4. 简述土地年度变更调查的目的和主要内容。
5. 试评述我国不动产统一登记制度建立的意义。
6. 如何理解不动产统一登记制度的"四统一"?
7. 简述不动产登记簿的功能。
8. 《不动产登记暂行条例》中规定了哪些内容以实现登记信息共享与保护?
9. 简述地籍档案管理的意义和作用。

主要参考文献

蔡卫华.建立以土地为核心的不动产统一登记制度[N].中国国土资源报,2013-03-20.
常昱,常宪亚.不动产登记与物权法[M].北京:中国社会科学出版社,2009.
程啸.不动产登记法研究[M].北京:法律出版社,2011.
程啸.论我国不动产登记机构的统一[J].中国房地产,2011(7):28-31.
程啸.如何统一各类不动产登记簿[J].中国地产市场,2014(9):20-22.
程尧,付梅臣.不动产统一登记思考[J].中国土地,2013(11):51-52.
付梅臣,袁春,吴克宁.土地行政管理学[M].北京:地质出版社,2008.

国土资源部不动产登记中心.规范登记行为 确保有效实施——《不动产登记暂行条例》重点内容理解与适用[N].中国国土资源报,2014-12-24.
胡志刚.不动产物权新论[M].上海:学林出版社,2006.
李倩.《不动产权证书》四大看点[N].中国国土资源报,2015-03-04.
梁慧星.中国民法典草案建议稿附理由(总则编)[M].北京:法律出版社,2004.
楼建波.域外不动产登记制度比较研究[M].北京:北京大学出版社,2009.
邱烈飞.土地登记在不动产统一登记中的地位[J].中国土地,2006(8):14-16.
孙宪忠.德国当代物权法[M].北京:法律出版社,1997.
孙宪忠.论不动产物权登记[J].中国法学,1996(5):51-62.
孙宪忠.论物权法[M].北京:法律出版社,2001.
谭俊,林增杰.地籍管理[M].北京:中国人民大学出版社,2011.
童泽宇.我国不动产登记制度研究[D].济南:山东大学,2013.
王利明.中国民法典学者建议稿及立法理由(总则编)[M].北京:法律出版社,2005.
王万茂.地籍管理[M].北京:地质出版社,2000.
魏莉华.准确把握不动产登记重大制度规定[N].中国国土资源报,2014-12-22.
向明.不动产登记制度研究[M].武汉:华中师范大学出版社,2011.
熊玉梅.中国不动产登记制度变迁研究(1949—2014)[D].上海:华东政法大学,2014.
叶公强.地籍管理[M].北京:中国农业出版社,2009.
于海涌.论不动产登记[M].北京:法律出版社,2007.
中国土地学会等.土地科学学科发展蓝皮书(2007)[M].北京:中国大地出版社,2007.

第三章 土地产权管理

第一节 土地产权与土地制度概述

一、土地产权

（一）土地产权的涵义

土地产权是指存在于土地之中的排他性权利,是以土地所有权为核心的土地财产权利的总和。土地产权的归属即土地权属,是指土地的所有权、使用权和他项权利的归属。我国土地所有权包括国有土地所有权、农民集体土地所有权两种类型,土地使用权包括国有土地使用权和农民集体土地使用权两种类型,土地他项权利,包括土地租赁权、土地抵押权、土地继承权、地役权、地上权、地下权等一系列同土地有关的权利。

（二）土地产权的基本特性

土地产权的基本特性有：

(1)排他性。土地产权可以由某些人共同享有,也可以个体独自拥有,但排斥所有其他人对该项财产的权利。

(2)合法性。土地产权只有经过登记,才能得到法律的承认和保护。如果通过暴力等非法手段获得,则不能说明获得了产权。

(3)相对性。产权要受到来自社会的或国家的最高权力机关的控制和制约。在任何国家,土地所有权主体即使享有完全的所有权,即在法律意义上有权支配、使用其拥有的土地,但是产权的支配和使用必须受到政府的行政管理限制和约束。

（三）土地产权管理的内容

土地产权管理的内容主要包括以下几个方面：

(1)依法确认土地权属。国家依法对土地所有权、土地使用权和土地他项权利进行确认、确定。即国家要依法对每宗地的土地权属经过土地申报、地籍调查、审核批准、登记发证等法律程序,进行土地权属的确认。

(2)依法管理土地权属变更。土地权属变更主要有以下几种情况：①土地所有权变更,主要是国家征用集体土地以及国家与集体、集体与集体之间调换土地等。②土地使用权变更,主要形式有:土地划拨、土地使用权出让、转让,因赠与、继承、买卖、交换、分割地上附着物而涉及土地使用权变更的,以及因机构调整、企业兼并等原因而引起土地使用权变化的。③他项权利变更及主要用途变更等。

土地权属及主要用途变更要向县级以上国土管理部门申报变更登记,经过批准,方具有法律效力。

(3)依法调查、处理土地权属争议。保护土地所有者、使用者的合法权益,保障土地的合理利用。

(4)依法查处土地权属违法行为。土地权属违法行为是指土地所有者、使用者、管理者,以及其他单位或个人在土地权属调查、登记、统计、价格评估、流转、终止等方面的违反有关法律、法规的行为。依法查处土地权属违法行为是指县级以上人民政府土地行政主管部门对违反土地管理法律、法规的行为进行监督检查,在监督检查中发现土地权属违法行为时,依法进行处理。这也是维护土地所有制,保护土地所有者、使用者和他项权利拥有者的合法权益的必要措施。

(5)依法征收土地权属有关税费。与土地有关的税费可以分为两大类:一是土地资源税费,如城镇土地使用税、耕地占用税、土地闲置税、新菜地开发建设基金等;二是与土地资产(权属)有关的税费,如土地增值税、契税、印花税、土地使用权出让金、地租、土地使用权股利、收回土地使用权补偿金等。依法征收土地权属有关税费就是对在土地权属确认、流转、终止过程中发生的,应当予以征收的税费进行征收、管理和监督。

二、土地制度

(一)土地制度的涵义

土地制度是指包括一切土地问题的制度,是人们在一定社会经济条件下,因土地的归属和利用问题而产生的所有土地关系的总称。土地产权是土地制度的核心内容。

(二)土地所有制

1. 土地所用制的涵义

土地所有制是指在一定社会生产方式下,由国家确认的土地所有权归属的制度。土地所有制是生产资料所有制的重要组成部分,是土地制度的核心和基础,是一定土地关系的基本制度。它受社会生产力发展水平的制约,属于经济基础的范畴。

作为社会生产关系的组成部分,土地所有制是由社会生产方式所决定的。而社会生产方式归根到底是由生产力的状况决定的。因此,不同的土地所有制,最终也是由生产力的状况所决定的。但即使是社会制度相同的国家,由于其社会经济条件和历史发展特点的不同,其土地所有制的具体形式也是不完全相同的。

土地所有制是随着人类社会的产生和发展而出现的。人类社会初期,生产力水平很低,人们以采集和渔猎为生,几乎没有对土地的开发利用,因而也不存在土地所有制问题。到了游牧时代后期,随着生产力的发展,天然草地的循环轮牧制度逐渐形成,于是各个氏族部落之间渐渐形成各自的土地利用势力范围,从而出现了土地所有制的萌芽。以后随着原始农业的产生和发展,人类有了固定的生产生活用地,最终出现了土地所有制。

在人类社会发展的历史上,主要产生了两大类土地所有制,即土地公有制和土地私有制。其中,土地公有制包括有原始社会的氏族公社土地公有制(土地属氏族或村社成员共有)和社会主义土地公有制(土地归国家和劳动群众集体所有),土地私有制包括有奴隶主土地私有制、封建土地私有制和资本主义土地私有制。除了以上典型的所有制形式外,部分国家还存在着其他多种土地所有制形式,如个体农民所有制、事业单位或宗教团体所有制、若干人共有的所有制以及一些过渡形态的土地所有制等形式。

2. 土地所有制的法律形式

任何一种土地所有制的实施和维持都必须有国家法律的确认和保护。国家以一定的法律文件——土地所有权证书来确认并保护土地所有制。当土地所有权转移时,出让方和受让方签订的契约——地契,经过国家的登记认可,也可以作为土地所有权的法律文件。在中国农村经过土地详查,搞清土地权属后发放的集体土地所有权证书等,就是这类法律文件。土地所有权证书(或地契)要载明:土地位置(坐落)、四至、面积、地形、地貌、地上建筑物、周围情况、土地质量等级、土地价格等。

(三)土地使用制

1. 土地使用制的涵义

土地使用制是土地制度的另一重要组成部分,是指在一定的土地所有制下,土地所有者、使用者和经营者在土地占有、使用、收益过程中形成的经济关系和法律关系的行为规范。

任何一个社会,对土地的使用必然受到其土地所有权的制约。在土地所有权和土地使用权分离的情况下,土地所有者和土地使用者都要按照一定的程序、条件和形式等规范来确定双方的权利和义务。而这种经济行为又必须由国家来确认与保护,同时又受到国家政权的某些调节和必要的限制。

2. 土地使用制的分类

不同社会形态下的土地所有制,有着不同的土地使用制。从土地使用者与土地所有者是否统一的角度,可将土地使用制度分为土地所有权与使用权相结合和土地所有权与使用权相分离两大类,简称"两权"合一与"两权"分离。

"两权"合一即土地所有者自己使用其土地,主要有氏族公社的共同使用制、封建土地制度下的自耕农、经营地主、资本主义土地制度下自有土地的农场主、社会主义条件下的土地集体所有集体经营等。

"两权"分离即土地所有者在保留土地所有权的基础上将土地使用权让渡给土地使用者,具体形式有私有制下的租佃制(如地主和佃农、资本主义土地所有者与租地农业资本家之间的租佃关系),社会主义条件下的土地集体所有家庭承包经营及国有土地的租赁制。

3. 土地使用制的法律形式

土地使用制也要由国家以一定的法律形式加以确认和保护才能得以实施。在实行各类土地租赁制的情况下,双方要签订土地租赁契约(佃契、租约、租契、租贴、协议、合同等)。目前在中国农村签订的土地承包合同,也是一种土地租赁契约。土地租赁契约要载明:土地坐落(位置)、四至、面积、质量等级、租期、租额、双方权利义务和撤租条件等。目前在中国城市普遍实行的国有土地使用权有限期、有偿出让与转让制度,也要签订土地使用合同。这种合同,除了要载明上述内容之外,还要规定建筑要求(容积率、建筑高度、建筑密度等)以及土地转让条件等。所有这些契约都必须在行政主管机关登记才具有法律效力。

第二节 土地所有权管理

一、土地所有权的涵义

土地所有权是土地所有制的法律表现形式,是土地所有制的核心。一定的土地所有权意味着土地所有者在相应的法律规定的范围内可以自由使用和处分土地。或者说,土地所有权是土地所有者所拥有的、受国家法律保护和限制的排他性的专有权利。

土地所有权可以细分为土地占有权、土地使用权、土地收益权和土地处分权等权能。

(1)土地占有权。土地占有权指对土地进行实际支配和控制的权利。土地占有权可以由土地所有人行使,也可以根据法律,以契约的形式依土地所有人的意志由他人行使。

(2)土地使用权。土地使用权指土地使用者依法对土地进行实际利用和取得收益的权利。土地使用权和土地所有权既可结合,也可分离,即土地使用权既可由土地所有人自己行使,也可以从土地所有权中分离出来,由非所有人行使。

(3)土地收益权。土地收益权指依据法律和契约取得土地所产生的经济利益的权利。尽管土地收益权是与土地使用权紧密相连的,但土地所有者在将土地使用权分离出去后,仍可以享有收益权。所以说,土地收益权是一项独立的权能,它是土地所有权的标志。土地所有者可以将土地的占有权、使用权,甚至部分处分权分离出去,而仅仅保留收益权。

(4)土地处分权。土地处分权指土地所有人依法处置土地的权利,包括对土地的出租、出卖、赠送、抵押等,它决定土地的最终归属,是土地所有权的核心。

以上4种权能,构成土地所有权的完整结构,它们在一定情况下是统一的,但在特定情况下也是可以分离的,其中最常见的是土地所有权和土地使用权的分离,如在中国历史上曾存在过的各类租佃制下所有权和使用权的分离,以及目前在中国城市和农村出现的土地所有权与使用权的分离等。

土地所有权是法律赋予的,所以,土地所有者必须在法律许可的范围内行使其所有权。

二、土地所有权的特性

(1)完全性。土地所有权是对土地的全面的支配权,由土地占有权、使用权、收益权及处分权等权能组成。它是其他物权的源泉和出发点,土地使用权、抵押权、地役权等物权都是土地所有权的派生权利,是基于使用收益的特定方向、在特定的范围内对土地实行支配的权利。

(2)排他性。土地所有者对自己的土地具有垄断性。当有非自然的因素妨碍土地所有者行使自己的所有权时,土地所有者自己就有排除这些妨碍的权利,而不必由法院出面。

(3)永久性。土地所有权是无限期地由土地所有者保有,土地所有者即使将土地闲置不用,其土地所有权也不会因此而丧失。只有发生社会变革,对土地所有制进行改革时,才有可能终止。

(4)归一性。土地所有者可以在自己的土地上为别人设定使用权、地役权、抵押权、租赁权等其他权利。如果这些设定的派生权利到期消失,它们又重归土地所有者支配,因此,土地所有者仍拥有最终的统一支配权。

(5)社会性。土地所有权虽然是一种完全的排他性权利，但是，土地所有者必须受到社会的限制。土地是人类社会生活基本的物质基础，但土地的稀缺性，使国家必须对土地利用做出宏观规划与管理，对土地所有者的权利适当加以限制，以保证国民经济各个部门对土地的基本需求。

三、土地所有权的内容

我国土地所有权分为国有土地所有权和农村集体土地所有权。

(一)国有土地所有权

我国国有土地所有权的主体是国家，法律规定由国务院代表国家依法行使对国有土地的占有、使用、收益和处分的权利。除此之外的任何组织、单位和个人，都无权擅自处置国有土地。

我国国有土地所有权的客体是属于国家所有的土地，根据法律规定，包括：①城市市区的土地；②依照法律规定属于国家所有的农村和城市郊区的土地；③依照法律规定国家征收的土地；④依照《宪法》规定属国家所有的森林、山岭、草原、荒地、滩涂等土地。

(二)农村集体土地所有权

我国农村集体土地所有权的主体是农民集体。《土地管理法》第十条规定："农民集体所有的土地依法属于农村集体所有的，由村集体经济组织或者村民委员会经营、管理；已经分别属于村内两个以上农村集体经营经济组织的农民集体所有的，由村内各该农村集体经济组织或者村民小组经营、管理；已经属于乡(镇)农民集体所有的，由乡(镇)农村集体经济组织经营、管理。"关于上述农民集体土地所有权应当由该土地所有权主体的农民集体行使。

农村集体所有权的客体，是指属于上述农民集体所有的一切土地，主要有：农村和城市郊区的土地，除由法律规定属于国家所有的以外，属于农民集体所有；宅基地和自留地、自留山，属于农民集体所有。

第三节　土地使用权管理

一、土地使用权的涵义

土地使用权是指使用土地的单位和个人在法律允许的范围内对依法交由其使用的土地加以利用并取得收益的权利，是土地所有权派生的土地产权。

土地使用权有广义和狭义之分。狭义的土地使用权是指依法对土地的实际利用权，包括在土地所有权之内，与土地占有权、收益权和处分权是并列关系；广义的土地使用权是指独立于土地所有权权能之外，含有土地占有权、狭义的土地使用权、部分收益权和不完全处分权的集合。目前中国实行的城镇国有土地使用权的出让和转让制度中的土地使用权就是这种广义的土地使用权。取得广义的土地使用权者，称为土地使用权人。由于广义的土地使用权也是一种物权,因此,这种土地使用权也可以买卖、继承和抵押等。同时,土地使用权人还可以将土地使用权租赁,即设定土地租赁权。

二、土地使用权的内容

我国土地使用权分为国有土地使用权和农村集体土地使用权。

(一)国有土地使用权

国有土地使用权是指国有土地使用权的主体对客体在依法行使土地使用权的过程中形成的权利和义务。这里的国有土地使用权的主体指依法取得国有土地使用权的单位和个人,客体指国家依法提供给单位和个人使用的国有土地。

《土地管理法》第九条规定:"国有土地和农民集体所有的土地,可以依法确定给单位或者个人使用","使用土地的单位和个人,有保护、管理和合理利用土地的义务。"第十一条规定:"单位和个人依法使用的国有土地,由县级以上人民政府登记造册,核发证书,确认使用权;其中,中央国家机关使用的国有土地的具体登记发证机关,由国务院确定。"第五十六条规定:"建设单位使用国有土地的,应当按照土地使用权出让等有偿使用合同的约定或者土地使用权划拨批准文件的规定使用土地。"

(二)农村集体土地使用权

农村集体土地使用权是指集体土地使用权的主体对客体在依法行使土地使用权的过程中形成的权利和义务。这里的农村集体土地使用权的主体是依法使用农民集体所有土地的单位和个人,客体是指农村集体土地使用权主体依法取得的承包地、自留地、自留山、宅基地和农村集体建设用地等。

为了维护公平,我国农村土地承包经营权实行无偿配给制度,只要是农村集体经济组织成员,都有获得土地承包经营权的权利。《农村土地承包法》第五条规定:"任何组织和个人不得剥夺和非法限制农村集体经济组织成员承包土地的权利。"

同时,为了促进农民增加投资、提高土地利用效益,又要维护土地承包经营权的稳定。《农村土地承包法》第二十条规定:"耕地的承包期为三十年。草地的承包期为三十年至五十年。林地的承包期为三十年至七十年。"第二十七条规定:"承包期内,发包方不得调整承包地。承包期内,因自然灾害严重毁损承包地等特殊情形对个别农户之间承包的耕地和草地需要适当调整,必须经本集体经济组织成员的村民会议三分之二以上成员或者三分之二以上村民代表的同意,并报乡(镇)人民政府和县级人民政府农业等行政主管部门批准。承包合同中约定不得调整的,按照其约定。"

农村土地确权

农村土地确权,是土地所有权、土地使用权和他项权利的确认、确定,简称确权。是依照法律、政策的规定确定某一范围内的土地(或称一宗地)的所有权、使用权的隶属关系和他项权利的内容。

之前,由于我国农村土地流转法律缺位等历史原因,我国农村土地确权登记一直处于停滞状态,农村土地产权没有证书依据,没有一个明晰的农村土地地籍信息系统,政府无

> 法清楚地掌握农用地的空间信息，村民之间、集体与个人之间土地关系错综复杂，造成权属信息不明确，农村土地权益维护困难，流转受限，已经难以适应当前土地管理的需要。
>
> 农村集体土地确权登记发证工作，是推进农业、农村改革发展的基础性工作，有利于建立归属清晰、保护严格、流转顺畅的农村土地产权制度，对维护农民土地合法权益，顺利推进工业化、城镇化和农业现代化，加强农村社会管理，促进城乡统筹发展具有重要意义。
>
> 2011年5月，国土资源部、财政部和农业部下发了《关于加快农村集体土地确权登记发证工作的通知》，要求完成农村集体土地所有权证的确权登记发证工作，我国农村土地确权登记工作开始全面展开。截至2013年5月，全国农村集体土地所有权确权登记发证工作已经基本完成，计划再用5年时间完成农村宅基地使用权和土地承包经营权确权登记工作。

三、国有土地使用权流转

我国实行土地的社会主义公有制，国有土地属全民所有，土地所有权不能流转，流转的只是国有土地的使用权。国有土地使用权流转方式主要有出让、转让、出租、抵押等。

（一）国有土地使用权出让

国有土地使用权出让是指国家以土地所有者的身份将土地使用权在一定年限内让与土地使用者，并由土地使用者向国家支付土地使用权出让金的行为。

国有土地使用权的受让主体非常广泛，境内外法人、非法人组织和自然人，符合依法使用中国国有土地条件的，都可以依法取得出让国有土地使用权。

1. 出让年限

国有土地使用权出让，必须根据不同用途确定其使用年限。依据《城市房地产管理法》第十三条和《城镇国有土地使用权出让和转让暂行条例》第二十条规定，土地使用权出让最高限期按下列用途确定：

(1)居住用地70年。

(2)工业用地50年。

(3)教育、科技、文化、卫生、体育用地50年。

(4)商业、旅游、娱乐用地40年。

(5)综合或者其他用地50年。

上述规定，是土地使用权出让年限的上限，在具体地块出让中，应根据具体情况和国家产业政策在上述范围内确定使用年限，不必都以最高限出让，但不允许超出最高年限出让土地使用权。

依法有偿取得的国有土地使用权，成为一种完整意义上的财产权，在使用年限内可以依法转让、出租、赠与、继承、抵押或者用于其他经济活动，合法权益受国家法律保护。与一般通过划拨取得的国有土地使用权不同的是"有偿""有期"，这是国家凭借土地所有权对使用权进行的一种限制，是实现土地所有权的一种措施。

2. 出让方式

国有土地使用权出让可以采取招标、拍卖、挂牌或协议方式进行。

《招标拍卖挂牌出让国有建设用地使用权规定》(中华人民共和国国土资源部令第 39 号)规定:工业、商业、旅游、娱乐和商品住宅等经营性用地以及同一宗地有两个以上意向用地者的,应当以招标、拍卖或者挂牌方式出让。

(1)协议出让。是指国家以协议方式将国有土地使用权在一定年限内出让给土地使用者,由土地使用者向国家支付土地使用权出让金的行为。

(2)招标出让。是指市、县人民政府国土资源行政主管部门(以下简称出让人)发布招标公告,邀请特定或者不特定的自然人、法人和其他组织参加国有建设用地使用权投标,根据投标结果确定国有建设用地使用权人的行为。

(3)拍卖出让。是指出让人发布拍卖公告,由竞买人在指定时间、地点进行公开竞价,根据出价结果确定国有建设用地使用权人的行为。

(4)挂牌出让。是指出让人发布挂牌公告,按公告规定的期限将拟出让宗地的交易条件在指定的土地交易场所挂牌公布,接受竞买人的报价申请并更新挂牌价格,根据挂牌期限截止时的出价结果或者现场竞价结果确定国有建设用地使用权人的行为。

(5)划拨出让。土地使用权划拨是指县级以上人民政府依法批准,在土地使用者缴纳补偿、安置等费用后将土地交付其使用,或者将土地使用权无偿交付给土地使用者使用的行为。土地使用权划拨对象和划拨用途具有特定性,建设项目均具有公益性和非营利性。以划拨方式取得的土地使用权,除法律、行政法规另有规定外,没有使用期限的限制,土地使用权不能私自进行转让。

(二)国有土地使用权转让

1. 转让方式

国有土地使用权转让是土地使用者将土地使用权再转让的行为,包括出售、交换和赠与。

(1)出售。即买卖,是指当事人约定一方将财产权转移给他方,他方支付价金的行为。土地使用权的出售必须是符合法定条件的国有土地使用权者的行为。并且贯彻平等、自愿、等价有偿的原则,由双方当事人通过协商,或通过土地有形交易市场以招标、拍卖挂牌方式成交。

(2)交换。在民法上也称"互易",就是以物换物。土地使用权的交换是指当事人双方交换各自具有使用权的土地,不同于以款项支付方式的土地使用权的买卖,但当事人双方的法律地位与买卖的当事人双方相当。

(3)赠与。是指赠与人一方自愿将自己的财物无偿地交给受赠人一方的行为。土地使用权的赠与是赠与人(国有土地使用权原受让人或者再受让人)将土地使用权无偿转移给受赠人的行为,受赠人成为土地使用权新的受让人。与出售一样,赠与只是土地使用权,土地所有权仍归国家。

2. 土地使用权转让与出让的区别

(1)主体不同。国有土地使用权出让主体为国有土地所有者,即国家,由法律授权的县以上人民政府予以具体实施;国有土地使用权转让主体为取得国有土地使用权的土地使用者。

(2)转移条件与程序不同。出让是政府行为,条件无限制,签订出让合同,缴出让金及相关税费,即可登记办证;转让条件有限制,且转让须经申请、审批或补办出让手续,缴纳税费,方可登记过户。

(3)交易市场不同。国有土地使用权出让属于土地交易一级市场,即国家作为国有土地所有者的一级垄断市场;土地使用权转让属于土地交易二级市场,是获得国有土地使用权的用地者,在合同约定的期限内,将剩余期限的土地使用权再次流转的行为,属于土地使用者之间的交易行为,即符合法定条件的自由转让。

(三)国有土地使用权出租

1. 国有土地使用权出租的概念

土地使用权出租是指合法取得国有土地使用权的民事主体(即出租人)将土地使用权及地上建筑物、其他附着物全部或部分提供给他人(承租人)使用,承租人为此而支付租金的行为。

2. 土地使用权出租的法律特征

(1)土地使用权出租也是一种民事法律行为,与土地使用权转让一样,遵循平等、自愿、等价有偿、诚实、信用等民法原则。

(2)土地使用权出租是出租人在保留土地使用权的前提下,把部分土地使用权能租赁给他人使用,并收取租金,不发生作为物权的整个转移。

(3)出租地块必须是合法取得且法律允许出租的地块。通过出让方式取得的土地使用权的民事主体可以依法出租土地使用权。以划拨方式取得国有土地使用权的民事主体以营利为目的出租房屋的,应当补办划拨土地使用权出让手续,否则应当将租金中所含土地收益上缴国家。

(4)土地使用权出租后,出租人仍需继续履行出让合同规定的义务。《城镇国有土地使用权出让和转让暂行条例》第三十条明确规定:"土地使用权出租后,出租人必须继续履行土地使用权出让合同。"

(5)土地使用权出租主体(出租人)是通过出让或者转让而取得土地使用权的国家或代表的出让主体,这也是土地使用受让人不同于土地所有权人出租的法律特征之一。

(6)土地使用权出租,必须将出租土地上的建筑物、其他附着物连同土地使用权一并出租,而民法上的财产租赁合同无此限制。

(四)国有土地使用权抵押

1. 国有土地使用权抵押的概念

土地使用权抵押是指土地使用权人以土地使用权作为履行债务的担保,当土地使用权人不能按期履行债务时,债权人享有从变卖土地使用权的价款中优先受偿权的债务担保形式。在土地使用权上所设定的是土地使用权抵押权。

2. 国有土地使用权抵押的积极作用

(1)对债务人(即土地使用权人)来说,一方面通过抵押权的设立取得所需资金,用于土地的开发建设,达到利用土地及使土地增值的目的;另一方面,由于抵押权的设立,无需转移占有供担保的土地,债务人又可以继续对土地在开发建设的基础上进行占有、使用和收益,得以发挥土地的双重效用。

(2)对债权人来说,土地不转移占有,既免除了对抵押地块的责任,又在债务人到期未能履行债务时,通过处分土地使用权,发挥抵押权的担保作用而获得优先于其他债权人受偿的权利,从而保障了债权人的利益。

综上所述,土地使用权抵押使资金融通更为便利,为在土地开发经营的土地开发者提供了筹资渠道,从而推动和活跃了土地开发经营活动。

3. 城镇国有土地使用抵押的法律规定

(1)抵押权的设立与登记。根据《城镇国有土地使用权出让和转让暂行条例》规定,设立土地使用权抵押,抵押双方当事人应签订抵押合同,并依照规定办理抵押登记。

我国目前实行房地分管体制,土地使用权的抵押向人民政府土地管理部门登记,涉及地上建筑物、其他附着物的,还应向人民政府房产管理部门登记。

(2)抵押权实现后登记。抵押权实现后的登记涉及3个方面的内容,一是抵押权因债务如期履行或者其他原因使抵押权归于消失的注销登记。《城镇国有土地使用权出让和转让暂行条例》第三十八条规定:"抵押权因债务清偿或者其他原因而消灭的,应当依照规定办理注销登记。"二是因处分土地使用权而取得土地使用权和地上建筑物、其他附着物所有权的过户登记。三是以划拨土地使用权设定的抵押权,处分土地使用权时,应补办出让手续,补交出让金。

(3)抵押物的损害。由于土地使用权抵押不转移对地块的占有,当事人双方一般均在抵押合同中约定,抵押人有保持土地完整性即保持其抵押时担保价值的义务,当抵押人没尽到保管责任致使第三人的不当行为造成抵押地块使用价值损害时,抵押人应承担要求第三人停止侵害、消除危险的责任,第三人应自行停止侵害,否则抵押人和抵押权人均可申请法院限制侵害人的侵害行为。由于抵押人自身的原因,如没有按出让合同规定的使用条件使用土地,造成抵押土地价值受到损害的,抵押人应承担恢复原状即恢复原有价值的责任,如不能恢复原有使用价值,抵押人应重新提出与现有价值相当的担保。

(4)抵押物转让。《中华人民共和国担保法》规定:抵押期间,抵押人转让已办理登记的抵押物的,应当通知抵押权人并告知受让人转让物已经抵押的情况;抵押人未通知抵押权人或者未告知受让人的,转让行为无效。转让抵押物的价款明显低于其价值的,抵押权人可以要求抵押人提供相应的担保;抵押人不提供的,不得转让抵押物。抵押人转让抵押物所得的价款,应当向抵押权人提前清偿所担保的债权或者向与抵押权人约定的第三人提存。超过债权数额的部分,归抵押人所有,不足部分由债务人清偿。

四、农村集体土地使用权流转

(一)概念

农村集体土地使用权流转是指农村集体土地使用权在不同的主体之间的流动和转移。农村集体土地使用权流转可区分为农村土地承包经营权流转和农村集体经营性建设用地流转。

我国农村土地实行所有权、承包权和经营权"三权分置",在流转中主要是经营权的流转,一般不涉及土地所有权和承包权。但在一些特殊情况下会涉及到土地所有权和承包权流转,比如,土地征收之后农村集体所有权消失;农民进入城市就业生活并取得城镇社会保障之后,农村土地退出,土地承包权消失。

(二)农村土地承包经营权流转

农村土地流转的形式主要有转包、转让、出租、互换、股份合作、抵押等。

(1)转包。是指承包方将部分或全部土地承包经营权,以一定期限转给同一集体经济组织的其他农户从事农业生产经营。转包后,原土地承包关系不变,原承包方继续履行原土地承包合同规定的权利和义务。接包方按转包时约定的条件对转包方(原承包方)负责。这种土地流转方式目前较为普遍。采取这种方式流转的,大多数是家庭主要劳动力外出务工、经商而又不愿意放弃承包经营权的农户。

(2)转让。是指承包方有稳定的非农职业或者有稳定的收入来源,经承包方申请和发包方同意,将部分或全部土地承包经营权让渡给其他从事农业生产经营的农户,由其履行相应土地承包合同的权利和义务。转让后原土地承包关系自行终止,原承包方承包期内的土地承包经营权部分或全部灭失。经发包方同意后,当事人可以要求及时办理农村土地承包经营权证变更、注销或重发手续。通过转让取得的土地承包经营权经依法登记获得土地承包经营权证后,可以依法采取转包、出租、互换、转让或者其他符合法律和国家政策规定的方式流转。

将承包地转让的,多数是有固定的非农经营收入、愿意放弃土地承包经营权的农户,以及部分无力耕种土地的农户,在承包期内将原承包地转让给其他农户或业主耕种。转让后,原承包户相应的土地承包经营权自然丧失。

(3)出租。是指承包方将部分或全部土地承包经营权以一定期限租赁给他人(包括个人、集体、企业或其他组织)从事农业生产经营,出租人向承租人收取租金。出租后原土地承包关系不变,原承包方继续履行原土地承包合同规定的权利和义务。承租人按出租时约定的条件对出租人(承包方)负责。

随着农业结构的调整和农业产业化的推进,许多地区鼓励科技人员、研究机构和龙头企业向农户或村集体经济组织租赁土地,大规模成片开发,发展高效农业。

(4)互换。是指承包方之间为各自需要或者方便耕种管理,通过自愿平等协商,对属于同一集体经济组织的承包地块进行交换,同时交换相应的土地承包经营权。互换后,原土地承包合同规定的权利义务可由原承包者承担,也可随互换而转移,但如果转移了则须按规定办理相关手续。

这种流转形式主要是农户间为方便耕种和管理,自愿将承包地互相调换,调换条件及附带物质利益关系由双方协商。

(5)入股。是指实行家庭承包方式的承包方之间为发展农业经济,将土地承包经营权作为股权,自愿联合从事农业合作生产经营;或承包方将土地承包经营权量化为股权,入股组成股份公司或者合作社等,从事农业生产经营,承包方按股分红。

当前一家一户的小农经济已难以应对市场,农民增收困难。进行土地流转,实施规模化种植已是农业发展的必然趋势。土地股份合作社这种土地流转形式的产生是农村发展的需要,用土地入股成立合作社,不需要改变当前土地承包政策,却可实现规模化经营,提升农业应对市场的能力,增加农民收入,并可将部分劳力从土地上彻底解放出来。

入股作为土地流转方式,比较典型的是土地股份合作制。土地股份合作制主要采用两种模式:一种是非公司化的股份合作,即为合伙经营而以土地承包经营权入股。承包地由合伙人统一使用,统一收益,土地承包经营权由原来的承包方改为由合伙人共同享有,由此发生土地流转。另一种是公司化的股份合作,即以土地承包经营权入股组成股份合作企业(合作社)。土地承包经营权移转给股份合作企业(合作社),发生土地流转。

(6)抵押。是指抵押人(原承包方)在通过农村土地承包方式取得物权性质土地承包经营权有效存在的前提下,以不转移农村土地之占有,将物权性质土地承包经营权作为债权担保的行为。在抵押人不履行债务时,债权人(即抵押权人)依照担保法规定拍卖、变卖物权性质土地承包经营权的价款优先受偿或以物权性质土地承包经营权折价受偿。

目前,《物权法》《农村土地承包法》规定:以拍卖等其他方式取得的"四荒"地承包经营权可以抵押。但耕地、草地、林地等以家庭承包方式取得的土地不能通过抵押的方式流转。但根据《中共中央关于全面深化改革若干重大问题的决定》"赋予农民对承包地占有、使用、收益、流转及承包经营权抵押、担保权能"的精神，农村土地承包经营权抵押也将逐渐放开。

土地承包经营权退出机制

> 随着我国城镇化、工业化进程的加快，城镇对农业劳动力和农村人口的吸纳不断增强。根据《2013年全国农民工监测调查报告》，2013年全国农民工总量26 894万人，外出农民工16 610万人，本地农民工10 284万人，在外出农民工中，举家外出农民工3525万人。同时，农民进城务工的收入大多都已达到了2000元/月以上，农民进城务工收入远大于种地收入，土地对进城农民基本生活的保障功能在逐步减弱，农民对土地的依附性逐渐降低。一方面，由于大量农村劳动力进城务工，导致大量农村土地闲置、低效、浪费；另一方面，由于农村土地流转的限制，加上缺乏有效的退出机制，导致农民土地资源配置效率极低。
>
> 十八大《中共中央关于全面深化改革若干重大问题的决定》提出"推进农业转移人口市民化，逐步把符合条件的农业转移人口转为城镇居民"，即在新型城镇化过程中重点要实现"人的城镇化"；2013年12月23—24日召开的中央农村工作会议提出"到2020年，要解决约1亿进城常住的农业转移人口落户城镇"。在新型城镇化背景下，要实现"人的城镇化"，使进城农民顺利转变为城市居民，有必要建立农村土地退出补偿机制。
>
> 在新型城镇化进程中，建立进城农民土地退出补偿机制，一方面可以将土地转移给耕作者使用，提高农村土地利用效率；另一方面，通过建立土地的退出补偿机制，可以使土地转化为资产，为农民进城落户和创业提供资金支持，对促进城乡统筹发展具有重要意义。

（三）农村集体建设用地流转

根据相关法律法规，当前农村集体建设用地使用权限制流转。《土地管理法》第六十三条规定："农民集体所有的土地的使用权不得出让、转让或者出租用于非农业建设；但是，符合土地利用总体规划并依法取得建设用地的企业，因破产、兼并等情形致使土地使用权依法发生转移的除外。"

集体建设用地流转，是指在符合规划和用途管制前提下，允许农村集体经营性建设用地使用权以出让、转让、租赁、入股、联营合作、抵押等多种方式流转。

(1)集体建设用地使用权出让，是指农民集体土地所有者将一定年期的集体建设用地使用权让与土地使用者，由土地使用者向农民集体土地所有者支付出让价款的行为。以集体建设用地使用权作价入股(出资)，与他人合作、联营等形式共同兴办企业的，视同集体建设用地使用权出让。

(2)集体建设用地使用权转让，是指农民集体建设用地使用权人将集体建设用地使用权再转移的行为。

(3)集体建设用地使用权租赁，是指集体土地所有者或集体建设用地使用权人作为出租人，将集体建设用地租赁给承租人使用，由承租人向出租人支付租金的行为。

(4)集体土地使用权入股、合营，是指农村集体土地所有者或使用者，依法以其土地使用权作价入股或作为投资、合作、联营的条件，与其他单位、个人合办乡镇、村企业或其他经营性组织的行为。

(5)集体建设用地使用权抵押,是指集体建设用地使用权人不转移对集体建设用地的占有,将该集体建设用地使用权作为债权担保的行为。

我国农村土地流转的典型模式

(1)浙江嘉兴的"两分两换":将宅基地与承包地分开、搬迁与土地流转分开,以承包地换社会保障,以宅基地换城镇住房。

(2)苏南无锡的"双放弃、双置换":同时放弃土地承包经营权和宅基地使用权,换取社会保障和城镇住房。

(3)成都温江的"两股一改":集体资产股份化,集体土地股权化,改革完善农村集体经济组织形式和治理结构。

(4)成都和重庆的"地票"交易:将农村宅基地等集体建设用地复垦为耕地而产生的建设用地指标,以票据的形式进入农村土地交易市场进行公开拍卖。

小产权房

"小产权房"不是法律概念,是人们在社会实践中形成的一种约定俗成的称谓。

"小产权房"是指占用集体土地搞建设,并向集体组织以外的成员销售的商品住宅。

中国实行二元制土地所有权结构,即国有土地所有制和集体土地所有制。根据《中华人民共和国土地管理法》的规定,农村宅基地属集体所有,村民对宅基地只享有使用权,农民将房屋卖给城市居民的买卖行为不受法律的认可与保护,即不能办理不动产登记证(或土地使用证、房产证)、契税证等合法手续。

"小产权房"产权证不是由国家房管部门颁发,而是由乡政府或村政府颁发,亦称"乡产权房"。该类房没有国家发放的土地使用证和预售许可证,购房合同在国土房管局不会给予备案。所谓产权证亦不是真正合法有效的产权证。

"小产权房"由于不符合相关法规政策,购买者往往得不到相应产权,购买者权益不受法律保护,容易产生社会纠纷,同时,"小产权房"建设还大量存在违法占用耕地等行为,对耕地保护产生了巨大冲击。但是,在商品房价格过高、政府保障房建设滞后的情况下,"小产权房"在保障低收入群体安居乐业、提高农民收入,促进城乡一体化发展方面又起到了一定的积极作用。

第四节 土地征收

土地征收是指国家为了公共利益需要,依照法律规定的程序和权限将农民集体所有的土地转化为国有土地,并依法给予被征地的农村集体经济组织和被征地农民合理补偿和妥善安置的法律行为。

国家对集体土地的征收,在中国《宪法》和《土地管理法》中规定不属于土地买卖行为。但从土地经济关系的实质来看,它是一种特殊的土地买卖形式,即国家通过对土地集体所有者给予一定的经济补偿,将集体所有的土地转为国家所有。国家给予集体所有者的经济补偿,一般要以土地市场价格为基础。

一、土地征收补偿

(一)土地征收的条件

我国《宪法》和《土地管理法》规定,国家为了公共利益的需要,可以依法对土地实行征收。这里的公共利益通常是指:"全体社会成员的共同利益和社会的整体利益。公共利益在本质上是非人格化的利益,是不特定多数人的利益。"

以下情况的用地可以视为公共利益需要用地:

(1)国家机关用地和军事用地。
(2)城市基础设施用地和公益事业用地。
(3)国家重点扶持的能源、交通、水利等基础设施用地。

土地征收和征用的区别

> 二者的共同点是,均具有公共利益性和强制性的特点。为了公共利益需要,依法定程序实施的征收和征用,均仅依政府单方面以征收命令或征用命令为意识表示而发生效力,被征收、被征用的公民和法人必须服从,不得抗拒,但要依法予以被征用的公民和法人相关补偿。
>
> 二者的区别是,征收的实质是强制收买,主要是土地所有权的改变,不存在返还的问题,即国家将农民集体所有的土地,通过征收,转变为国有土地,已经征收土地的所有权属国家,原土地所有者则丧失了对已征土地的所有权;征用的实质是强制使用,只是使用权的改变,被征用的土地使用完毕,应当及时返还被征用人,即是一种临时使用土地的行为。

(二)征地补偿费

土地征收补偿费用主要包括土地补偿费、安置补助费、地上附着物补偿费、青苗补偿费、拆迁补偿费和社会保障费用等。

(1)土地补偿费。国家建设依法征收集体土地时补偿被征地者所丧失的土地权利的费用。其计算方法是:①征收耕地的补偿费为该耕地被征前3年平均年产值的6~10倍;征收其他土地的补偿费标准由省、自治区、直辖市参照征收耕地的补偿费标准,结合当地实际情况具体规定。属于有收益的非耕地的土地补偿费,可按该土地征收前3年平均年产值的3~6倍计算,征收无收益的耕地不予补偿。征收柴山、滩涂、水塘、苇塘、经济林地、草场、牧场等有收益的非耕地的土地补偿标准为该土地被征收前3年平均年产值的6~10倍。②征收人工鱼塘、养殖场、宅基地、果园及其他多年生经济作物的土地,按邻近耕地补偿标准计算。

(2)安置补助费。征收耕地的安置补助费,按照需要安置的农业人口数计算。需要安置的农业人口数,按照被征收的耕地数量除以征地前被征收单位平均每人占有耕地的数量计算。每一个需要安置的农业人口的安置补助费标准,为被征收耕地被征收前3年平均年产值的4~6倍。但是,每公顷被征收耕地的安置补助费,最高不得超过被征收前3年平均年产值的15倍。征收其他土地的安置补助费标准,由省、自治区、直辖市参照征收耕地的安置补助费的标准规定。

《土地管理法》第四十七条规定:"依照规定支付土地补偿费和安置补助费,尚不能使需要安置的农民保持原有生活水平的,经省、自治区、直辖市人民政府批准,可以增加安置补助费。但是,土地补偿费和安置补助费的总和不得超过土地被征收前3年平均年产值的30倍。"

(3)地上附着物补偿费。地上附着物补偿费包括被征收土地上的房屋及其他建筑物(含构筑物)、农田水利设施、树木、蔬菜大棚等的补偿费。地上附着物的补偿标准,由省、自治区、直辖市规定,参照建筑造价折多少,补偿多少。

(4)青苗补偿费。青苗补偿费是对被征收土地上尚不能收获的农作物给予的补偿费。可以移植的苗木、花草以及多年经济林木等,一般是支付移植费;不能移植的,给予合理补偿或作价收购。青苗的补偿标准,由省、自治区、直辖市规定。征收城市郊区的菜地,用地单位应按国家有关规定缴纳新菜地开发建设基金。

(5)拆迁补偿费。拆迁补偿费是指拆建单位依照规定标准向被拆迁房屋的所有权人或使用人支付的各种补偿金。拆迁补偿既要考虑被拆迁的房屋,还要考虑被征收的宅基地。房屋拆迁按建筑重置成本补偿,宅基地征收按当地规定的征地标准补偿。拆迁补偿费主要包括房屋补偿费、周转补偿费和奖励性补偿费。

房屋补偿费是指用于补偿被拆迁房屋所有权人的损失,以被拆迁房屋的结构和折旧程度划档,按平方米单价计算。

周转补偿费是指用于补偿被拆迁房屋住户临时居住房或自找临时住处的不便,以临时居住条件划档,按被拆迁房屋住户的人口每月予以补贴。

奖励性补偿费是指用于鼓励被拆迁房屋住户积极协助房屋拆迁或主动放弃一些权利如自愿迁往郊区或不要求拆迁单位安置住房。

房屋拆迁补偿费的各项标准由当地人民政府根据本地的实际情况和国家有关法律政策加以确定,拆建单位必须严格执行,不得任意更改。

(6)社会保障费用。将被征地农民纳入社会保障,是解决被征地农民长远生计的有效途径。被征地农民的社会保障费用,按有关规定纳入征地补偿安置费用,不足部分由当地政府从国有土地有偿使用收入中解决。

(三)征地补偿标准

征地补偿标准的内容主要包括统一年产值标准的制订、统一年产值倍数的确定、征地区片综合地价的制订和土地补偿费的分配。各地通过建立征地补偿标准动态调整机制,根据经济发展水平、当地人均收入增长幅度等情况,每二至三年对征地补偿标准进行调整,逐步提高征地补偿水平。

2005年7月,国土资源部发布了《关于开展制订征地统一年产值标准和征地区片综合地价工作的通知》(国土资发〔2005〕144号),要求各省、自治区、直辖市"制订并公布各市县征地的统一年产值标准或区片综合地价"。

统一年产值标准是计算征地补偿费用的主要依据。统一年产值标准适用于集体农用地征收补偿测算,集体建设用地征收补偿和国有农用地补偿测算可参照执行。

征地区片综合地价(以下简称"征地区片价")是指在城镇行政区土地利用总体规划确定的建设用地范围内,依据地类、产值、土地区位、农用地等级、人均耕地数量、土地供求关系、当地经济发展水平和城镇居民最低生活保障水平等因素,划分区片并测算的征地综合补偿标准,原则上不含地上附着物和青苗的补偿费。征地区片价测算范围重点在土地利用总体规划确定的城市、集镇建设用地规模范围内,但各地可以根据征地需要和实际情况扩展到城市郊区或更大范围。制定征地区片综合地价的重要原则是同地同价,即在同一区片内,不同宗地的征地补偿标准相同,且不因征地目的及土地用途不同而有差异。

征地统一年产值标准的概念

> 征地统一年产值标准是以市、县行政区域为单位划分不同区片,综合考虑被征收土地类型、质量、等级、农民对土地的投入以及农产品价格等因素,以前3年主要农产品平均产量、价格为主要依据测算的综合收益值。征地统一年产值标准包括土地补偿费和安置补助费,不包括青苗及地上附着物补偿费。

征地补偿款预存制度

> 《国土资源部关于进一步做好征地管理工作的通知》中提出探索完善征地补偿款预存制度。为防止拖欠征地补偿款,确保补偿费用及时足额到位,各地应探索和完善征地补偿款预存制度。在市县组织用地报批时,根据征地规模与补偿标准,测算征地补偿费用,由申请用地单位提前缴纳预存征地补偿款;对于城市建设用地和以出让方式供地的单独选址建设项目用地,由当地政府预存征地补偿款。用地经依法批准后,根据批准情况对预存的征地补偿款及时核算,多退少补。

(四)被征地农民安置途径

对被征地农民以多元途径安置,保障被征地农民生产生活为原则。被征地农民的安置途径主要有农业生产安置、留地安置、重新择业安置、入股分红安置和异地移民安置。

(1)农业生产安置。征地时应优先采取农业安置方式。征收城市规划区外的农民集体土地,应当通过利用农村集体机动地、承包农户自愿交回的承包地、承包地流转和土地整理开发新增加的耕地等,首先使被征地农民有必要的耕作土地,继续从事农业生产,维持基本的生产条件和收入来源。

(2)留地安置。留地安置是指地方政府征地时,除了给予村民和村集体货币补偿外,按照征地面积的一定比例,返还给村庄的建设用地,用于安置被征地农民。在留用地上,村集体可以独立或与开发商合作,从事商业或工业开发,所得收益归村庄集体所有。

(3)重新择业安置。积极创造条件,向被征地农民提供免费的劳动技能培训,安排相应的工作岗位。在同等条件下,用地单位应优先吸收被征地农民就业。征收城市规划区内的农民集体土地,应当将因征地而导致无地的农民纳入城镇就业体系,并建立社会保障制度。

(4)入股分红安置。对有长期稳定收益的项目用地,在农户自愿的前提下,被征地农村集体经济组织经与用地单位协商,可以以征地补偿安置费用入股,或以经批准的建设用地土地使用权作价入股。农村集体经济组织和农户通过合同约定以优先股的方式获取收益。

(5)异地移民安置。本地区确实无法为因征地而导致无地的农民提供基本生产生活条件的,在充分征求被征地农村集体经济组织和农户意见的前提下,可由政府统一组织,实行异地移民安置。

在城市远郊和农村地区,主要采取迁建安置方式,重新安排宅基地建房。实行迁建安置应在村庄和集镇建设用地范围内安排迁建用地,优先利用空闲地和闲置宅基地。纳入拆并范围的村庄,迁建安置应向规划的居民点集中。有条件的地方应结合新农村或中心村建设,统筹安排被拆迁农户的安置住房。

留地安置的优点和适用范围

在经济较发达地区和城乡结合部征地中,留地安置对解决失地农民的长远生计发挥了重要作用,受到了政府、集体和农民的欢迎。第一,留地安置中政府的主要投入是政策支持,而不需要投入更多的资金,同时也有利于失地农民的就业和社会稳定;第二,安置留用地的开发和经营,可以为集体经济发展提供必要的场所和发展基础,有利于发展壮大集体经济实力;第三,由于安置留用地一般都处于人多地少、经济发展市场化程度较高的地区,具有良好的区位条件,土地的资产价值十分明显,因而有效地弥补了法定安置费不足的缺陷,间接地提高了对被征地农民的补偿。

当然,留地安置也存在明显的弊端,即适用范围有限。对于经济较发达地区和城乡结合部较为适合,但对经济较为落后地区和远离城市地区,留地安置难以发挥作用。对安置留用地的开发经营由于存在市场风险,导致被征地农民的长远生计存在一定的风险。

(五)土地征收的程序

(1)告知征地情况。在征地依法报批前,当地国土资源部门应将拟征地的用途、位置、补偿标准、安置途径等,结合村务信息公开,采取广播、在村务公开栏和其他明显位置公告等方式,多形式、多途径告知征收被征地农村集体经济组织和农户土地方案。在告知后,凡被征地农村集体经济组织和农户在拟征土地上抢栽、抢种、抢建的地上附着物和青苗,征地时一律不予补偿。

(2)确认征地调查结果。当地国土资源部门应对拟征土地的权属、地类、面积以及地上附着物权属、种类、数量等现状进行调查,调查结果应与被征地农村集体经济组织、农户和地上附着物产权人共同确认。

(3)组织征地听证。在征地依法报批前,当地国土资源部门应告知被征地农村集体经济组织和农户,对拟征土地的补偿标准、安置途径有申请听证的权利。被征地农民有异议并提出听证的,当地国土资源部门应按照《国土资源听证规定》规定的程序和有关要求及时组织听证,听取被征地农民意见。对于群众提出的合理要求,必须妥善予以解决。

(4)公开征地批准事项。经依法批准征收的土地,除涉及国家保密规定等特殊情况外,国土资源部和省级国土资源部门通过媒体向社会公示征地批准事项。县(市)国土资源部门应按照《征用土地公告办法》规定,在被征地所在的村、组公告征地批准事项。

(5)支付征地补偿安置费用。征地补偿安置方案经市、县人民政府批准后,应按法律规定的时限向被征地农村集体经济组织拨付征地补偿安置费用。当地国土资源部门应配合农业、民政等有关部门对被征地集体经济组织内部征地补偿安置费用的分配和使用情况进行监督。

(6)征地批后监督检查。各级国土资源部门要对依法批准的征收土地方案的实施情况进行监督检查。因征地确实导致被征地农民原有生活水平下降的,当地国土资源部门应积极会同政府有关部门,切实采取有效措施,多渠道解决好被征地农民的生产生活,维护社会稳定。

(7)征地批后实施反馈。征地批后应落实好征地批后实施反馈制度。建设用地批准后(其中国务院批准的城市建设用地,在省级政府审核同意农用地转用和土地征收实施方案后)6个月内,市县国土资源部门应将征地批后实施完成情况,包括实施征地范围和规模、履行征地批后程序、征地补偿费用到位、被征地农民安置及社会保障落实等情况,通过在线报送系统及时报送省级国土资源部门和国土资源部。省级国土资源部门要督促、指导市县做好报送工作,检查核实报送信息,及时纠正不报送、迟报送及报送错误等问题。各级国土资源部门要充分运用报送信息,及时掌握、分析征地批后实施情况,加强用地批后监管,确保按批准要求实施征地。

二、土地征收与农用地转用的审批

(一)征收土地的审批权限

根据《土地管理法》第四十五条规定,征收下列土地的,由国务院批准:

(1)基本农田。
(2)基本农田以外的耕地超过35公顷的。
(3)其他土地超过70公顷的。

征收上述规定以外的土地的,由省、自治区、直辖市人民政府批准,并报国务院备案。

征收农用地的,应当依照《土地管理法》第四十四条的规定先行办理农用地转用审批。其中,经国务院批准农用地转用的,同时办理征地审批手续,不再另行办理征地审批;经省、自治区、直辖市人民政府在征地批准权限内批准农用地转用的,同时办理征地审批手续,不再另行办理征地审批;超过征地批准权限的,应当依照《土地管理法》第四十五条第一款的规定另行办理征地审批。

(二)农用地转用的审批权限

根据《土地管理法》第四十四条规定,省、自治区、直辖市人民政府批准的道路、管线工程和大型基础设施建设项目、国务院批准的建设项目占用土地,涉及农用地转为建设用地的,由国务院批准。

在土地利用总体规划确定的城市和村庄、集镇建设用地规模范围内,为实施该规划而将农用地转为建设用地的,按土地利用年度计划分批次由原批准土地利用总体规划的机关批准。在已批准的农用地转用范围内,具体建设项目用地可以由市、县人民政府批准。

上述规定以外的建设项目占用土地,涉及农用地转为建设用地的,由省、自治区、直辖市人民政府批准。

当前土地征收存在的问题

1. 征地范围过宽,公共利益界定不清

我国《宪法》和《土地管理法》都规定:"国家为了公共利益的需要,可以依法对土地实行征收或者征用并给予补偿。"也就是说国家只有在"为了公共利益"的情形下才能进行土地征收。但同时,《土地管理法》规定:"任何单位和个人进行建设,需要使用土地的,必须依法申请使用国有土地。"意味着用于建设的土地必须先经过征收转为国有土地后才能使用,由此,导致在实际执行中,由于公共利益界定不清,地方政府不管是公益性用地还是经营性用地,只要是需要建设使用的土地都一律实行国家征收。

2. 具有典型的强制性，农民丧失了应有的决策权和参与权

一方面，国家是农村土地产权的实际控制者，对农村土地的规划编制、规划用途、征收时序等农民没有参与权和知情权，农民往往是被动参与，农村集体所有的土地随时可能因为国家的"公共利益"而被征收。另一方面，在土地征收中处处体现着国家的利益和意志，对农村土地征收价格，完全由国家制定，农民对自己所有土地价值的形成没有参与权和决策权，加上国家土地征收的强制力，农民对自己所有土地的价值完全没有讨价还价的余地，形成了土地征收中特有的"买方定价市场"。

3. 土地补偿标准偏低，土地增值收益分配不合理

在对农民土地的征收补偿方面，现行法律规定按照原用途进行补偿，且补偿价格不超过前3年平均产值的30倍，土地征收补偿价格普遍较低，国家将农民土地进行征收后获得的增值收益已经高达几十甚至上百倍，但农民与增值收益的分配无缘，农民土地的增值收益完全被国家占有。

在土地出让的增值收益分配中，据有关调查资料显示，地方政府大约获得60%～70%，村级集体组织获得25%～30%，真正到农民手里的已经不足10%。因此，从土地收益的归属来看，农民的土地所有权主体地位并没有得到体现，农民的权益亦没有得到维护。

4. 土地财政愈演愈烈，政府侵占了农民巨额土地财富

由于我国法律限制农村集体土地流转，农村土地只有通过征收转为国家所有之后才能进入建设用地一级市场。这种土地市场的高度垄断性决定了农用地征收价格较低而建设用地供应价格相对较高，致使在农用地非农化过程中产生了较大的增值，并诱使政府凭借其行政权力攫取这部分财富。土地出让收入逐渐成为地方财政收入的主要来源，成了地方政府的"小金库"，据公开数据显示，2001年全国土地出让收入为1296亿元，地方财政收入为7308亿元，土地出让金占地方财政收入的比例仅为16.61%；2007年全国土地出让收入高达13 000亿元，占地方财政收入的比例高达55.15%；到2010年，短短的3年期间，全国土地出让金增长1倍多，达到27 000亿元，占地方财政收入的比例更是达到66.49%的历史高度；到2013年，全国土地出让金创下41 000亿元的新高，占地方财政收入的比例为59.45%。

为了解决当前土地征收中存在的问题，十八届三中全会、2014年一号文等中央文件多次提出，要"缩小征地范围，规范征地程序，完善对被征地农民合理、规范、多元保障机制。"

三、国外土地征收补偿

（一）美国

美国《宪法》明确规定，只有限于公共目的，而且需有合理的补偿，政府及有关机构才能行使征用权。根据美国《财产法》，"合理补偿"是指赔偿所有者财产的公平市场价格，包括财产的现有价值和财产未来赢利的折扣价格。美国土地征用补偿以征用前的市场价格为计算标准，

充分考虑土地所有者的利益,不仅补偿被征土地现有的价值,而且考虑补偿土地可预期、可预见的未来价值;同时,还补偿因征用而导致相邻土地所有者、经营者的损失,充分保障了土地所有者的利益。土地征用在美国被称为"最高土地权的行使"。

（二）加拿大

加拿大的土地征用制度沿用的是英联邦的体制,在征用土地方面一直进展比较顺利,较好地解决了国家、征地机构和个人的利益关系。加拿大对土地征用的补偿是建立在被征土地的市场价格基础上,依据土地的最高和最佳用途,按当时的市场价格补偿。具体来看,加拿大的土地征用补偿包括:①被征用部分的补偿,必须依据土地的最高和最佳用途,根据当时的市场价格补偿;②有害或不良影响补偿（如严重损害或灭失价值）,主要针对被征用地块剩余的非征地,因建设或公共工作对剩余部分造成的损害,还包括对个人或经营损失及其他相关损失的补偿。这种补偿不仅包括被征地,还包括受征地影响相邻地区的非征地;③干扰损失补偿,被征地所有者或承租人因为不动产全部或基本征用,因混乱而造成的成本或开支补偿;④重新安置的困难补偿。

（三）英国

英国对土地征用的补偿作了较详尽的规定,包括土地征用补偿原则、补偿范围和标准、土地征用补偿的估价日期、补偿争议的处理等。具体来看,土地征用补偿原则是:土地征用补偿以愿意买者与愿意卖者之市价为补偿的基础,补偿以相等为原则,损害以恢复原状为原则。

土地征用补偿的范围和标准为:①土地（包括建筑物）的补偿,其标准为公开市场土地价格;②残余地的分割或损害补偿,其标准为市场的贬值价格;③租赁权损失补偿,其标准为契约未到期的价值及因征用而引起的损害;④迁移费、经营损失等干扰的补偿;⑤其他必要费用支出的补偿（如律师或专家的代理费用、权利维护费用等）。补偿的估价日期是指土地征用机关在行使土地征用权时,应通知被征用土地的所有权人及其他权利人,但其取得土地往往会在通知后的几个月或更长时间,在地价上涨的情况下,土地征用补偿的估价日期成为十分关键的议题。英国土地征用评估准则规定,假如补偿金额为双方所同意时,则以土地征用通知日期为估价日期。假如土地征用补偿争议上诉时,则以土地法庭听证的最后一日为估价日期。

（四）德国

德国的土地征用补偿范围和标准为:①土地或其他标的物损失的补偿,标准为以土地或其他标的物在征用机关裁定征用申请当日的移转价值或市场价值;②营业损失补偿,标准为在其他土地投资可获得的同等收益;③征用标的物上的一切附带损失补偿。德国被征用土地的补偿价格计算与英国一样,也是以官方公布征用决定时的交易价格为准。在城市再开发区,为了防止利用预期的公共开发事业进行投机活动,政府规定,凡因预测土地将变为公共用地而引起的价格上涨,都不能计入补偿价格。对补偿金额有争议时,应依法律途径向辖区所在的土地法庭提起诉讼,以充分地保障被征地所有权人的合法权益。同时各类补偿费由征收受益人直接付给受补偿人,且各类补偿应在征收决议发出之日起1个月内给付,否则征收决议将被取消。另外,德国的土地征用补偿方法,除了现金补偿,还有代偿地补偿、代偿权利地补偿等。

（五）日本

依据日本《土地征用法》的规定,重要的公用事业都可运用土地征用制度,征用损失的补偿以个别支付为原则,而支付的财物,原则上以现金为主,补偿金额须以被征用的土地或其附近类似性质土地的地租或租金为准。

日本的土地征用补偿是根据相当补偿的标准来定的,在大多数情况下以完全补偿标准确定土地补偿费。具体来看,日本征用土地的补偿包括5个部分:①征用损失补偿,对征用造成的财产损失进行补偿,按被征用财产的经济价值即正常的市场价格补偿;②通损补偿,对因征地而可能导致土地被征者的附带性损失的补偿;③少数残存者的补偿,对因征地使得人们脱离生活共同体而造成损失的补偿;④离职者的补偿,对因土地征用造成业主失业损失的补偿;⑤事业损失补偿,对公共事业完成后所造成的污染对经济和生活损失等的补偿。另外,日本的土地征用补偿方法,除了现金补偿,还有替代地补偿(包括耕地开发、宅地开发、迁移代办和工程代办补偿等)。

（六）韩国

韩国土地征用补偿主要包括以下几个方面:①地价补偿,为土地征收补偿的主要部分,1990年韩国统一以公示地价为征收补偿标准;②残余地补偿,土地征用可能导致残余地价值减低或因残余地须修建道路等设施和工程应予以补偿;③迁移费用补偿,对被征地上的定着物,不是进行公益事业所必需的,应给予迁移补偿费用;④其他损失补偿,对土地征用致使被征者或关系人蒙受经济损失时,应给予相应的补偿。同时,韩国在建设部设立了中央土地征用委员会,在汉城特别市、直辖市及道设立地方土地征用委员会,对土地征用的区域、补偿、时期等进行裁决。

（七）新加坡

在新加坡,有关土地征用补偿的决定由土地税务兼行政长官做出,但补偿金额由专业土地估价师评估,以公告征用之日的市价为补偿标准。土地补偿的项目包括因土地征用造成土地分割的损害、被征用的动产与不动产的损害、被迫迁移住所或营业所所需的费用、测量土地费、印花税及其他所需要的合理费用等。

由此可以看出,世界上的一些发达国家和地区都非常重视土地征用补偿制度,对补偿标准、补偿范围、补偿方式、补偿纠纷处理等都作了较详细的规定,以市场为基础,尽可能地体现效率、平等的原则。

国外征地补偿对中国的借鉴

征地补偿问题是一个十分敏感的问题,也是中国土地征收制度中急需解决的一个关键性问题。借鉴世界发达国家和地区的土地征收补偿制度,可以得到如下启示:

第一,遵循市场原则,提高征地补偿标准。应借鉴大多数国家和地区的做法,提高征地补偿标准,以市场作为基础,将土地补偿费、青苗及建筑物、构筑物补偿费、残地补偿费等主要补偿项目的补偿价格参照当前土地市场的价格,充分体现"效率、公平"原则。

第二,合理分配征地补偿费用。中国现行法律制度对"集体"界定模糊,村干部成为了集体组织的"代言人",现实中以村民委员会的名义来强占仅有土地使用权的农民的土地补偿费的事件时有发生,作为弱势群体的农民在由征地补偿费用引发的争议中显然处于不利地位。因此,国家应进一步明确界定农村土地征收补偿的受益主体,一方面使农民不会因丧失土地使用权而丧失土地收益权,能较好地保护农民的合法权益,另一方面也可以有效地防止集体财产的流失。

> 第三,征用土地补偿方式应多样化。借鉴日本、德国等国家的经验,土地征收的补偿方式既可以采用货币补偿,也可以采用实物补偿。而实物补偿又可以采取留地补偿和替代地补偿相结合的方式,从而有效地保障和维护被征地农民的切身利益。
>
> 第四,建立土地纠纷仲裁机构。随着市场经济的不断发展和农民法律意识的增强,由征地引发的矛盾特别是对补偿费用的争议会越来越多。按照目前法律规定,发生土地补偿费用争议的,应由县级以上政府协调,协调不成的则由批准征用土地的人民政府裁决。这种由政府当裁判员的做法,不符合国外通常是由独立于政府的机构来仲裁征地纠纷的国际惯例。因此,有必要建立专业的仲裁机构来裁决征地纠纷,这样可以有效地保护国家、集体、农民三者之间的合法权益,公平、合理地予以调处。

第五节 土地他项权管理

一、土地他项权利的概念和特征

土地他项权利是指土地所有权和使用权以外与土地有密切关系的权利。土地他项权利具有如下特征:

(1)是在他人土地上享有的权利。
(2)可以满足他人对土地利用的需求。
(3)他项权利的主体是土地所有人、使用人以外的人。
(4)它的存在对所有人、使用人有一定限制,如应满足别人的通行权。
(5)它是一种生产、生活中客观存在的权利。

二、土地他项权的类型

土地他项权的类型主要有租赁权、抵押权、地役权、地上权、地下权、空中权等。

(一)租赁权

土地租赁权是指出租人将土地提供给承租人使用,土地承租人按合同支付租金并对土地占有、使用的权利。

土地租赁权与广义的土地使用权的最根本的区别是土地租赁权人(即承租人)不拥有对土地的处分权,承租人对土地的使用条件是依土地出租人的意志而规定的。在一般情况下,土地租赁权人未经出租人同意,不能将自己承租的土地再以任何方式转移出去。土地租赁权人取得土地租赁权必须向出租方缴纳地租,无论出租方是土地所有者还是土地使用者。

(二)抵押权

土地抵押权是以土地为标的物的担保物权。经有偿出让的土地使用权可以用来抵押。抵押开始,抵押权人即取得土地使用权的抵押权,这个抵押权必须经土地登记机关加以确认。

（三）地役权

地役权是指在土地所有权上设定的一种为自己使用土地的需要，而使用他人土地的权利。土地所有人为了其毗邻土地的权益，有义务允许他人在自己所有的土地上采取某种行为。为他人设置地役权的土地为供役地，与供役地相邻并需在他人土地上获取地役权的土地为需役地。地役权主要包括：建筑支持权、采光权、眺望权、取水权、道路通行权等。

（四）地上权

地上权是指以支付租金为代价在他人的土地上建筑、种植的权利。如建造厂房、住宅、种树、种竹。

地上权人的权利一般包括对其建筑物及竹木有占有、使用、收益和部分处分权能，可以设定地役权，还可以让与他人或作为抵押权的标的物。

地上权人的义务是在享受土地的便利的同时，须对土地尽善良管理人的责任；向土地所有人支付租金；负担地上建筑物的修缮、管理费用及缴纳赋税等。

（五）地下权

地下权主要是指在他人土地下埋设管道、电缆、建造并维持地下设施的权利。

（六）空中权

空中权是指在他人土地上空建造设施的权利。如架桥、渡漕、高架线等。

土地发展权

土地发展权就是土地开发利用的权利，因土地管制和土地规划而形成，是一种可与土地所有权分割而独立存在的权利，是社会经济发展的产物，该制度最早产生于20世纪四五十年代的英国，随后在美国、法国等国相继建立。

土地发展权有狭义和广义两种理解。狭义的土地发展权，主张它是土地所有权人将自己拥有的土地变更用途或在土地上兴建建筑改良物而获利的权利，如农用地转为建设用地和农村存量建设用地直接进入土地一级市场而获取收益的权利。广义的土地发展权涉及土地利用和再开发的用途转变与利用强度的提高而获利的权利，包括在空间上向纵深方向发展、在使用时变更土地用途的权利。

西方发达国家一般实行土地私有制，土地流转收益归土地所有者所有。但对于土地改变用途、改变规划条件等原因导致产生土地增值收益的，世界各国对由此产生的增值收益分配有不同的认知和处理方式。

英国土地发展权归公。英国的土地发展权归国家所有。英国是世界上第一个设立土地发展权的国家，1947年，为了解决因实行土地规划和用途管制而出现的土地开发利益不均衡的问题，英国《城乡规划法》规定，任何土地权利人只能在原有用途内使用土地，原私有土地所有人或其他使用人在变更土地用途之前，必须向政府购买土地发展权；如果政府的土地使用计划变更，导致私有土地的用途变更，使土地的价值降低时，政府应赔偿因地价降低给土地所有人造成的损失。土地发展权的价值，以土地用途变更后自然增长的价值来计算。

美国土地发展权归私。美国的土地发展权归土地所有者享有。美国最初设立土地发展权制度的目的是保护农地。美国的土地发展权制度主要由土地发展权转让制度和土地发展权征购制度组成。其中,土地发展权转让制度将土地分区为受限制开发区(又称作发展权转让区)和可开发区(又称作发展权受让区),土地发展权转让区是根据规划需要保护的区域或者是禁止工商业开发的区域,通常是农业用地区、自然环境脆弱区、需要保存开阔空间地带区、野生动植物栖息区、历史性建筑保护区以及环境保护区等;土地发展权受让区是根据规划可以进行土地开发建设的区域,通常是城市中心地带。土地发展权转让制度的实施由政府主导建立土地发展权交易市场,以方便受限制开发区和可开发区之间的土地权利人开展土地发展权的交易。交易的基本流程是受限制开发区卖出土地发展权,可开发区买入土地发展权。买入土地发展权的土地开发商可以享有在可开发区原有土地上进行额外开发的权利,从而获取更多的土地增值收益;而转让区的所有人,在土地发展权卖出后,土地的原有用途就被明确固定下来,土地权利人只能按原用途来利用土地,而不能改变原用途以寻求更大的发展机会。通过土地发展权的转让,美国在土地受限制开发区和可开发区之间架起了调节这两类地区因土地用途管制而产生的利益不平衡的市场协调机制。

法国的"法定密度上限"制度。法国既不像英国将土地发展权收归国有,也不像美国将发展权赋予土地所有者(开发者),而是将超过"法定密度极限"的开发权收归国家,将土地干预区的开发权赋予土地所有者(开发者),形成了自己特有的土地发展权制度。

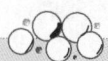

第六节 土地权属争议处理

一、土地权属争议的涵义

土地权属争议是指因土地所有权和土地使用权的归属问题而引起的争议,包括依法取得的土地所有权或使用权受到侵害时引起的权属争议和对现有权属界线的争议。调查处理土地权属争议,应当以法律、法规和土地管理规章为依据,从实际出发,尊重历史,面对现实。

二、土地权属争议处理的原则

土地权属争议的处理应遵循以下原则:
(1)维护社会主义土地公有制,保护土地所有者和使用者合法权益的原则。
(2)坚持以事实为依据,以法律为准绳的实事求是原则。
(3)有利于团结,有利于合理利用土地的原则。
(4)远期证据服从近期证据的原则。

三、土地权属争议处理的程序

土地权属争议的处理一般按以下程序进行。

(一)当事人协商解决

协商解决是指土地权属争议发生后,由当事人在自愿、互谅的基础上,按照有关法律规定,在不损害他人权益的前提下,直接进行磋商,自行解决争议的办法,协商解决后,当事人双方应签订协议。如果当事人一方后悔,拒绝执行,另一方可以诉请人民政府国土管理部门进行处理。

(二)人民政府调处

依据《土地管理法》第十六条:"单位之间的争议,由县级以上人民政府处理;个人之间、个人与单位之间的争议,由乡级人民政府或县级以上人民政府处理。当事人对有关人民政府的处理决定不服,可以自接到处理决定通知之日起三十日内,向人民法院起诉。在土地所有权和使用权争议解决前,任何一方不得改变土地利用现状。"

1. 人民政府受理土地权属争议案件的权限

《土地权属争议调查处理办法》规定了人民政府受理土地权属争议案件的权限。

(1)县级以上国土资源行政主管部门负责个人之间、个人与单位之间、单位与单位之间发生的土地权属争议案件(以下简称争议案件)的调查和调解工作。

(2)设区的市、自治州国土资源行政主管部门受理下列土地权属争议案件:①跨县级行政区域的;②同级人民政府和上级国土资源行政主管部门交办或者有关部门转送的土地权属争议案件。

(3)省、自治区、直辖市国土资源行政主管部门受理下列土地权属争议案件:①跨设区的市、自治州行政区域的;②争议一方为中央国家机关或者其直属单位,且涉及土地面积较大的;③争议一方为军队,且涉及土地面积较大的;④在本行政区域内有较大影响的;⑤同级人民政府、国土资源部交办或者有关部门转送的。

(4)国家土地管理局受理下列土地权属争议案件:①在全国范围内有重大影响的;②国务院交办的。

2. 人民政府调处土地权属争议的方式

人民政府国土管理部门一般采用调解和裁决两种方式调处土地权属争议。

(1)调解。调解是由第三者从中调停,促使争议当事人和解的一种方式。调解必须在双方自愿基础上进行,任何一方当事人若不愿接受调解,就可立即终止调解。土地争议调解的主体是国土管理部门,属行政调解,具有行政效力。

(2)裁决。裁决是仲裁的一种形式,是有关机构以第三者身份,依照法律对争议做出公正的具有约束力的处理决定。裁决是第三者的行为,当事人一旦申请裁决,则仲裁机构即有权依据法律做出对当事人双方均有约束力的裁决。

土地权属争议产生的主要原因

土地权属争议产生的主要原因是:
(1)土地权属紊乱,地界无明显标志。
(2)过去农村的政策多次变化以及在土地问题上"吃大锅饭""一平二调"无偿占有造成的权属争议。

(3)行政区划变更、社队归并、调整插花地等造成的土地权属不清。
(4)水利建设、围湖造田、更改河道、开荒、平整土地、铲除了原有地界,又无新的用地界线。
(5)征地土地审批手续不完备、界址不清或一地多证引起的争议。
(6)土地所有权或使用权受到侵害。
(7)土地隐形交易使土地使用权非法转移。

第七节 土地违法行为查处

一、土地违法行为的概念

土地违法行为,是指违反土地法律、法规规定,依法应当追究行政法律责任的行为。查处土地违法行为,必须以事实为根据,以法律为准绳,做到事实清楚、证据确凿、定性准确、处理恰当、手续完备、适用法律法规正确、符合法定程序和法定职责权限。

二、土地违法行为的主要类型

(一)土地侵权纠纷

土地侵权纠纷是指因对他人依法取得的土地权利构成侵害而引起的纠纷。土地侵权纠纷的查处方式有:

(1)侵权纠纷的解决,当事人可以采取行政调处解决,也可以直接向人民法院提起民事诉讼,侵权纠纷不受行政处理后30日的诉讼时效的限制。

(2)在侵权纠纷中,被侵权人对行政调处不服的,应以侵权人为被告提起民事诉讼。

关于侵权争议的处理结果,土地侵权行为适用民法中一般侵权行为的规定,侵权人应退还土地,因侵权人主观上有过错的,侵权人在土地上营建的建筑物或其他设施应当归属于被侵权人。被侵权人要求侵权人拆除其非法营建的建筑物或其他设施的,侵权人负有拆除义务。侵权人除承担上述民事责任外,依法还应当承担其他行政责任或刑事责任的,按有关法律、法规的规定执行。

非法征地的类型与查处

根据《土地管理法》第七十八条规定,非法征地包括以下类型:
(1)无权批准征收、使用土地的单位或者个人非法批准占用土地的。
(2)超越批准权限非法批准占用土地的。
(3)不按照土地利用总体规划确定的用途批准用地的。
(4)违反法律规定的程序批准占用、征收土地的。
根据《土地管理法》第七十八条规定,属上述非法征地类型的行为,其批准文件无效,

> 对非法批准征收、使用土地的直接负责的主管人员和其他直接责任人员依法给予行政处分;构成犯罪的,依法追究刑事责任;非法批准、使用的土地应当收回,有关当事人拒不归还的,以非法占用土地论处;非法批准征收、使用土地,对当事人造成损失的,依法应当承担赔偿责任。

(二)违法出让土地

违法出让土地是指土地所有者不按法律的规定将土地使用权让渡给土地使用者的行为。违法出让土地包括违法出让国有土地和违法出让集体土地两种。

我国《刑法》规定:"国家机关工作人员徇私舞弊,违反土地管理法规,滥用职权,违法批准征用、占用土地,或者违法低价出让国有土地使用权,情节严重的,处三年以下有期徒刑或者拘役;致使国家或者集体利益遭受特别重大损失的,处三年以上七年以下有期徒刑。"

我国《土地管理法》对违法出让集体土地使用权作了明确规定:"擅自将农民集体所有的土地使用权出让、转让或者出租用于非农业建设的,由县级以上人民政府土地行政主管部门责令限期改正,没收违法所得,并处罚款。"

《招标拍卖挂牌出让国有土地使用权规定》规定:"应当以招标、拍卖、挂牌方式出让国有土地使用权而擅自采用协议方式出让的,对直接负责的主管人员和其他直接责任人员依法给予行政处分","土地行政主管部门工作人员在招标、拍卖、挂牌出让活动中玩忽职守、滥用职权、徇私舞弊的,依法给予行政处分;构成犯罪的,依法追究刑事责任。"

(三)违法转让土地

违法转让土地又称非法转让土地,是指土地使用者不按法律程序将土地使用权再转移的行为,包括擅自将农民集体所有土地的使用权转让的行为、擅自转让以出让方式取得的国有土地使用权的行为、土地使用者擅自转让划拨土地和擅自转让以划拨方式取得的国有土地使用权的行为等。

擅自将农民集体所有土地的使用权出让、转让或者出租用于非农业建设的行为,违反了《土地管理法》第六十三条"农民集体所有的土地的使用权不得出让、转让、或者出租用于非农业建设"的规定。应按照《土地管理法》第八十一条、《土地管理法实施条例》第三十九条规定处理,由县级以上人民政府土地行政主管部门责令限期改正,没收非法所得,并处非法所得的百分之五以上百分之二十以下的罚款。

擅自转让以出让方式取得的国有土地使用权的行为,违反了《城市房地产管理法》第三十八条、国务院55号令第十九条及第二十八条的规定,不具备法定的转让条件或未履行土地使用权出让合同约定的义务。应按照《城市房地产管理法》第六十五条规定处理,由县级以上人民政府土地行政主管部门没收违法所得,可以并处罚款。对以招标、拍卖或挂牌方式取得的出让国有土地使用权的转让可以不受完成开发投资总额的百分之二十五以上的条件限制。

擅自转让以划拨方式取得的国有土地使用权的行为,违反了《城市房地产管理法》第三十九条的规定,应按照《城市房地产管理法》第六十六条规定处理,由县级以上人民政府土地行政主管部门责令缴纳土地使用权出让金,没收违法所得,可以并处罚款。

不符合国务院55号令第四十五条规定的条件,擅自转让划拨国有土地使用权的行为,违反了国务院55号令第四十四条的规定。应依照国务院55号令第四十六条规定处理;市、县人民政府土地管理部门应当没收其非法所得,并根据情节处以罚款。

"以租代征"用地的查处

"以租代征"用地是指一些地方政府部门和企事业单位绕过法定的农用地转用和土地征收审批手续,通过租用农民集体土地的方式,将大量的农用地转为建设用地。由于这种形式可以突破建设用地指标的限制,在地方政府千方百计谋取政绩、追逐利益之际,"以租代征"成为一些地方应对国土资源管理高压态势的权宜之计。"以租代征"使一些地方有条件推行"造城运动",变相设立和扩大开发区。这种巧立名目的非法占地行为,使失地农民的利益无法得到保障,使大量耕地资源被乱占滥用并在不知不觉中流失了。

我国土地管理法规定,国家实行土地用途管制制度。国家编制土地利用总体规划,规定土地用途,严格限制农用地转为建设用地,控制建设用地总量。建设占用土地,涉及农用地转为建设用地的,应当办理农用地转用审批手续。依此来看,国家机关工作人员未依法进行农用地转用审批的,应按非法批地从重处理,对非法批地和暗中支持导致土地被违法占用的国家机关工作人员,依法追究党纪政纪责任;涉嫌犯罪的,移送司法机关追究刑事责任;单位和个人擅自与农民集体组织签订租地协议,将农民集体土地用于非农业建设,对于用地者而言应属非法占地,对出租方则属于擅自出租农民集体土地用于非农业建设,应从重处理。

(四)违法竞买土地

违法竞买土地是指单位或者个人不依公平、公正、诚实信用原则,采用不正当手段参与土地使用权的招标、拍卖、挂牌的行为。如国有土地使用权招标出让中的恶意串标、压低地价、排斥竞争行为等。

中标人、竞得人有下列行为之一的,中标、竞得结果无效;造成损失的,中标人、竞得人应当依法承担赔偿责任:

(1)投标人、竞买人提供虚假文件隐瞒事实的。

(2)中标人、竞得人采取行贿、恶意串通等违法手段中标或者竞得的。

(五)不依法办理土地登记

不依法办理土地登记是指对土地使用权出让、土地使用权转让、土地使用权出租、土地使用权抵押、土地使用权终止等行为不依法进行登记的行为。

不依照法规办理土地变更登记的,由县级以上人民政府行政主管部门责令限期办理。

(六)不依法交回土地

不依法交回土地是指国家、集体依法收回土地使用权时,土地使用者拒绝交回土地的行为,包括收回国有土地使用权时当事人拒不交出土地、临时使用土地期满拒不归还土地、不按照批准用途使用土地而被依法收回时拒不交出土地、闲置土地超过两年而被依法收回时拒不交出土地等行为。

不依法交回土地的,经原批准机关批准,由县以上人民政府无偿收回用地单位的土地使用权。

习题与思考题

1. 什么是土地产权?
2. 我国当前土地产权体系中主要确立了哪些权利?
3. 什么是土地所有权和土地使用权?
4. 土地征收和土地征用有哪些共性与区别?
5. 土地使用权流转方式有哪些?
6. 简述土地权属争议处理的程序。

主要参考文献

毕宝德,柴强,等.土地经济学(第五版)[M].北京:中国人民大学出版社,2006.
张跃庆,王德起,等.房地产经济学(第二版)[M].北京:中国建材工业出版社,2009.
黄贤金,张安录.土地经济学[M].北京:中国农业大学出版社,2008.
欧名豪.土地利用管理[M].北京:中国农业出版社,2010.
周京奎.城市土地经济学[M].北京:北京大学出版社,2007.
何芳.城市土地经济与利用[M].上海:同济大学出版社,2004.
丛屹.中国城市土地使用制度的改革与创新[M].北京:清华大学出版社,2007.

第四章　土地利用规划与计划管理

第一节　土地利用规划管理与管制制度

一、土地利用规划管理

（一）土地利用与土地利用规划概述

1. 土地利用

1）土地利用的涵义

土地利用指人类通过一定的活动，利用土地的性能来满足自身需要的过程。土地利用是土地的利用方式、利用程度和利用效果的总称。

土地利用包括生产性利用和非生产性利用两种。土地的生产性利用，是把土地作为主要生产资料或劳动对象，以生产物品创造财富，改善环境以满足人类生产、生活及生存的需要，也可以说是土地的直接利用；土地的非生产性利用，亦称间接利用，主要是利用土地的空间和承载力，作为各种建筑物和构筑物的基地、场所，不以生产物品为主要目的的利用。

土地利用的途径包括广度扩展和深度挖掘。土地利用广度扩展即不断扩大土地利用面积，提高土地利用率；土地利用深度挖掘即增加劳动投入，不断提高土地集约利用程度，提高土地产出率。

土地利用的后果有两种：一种是良性的合理利用，即从粗放利用方式向集约利用方式转变，并使土地生态环境实现良性循环，取得良好的生态效益、经济效益和社会效益；另一种是恶性的不合理利用，也就是对土地的滥用和掠夺性利用，造成土地生产力下降或土地生产力不能得到恢复，直至完全损失。

2）土地利用的特征

土地利用具有生产力和生产关系两重性特征。土地利用既包含土地生产力的提高，又有土地关系的协调。任何社会历史发展阶段，土地利用水平的提高均取决于生产力和生产关系因素共同作用的结果。

从生产力角度来看，土地利用是个技术问题。人类的科学技术水平越高，对于作为综合体的土地所包含的各种因素的认识程度就越高，利用这些因素所采取的手段、措施也就越先进，因而取得的效果也就越好。

从生产关系角度来看，土地利用同时又是个经济问题。土地作为一种最基本的生产要素，与其他要素结合后,才能进入生产过程。土地与其他生产要素一样,在利用中必须服从一定的经济规律,才能取得良好的经济效益。

3) 土地规划用途分类

土地规划用途分类是根据第三轮全国土地利用总体规划(2006—2020年)编制和实施管理的需要,在第二次全国土地调查的基础上,将《土地利用现状分类(二调)》的有关地类进行归并或调整,形成的土地规划用途类别。土地规划用途分类采用三级体系:一级分类3个(包括农用地、建设用地和其他土地),二级分类10个,三级分类25个。

2. 土地利用规划概述

1) 土地利用规划的概念

土地利用规划亦称土地规划,是对一定区域未来土地利用超前性的计划和安排,是依据区域国民经济和社会发展的需要,以及土地开发利用的自然条件、历史基础和现状特点,在时空上进行土地资源分配和合理组织土地利用的综合技术经济措施。

2) 土地利用规划的任务

土地利用规划是对土地利用的构想和设计,其任务是根据国民经济和社会发展规划、国土规划和区域规划的要求,结合区域内的自然生态和社会经济条件,寻求符合区域特点和土地资源利用效益最大化要求的土地利用优化体系。具体包括土地供需综合平衡、土地利用结构和布局优化、土地利用宏观布局、土地利用微观设计等。

3) 国外(或地区)土地利用规划模式

美国模式主要是通过法律法规形式制定土地利用目标和规划,其规划形式包括城市和大都市规划、联邦州和区域规划以及农村土地利用规划;从规划体系来看,可以分为三大类(总体规划、专项规划和用地增长管理规划)和6个层次(国家级、区域级、州级、亚区域级、县级和市级);从规划内容来看,一般包括7个要素:土地利用形式(公有地、农业用地、林业用地、城市用地和乡村用地)、交通、居住地、空旷地(绿地)、保护地、安全设施和防噪音污染;规划总的规划思想有3种:保护农业用地、控制大城市扩大用地规模、保护森林及生态系统。

日本的土地利用规划分为全国规划、都道府县规划和市镇村规划3级。在都道府县范围内,还要制定"土地利用基本规划",主要内容有:确定土地利用的基本方向,按照城市、农业、森林、自然公园、自然保护的5种地域类型进行土地利用区划。此外,还通过法律和行政手段,使宏观管理和微观管理结合起来,形成一个比较完整的体系,即以土地私有制和自由市场经济为基础,通过土地利用规划和土地利用基本规划对土地资源进行宏观调控,以法律和行政手段实现土地利用的微观调控,着重于宏观的直接调控,间接实行微观调控。

英国的土地利用规划分为4级:国家级规划(规划政策指南)、区域规划(区域规划指南)、郡级规划(结构规划)和区级规划(地方规划)。土地利用规划的实施大多依靠制定专门的法律,主要控制手段为土地用途管制或规划许可。

德国各级政府都设有专职的规划机构,从议院到乡政府,从大城市到乡村均形成了完整的规划体系。一般来讲,德国规划体系分为4个层次:联邦政府管理的国家级规划、州市的发展规划、地区和市的区级规划、县和乡镇规划。

联邦政府对规划的组织实施进行宏观管理,对州与州之间规划组织实施过程中出现的问题进行协调。州和市的政府对规划的组织实施进行领导和监督,州市级政府的规划主管机关,组织好本州市规划的组织实施工作。地区、县、乡政府和规划联合会直接组织规划的实施。德国的城市土地利用规划在实施中具有很强的可操作性,因为它与城镇建筑规划、生态规划三者结为一体。

加拿大土地利用规划分为省级规划、区域规划及行政地区规划。省级规划对区域规划提出政策指导。区域规划对地区规划提出政策指导和指定土地的利用方式。地区规划的主旨是为自然资源部的各项计划确定适当的土地和水域面积。

香港人多地少,土地资源极其匮乏,其规划体系并不区分城市和乡村,而是作为一个整体加以考虑。其发展规划分为全港、次区域和地区3个层面,对应地形成了全港发展策略、次区域发展策略及地区图则3层架构的发展规划系统。根据香港《城市规划条例》,其现行规划架构是:由特区行政长官下令拟订法定图则和行政长官会同行政局核准图则;由城市规划委员会拟订图则草案和考虑相关的申述,以及对规划申请做出决定;由上诉委员会处理有关规划申请所作决定提出的上诉;规划署是规划委员会的主要行政部门。其具体运作包括规划的编制、审批、实施和管理。

台湾地区将土地利用规划称作土地使用计划。台湾目前的土地利用规划体系由4个层次、两大板块构成。4个层次分别为:第一层次是台湾地区综合开发计划;第二层次是区域计划;第三层次是都会区发展计划、县(市)综合发展计划与国家公园计划;第四层次是都市计划与非都市土地使用编定。两大板块系指台湾地区分为都市土地、非都市土地两大区域。

4)我国的土地利用规划体系

我国土地利用规划体系常见的几种类型有:按空间层次划分的规划体系、按规划功能划分的规划体系以及按规划期限划分的规划体系。

(1)按空间层次划分。按区域空间层次划分,我国的土地利用规划可分为3个层次的五级规划,即高层次的全国、省(自治区、直辖市)级规划;中层次的市(地、盟、自治州)级规划;低层次的县(市、旗、自治县)和乡(镇)级规划。

(2)按规划功能划分。按规划功能划分,我国的土地利用规划可分为土地利用总体规划、土地利用专项规划和土地利用详细规划。土地利用总体规划和土地利用专项规划都是区域整体性的规划,其中,土地利用总体规划是针对区域内的全部土地进行的规划,也是我国土地管理工作的"龙头"。土地利用专项规划是针对区域内的某类专项用地或某类土地管理专项措施进行的规划,依据土地利用总体规划编制。土地利用详细规划是土地利用专项规划中所确定规划项目的具体规划,依据土地利用专项规划编制。三者分层次、分步骤逐步将规划的要求落实到地块,满足规划实施的需要,由此形成了一种相互联系、相互制约、层次分明的递进式规划体系。

(3)按规划期限划分。按规划期限划分,我国的土地利用规划可分为远期规划(又称长期规划)、中期规划(又称近期规划)和短期规划。土地利用总体规划、土地利用专项规划均属于长期规划,规划期限一般为15～20年。中期规划的规划期限一般为5年,与国民经济和社会发展五年规划相匹配。目前我国土地利用的中期规划一般与长期规划同时进行编制,如在土地利用总体规划中就既包含长期规划的内容,也包括中期规划的内容。土地利用详细规划一般为短期规划,规划期限多为1～3年。土地利用年度计划是更为普遍的一种短期规划,年度计划是各级人民政府依据国民经济和社会发展规划、国家产业政策、土地利用总体规划以及建设用地和土地利用的实际情况,按年度编制的计划书。

除上述规划分类体系外,有时还采用其他规划分类体系,如按自然区域、经济区域等区域划分编制土地利用规划。

(二)土地利用总体规划

1. 概念

土地利用总体规划是指在一定区域内,根据国民经济和社会可持续发展的要求及当地自然、经济和社会条件,对土地的开发、利用、整治、保护在时间和空间上所作的统筹安排和综合部署。土地利用总体规划是我国土地管理的"龙头",是城乡建设、土地管理的纲领性文件,是落实土地用途管制制度的重要依据以及实行严格土地管理制度和宏观调控的基本手段。

2. 结构体系

我国的土地利用总体规划体系一般包括规划法规体系、规划编制体系和规划管理体系3部分。

1) 规划法规体系

土地利用总体规划法规体系主要由国家、地方和部门制定的与规划编制和管理相关的法律、法规、规章、规程、规则、办法等构成,以《中华人民共和国土地管理法》为核心,是进行规划编制和规划管理的依据,也是规划地位和生命力的关键所在。

2) 规划编制体系

土地利用总体规划编制体系是依据规划法规体系,针对规划目的和任务的不同所建立起来的由若干层次规划所组成的有机整体,各层次规划之间相互联系,上一层次规划是下一层次规划的依据和指导,下一层次规划是对上一层次规划的细化和具体落实,是规划技术层面的内容,其科学性和完善程度将直接决定规划的作用和效果。目前,我国土地利用总体规划按照行政级别分为国家级(覆盖全国土地)、省级(覆盖省级行政辖区)、市(地)级(覆盖市(地)级行政辖区)、县级(覆盖县级行政辖区)和乡(镇)级(覆盖乡镇级行政辖区)5个层级。

3) 规划管理体系

土地利用总体规划管理体系是指各级政府根据规划法规体系的授权所建立起来的规划管理机制,包括管理目标、机构设置、人员组成、管理程序等,主要由各级国土资源管理部门构成,包括国土资源部、国土资源厅、国土资源局和国土资源所等。

3. 编制程序

土地利用总体规划编制工作一般分为6个阶段:工作准备阶段、实施评价阶段、基础研究阶段、大纲制订阶段、规划编制阶段和报批实施阶段。

1) 工作准备阶段

工作准备阶段包括组织准备和技术准备。组织准备包括建立领导决策机制、组织编制机制和经费保障机制等工作,即成立规划领导小组和规划办公室、拟定规划工作方案和工作计划并报同级人民政府批准、落实规划经费和人员以及进行业务培训等。技术准备包括基础资料调查、规划基础数据确定、基础图件调查等工作。

2) 实施评价阶段

土地利用总体规划编制前,国土资源行政主管部门应当对上轮(现行)规划的实施情况进行评估,即土地利用总体规划实施评价。

土地利用总体规划实施评价,是指根据一定的标准,运用一定的方法,对上轮(现行)土地利用总体规划执行的效果进行分析、比较与综合所做出的一种价值判断。土地利用总体规划实施评价要求全面评估上轮（现行）规划的实施情况，结合经济社会发展，评价规划实施成效，总结土地利用中存在的问题，提出下轮规划编制的重点与方向。做好上轮（现行）规划实施评价工作是下轮土地利用总体规划修编的基础与前提，是下轮规划修编前期工作的重要内容。

上轮（现行）规划的实施评价在上轮（现行）规划实施的后期或下轮规划的启动准备工作之前开展，或根据需要专门进行。

土地利用总体规划实施评价

《国务院办公厅转发国土资源部关于做好土地利用总体规划修编前期工作意见的通知》（国办发〔2005〕32号）提出要做好土地利用总体规划（1997—2010年）的规划实施评价工作。通过对规划实施情况的系统评价，做到"四查清、四对照"，即：

(1) 查清规划期内新增建设用地总量，与国民经济和社会发展规划确定的发展目标对照检查。

(2) 查清闲置土地和低效用地数量，与规划确定的节约用地挖潜目标对照检查。

(3) 查清耕地和基本农田保有量，与规划保护目标对照检查。

(4) 查清违法用地数量和处理情况，与违法用地的处理要求对照检查。

3) 基础研究阶段

土地利用总体规划编制前，国土资源行政主管部门应开展专项调查评价、基本问题研究及重大问题研究等基础研究工作。

专项调查评价是结合基本问题研究、重大问题研究或土地利用总体规划大纲、方案编制需要开展的调查评价工作，包括土地利用潜力评价、地质环境评估等。

基本问题研究包括土地利用现状分析、土地供需分析、土地利用战略研究、人口发展预测等。

重大问题研究是结合本地实际，针对影响土地利用的重大问题进行的研究。

土地利用总体规划（2006—2020年）重大问题研究

《国务院办公厅转发国土资源部关于做好土地利用总体规划修编前期工作意见的通知》（国办发〔2005〕32号）提出了重点研究的6个重大问题。

(1) 研究如何加强耕地和基本农田保护问题。按照严格保护耕地特别是基本农田，控制非农业建设占用农用地，落实耕地保护和占补平衡数量与质量并重的原则，围绕现有基本农田数量不减少、质量不降低的目标，研究提出确保规划修编中加强耕地和基本农田保护的目标及政策建议。

(2) 研究如何促进节约和集约利用土地问题。按照以内涵挖潜为主，提高土地集约利用水平的原则，围绕保障宏观经济平稳运行和建立资源节约型社会的目标，从规模、结构和时序等方面，研究提出利用规划修编调控各业、各类用地的目标及政策建议。

(3) 研究如何优化城乡用地结构和布局问题。按照统筹安排城乡用地的原则，围绕严格控制城乡建设用地规模和优化结构、布局的目标，研究提出规划修编时调控城乡建设用地的目标及政策建议。

(4)研究如何统筹区域土地利用问题。按照统筹安排各类、各区域用地的原则,围绕促进区域合理分工协作和协调发展的目标,与区域经济、产业和人口发展战略相适应,研究提出分类指导的规划调控指标、目标及政策建议。

(5)研究如何协调土地利用与生态环境建设问题。按照保护和改善生态环境的原则,围绕保障土地资源可持续利用的目标,研究提出统筹环境保护和生态建设的土地利用调控指标和政策建议。

(6)研究如何强化规划管理保障措施问题。按照加强土地用途管制的要求,研究土地利用规划、计划在用地规模、结构、布局和时序上进一步发挥调控和引导作用的保障措施,提出确保土地利用规划有效实施的政策、制度、机制和办法。

4)大纲制订阶段

国土资源行政主管部门应当在前期工作基础上,以真实、准确、合法的土地调查基础数据为依据,组织编制土地利用总体规划大纲,以指导规划方案及成果的编制。

土地利用总体规划大纲由国土资源主管部门组织实施编制工作,任务是明确规划指导原则、方针目标,有针对性地提出规划期内主要用地规模和布局的总体调控方向,中心城区建设用地规模控制范围和布局方向,以及拟实施的土地整治方案和配套措施等。

土地利用总体规划大纲的内容包括规划背景、指导思想和原则、土地利用战略定位和目标、土地利用规模、结构与布局总体安排及规划实施措施等。

土地利用总体规划大纲的论证应立足上轮(现行)规划实施评价和基础研究,在充分吸收各有关部门意见的基础上,重点对规划的指导原则、方针目标及目标实现途径进行论证,对主要用地的供需进行综合平衡,开展土地利用结构优化和布局调整的多方案评价,提出土地利用的总体安排。

土地利用总体规划大纲编制完成后,应逐级上报规划批准机关的同级国土资源行政主管部门审查。

5)规划编制阶段

规划编制阶段的主要内容是编制土地利用总体规划方案及编绘成果。国土资源行政主管部门依据经审查通过的土地利用总体规划大纲,编制土地利用总体规划。乡(镇)土地利用总体规划可以与所在地的县级土地利用总体规划同步编制。

在土地利用总体规划的程序中,编制和调整方案是规划的核心。在前期调查研究的基础上,拟定用地指标,编制供选方案,确定用地分区和主要用地项目的布局,编绘总体规划图,编写总体规划文本和说明。

在土地利用总体规划编制过程中,国土资源行政主管部门应当建立部门协调机制,征求各有关部门的意见。

对土地利用总体规划编制中的重大问题,可以向社会公众征询解决方案。对直接涉及公民、法人和其他组织合法利益的规划内容,应当举行听证会,充分听取公众的意见。采取听证会形式听取意见的,按照《国土资源听证规定》的程序进行。

6)报批实施阶段

规划报告编写及图件成果编绘完成以后,要履行审批手续,形成一个规范性文件。根据审批手续,国土资源行政主管部门应当根据审查情况和相关部门意见,提出明确的审查结论,提请有批准权的人民政府审批,最后由同级人民政府正式公布实施,并开展规划成果的应用、监测、管理和修改工作。

4. 规划内容

1) 规划的基本内容

土地利用总体规划一般应当包括以下内容:现行规划实施情况评估;规划背景与土地供需形势分析;土地利用战略;规划主要目标的确定,包括耕地保有量、基本农田保护面积、建设用地规模和土地整理复垦开发安排等;土地利用结构、布局和节约集约用地的优化方案;土地利用的差别化政策;规划实施的责任与保障措施。

2) 各级规划的重点内容

全国土地利用总体规划,应当重点突出以下内容:全国土地利用面临的形势分析;全国土地利用的指导原则与目标任务的确定;保护和合理利用农用地及节约集约利用建设用地的指导措施的确定、加强土地生态建设及强化土地宏观调控的措施的确定、规划实施保障措施的确定等。

省级土地利用总体规划,应当重点突出下列内容:国家级土地利用任务的落实情况;重大土地利用问题的解决方案;各区域土地利用的主要方向;对市(地)级土地利用的调控;土地利用重大专项安排;规划实施的机制创新。

市级土地利用总体规划,应当重点突出下列内容:省级土地利用任务的落实;土地利用规模、结构与布局的安排;土地利用分区及分区管制规则;中心城区土地利用控制;对县级土地利用的调控;重点工程安排;规划实施的责任落实。

县级土地利用总体规划,应当重点突出下列内容:市级土地利用任务的落实;土地利用规模、结构和布局的具体安排;土地用途管制分区及其管制规则;建设用地空间管制及管制规则;城镇村用地扩展边界的划定;土地整理复垦开发重点区域的确定。

乡(镇)土地利用总体规划,应当重点突出下列内容:基本农田地块的落实;县级规划中土地用途分区、布局与边界的落实;各地块土地用途的确定;镇和农村居民点用地扩展边界的划定;土地整理复垦开发项目的安排。

基本农田整备区与村镇建设控制区

土地利用总体规划(2006—2020年)提出划定基本农田整备区和村镇建设控制区。

基本农田整备区是指通过土地整治活动,逐步形成的集中连片、具有良好水利和水土保持设施的耕地集中分布区域。规划期间区域内的耕地可调整补充为基本农田。

村镇建设控制区是指为控制农村居民点建设需要划定的区域。

5. 规划方案

土地利用总体规划方案编制的内容主要包括:规划目标的确定、土地利用结构优化和布局调整、土地用途区划定、制定土地用途区管制规则、建设用地空间管制、土地整治安排、下级土地利用控制、近期规划安排以及规划实施措施制定等。

规划编制中形成的规划方案应在公共媒体上公布,广泛征求社会各方特别是相关权利人的意见。修改完善后的规划成果应按规定程序逐级上报到有批准权的机关审批。

1) 土地利用总体规划目标的确定

土地利用总体规划编制,应围绕实施经济社会发展战略,着眼解决土地利用中的重大问题,提出规划期间的土地利用调控目标。

(1) 规划目标的主要内容。

规划目标的主要内容包括:保护耕地特别是基本农田;保障经济社会发展的必要用地;保护和改善生态环境;推进节约集约用地和农村土地整治等。

(2) 规划用地调控指标的类型。

规划用地调控指标是土地利用总体规划目标进一步具体量化的指标。

按照指标属性的不同,分为总量指标、增量指标和效率指标。总量指标反映指标所指示的土地类型在未来某一时点的数量,耕地保有量、基本农田保护面积、建设用地总规模、城乡建设用地规模和城镇工矿用地规模等指标均属于总量指标;增量指标反映一定规划实施阶段某类用地变化的累积总量,新增建设用地规模、新增建设占用农用地规模、新增建设占用耕地规模和土地整治补充耕地任务量等指标均属于增量指标;效率指标反映土地集约利用水平,人均城镇工矿用地水平指标属于效率指标。

按照指标性质的不同,分为约束性指标和预期性指标。约束性指标是为实现规划目标,在规划期内不得突破或必须实现的指标,一般由上级规划确定并下达,耕地保有量、基本农田保护面积、城乡建设用地规模、新增建设占用耕地规模、土地整治补充耕地任务量和人均城镇工矿用地等指标均属于约束性指标。预期性指标是指按照经济社会发展预期,规划期内要努力实现或不突破的指标,一般由上级规划确定并下达,建设用地总规模、城镇工矿用地规模、新增建设用地规模、新增建设占用农用地规模及其他效率指标均属于预期性指标。

土地利用总体规划主要用地调控指标表见表4-1。

表4-1　土地利用总体规划主要用地调控指标表

指标名称		规划基期年	规划近期目标年	规划目标年	指标属性
总量指标 (单位:公顷)	耕地保有量				约束性
	基本农田保护面积				约束性
	……				预期性
	建设用地总规模				预期性
	城乡建设用地规模				约束性
	城镇工矿用地规模				预期性
	……				预期性
增量指标 (单位:公顷)	新增建设用地规模				预期性
	新增建设占用农用地规模				预期性
	新增建设占用耕地规模				约束性
	土地整治补充耕地任务量				约束性
效率指标 (单位:m^2)	人均城镇工矿用地				约束性
	……				预期性

2) 土地利用结构和布局优化方案的拟定
(1) 土地利用结构与布局优化的概念和作用。

土地利用结构和布局是土地利用总体规划内容的两种表现方式，相辅相成，缺一不可。土地利用结构和布局的优化是以一定土地利用系统的效益最大化为目标，在满足一定条件的情况下将一定数量的土地分配到各用地部门，使土地在时间上得到合理安排，在空间上得到最佳落实。时间、空间、用途、数量、效益是土地利用结构与布局优化的5个要素。时间要素表明土地利用结构具有动态性；空间要素表明其具有地域性；用途要素表明其具有目的性；数量要素表明其具有定量性；效益要素则表明其具有系统整体最优性。

土地利用结构与经济结构之间存在着较强的关联性，对这种关联性的研究和揭示，可以更好地发挥土地作为宏观经济调控手段的作用，为促进社会经济可持续发展提供科学依据。无论是现状结构还是规划结构，重点在于结构是否合理。只有用地结构合理，才能取得土地利用的最大效率。土地利用结构优化是在保证国民经济各部门之间合理分配土地资源和实现土地利用率最大化的前提下，解决土地供需平衡的有效途径。土地利用结构优化方案也是确定下级土地利用总体规划的约束性和预期性指标的主要依据。土地利用结构一经确定后，应当通过土地利用布局实施土地资源的合理配置。

土地利用布局优化是土地利用总体规划的重要任务之一。土地利用布局由土地利用结构所决定，是落实土地利用结构变化的具体体现。土地利用总体规划的内容就是把结构调整优化的数量落实在区域土地利用总体规划图上，明确土地变化的具体位置和空间大小。土地利用总体规划图是土地利用总体规划的最直接表现形式，也是最重要的成果之一，而土地利用布局在土地利用总体规划图上则主要表现为土地利用分区。

(2) 方案拟定的步骤。

①明确结构和布局优化的条件。结构和布局优化必须满足上级规划下达的各项约束性指标，以及当地资源环境条件中的硬性约束。

②进行土地供需综合平衡。根据土地利用现状分析、潜力评价和需求预测，进行土地供求综合平衡。当域内土地供给和需求难以平衡时，应依据规划编制原则和规划目标，提出对各类用地数量、结构与布局进行合理调配，解决供需矛盾的措施。

③提出结构和布局优化供选方案。在土地供需综合平衡的基础上，根据经济社会发展预期、实施途径和规划保障措施的不同，提出多个土地利用结构与布局优化的供选方案。

④开展多方案评价比较。从方案实施的生态、社会和经济效益等方面，对供选方案进行综合评价和比较选优，提出推荐方案。

⑤确定结构和布局优化方案。对提出的推荐方案及供选方案进行论证，征求有关地方、部门和专家意见，确定结构和布局优化方案。

(3) 方案拟定的要求。

①在编制土地利用结构和布局优化方案过程中，应分析土地利用的影响因素和变化趋势，根据土地利用调控措施、投入水平或保证条件的不同拟定规划供选方案。

②每个供选方案均需保证规划主要目标的实现。

③对每个供选方案实施的可行性进行分析论证、综合评价后，提出推荐方案，供领导小组审定。

3) 土地利用分区的划定

(1) 土地利用分区的概念。

土地利用分区是指按照土地基本用途划定土地利用区。土地利用分区应以土地适宜性为基础，根据规划原则、土地利用调整次序和经济社会发展需要制定。

(2) 土地利用分区的步骤。

① 拟定土地利用方案，收集、整理分区所需图件和其他资料。

② 以土地利用现状图为规划底图，根据土地利用结构优化和布局调整结果，在规划地图上分区划线。分区划线应尽可能利用明显的线状地物或河川、山脊等自然地物界线。

③ 统计分区总面积应与土地利用结构调整指标相协调，否则，应调整土地利用分区或用地指标，直至协调。

(3) 土地利用分区的划定要求。

土地利用总体规划应结合实际，因地制宜确定土地利用分区类型。土地利用分区类型一般包括基本农田保护区、一般农地区、城镇村建设用地区、独立工矿区、风景旅游用地区、生态环境安全控制区、自然与文化遗产保护区、林业用地区和牧业用地区等。

4) 建设用地空间管制区的划定

(1) 建设用地空间管制区的相关概念。

建设用地空间管制区是指为引导土地利用方向、管制城乡用地建设活动所划定的空间地域。规划编制应划定建设用地管制边界，确定相应的建设用地管制区。建设用地管制区的划定与土地利用结构优化和布局调整的内容相一致。具体划分为允许建设区、有条件建设区、限制建设区和禁止建设区 4 种类型。

允许建设区是指规划中确定的，允许作为建设用地利用，进行城乡建设的空间区域。依规划确定的城乡建设用地规模指标划定的允许建设区的范围界线称为规模边界。

有条件建设区是指规划中确定的，在满足待定条件后方可进行城乡建设的空间区域。规划确定的可以进行城乡建设的最终范围界线称为扩展边界。扩展边界由允许建设区和有条件建设区共同形成。

限制建设区是指允许建设区、有条件建设区和禁止建设区以外，禁止城镇和大型工矿建设，限制村庄和其他独立建设，控制基础设施建设，以农业发展为主的空间区域。

禁止建设区是指规划中确定的，以生态环境保护为主导用途，禁止开展与主导功能不相符的各项建设的空间区域。规划确定的禁止建设区的范围界线称为禁建边界。

(2) 建设用地空间管制的划定原则。

为加强对建设用地的空间管制，按照保护资源与环境优先、有利于节约集约用地的要求，结合建设用地空间布局安排，划定建设用地管制边界和建设用地管制区。

建设用地管制区应与土地用途分区相衔接，与规划主要控制指标相协调。

(3) 建设用地空间管制区的划定要求。

建设用地规模边界按照有利发展、保护资源、保护环境的要求，在建设用地适宜性评价以及与其他相关规划充分协调的基础上，根据各类建设用地规模控制指标划定；允许建设区应涵盖规划期内将保留的现状建设用地和规划新增的建设用地，划分为城镇、村庄、工矿等不同类型；允许建设区布局应进行多方案比选，优先选择有利于保护耕地和环境、节约集约用地的方案，尽量利用存量建设用地和未利用地，少占农用地特别是耕地。

有条件建设区在建设用地规模边界外,按照保护资源和环境、有利于节约集约用地的要求划定,避让优质耕地和重要的生态环境用地;建设用地扩展边界应尽量采用主要河流、高速公路、铁路、绿化带、山体等具有明显隔离作用的地物;在无原则性冲突时,建设用地扩展边界可采用其他相关规划的同类边界。

自然保护区核心区、森林公园、地质公园、列入省级以上保护名录的野生动植物自然栖息地、水源保护区的核心区、主要河湖的蓄滞洪区、地质灾害高危险地区等,划入禁止建设区。禁止建设区应与生态环境安全控制区、自然与文化遗产保护区核心区的规模和范围一致。

允许建设区、有条件建设区、禁止建设区以外的土地划入限制建设区。

5) 土地整治安排

规划编制中要根据统筹城乡发展和推进新农村建设的总体要求,统筹安排、整体推进土地综合整治。进行土地整治安排时,应注意以下事项:

(1) 土地整治安排应与经济社会发展规划、城乡建设规划、产业发展规划、基础设施建设规划、生态建设和环境保护规划、基本农田保护规划等相协调,提高规划的针对性和可操作性。

(2) 土地整治安排,应深入调查分析各类土地整治潜力,综合考虑经济社会发展状况、改善生产生活的愿望和能力以及资金保障水平,明确土地整治的类型、规模和布局,确定土地整治重点区域和重点项目。

(3) 农村土地整治安排,应注重保持农村风貌和当地特色,保留传统农耕文化和民俗文化中的积极元素,保护农村人文景观和生态环境。

(4) 农村土地整治安排,应充分尊重农民意愿,切实维护农民权益。在整治方式、旧房拆迁、新居建设等方面要为农民提供多种选择。

(5) 开展城乡建设用地增减挂钩①工作的地方,应制定城乡建设用地增减挂钩方案,明确农村建设用地整治和城镇建设用地增加的规模、范围和复耕面积,确定拆旧区和建新区,共同组成增减挂钩项目区。增减挂钩要确保城乡建设用地总量不增加、耕地和基本农田不减少、质量有提高。

(6) 有条件的地方,应将土地整治与城乡建设用地增减挂钩相结合,整合涉农的相关项目和资金。整治的土地首先复垦为耕地,其次用于农村基础设施和公共服务设施建设,预留农村发展用地;节余的土地,用于城乡建设用地增减挂钩。

6) 下级土地利用控制

上级规划编制中,应分析域内各辖区的自然、经济社会条件、土地资源现状和利用潜力,明确下级土地利用的方向及有关政策。

根据土地用途分区、土地利用结构优化和布局调整方案以及基本农田保护、土地整治安排,在充分协调的基础上,拟定下级土地利用调控指标。

7) 近期规划安排

根据经济社会发展规划,综合考虑国家发展政策、城乡建设部署和土地供求状况,拟定各

---

① 城乡建设用地增减挂钩是指依据土地利用总体规划,将若干拟整理复垦为耕地的农村建设用地地块(即拆旧地块)和拟用于城镇建设的地块(即建新地块)等面积共同组成建新拆旧项目区(以下简称项目区),通过建新拆旧和土地整理复垦等措施,在保证项目区内各类土地面积平衡的基础上,最终实现建设用地总量不增加,耕地面积不减少,质量不降低,城乡用地布局更合理的目标。城乡建设用地增减挂钩是国家推出的支持社会主义新农村建设、促进城乡统筹发展、破解保护与保障"两难"困境的一项重要管理措施。

阶段的规划目标和主要任务,重点对近期土地利用做出安排,明确近期耕地保护、节约集约用地、土地整治和重点建设项目用地等,提出近期土地利用调控指标和布局安排。

8)规划实施措施制定

编制规划的主要目的就是要付诸于实施。规划的实施应该是编制规划的目的,也是检验一个规划编制是否成功的唯一标准。因此,围绕规划目标和方案,制定行政、经济、技术和社会等规划实施措施是确保土地利用总体规划有效实施的一个关键环节。

规划措施的制定应符合国家法律法规和政策要求,同时要从域内实际出发,具有针对性和可操作性。

规划措施要重点针对保护耕地、控制建设用地、推进土地整治等方面,提出领导责任、组织制度、财政保障和监督管理等具体要求。

6. 规划成果

土地利用总体规划的成果包括规划文本、规划图件、规划说明、规划数据库及其他材料。

1)规划文本及规划说明

规划文本是对规划的各项目标和内容提出规定性要求的文件,内容主要包括土地利用现状与形势,规划目标和方针,土地利用结构调整和布局优化,土地利用分区,土地整治,下级规划指标以及实施规划的措施等。

规划说明主要阐述规划决策的依据和编制过程,是对规划文本的具体解释和补充说明,是规划实施中配合规划文本和图件使用的重要参考。内容主要包括上轮规划实施的简要情况;规划编制的过程;规划基础数据;规划主要内容的说明,包括规划目标、土地利用结构和布局调整、耕地和基本农田保护、建设用地调控与安排、土地生态建设和环境保护、土地整治、土地用途分区管制、下级规划土地利用控制、近期用地安排等;规划实施保障措施;规划的协调论证和公众参与情况。

2)规划图件

(1)土地利用现状图。

土地利用现状图是表达土地资源的利用现状、地域差异和分类的专题图件,是土地利用调查研究的主要成果之一。它是研究土地利用现状和开展土地利用总体规划的重要工具和基础资料。

(2)土地利用总体规划图。

土地利用总体规划图是各级人民政府在编制本行政区域的土地利用总体规划时,在土地利用现状图的基础上,根据总体规划所确定的土地利用结构优化和布局调整情况所编制的用以反映各规划要素在规划期内的结构调整与空间分布的一种专题地图。它是土地利用总体规划必不可少的主要成果之一,是指导规划期内土地利用方向的重要图件,同时也是各项建设用地报批的必要图件。

(3)其他必备图件。

除了土地利用现状图和总体规划图为必备图件外,必备图件一般还包括建设用地管制分区图、基本农田保护规划图、土地整治规划图、重点建设项目用地布局图、中心城区土地利用现状图、中心城区土地利用总体规划图等。

(4)其他图件。

根据实际需要,可编制其他相关图件。包括遥感影像图、数字高程模型图、土地利用综合分区图、景观生态用地空间组织图、城镇用地空间组织图、交通设施空间组织图、农业产业用地布局图、工业用地空间整合规划图、区位分析图、土地利用结构调整分析图、土地生态保护评价图、土地适宜性评价图、土地生态适宜度分级图、土地利用分区环境协调度分析图等。

3）规划数据库

规划数据库是规划成果数据的电子形式，包括符合土地利用总体规划数据库标准的规划图件的栅格数据和矢量数据、规划文档、规划表格、元数据等。规划数据库内容应与纸质的规划成果内容一致。

4）其他材料

其他材料包括规划编制过程中形成的工作报告、技术报告、专题研究报告、土地利用总体规划大纲、基础资料、会议纪要、部门意见、专家论证意见、公众参与记录等。

7. 审查与报批

土地利用总体规划审查报批，分为土地利用总体规划大纲审查和土地利用总体规划审查报批两个阶段。

1）土地利用总体规划大纲审查

国土资源行政主管部门对土地利用总体规划大纲的指导思想、战略定位、基础数据、规划目标、土地利用结构与空间布局调整等内容进行审查，并经本级人民政府审查同意后，逐级上报审批机关同级的国土资源行政主管部门审查。

土地利用总体规划大纲未通过审查的，有关国土资源行政主管部门应当根据审查意见修改土地利用总体规划大纲，重新申报审查。

土地利用总体规划大纲通过审查后，国土资源行政主管部门依据审查通过的土地利用总体规划大纲，编制土地利用总体规划。

2）土地利用总体规划审查报批

（1）审批程序。

土地利用总体规划实行分级审批制度，按照下级规划服从上级规划的原则，自上而下审查报批。

有关国土资源行政主管部门应当自收到人民政府转来的下级土地利用总体规划之日起5个工作日内，征求有关部门和单位意见，并自收到有关部门和单位的意见之日起15个工作日内，完成规划审查工作。

对土地利用总体规划有较大分歧时，有关国土资源行政主管部门应当组织各方进行协调。因特殊情况，确需延长规划审查期限的，可以延长审查。国土资源行政主管部门根据审查情况和相关部门意见，提出明确的审查结论，提请有批准权的人民政府审批。

省、自治区、直辖市的土地利用总体规划，报国务院批准。省、自治区人民政府所在地的市、人口在一百万以上的城市以及国务院指定的城市的土地利用总体规划，经省、自治区人民政府审查同意后，报国务院批准。上述以外的土地利用总体规划，逐级上报省、自治区、直辖市人民政府批准，其中，乡（镇）土地利用总体规划可以由省级人民政府授权的设区的市、自治州人民政府批准。土地利用总体规划一经批准，必须严格执行。

（2）审批依据。

土地利用总体规划的审批依据主要包括：现行法律、法规及相关规范；国家有关土地利用和管理的各项方针、政策；上级土地利用总体规划；土地利用相关规划以及其他可以依据的基础调查资料等。

(3)审批材料。

土地利用总体规划的审批材料主要包括：规划文本及说明、规划图件、专题研究报告、规划成果数据库以及其他材料。

(4)审批重点。

土地利用总体规划的审批重点主要包括：现行规划实施评价，规划编制原则与指导思想，战略定位与规划目标，土地利用结构、规模、布局和时序，土地利用主要指标分解情况，规划衔接协调论证情况和公众参与情况以及规划实施保障措施。

8. 评估修改

1) 土地利用总体规划评估修改的概念

土地利用总体规划的评估修改是指在土地利用总体规划确定的期限内，由于某些不可抗力和不可预料因素的出现，致使经批准的土地利用总体规划不能适应社会和经济发展的需求，需要对规划确定的指标和布局进行评估和调整的行为。根据《中华人民共和国土地管理法》规定，经依法批准的土地利用总体规划，未经批准不得改变土地利用总体规划确定的用途，需要修改的，必须经过原批准机关批准。

2) 土地利用总体规划修改的内容

土地利用总体规划的修改必须十分慎重，否则会影响到规划的权威性和严肃性。但是，考虑到修改土地利用总体规划需要一定的时间，对即时性的规划修改，《中华人民共和国土地管理法》做出了明确的规定：

(1)经国务院批准的大型能源、交通、水利、矿山、军事设施等建设项目，需要改变土地利用总体规划的，根据国务院的批准文件修改土地利用总体规划。

(2)经省、自治区、直辖市人民政府批准的能源、交通、水利、矿山、军事设施等建设项目，需要改变土地利用总体规划的，属于省级人民政府土地利用总体规划批准权限内的，根据省级人民政府的批准文件修改土地利用总体规划。

(3)省、自治区、直辖市人民政府批准的建设项目用地，需改变原由国务院批准的土地利用总体规划，必须报国务院批准修改。

(三)土地利用专项规划

1. 概念

土地利用专项规划是在土地利用总体规划的框架控制下，为解决某一特定的土地利用问题而编制的规划，是对土地利用总体规划的补充和深化。土地利用专项规划的任务因要解决的特定土地利用问题的不同而有差异。就其本质而言，土地利用专项规划是土地利用总体规划的深入和补充，是土地利用总体规划的有机组成部分，也是保障土地利用总体规划实施的重要措施。

2. 特点

与土地利用总体规划相比，土地利用专项规划具有以下特性：

(1)宏观性。土地利用专项规划是针对区域内某一专项问题所涉及的用地进行的规划，可能包括一个地类，如耕地规划，也可能包括与专项问题相关的多个地类，如土地整治规划。规划的范围一般是一个行政区域，如县、市，或是一个流域和开发区，规划的期限一般与土地利用总体规划期限一致,规划期比较长,因此,土地利用专项规划也具有宏观概括性。

(2)微观性。相对于土地利用总体规划,土地利用专项规划并不是对区域内所有土地进行的规划,规划成果也只对某一部门或专项问题所涉及用地的组织利用具有实施指导意义。

(3)针对性。土地利用专项规划是对规划区域的土地开发、利用、整治和保护中的某一专门问题,或某一类型土地的利用、整治和保护问题进行的规划,是对土地利用总体规划中某一方面土地利用问题的进一步深入研究。

(4)选择性。不同类型的专项规划目的、任务、内容、程序、方法等是不同的,在规划时应根据实际情况,采取不同的手段来完成规划的任务,因此,它不像总体规划那样具有比较统一的规划模式。

(5)实用性。由于专项规划相对于总体规划更为具体,其内容、措施、解决的土地利用问题更具针对性,因此,专项规划的实用性和可操作性更强。

3. 类型

土地利用专项规划可分为专项措施规划和专项用地规划。

1) 专项措施规划

专项措施规划包括土地整治规划、土地整理规划、土地复垦规划、土地开发规划、土地保护规划等。专项措施规划要依据土地利用总体规划把这些措施分解落实到具体项目。

(1)土地整治规划。

土地整治规划是指在土地利用总体规划的指导和控制下,对规划区内未利用、暂时不能利用或已利用但利用不充分的土地,确定实施开发、利用、改造的方向、规模、空间布局和时间顺序,是对一定区域内的土地整理、土地复垦和土地开发等土地利用活动的总体部署和统筹安排,是科学指导土地整治工作的重要依据。

土地整治规划体系与土地利用总体规划相对应,分为5级:国家级、省级、地级、县级和乡级。其中,国家级、省级和地级为调控层面,县级和乡级为操作层面。目前我国重点编制国家级、省级、地级、县级4级土地整治规划。

土地整治规划一般包含土地整治规划目标的确定、土地整治分区、重点区域与重点工程、土地整治项目、投资与效益等5个方面的基本内容。

各级土地整治规划的内容各有侧重:国家级土地整治规划的重点是制定全国土地整治的方针和政策,提出土地整治的重点区域和重大工程;省、地级土地整治规划的重点是提出本行政区域内土地整治的重点区域、重点工程和重点项目,提出本行政区域内补充耕地区域平衡的原则、方向和途径,确定土地整治的投资方向;县级土地整治规划的重点是划分土地整治区,明确土地整理、复垦、开发和治理项目的位置、范围、规模,作为确立土地整理、复垦和开发项目的依据。

(2)土地整理规划。

土地整理规划是在土地利用总体规划和土地整治规划的指导下,通过一定区域内自然、社会、经济条件的综合分析和土地整理潜力的调查评价,对制定土地整理目标,划分土地整理区域,明确土地整理重点,落实土地整理项目,指导土地整理活动所作的总体安排。

(3)土地复垦规划。

土地复垦规划是指在一个时期内,按照土地利用总体规划和土地整治规划所确定的目标和用途,对土地复垦的总体安排,包括根据一定的自然、社会经济条件确定复垦的进度、复垦措施、复垦后的土地利用等。

(4) 土地开发规划。

土地开发规划是指在一个时期内,按照土地利用总体规划和土地整治规划所确定的目标和用途,对规划区待开发土地的开发利用所作的总体部署和安排,包括确定开发进度、开发方向、开发措施及开发后的土地利用等。

2) 专项用地规划

专项用地规划可分为农用地规划和建设用地规划。其中,农用地规划包括耕地规划、园地规划、林地规划、牧草地规划、渔业用地规划等;建设用地规划包括城市用地规划、村庄用地规划、工矿用地规划、交通运输用地规划、水利设施用地规划等。

专项用地规划一般是在土地利用总体规划划定的用地范围内,由各专业部门组织编制。

永久基本农田划定的概述

根据《国土资源部 农业部关于划定基本农田实行永久保护的通知》(国土资发〔2009〕167号)文件,"划定基本农田实行永久保护是党中央、国务院站在对历史和人民负责的高度,对基本农田保护工作提出的更新更高要求。各地要切实提高认识,增强责任感,按照'依法依规、确保数量、提升质量、落地到户'的要求,根据新一轮土地利用总体规划确定的基本农田保护目标,科学划定永久基本农田,全面提升基本农田保护水平,努力实现基本农田保护与建设并重、数量与质量并重、生产功能与生态功能并重。"

永久基本农田是指为了保证国家基本的粮食安全,实行永久保护、严禁占用和调整的优质基本农田。

永久基本农田划定是结合县级、乡级土地利用总体规划修编,在按照上级规划下达指标划定的基本农田保护区中,将粮棉油生产基地,有良好的水利和水土保持设施的高产、稳产、优质耕地划为永久基本农田,实行特殊的保护。

永久基本农田划定的目的是:

(1)将最肥沃,粮食产量最高,耕作条件最好的耕地划入永久基本农田。划入永久基本农田的耕地必须是田块平整规整、灌排设施完善、土壤肥沃无污染、水土保持良好且具有一定面积规模、坡度较小、旱涝保收、高产稳产的耕地。它的建立必将为我国的粮食安全提供有力的核心保障。

(2)对永久基本农田实施长期特殊的保护。永久基本农田一经划定,除了特殊时期涉及国家安全或民族安危的重特大项目,其他任何建设项目都不得侵占,切切实实将永久基本农田长期保护下去。

(3)对永久基本农田进行多元化的建设和管护。对划定的永久基本农田,国家鼓励倡导各级政府、农业经营者、集体和个人对永久基本农田加大投入,加强配套建设与管护,使永久基本农田显现出其永久保护的价值,使其成为农业长期高效利用的示范区。

(四) 土地利用详细规划

1. 概念

土地利用详细规划是在土地利用总体规划和专项规划的控制和指导下,详细规定各类用地的各项控制指标和规划管理要求,或直接对某一地段或某一单位的土地利用及其配套设施做出具体的安排和技术设计,是土地利用总体规划或土地利用专项规划的深入和细化。包括其空间布局、利用分区、具体建设项目的设计,以及施工方案和搬迁计划等。

2. 特点

土地利用详细规划具有针对性、单一性、具体性、可操作性、实用性等特性。

3. 类型

1) 按照规划作用的不同划分

从规划的作用来看,土地利用详细规划有两种类型:控制性详细规划和修建性详细规划。

(1) 控制性详细规划。

控制性详细规划是为规范和控制土地使用者的微观土地利用行为而编制的规划,一般由政府部门组织编制,它详细规定了规划区域内每个地块的使用性质、使用界线、使用强度、利用要求和限制条件等,为开发性详细规划的编制提供依据和提出要求。

现阶段,我国城镇建设用地的控制性详细规划相对健全,城镇建设用地控制性详细规划的内容作为地块出让条件直接体现在城镇土地出让合同中,对土地使用者的微观土地利用行为进行规范和控制。而农业用地目前一般没有专门的控制性详细规划,这一方面与农业用地的利用相对粗放有关,另一方面也与农村家庭联产承包后,农用地地块狭小,利用过于分散有关。土地利用总体规划中对相关农业用地区制定的管制规则,以及土地利用专项规划中对相关农用地提出的开发、利用、整治和保护要求,相当于控制性详细规划的内容,可用于指导和控制农用地每个地块的开发利用。

(2) 修建性详细规划。

修建性详细规划也称开发性详细规划,是为了指导某一地段、地块或某一土地使用单位的土地如何开发利用而进行的具体规划,一般由建设单位组织编制。

2) 按照规划对象的不同划分

从规划的对象来看,土地利用详细规划主要分为措施类详细规划和用地类详细规划。措施类详细规划主要包括土地整理项目规划设计、土地复垦项目规划设计、土地开发项目规划设计等。用地类详细规划主要包括耕地规划设计、园地规划设计、林地规划设计、牧草地规划设计、水产用地规划设计、居民点用地规划设计、交通运输用地规划设计、水利工程用地规划设计、旅游用地规划设计等。

(五) 土地利用规划环境影响评价

1. 土地利用规划环境影响评价概述

1) 土地利用规划环境影响评价的涵义

土地利用规划环境影响评价是指在对土地利用规划区域生态环境现状认真研究的基础上,识别、分析、预测和评价规划实施后可能造成的环境影响,提出预防或者减轻土地利用规划实施对各种环境要素及其所构成的生态系统产生不良环境影响的对策和措施。

土地利用规划环境影响评价是进行跟踪监测的一种方法和制度,是实施预防为主方针的得力工具和手段。其着眼点在于通过对区域的环境、经济、社会、资源综合能力的分析,从源头上减少对生态环境的不利影响,为科学决策提供依据。

土地利用规划环境影响评价的目的是,贯彻国家保护环境的基本国策和《环境影响评价法》,实施土地可持续利用战略,预防有重大缺陷的土地利用规划的出台和实施对环境造成不良影响。

2) 土地利用规划环境影响评价的作用

(1) 土地利用规划环境影响评价是规范土地利用规划的可持续性的必要措施。土地利用规划环境影响评价就是分析预测土地利用规划的实施是否符合土地可持续利用要求的一个方法和手段。把生态环境问题系统地纳入到土地利用规划,通过分析、预测和评价生态环境影响并将评价结果体现在土地利用规划中,不仅提高了土地利用规划的科学性,也体现了可持续发展战略思想。

(2) 土地利用规划环境影响评价有助于解决我国所面临的严重的生态环境问题。目前我国面临的生态环境问题日益严重,土地资源的合理利用受严峻的生态环境形势所制约。土地利用规划作为配置土地和合理利用土地资源的重要手段,与生态环境保护息息相关。因而,分析研究土地利用与生态环境之间相互作用的土地利用规划环境影响评价,能更好地发挥土地利用规划的综合协调能力,从而有助于解决我国所面临的生态环境问题。

(3) 从源头上控制土地利用规划可能导致的生态环境问题,弥补传统环境影响评价的不足。将环境影响评价引入土地利用规划,可以体现生态环境影响的扩散、积累及协同等效应,并采取措施从源头上尽量减少不利影响产生的可能性,对于减少因实施土地利用规划可能导致的生态环境问题具有重要作用。

2. 土地利用规划环境影响评价的程序及内容

(1) 规划分析。规划分析应包括规划概述、规划的协调性分析和不确定性分析等。通过对多个规划方案具体内容的解析和初步评估,从规划与资源节约、环境保护等各项要求相协调的角度,筛选出备选的规划方案,并对其进行不确定性分析,给出可能导致环境影响预测结果和评价结论发生变化的不同情景,为后续的环境影响分析、预测与评价提供基础。

(2) 现状调查与评价。现状调查与评价一般包括自然环境状况、社会经济概况、资源赋存与利用状况、环境质量和生态状况等内容。通过调查与评价,掌握评价范围内主要资源的赋存和利用状况,评价生态状况、环境质量的总体水平和变化趋势,辨析制约规划实施的主要资源和环境要素。

(3) 环境影响识别与评价指标体系构建。环境影响识别与评价指标体系构建是按照一致性、整体性和层次性原则,识别规划实施可能影响的资源与环境要素,建立规划要素与资源、环境要素之间的关系,初步判断影响的性质、范围和程度,确定评价重点。并根据环境目标,结合现状调查与评价的结果,以及确定的评价重点,建立评价的指标体系。

(4) 环境影响预测与评价。系统分析规划实施全过程对可能受影响的所有资源、环境要素的影响类型和途径,针对环境影响识别确定的评价重点内容和各项具体评价指标,按照规划不确定性分析给出的不同发展情景,进行同等深度的影响预测与评价,明确给出规划实施对评价区域资源、环境要素的影响性质、程度和范围,为提出评价推荐的环境可行的规划方案和优化调整建议提供支撑。环境影响预测与评价一般包括规划开发强度的分析,水环境(包括地表水、地下水、海水)、大气环境、土壤环境、声环境的影响,对生态系统完整性及景观生态格局的影响,对环境敏感区和重点生态功能区的影响,资源与环境承载能力的评估等内容。

(5) 规划方案综合论证和优化调整建议。依据环境影响识别后建立的规划要素与资源、环境要素之间的动态响应关系,综合各种资源与环境要素的影响预测和分析、评价结果,论证规划的目标、规模、布局、结构等规划要素的合理性以及环境目标的可达性,动态判定不同规划时段、不同发展情景下规划实施有无重大资源、生态、环境制约因素,详细说明制约的程度、范围、方式等,进而提出规划方案的优化调整建议和评价推荐的规划方案。

(6)提出环境影响减缓对策和措施。环境影响减缓对策和措施包括影响预防、影响最小化及对造成的影响进行全面修复补救等3个方面的内容。

(7)环境影响跟踪评价。对于可能产生重大环境影响的规划,在编制规划环境影响评价文件时,应拟定跟踪评价方案,对规划的不确定性提出管理要求,对规划实施全过程产生的实际资源、环境、生态影响进行跟踪监测。跟踪评价方案一般包括评价的时段、主要评价内容、资金来源、管理机构设置及其职责定位等。

(8)公众参与。对可能造成不良环境影响并直接涉及公众环境权益的专项规划,应当公开征求有关单位、专家和公众对规划环境影响报告书的意见。依法需要保密的除外。公开的环境影响报告书的主要内容包括:规划概况、规划的主要环境影响、规划的优化调整建议和预防或者减轻不良环境影响的对策与措施、评价结论。

(9)得出评价结论。评价结论是对整个评价工作成果的归纳总结,应力求文字简洁、论点明确、结论清晰准确。在评价结论中应明确给出:①评价区域的生态系统完整性和敏感性、环境质量现状和变化趋势、资源利用现状,明确对规划实施具有重大制约的资源、环境要素;②规划实施可能造成的主要生态、环境影响预测结果和风险评价结论;对水、土地、生物资源和能源等的需求情况;③规划方案的综合论证结论,主要包括规划的协调性分析结论,规划方案的环境合理性和可持续发展论证结论,环境保护目标与评价指标的可达性评价结论,规划要素的优化调整建议等;④规划的环境影响减缓对策和措施,主要包括环境管理体系构建方案、环境准入条件、环境风险防范与应急预案的构建方案、生态建设和补偿方案、规划包含的具体建设项目环境影响评价的重点内容和要求等;⑤跟踪评价方案,跟踪评价的主要内容和要求;⑥公众参与意见和建议处理情况,不采纳意见的理由说明。

3. 土地利用规划环境影响评价的方法

土地利用规划环境影响评价的各个阶段都有与之相适应的技术方法,这些方法构成一个庞大的方法集。土地利用规划环境影响评价常用的评价方法见表4-2。

二、土地利用管制制度

(一)土地用途管制制度

1. 土地用途管制的概念

土地用途管制是指国家为保证土地资源的合理利用,促进经济、社会和环境的协调发展,通过编制土地利用总体规划,规定土地用途,明确土地使用限制条件,实行用途变更许可的一项强制性的管理制度。其核心是依据土地利用总体规划对土地用途转变实行严格控制。

2. 性质与主体

土地用途管制是国家依据土地利用规划做出对土地使用上的限制和对土地用途转变的许可、限制许可或不许可的规定,并通过法律或行政手段实施的强制性措施。

实施土地用途管制的主体是各级人民政府,具体代表政府行使用途管制权利的是各级政府的土地管理部门。

3. 管制目标

土地用途管制的目标是实现土地的合理利用、持续利用。土地用途管制的重点是保护耕地,即在对各类土地使用和用途管制的同时,给耕地予以特殊保护,包括数量和质量的保护,即实现耕地总量动态平衡。

表4-2 土地利用规划环境影响评价常用的方法

评价环节	可采用的主要方式和方法
规划分析	检查表、叠图分析、矩阵分析、专家咨询(如智暴法、德尔斐法等)、情景分析、类比分析、系统分析、博弈论
环境现状调查与评价	现状调查:资料收集、现场踏勘、环境监测、生态调查、问卷调查、访谈、座谈会;现状分析与评价:专家咨询、指数法(单指数、综合指数)、类比分析、叠图分析、生态学分析法(生态系统健康评价法、生物多样性评价法、生态机理分析法、生态系统服务功能评价法、生态环境敏感性评价法、景观生态学法等,以下同)、灰色系统分析法
环境影响识别与评价指标确定	核查表、矩阵分析、网络分析、系统流图、叠图分析、灰色系统分析法、层次分析、情景分析、专家咨询、类比分析、压力-状态-响应分析
规划开发强度估算	专家咨询、情景分析、负荷分析(估算单位国内生产总值物耗、能耗和污染物排放量等)、趋势分析、弹性系数法、类比分析、对比分析、投入产出分析、供需平衡分析
环境要素影响预测与评价	类比分析、对比分析、负荷分析(估算单位国内生产总值物耗、能耗和污染物排放量等)、弹性系数法、趋势分析、系统动力学法、投入产出分析、供需平衡分析、数值模拟、环境经济学分析(影子价格、支付意愿、费用效益分析等)、综合指数法、生态学分析法、灰色系统分析法、叠图分析、情景分析、相关性分析、测量-反应关系评价
环境风险评价	灰色系统分析法、模糊数学法、数值模拟、风险概率统计、事件树分析、生态学分析法、类比分析
累积影响评价	矩阵分析、网络分析、系统流图、叠图分析、情景分析、数值模拟、生态学分析法、灰色系统分析法、类比分析
资源与环境承载力评估	情景分析、类比分析、供需平衡分析、系统动力学法、生态学分析法

4. 制度特点

(1)强制性。即强制性的管理。土地用途管制就是国家依据土地利用总体规划做出对土地使用上的限制和对土地用途转变的许可、限制许可或不许可的规定,并通过法律或行政手段进行约束的强制性措施。

(2)严肃性。土地利用总体规划一经批准,土地用途也就确定,即具有法律效力,必须严格执行。任何单位和个人都必须按规定用途使用土地,否则就属于违法行为,要受到法律制裁。

(3)权利性。实行土地用途管制的主体是各级人民政府。管制权衍生于国家对城乡地政的统一管理权和公共事务管理权,而不是土地所有权。土地用途是由代表国家长远和全局利益的人民政府通过各级土地利用总体规划确定的,因而必须由各级政府来实行土地用途管制,具体代表政府行使用途管制权利的是各级政府的土地管理部门。

(4)直接性。土地用途管制制度是通过划分土地用途区,确定分区内的土地规划用途,编制详细的、条款式的土地用途管制规则来实现对土地用途的直接管制。

5. 土地用途管制的内容

(1)按用途对土地进行分类管制。在土地利用总体规划中,土地按用途分为三大类型,即农用地、建设用地和其他土地。不同用途的土地,其用途管制的具体内容不同。

(2)按分区制定土地用途管制规则。在土地利用总体规划中,不同的用途分区,其用途管制的具体内容不同。

(3)土地利用总体规划规定土地用途。国家通过法律途径赋予土地利用总体规划高度的调控权威。全国性和省级规划是在全国或省域范围内从宏观上统筹安排用地,重点是制定土地利用政策、确定土地利用约束性控制指标,确保各类用地结构、规模与布局的宏观控制,实现土地的合理利用。县、乡(镇)级土地利用总体规划依据上级规划下达的控制指标和本地的土地利用状况、自然条件、经济发展状况划分土地利用区,确定各区利用规模与布局,制定分区管制规则,为土地用途管制提供依据。

(4)土地登记注册土地用途。土地用途登记是土地用途管制的权利保障。实行土地用途管制,要求明确土地权利人的土地用途,进行土地用途登记,使权利人土地用途的权利内容在法律上得到保障。这样,既保证土地权利人的土地权利,又规定权利人土地用途义务,在土地权利登记中实现土地用途管制。

(5)土地用途变更实行审批。农用地转用审批是实现土地用途管制的关键。建设需要占用农用地的,必须在土地利用总体规划确定的建设用地范围内安排,符合土地利用总体规划和产业政策的建设项目,按照法定审批程序和权限,依法批准后,方可将农用地转为建设用地;不符合土地利用总体规划的不予批准,确需占用的必须按《中华人民共和国土地管理法》的有关规定,调整土地利用总体规划,并经原批准机关批准后,方可办理农用地转用审批手续。

(6)对不按照规定的土地用途使用土地的行为进行处罚。国家制定严厉的土地用途管制法律,对于非法占用土地,擅自改变土地用途的行为要按照《中华人民共和国土地管理法》等有关法律法规严厉处罚。

(二)建设用地空间管制制度

1. 建设用地空间管制制度概述

自1998年起,我国开始实行土地用途管制制度,严格限制农用地转为建设用地,控制建设用地总量,对耕地实行特殊保护。然而第二轮土地利用总体规划(1997—2010年)落实的土地用途管制主要局限在土地用途分类及其数量规模与结构基础上,没有直接涉及土地空间属性,因而在引导土地利用布局方面发挥的作用受到较大局限。第三轮土地利用总体规划(2006—2020年)明确提出实行城乡建设用地空间管制制度,即为了加强对建设用地的空间管制,解决土地利用布局问题,按照保护资源与环境优先,有利于节约集约用地的要求,结合建设用地空间布局安排,划定建设用地管制边界和建设用地管制区。这有利于纠正城乡建设用地管理"重城轻乡"的现象,将城镇用地、农村居民点和独立工矿用地等所有非线性用地都纳入管制范围,切实改变"基本农田保护区外可以建设"的局面。

2. 建设用地空间管制制度的主要内容

(1)实行城乡建设用地扩展边界控制。即按照分解下达的城乡建设用地指标,在各级土地利用总体规划中逐级落实用地规模和布局,并对城镇、工矿、农村居民点等非线性用地划定扩展边界,综合运用经济、行政、法律和科技手段进行监管。

(2)落实城乡建设用地空间管制规则,针对不同区域实施差别化的土地利用管理措施。城乡建设用地扩展边界外,原则上只能安排能源、交通、水利、军事等必需单独选址的建设项目。

(3)完善建设项目用地前期论证。强化土地利用总体规划、土地利用年度计划和土地供应政策等对建设用地的控制。

总体上看,城乡建设用地空间管制的主要精神是,扩展边界内土地用作非农建设用途要简化审批程序,而扩展边界外的土地用作非农建设要从严进行审批和监管,通过行政经济手段,引导城乡建设向扩展边界内集中。

3. 建设用地空间管制规则

1)允许建设区

(1)区内土地主导用途为城、镇、村或工矿建设发展空间。

(2)区内新增城乡建设用地受规划指标和年度计划指标约束,应统筹增量与存量用地,促进土地节约集约利用。

(3)规划实施过程中,在允许建设区面积不改变的前提下,其空间布局形态可依程序进行调整,但不得突破建设用地扩展边界。

(4)允许建设区边界(规模边界)的调整,须报规划审批机关同级国土资源行政主管部门审查批准。

2)有条件建设区

(1)区内土地符合规定的,可依程序办理建设用地审批手续,同时相应核减允许建设区用地规模。

(2)土地利用总体规划确定的农村土地整治规模已完成,经评估确认拆旧建设用地复垦到位,存量建设用地达到集约用地要求的,区内土地可安排新增城乡建设用地增减挂钩项目。

(3)规划期内建设用地扩展边界原则上不得调整。如需调整按规划修改处理,严格论证,报规划审批机关批准。

3)限制建设区

(1)区内土地主导用途为农业生产空间,是发展农业生产、开展土地整治和基本农田建设的主要区域。

(2)区内禁止城、镇、村建设,控制线型基础设施和独立建设项目用地。

4)禁止建设区

(1)区内土地的主导用途为生态与环境保护空间,严格禁止与主导功能不相符的各项建设。

(2)除法律法规另有规定外,规划期内禁止建设用地边界不得调整。

第二节 土地利用年度计划管理

一、土地利用计划概述

(一)土地利用计划的概念

土地利用计划是指国家动用计划手段,对土地的开发、利用、整治和保护进行统筹安排,把土地的"开源"和"节流"纳入国家计划管理轨道的一种土地利用管理制度。

土地利用计划按照期限可以划分为土地利用长期计划、土地利用中期计划和土地利用年度计划。土地利用长期计划的期限一般为15年或20年,土地利用中期计划的期限一般为5年,土地利用年度计划的期限为1年。

(二)与土地利用规划的关系

土地利用计划是在时间上对土地利用的目标进行定向、定量的安排和布量,对各部门的用地关系着重是在量上进行协调,而不强调在土地空间上进行具体的落实和设计。

土地利用规划是把中长期土地利用计划的目标和指标具体地落实到土地的空间上,为土地利用计划确定的各项措施建立良好的条件,对各部门的用地关系着重是在空间布局上进行组织优化。

相对于土地利用规划而言,土地利用年度计划具有期限短和可操作性强的特点,是我国土地利用规划的具体落实方式。

二、土地利用年度计划

(一)土地利用年度计划的概念

土地利用年度计划,是指国家根据国民经济和社会发展计划、国家产业政策、土地利用总体规划以及建设用地和土地利用的实际状况,对计划年度内各项用地数量的具体安排。

(二)土地利用年度计划的管理原则

(1)严格执行土地利用总体规划,合理控制建设用地总量,切实保护耕地特别是基本农田。

(2)运用土地政策参与宏观调控,以土地供应引导需求,促进经济增长方式转变,提高土地节约集约利用水平。

(3)建设占用耕地与补充耕地相平衡。

(4)优先保证国家重点建设项目和基础设施项目用地。

(5)城镇建设用地增加与农村建设用地减少相挂钩。

(6)保护和改善生态环境,保障土地的可持续利用。

(三)土地利用年度计划的指标内容

土地利用年度计划的内容主要包括新增建设用地计划指标(含建设占用农用地和未利用地)、耕地保有量计划指标和土地整理开发计划指标。各地可以根据实际需要,在上述分类的基础上增设控制指标。

1. 新增建设用地计划指标

新增建设用地计划指标包括新增建设用地总量和新增建设占用农用地、耕地和未利用地指标,按用地性质分为城镇村建设用地指标和能源、交通、水利、矿山、军事设施等独立选址的重点建设项目用地指标,主要依据国民经济和社会发展计划、国家宏观调控要求、土地利用总体规划、国家供地政策和土地利用的实际情况等因素确定。

新增建设用地计划指标实行指令性管理,不得突破。没有新增建设用地计划指标擅自批准用地的,或者没有新增建设占用农用地、未利用地计划指标擅自批准农转用的,按非法批准用地追究相关责任。

2. 土地整理开发计划指标

土地整理开发计划指标包括土地整理复垦补充耕地指标和土地开发补充耕地指标。

土地整理开发计划指标依据土地利用总体规划、土地整理开发规划、建设占用耕地、实现耕地保有量目标等情况确定。

3. 耕地保有量计划指标

耕地保有量计划指标依据国务院向省、自治区、直辖市下达的耕地保护责任考核目标确定。

(四)土地利用年度计划的编制和管理

1. 计划编制审定

需国务院及国家发展和改革等部门审批、核准和备案的重点建设项目,拟在计划年度内使用土地,涉及新增建设用地的,由行业主管部门于上一年 9 月 25 日前,按项目向国土资源部提出计划建议,同时抄送项目拟使用土地所在地的省、自治区、直辖市国土资源管理部门以及发展和改革部门。

县级以上地方人民政府国土资源管理部门会同有关部门,按照国家的统一部署,提出本地的土地利用年度计划建议,经同级人民政府审查后,报上一级人民政府国土资源管理部门。

省、自治区、直辖市的土地利用年度计划建议,应当于每年 10 月 31 日前报国土资源部,同时抄送国家发展和改革委员会。计划单列市、新疆生产建设兵团的土地利用年度计划建议在相关省、自治区的计划建议中单列。

国土资源部会同国家发展和改革委员会,依照《土地利用年度计划管理办法》的有关规定,在省、自治区、直辖市和国务院有关部门提出的土地利用年度计划建议的基础上,提出全国土地利用年度计划总量控制指标建议。国土资源部根据全国土地利用年度计划总量控制指标建议和省、自治区、直辖市提出的计划指标建议,编制全国土地利用年度计划草案,纳入年度国民经济和社会发展计划草案,上报国务院。经国务院审定后,下达各地参照执行。土地利用年度计划一经批准下达,必须严格执行。因特殊情况需要增加新增建设用地年度计划的,按规定程序报国务院审定。

待全国人民代表大会审议通过国民经济和社会发展计划草案后,土地利用年度计划正式执行。

2. 指标下达执行

全国土地利用年度计划下达到省、自治区、直辖市以及计划单列市、新疆生产建设兵团。

新增建设用地计划指标只下达城镇村(包括独立工矿区)和由省及省以下审批、核准和备案的独立选址建设项目用地。国务院及国家发展和改革等部门审批、核准和备案的独立选址重点建设项目,新增建设用地计划指标不下达地方,在建设项目用地审批时直接核销。

县级以上地方人民政府国土资源管理部门可以将上级下达的土地利用年度计划指标分解,经同级人民政府同意后下达。省级人民政府国土资源管理部门将分解下达的土地利用年度计划报国土资源部备案。

省级人民政府国土资源管理部门在分解下达计划指标时,对国务院批准土地利用总体规划的城市,将中心城市的规划建设用地范围内新增建设用地计划指标单独列出。

省级人民政府国土资源管理部门在分解下达城镇村建设用地计划指标时,应当严格依据土地利用总体规划,按照城镇建设用地增加与农村建设用地减少相挂钩的原则,统筹城乡建设,合理安排城镇和农村建设用地,实现建设用地的总量控制。

重庆地票的概念

所谓地票,就是一种建设用地指标。其基本原理是把农村废弃、闲置的建设用地整理复垦为耕地,形成的指标在留足农村发展空间后,将多余指标交易后拿到城市使用,实现城乡建设用地的统筹、合理利用。通过这种方式,农村建设用地减少,城镇建设用地增加,城乡建设用地总量维持不变。而这种建设用地指标需要通过在农村土地交易所公开交易来完成。

地票购买者包括土地储备机构、园区建设单位、民营企业、国有企业、自然人。

重庆地票交易制度创新的一个大背景是:征地矛盾愈演愈烈,而广大农村的集体建设用地却大量闲置。虽然我国实行了最严格的耕地保护制度,但"土对策"层出不穷:未批先占,多占少补,占优补劣,甚至刷绿漆、挂绿网"迷惑"国土部门的卫星遥感。

在城乡建设用地增减挂钩工作方面,重庆地票的创新之处主要表现为:
(1)先复垦后占地,减少"挂钩"风险。
(2)大范围、远距离统一价格置换。
(3)为城镇化过程中农民转户进城提供利益补偿机制。
(4)充实新农村建设资金。
(5)土地交易转化为票据化的模式。

基于以上五大创新,重庆地票交易的运作流程清晰而极具操作性。它的运行过程分为复垦、验收、交易和使用4个环节,即:以规划和复垦整理规程为指导,在农民自愿、农村集体经济组织同意的前提下,对土地利用总体规划确定的扩展边界以外的农村建设用地实施复垦。由土地管理部门会同农业、水利部门,对复垦产生的耕地进行验收,从质量和数量两个方面把关,在留足农村发展空间的基础上确认腾出的建设用地指标。地票在重庆农村土地交易所公开交易,具有独立民事能力的自然人、法人或其他组织均可参与竞买。购得地票的主体选定符合土地利用总体规划、城乡总体规划的待开发土地,凭地票办理转用手续后,国土部门按规定组织供地。

3. 指标跟踪检查

县级以上地方人民政府国土资源管理部门应当建立土地利用计划管理信息系统,实行土地利用年度计划台账管理,在建设用地审批的规划审查过程中确认并根据批准情况及时核销计划,对计划执行情况进行登记和统计,并按月上报,作为计划执行跟踪和监督的依据。

省、自治区、直辖市国土资源管理部门应当加强对土地利用年度计划执行情况的跟踪检查,于每年九月份对计划执行情况进行中期检查,并形成报告报国土资源部。

省、自治区、直辖市人民政府将土地利用年度计划的执行情况列为国民经济和社会发展计划执行情况的内容,向同级人民代表大会报告。

4. 指标评估考核

上级国土资源管理部门应当对下级国土资源管理部门土地利用年度计划的执行情况进行年度评估和考核。每年1月1日至12月31日为考核年度。

年度评估和考核,以土地利用变更调查和监测数据为依据。其结果,作为下一年度计划编制和管理的依据。对实际新增建设用地面积超过当年下达计划指标的,扣减下一年度相应的计划指标。省、自治区、直辖市及计划单列市、新疆生产建设兵团节余的新增建设用地计划指标,经国土资源部审核同意后,允许在规划期内按要求结转下一年度使用。

习题与思考题

1. 简述土地利用和土地利用管理的概念。
2. 什么是土地利用规划?简述我国土地利用规划的体系。
3. 简述土地利用总体规划的概念、结构体系及编制程序。
4. 土地用途管制制度、建设用地空间管制制度与土地利用规划之间有何关系?
5. 什么是土地利用年度计划?简述土地利用年度计划的概念、作用、指标内容、编制及管理程序。

主要参考文献

国土资源部土地估价师资格考试委员会.土地管理基础[M].北京:地质出版社,2000.
刘胜华,刘家彬.土地管理概论[M].武汉:武汉大学出版社,2005.
刘艳中,陈勇.土地利用总体规划[M].武汉:中国地质大学出版社,2014.
欧海若,等.土地利用规划模式选择与模型应用研究[M].北京:中国大地出版社,2000.
欧名豪.土地利用管理(第2版)[M].北京:中国农业出版社,2011.
彭补拙,周生路,等.土地利用规划学[M].南京:东南大学出版社,2003.
王万茂.土地利用规划学[M].北京:中国大地出版社,2007.
严金明.中国土地利用规划:理论方法战略[M].北京:经济管理出版社,2001.
中华人民共和国国土资源部.TD/T 1023—2010 市(地)级土地利用总体规划编制规程[S].中华人民共和国国土资源部,2010.
中华人民共和国国土资源部.TD/T 1024—2010 县级土地利用总体规划编制规程[S].中华人民共和国国土资源部,2010.
中华人民共和国国土资源部.TD/T 1025—2010 乡(镇)土地利用总体规划编制规程[S].中华人民共和国国土资源部,2010.
中华人民共和国国土资源部.TD/T1016—2007 土地利用数据库标准[S].中华人民共和国国土资源部,2007.
中华人民共和国国土资源部.TD/T 1026—2010 市(地)级土地利用总体规划数据库标准[S].中华人民共和

国国土资源部,2010.
中华人民共和国国土资源部. TD/T 1027—2010 县级土地利用总体规划数据库标准[S]. 中华人民共和国国土资源部,2010.
中华人民共和国国土资源部. TD/T 1028—2010 乡(镇)土地利用总体规划数据库标准[S]. 中华人民共和国国土资源部,2010.
中华人民共和国国土资源部. TD/T 1019—2009 基本农田数据库标准[S]. 中华人民共和国国土资源部,2009.
中华人民共和国国土资源部. TD/T 1020—2008 市(地)级土地利用总体规划制图规范[S]. 中华人民共和国国土资源部,2008.
中华人民共和国国土资源部. TD/T 1012—2000 土地开发整理项目规划设计规范[S]. 中华人民共和国国土资源部,2000.
中华人民共和国国土资源部. TD/T 1031—2011 土地复垦方案编制规程[S]. 中华人民共和国国土资源部,2011.
中华人民共和国环境保护部. HJ/T 192—2006 生态环境状况评价技术规范(试行)[S]. 中华人民共和国环境保护部,2006.
中华人民共和国环境保护部. HJ 130—2014 规划环境影响评价技术导则总纲[S]. 中华人民共和国环境保护部,2014.
中华人民共和国住房和城乡建设部. GB 50137—2011 城市用地分类与规划建设用地标准[S]. 中华人民共和国住房和城乡建设部,2011.
中华人民共和国建设部,中华人民共和国国家质量监督检验检疫总局. GB 50188—2007 镇规划标准[S]. 中华人民共和国建设部,中华人民共和国国家质量监督检验检疫总局,2007.
中华人民共和国建设部. GB 50178—93 建筑气候区划标准[S]. 中华人民共和国建设部,1993.
中华人民共和国国土资源部. TD/T1014—2007 第二次全国土地调查技术规程[S]. 中华人民共和国国土资源部,2007.
中华人民共和国国土资源部. 第二次全国土地调查数据库建设技术规范[S]. 中华人民共和国国土资源部,2007.

第五章 土地利用管理

第一节 土地利用管理概述

一、土地利用管理的概念

土地利用管理是土地管理最基本的组成部分,是指国家通过一系列法律的、经济的、技术的以及必要的行政手段,确定并调整土地利用的结构、布局和方式,以保证土地资源合理利用与保护的一种管理。

二、土地利用管理的原则

土地利用管理应遵循以下原则:
(1)正确处理国家、集体、个人之间关系的原则。
(2)坚持生态、经济和社会效益统一的原则。
(3)坚持依法、统一、科学地管理土地利用的原则。

三、土地利用管理的内容

土地利用管理的内容一般包括农用地和建设用地以及其他土地的分类管理、土地节约集约利用管理、土地利用生态保护管理、土地利用动态监测管理等。

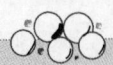
第二节 土地利用分类管理

土地利用分类管理是指对各类土地资源的利用分别进行管理,主要包括农用地利用管理、建设用地利用管理和其他土地利用管理。

一、农用地利用管理

农用地利用是指人类为了某种目的,对农用地所进行的干预活动,也是指在特定的社会生产方式下,人类依据农用地的自然属性和社会属性,进行有目的开发、利用、整治和保护活动(欧名豪,2011)。

农用地利用一般是生产性利用,即把农用地作为主要的生产资料和劳动对象以生产人类所需的生物产品。还有部分农用地属于非生产性利用,即利用农用地构筑建筑物。农用地利用管理是指国家为调整土地关系,合理组织农用地开发利用,按照自然和社会经济条件的要求,合理确定农用地结构与布局,优化农用地配置,进一步提高农用地生产力水平等所采取的行政、经济、法律和技术的一项综合措施。

农用地利用管理一般主要包括耕地、园地、林地、草地和其他农用地的利用管理。

(一)耕地利用管理

1. 耕地利用管理的战略目标、指导思想及原则

我国保护耕地的战略目标是实现耕地总量动态平衡,即确保耕地总量不减少、质量不降低。

我国保护耕地的指导思想是贯彻执行"十分珍惜、合理利用土地和切实保护耕地"的基本国策,按照确保国家粮食安全、维护社会稳定和促进生态文明的要求,严格保护耕地特别是农用地,坚守18亿亩耕地红线,大力加强基本农田建设,努力提高耕地综合生产能力和利用效益,实现粮食基本自给。

我国耕地保护工作的原则是"一要吃饭、二要建设、兼顾生态",核心是加大宏观调控、政策落实和制度创新力度。

2. 耕地利用管理措施

1)非农建设占用耕地的审批

(1)非农业建设必须节约使用土地。可以利用荒地的,不得占用耕地;可以利用劣质地的,不得占用优质地。

(2)实行占用耕地补偿制度。省、自治区、直辖市人民政府应当严格执行土地利用总体规划和土地利用年度计划,采取措施,确保本行政区域内耕地总量不减少;耕地总量减少的,由国务院责令在规定期限内组织开垦与所减少耕地的数量与质量相当的耕地,并由国务院土地行政主管部门会同农业行政主管部门验收。个别省、直辖市确因土地后备资源匮乏,新增建设用地后,新开垦耕地的数量不足以补偿所占用耕地的数量的,必须报经国务院批准减免本行政区域内开垦耕地的数量,进行易地开垦。城市建设用地区内统一征地的,承担开垦耕地义务的为市、县政府,开垦费用可以计入建设用地成本;城市建设用地区外建设项目用地,承担开垦耕地义务的是建设单位;村庄、集镇建设占用耕地,承担开垦耕地义务的是农村集体经济组织或者村民委员会。

2)耕地整治

(1)任何建设占用耕地都必须履行开垦耕地的义务。无论是国家重点工程城市建设,还是乡镇企业、农村村民建住宅占用耕地,都必须履行开垦耕地的义务,包括国家投资的能源、交通、水利、国防军工等大型基础建设与其他建设一样,确保建设占用耕地与开垦耕地的平衡。

(2)开垦耕地的责任者是占用耕地的单位。从法律上明确责任单位非常重要,以利于执法监督和履行职责。根据目前建设用地的情况,可以分为3种情况:①城市建设用地区统一征地后供地的,承担造地义务的为市、县人民政府,造地的费用可以计入建设用地的成本,但责任必须由市、县政府承担;②城市建设用地区外建设项目用地,承担开垦耕地义务的是建设单位,市、县人民政府土地行政主管部门负责监督和验收;③村庄、集镇建设占用耕地,承担开垦耕地义务的是农村集体经济组织或村民委员会,市、县人民政府土地行政主管部门负责监督和验收。

(3)开垦耕地的资金必须落实。过去开垦耕地不落实有一部分是因为有计划没有资金,因此,建设单位和地方人民政府都必须根据需要落实开垦耕地的资金。

(4)开垦耕地的地块应当落实。各地在制定土地利用总体规划时,应当根据当地土地资源的状况制定耕地后备资源开发的区域,使建设单位有地可开。开垦耕地还应当与生态环境建设相结合,防止乱开滥垦。

(5)没有条件开垦或开垦耕地不符合要求的,建设单位可以缴纳耕地开垦费,由地方人民政府土地行政主管部门履行造地义务。没有条件开垦是指建设单位没有开垦的人力和机械,而无法从事土地开垦工作;开垦的耕地不符合要求是指耕地开垦的数量和质量没有达到规定的指标。

3) 耕地的合理利用

(1)严禁农民在承包的耕地上建窑、建坟或者擅自在耕地上建房、挖砂、采石、取土、烧砖瓦等。任何单位和个人不得破坏和毁坏农田。

(2)禁止任何单位和个人闲置、荒芜土地。

(3)积极发展高效、低毒、低残留农药,推广综合防治和生物防治措施,合理利用污水浇灌,防止土壤和作物的污染。

(4)要科学施肥,确定合理的化肥施用量,防止土壤板结。增施有机肥,改良土壤,提高土壤的有机质含量。

(5)禁止向基本农田提供不符合国家有关标准的肥料或者城市垃圾、污泥。

4) 耕地保护问责

(1)县级以上地方各级人民政府应当将耕地保护工作纳入国民经济和社会发展计划,作为政府领导任期目标责任制的一项内容,并由上一级人民政府监督实施。各级政府应当建立以基本农田保护和耕地总量动态平衡为主要内容的耕地保护目标责任制,每年进行考核。

(2)各级人民政府要采取措施,保护耕地,维护排灌工程设施,改良土壤,提高肥力,防止土地沙化、盐碱化和土地流失,制止一切荒芜耕地和破坏耕地的行为。

(3)凡在进行采矿、筑路、兴修水利和其他工程建设时,必须防止土地塌陷、沉降、沙化、水土流失、水源枯竭、泥石流、盐碱化、沼泽化、洪涝等不良后果的发生。凡因工程建设致使土地资源遭受破坏,给群众生产、生活造成损失的,由设计、建设单位对受害单位给予合理补偿,并负责治理和恢复。

(4)闲置、荒芜耕地的责任。根据《土地管理法》第三十七条规定:"禁止任何单位和个人闲置、荒芜耕地。已经办理审批手续的非农业建设占用耕地,一年内不用而又可以耕种并收获的,应当由原耕种该幅耕地的集体或者个人恢复耕种,也可以由用地单位组织耕种;一年以上未动工建设的,应当按照省、自治区、直辖市的规定缴纳闲置费;连续二年未使用的,经原批准机关批准,由县级以上人民政府无偿收回用地单位的土地使用权,该幅土地原为农民集体所有的,应当交由原农村集体经济组织恢复耕种。承包经营耕地的单位或者个人连续三年弃耕抛荒的,原发包单位应当终止承包合同,收回发包的耕地。"

(5)乱占、滥用耕地的处罚。乱占耕地是指违反《土地管理法》的有关规定,非法占有基本农田保护区耕地的行为。如占用耕地建窑、建坟或者擅自在耕地上建房、挖沙、采石、采矿、取土等破坏种植条件的行为。我国法律通过刑罚和行政处罚非法占用耕地的行为,实施耕地保护。《刑法》第三百四十二条规定:"违反土地管理法规、非法占用耕地改作他用,数量较大,造成耕地大量毁坏的,处 5 年以下有期徒刑或者拘役,并处或者单处罚金。"第四百一十条规定:"国家机关工作人员徇私舞弊,违犯土地管理法规,滥用职权,非法批准征用、占用土地,或者非法低价出让国有土地使用权,情节严重的,处 3 年以下有期徒刑或者拘役;致使国家或者集体利益遭受特别重大损失的,处 3 年以上 7 年以下有期徒刑。"《土地管理法》《土地管理法实施条例》及《基本农用保护条例》等法律、法规,对耕地保护违法行为规定了相应的行政法律责任。

(6)破坏耕地的表现形式及处罚。破坏耕地行为有以下几种表现形式:①占用耕地建窑、建坟;②未经批准,擅自在耕地上建房、挖砂、采石、采矿、取土等,使土地种植条件遭到破坏的;③因土地开发造成土地沙化、盐渍化的。根据我国《土地管理法》第七十四条规定:"违反本法规定,占用耕地建窑、建坟或者擅自在耕地上建房、挖砂、采石、采矿、取土等,破坏种植条件的,或者因开发土地造成土地荒漠化、盐渍化的,由县级以上人民政府土地行政主管部门责令限期改正或者治理,可以并处罚款;构成犯罪的,依法追究刑事责任。"

根据我国《刑法》第三百四十二条规定:"违反土地管理法规,非法占用耕地改作他用,数量较大,造成耕地大量毁坏的,处 5 年以下有期徒刑或者拘役,并处或者单处罚金。"

(二)园地利用管理

1.园地的概念

园地是指种植以采集果、叶、根、茎、汁等为主的集约经营的多年生木本和草本作物,覆盖度大于 50% 和每亩株数大于合理株数 70% 的土地[①],包括果园、茶园、橡胶等其他园地。

2.园地利用管理措施

(1)严格限制园地转为非农业建设用地。园地属于农用地范围,按照《中华人民共和国土地管理法》的"严格限制农用地转为建设用地"的规定,要做好园地的保护工作,严格限制园地转为建设用地。经国家批准的建设项目必须占用园地的,应按国家有关规定,办理农用地转用手续后,方可占用。

(2)搞好园地规划布局。我国是一个多山的国家,丘陵区、山区比较多,利用山区、丘陵区发展园地,不但可以将宝贵的平原耕地留作耕地之用,保障粮食生产,而且可以防止水土流失,改善生态环境,同时对促进山区建设、生产绿色食品也有积极作用。因此,园地发展的规划布局要以山区、丘陵为主,也要根据当地土地资源的自然条件和特长以及栽培树种的要求,选择合适的用地,进行田间规划设计。园地用地选择的原则就是适地适树,要根据栽培树种的要求,选择适宜的土地,以保障树种正常的生长。为达到适地适树的目的,要做到:①可以根据发展园地的土地条件,选择适合当地条件的树种;②确定某一树种后,再选择适合该树种生长的土地;③通过农田建设、培育地力来改变园地生产条件,使之适合于选定树种的生长。

(3)改造低产园地。从我国国情和园地利用现状来看,今后园地生产发展主要是通过改造低产园地,达到稳产高产的目的。低产园地改造也像改造低产田一样,需要搞好基础设施建设。对山区、丘陵区的园地主要是加强水土保持工程建设,把跑水、跑土、跑肥的"三跑"园地改造为保水、保土、保肥的"三保"园地;对土质较差的园地,通过施肥、改良土壤等措施提高地力;对干旱缺水的园地,兴修水利设施,发展灌溉;对因管理不善或品种不好的园地,要加强剪枝、

---

① 《土地利用现状分类》国家标准(GB/T 21010—2007)。

耕作、防治病虫害、改良品种等,将低产园地改造为高产园地。

(4)搞好集约经营。园地生产要改变落后的生产方式,实现由粗放经营向集约经营的生产方式转变,走产业化的道路。集约经营包括土地集约、资金集约、技术集约、信息集约。对经营规模较大的园地,要采取先进管理技术,搞好产品的储藏和深加工,加强市场信息,积极开拓国内外市场,走"生产—加工—销售"一体化,增加产品的附加值,加快产业化进程。

(三)林地利用管理

1. 林地的概念

林地是指生长乔木、竹类、灌木的土地,以及沿海生长红树林的土地,包括迹地,不包括居民点内部的绿化林木用地,铁路、公路征地范围内的林木,以及河流、沟渠的护堤林①。

林地是国家重要的自然资源和战略资源,是森林赖以生存与发展的根基,在保障木材及林产品供给、维护国土生态安全中具有核心地位,在应对全球气候变化中具有特殊地位。

森林的概念和类型

> 根据《中华人民共和国森林法实施条例》第二条:"森林资源,包括森林、林木、林地以及依托森林、林木、林地生存的野生动物、植物和微生物。"
>
> 森林,包括乔木林和竹林。
>
> 林木,包括树木和竹子。
>
> 林地,包括郁闭度0.2以上的乔木林地以及竹林地、灌木林地、疏林地、采伐迹地、火烧迹地、未成林造林地、苗圃地和县级以上人民政府规划的宜林地。

2. 林地管理的基本原则和主要内容

林地管理的基本原则为"总量控制、定额管理、节约用地、合理供地、占补平衡"。

林地管理的主要内容包括:制定林地保护利用管理方针政策、编制林地保护利用规划、林地权属管理、审核审批林地征用占用、检查监督林地使用、查处破坏林地资源违法行为。

3. 林地利用管理的制度安排

1)林地用途管制制度

林地用途管制制度的内容主要包括②:

(1)严格限制林地转为建设用地。林地必须用于林业发展和生态建设,不得擅自改变用途;进行勘查、开采矿藏和各项建设工程,应当不占或者少占林地,必须占用或者征用林地的,应当依法办理审核手续。

(2)严格控制林地转为其他农用地。禁止毁林开垦、毁林挖塘等将林地转化为其他农用土地。在农业综合开发、耕地占补平衡、土地整理过程中,不得挤占林地。对国有林业局、国有林场已经开垦种植、破坏的林地要逐步还林。

(3)严格保护公益林地。合理区划界定公益林地,全面落实森林生态效益补偿基金制度和管护责任制。严禁擅自改变国家级公益林的性质、随意调整国家级公益林地的面积和范围或

---

① 《土地利用现状分类》国家标准(GB/T 21010—2007)。
② 《全国林地保护利用规划纲要(2010—2020年)》。

降低保护等级。禁止在国家级公益林地采石、采沙、取土,严格控制勘查、开采矿藏和工程建设占用征用国家级公益林地。除国务院有关部门和省级人民政府批准的基础设施建设项目外,不得占用征用一级国家级公益林地。

(4)加大对临时占用林地和灾毁林地修复力度。临时占用林地期满后必须按要求恢复林业生产条件,及时植树造林,恢复乔灌植被。加强林地和森林生态系统的防灾、抗灾、减灾能力建设,减少自然灾害损毁林地数量,国家对灾毁林地应及时进行修复治理。

2)征占用林地补偿制度

(1)征占林地的法律依据。

《森林法》第二章第十八条规定:进行勘查、开采矿藏和各项建设工程,应当不占或者少占林地;必须占用或者征用林地的,经县级以上人民政府林业主管部门审核同意后,依照有关土地管理的法律、行政法规办理建设用地审批手续,并由用地单位依照国务院有关规定缴纳森林植被恢复费……。"

《森林法实施条例》第二章第十六条规定:"勘查、开采矿藏和修建道路、水利、通讯等工程,需要占用或者征用林地的,必须遵守下列规定'用地单位应当向县级以上人民政府林业主管部门提出用地申请,经审核同意后,按照国家规定的标准交森林植被恢复费,领取使用林地审核同意书。用地单位凭使用林地审核同意书依法办理建设用地审批手续。占用或者征用林地未经林业主管部门审核同意的,土地行政部门不得受理建设用地申请。'"

(2)征占林地交费的法律依据。

《森林法》第二章第十八条规定:"……必须占用或者征用林地的,经县级以上人民政府林业主管部门审核同意后,依照有关土地管理的法律、行政法规办理建设用地审批手续,并由用地单位依照国务院有关规定缴纳森林植被恢复费……。"

《中华人民共和国土地管理法》第五章第四十七条规定:"征收土地的按照被征收土地的原用途给予补偿。"

《农村土地承包法》第一章第二条规定:"本法所称的农村土地,是指农民集体所有和国家所有的依法由农民集体使用的耕地、林地、草地,以及其他依法用于农业的土地。"

《占用征用林地审核审批管理办法》第四条规定:"用地单位申请占用、征用林地或者临时占用林地,应当填写《使用林地申请表》,同时提供下列材料:'……与被占用或者征用林地的单位签订的林地、林木补偿费和安置补助费协议(临时占用林地安置补助费除外)。'"

(四)草地利用管理

1. 草地的概念

草地是指生长草本植物为主的土地,包括天然牧草地、人工牧草地和其他草地[①]。草地是农用地的重要组成部分,不仅是人类进行畜牧生产的基本生产资料,也是生态系统中物质和能量流动的重要枢纽之一。我国草地的面积居世界第二位,但多数是位于干旱半干旱地区的天然草地,这些草地产草量低且年际变化大,并且存在严重的退化问题。搞好草地的开发利用、改良和建设,对发展草地畜牧业、维护生态平衡具有重要的意义。

---

①《土地利用现状分类》国家标准(GB/T 2101—2007)。

2. 草地利用管理措施

（1）依法治草，落实草原管理承包责任制。为了加强草地管理，应按照《草原法》等法律要求加强法制教育，增强广大牧民法制意识，严格按照《草原法》要求，做好草地管理工作。在草地经营管理中，主要是推行草场承包责任制，理顺人、畜、草三者之间的关系，使草地的管理和草地的利用、养护、收益等结合在一起，从根本上消除草地无偿使用和重畜轻草、靠天养畜的旧观念，有利于促进畜牧业的发展。

（2）做好草地保护。草地的数量和质量制约着畜牧业发展的规模和速度，影响整个自然生态环境。因此，保护草地是草地管理的一项重要内容，主要是禁止滥垦、滥采、滥牧等人为破坏行为和防止草地退化。根据《草原法》等法规的规定，草地保护主要包括以下几个方面。

①任何单位和个人不得在草原上开垦种粮，不得破坏草原植被。草原使用者进行少量开垦，也必须经县级以上地方人民政府批准。已经开垦并造成草原沙化或者严重水土流失的，县级以上地方人民政府应当限期封闭，责令责任者恢复植被、退耕还牧。

②任何单位和个人在草原上割灌木、挖药材、挖野生植物、刨土碱、拉肥土等，都必须经草原使用者同意，报乡级或县级人民政府批准，在指定的范围内进行，并做到随挖随填，保留一部分植被的母株。荒漠草原、半荒漠草原和沙化地区的灌木、药材及其他固沙植物不得砍伐。

③牧区、半牧区的粮料基地，要固定地块，不能任意扩大，更不能火燔草原肥地。集体从事草原建设或兴建居民点，应按有关法律规定办事，不得任意侵占草原。

④要合理配置放牧牧群，因地、因畜安排适宜的载畜量，不得滥牧、过牧。因过量放牧造成草原沙化、退化、水土流失的，草原使用者应调整放牧强度、补种牧草、恢复植被。对已建成的人工草场要加强管理、合理经营、科学利用、防止退化。

⑤保护草原环境，防止草原污染。要积极防止草原鼠害、虫害，保护捕食鼠、虫的益鸟和益兽。遵守草原放火制度和公约，采取安全措施，严格管理，防止草原火灾发生。

⑥机动车辆在草原上行驶，应当注意保护草原，有固定公路线的，不得离开公路线行驶。收购牲畜应当按指定的路线赶运和放牧，不得与牧民争用牧场和水源。

（五）其他农用地利用管理

其他农用地是指除耕地、园地、林地、草地以外的农用地，包括设施农用地、农村道路、坑塘水面、农田水利用地、田坎①。以下重点介绍设施农用地的管理②。

1. 设施农用地的概念

设施农用地是指直接用于经营性养殖的畜禽舍、工厂化作物栽培或水产养殖的生产设施用地及其相应附属设施用地，农村宅基地以外的晾晒场等农业设施用地③。

2. 设施农用地的分类

根据设施农用地特点，从有利于规范管理出发，设施农用地具体分为生产设施用地和附属设施用地。

---

① 《土地规划用途分类》。
② 《国土资源部、农业部关于完善设施农用地管理有关问题的通知》（国土资发〔2010〕155号）。
③ 《土地利用现状分类》（GB/T 21010—2007）。

1) 生产设施用地

生产设施用地是指在农业项目区域内,直接用于农产品生产的设施用地。包括:

(1)工厂化作物栽培中有钢架结构的玻璃或 PC 板连栋温室用地等。

(2)规模化养殖中畜禽舍(含场区内通道)、畜禽有机物处置等生产设施及绿化隔离带用地。

(3)水产养殖池塘、工厂化养殖、进排水渠道等水产养殖的生产设施用地。

(4)育种育苗场所、简易的生产看护房用地等。

2) 附属设施用地

附属设施用地是指农业项目区域内,直接辅助农产品生产的设施用地。包括:

(1)管理和生活用房用地。指设施农业生产中必需配套的检验检疫监测、动植物疫病虫害防控、办公生活等设施用地。

(2)仓库用地。指存放农产品、农资、饲料、农机农具和农产品分拣包装等必要的场所用地。

(3)硬化晾晒场、生物质肥料生产场地、符合"农村道路"规定的道路等用地。

3. 设施农用地分类管理

1) 设施农用地的管理方式

生产设施用地和附属设施用地直接用于或者服务于农业生产,其性质不同于非农业建设项目用地,依据《土地利用现状分类》(GB/T 21010—2007),按农用地管理。

兴建农业设施的,经营者应拟定设施建设方案,并与当地农村集体经济组织签订用地协议。涉及土地承包经营权流转的,应先行依法签订土地流转合同。兴建农业设施占用农用地的,不需办理农用地转用审批手续。其中,生产设施占用耕地的,生产结束后由经营者负责复耕,不计入耕地减少考核;附属设施占用耕地的,由经营者按照"占一补一"要求负责补充占用的耕地。

2) 设施农业附属设施用地规模的控制

各省(区、市)农业部门会同国土资源部门,根据农业有关标准、本地区设施农业发展类型和特点,本着从严控制附属设施用地规模、减少对耕地占用与破坏的原则,对设施建设标准做出指导性规定,对各类生产设施和附属设施用地科学制定用地标准。

进行工厂化作物栽培的,附属设施用地规模原则上控制在项目用地规模的 5% 以内,但最多不超过 10 亩;进行规模化种植的附属设施用地规模原则上控制在项目用地规模的 3% 以内,但最多不超过 20 亩;规模化畜禽养殖的附属设施用地规模原则上控制在项目用地规模的 7% 以内(其中,规模化养牛、养羊的附属设施用地规模比例控制在 10% 以内),但最多不超过 15 亩;水产养殖的附属设施用地规模原则上控制在项目用地规模 7% 以内,但最多不超过 10 亩。附属设施用地规模应严格控制,省级国土资源和农业部门可结合本地实际情况,制定不高于上述规定限额的具体标准。

3) 设施农用地范围的控制

在以农业为依托的休闲观光项目以及各类农业园区,涉及建设永久性餐饮、住宿、会议、大型停车场、工厂化农产品加工、中高档展销等的用地,不属于设施农用地范围,按非农建设用地管理。确需建设的,必须符合土地利用规划,依法办理建设用地审批手续。

在土地利用总体规划确定的建设用地范围内,因设施农业项目发展需要,申请按建设用地使用土地的,可按建设用地管理,并依法办理建设用地审批手续。

4) 设施农业的选址

设施建设应尽量利用荒山荒坡、滩涂等未利用地和低效闲置的土地,不占或少占耕地,严禁占用基本农田。确需占用耕地的,也应尽量占用劣质耕地,避免滥占优质耕地,同时通过工程、技术等措施,尽量减少对耕作层的破坏。

4. 设施农用地的审核

农业设施的建设与用地由经营者提出申请,乡镇政府申报,县级政府审核同意。申报与审核用地按以下程序和要求办理。

(1)经营者申请。设施农业经营者应拟定设施建设方案,方案内容包括项目名称、建设地点、用地面积、拟建设施类型、数量、标准和用地规模等;并与有关农村集体经济组织协商土地使用年限、土地用途、补充耕地、土地复垦、交还和违约责任等有关土地使用条件。协商一致后,双方签订用地协议。经营者持设施建设方案、用地协议向乡镇政府提出用地申请。

(2)乡镇申报。乡镇政府依据设施农用地管理的有关规定,对经营者提交的设施建设方案、用地协议等进行审查。符合要求的,乡镇政府应及时将有关材料呈报县级政府审核;不符合要求的,乡镇政府及时通知经营者,并说明理由。

涉及土地承包经营权流转的,经营者应依法先行与农村集体经济组织和承包农户签订土地承包经营权流转合同。

(3)县级审核。县级政府组织农业部门和国土资源部门进行审核。农业部门重点就设施建设的必要性与可行性,承包土地用途调整的必要性与合理性,以及经营者农业经营能力和流转合同进行审核;国土资源部门依据农业部门审核意见,重点审核设施用地的合理性、合规性以及用地协议,涉及补充耕地的,要审核经营者落实补充耕地情况,做到先补后占。符合规定要求的,由县级政府批复同意。

设施农用地审核同意后,乡镇政府具体监督设施建设和用地协议的实施,县级国土资源部门做好土地变更调查、登记和台账管理等相关工作,县级农业部门做好土地承包合同变更和流转合同备案、登记等工作。

国有农场的农业设施建设与用地,由农场提出申请,报农场主管部门初审后,送县或县级以上人民政府审核同意。具体实施办法由各省(区、市)自行规定。

5. 设施农用地的监督管理

设施农用地监督管理的措施主要包括加强用途管制、建立监管责任机制以及开展土地巡查和卫片执法检查、设施农用地中违法违规用地行为的查处。

(1)设施农用地的用途管制。经营者要坚持农地农用的原则,按照协议约定使用土地。设施用地不得改变土地用途,禁止擅自或变相将设施农用地用于其他非农建设;不得超过用地标准,禁止擅自扩大设施用地规模或通过分次申报用地变相扩大设施用地规模;不得改变直接从事或服务于农业生产的设施性质,禁止擅自将设施用于其他经营。国土资源部门切实加强用地监管,农业部门切实加强经营者农业经营能力、经营行为和土地流转合同履行情况的监管。

(2)设施农用地监管的共同责任机制。市、县国土资源部门、农业部门和乡镇政府都应将设施农用地纳入日常管理,建立制度,分工合作,形成联动工作机制。市、县国土资源部门会同农业部门加强设施农用地审核同意后的跟踪监管,督促指导设施农用地的土地利用,及时做好土地变更调查登记和台账管理工作;乡镇政府负责监督经营者按照协议约定具体实施农业设施建设,落实土地复垦责任。

省级国土资源部门和农业部门应掌握本区域内设施农用地状况,不定期组织开展专项检查,及时总结情况、研究问题,改进管理工作。

(3)设施农用地的土地巡查和卫片执法检查。县级国土资源部门和乡(镇)国土所在土地巡查中要对设施农用地开展巡查,对不符合规定要求使用土地的,做到早发现、早制止、早报告、早查处;市县开展卫片执法检查自查中,对设施农用地的利用进行合规性核实,不符合规定的,计入违法用地予以纠正和查处。各派驻地方的国家土地督察局在有关督察工作中加强对设施农用地的监督检查,对发现的违法用地督促地方政府及时纠正整改。

(4)设施农用地中违法违规用地行为的查处。市、县国土资源部门在设施农用地跟踪监管、土地巡查和卫片执法检查中,发现违法违规用地行为的,应严肃查处。对于未经审核同意的设施农用地,要依法依规进行处理。不符合设施农业用地规定的,要恢复土地原状;符合规定的,处理到位后确需用地的,按规定完善用地手续。

对于已经审核同意的设施农用地,擅自改变或变相将设施农用地用于其他非农建设的,擅自扩大设施用地规模的,或擅自改变直接从事或服务于农业生产的设施性质、将设施用于其他经营的,应予及时制止、责令限期纠正和整改;对于逾期未予纠正和整改的,要依法做出行政处罚,恢复土地原状。

二、建设用地利用管理

(一)建设用地的概念

建设用地指建造建筑物、构筑物的土地,包括居民点用地、独立工矿用地、特殊用地、风景旅游用地、交通用地、水利设施用地等。

(二)建设用地利用管理的内容

建设用地利用管理主要包括建设用地供应计划管理、建设用地市场管理、建设用地审批管理和土地利用动态巡查制度等。

1. 建设用地供应计划管理

建设用地供应计划是指市、县人民政府在计划期内对国有建设用地供应的总量、结构、布局、时序和方式做出的科学安排。国有建设用地供应计划的计划期为1年。计划年度为每年1月1日至12月31日。有条件的市、县,可增加编制一年内分季度的阶段性计划,也可在编制年度供应计划及年度内阶段性计划的同时,增加编制3年左右的滚动计划。

建设用地供应计划的编制内容包括但不限于:①明确国有建设用地供应指导思想和原则;②提出国有建设用地供应政策导向;③确定国有建设用地供应总量、结构、布局、时序和方式;④落实计划供应的宗地;⑤实施计划的保障措施。

建设用地供应计划的编制依据包括但不限于:①国民经济与社会发展规划;②土地利用总体规划;③土地利用年度计划;④住房建设规划与计划;⑤年度土地储备计划;⑥军用空余土地转让计划;⑦建设用地使用标准。

2. 建设用地市场管理

所谓市场,就是指商品交换的场所和领域,是商品流通中各种经济关系的总和。土地市场是整个市场体系的重要组成部分,是整个市场体系中的基础性环节。从狭义而言,土地市场就是指进行土地交易的场所。从广义而言,土地市场是指土地这种特殊商品在流通过程中发生的经济关系的总和。在我国土地市场中交易的是土地使用权及其地上建筑物和其他附着物作为商品进行交换的总和。土地市场交易的实质不是土地本身,而是土地产权的交易。只要存在土地产权交易关系,就必然存在土地市场。土地市场体现的是土地供求双方确定土地交易价格而进行的一切活动。

土地市场管理是政府出于公共利益需要,对土地市场进行培育、管理、调控工作的总称,主要包括土地市场的宏观管理和微观管理。

1) 土地市场的宏观管理

土地市场宏观管理,是指国家从社会经济发展的总体和长远目标出发,通过行政手段和经济手段,对土地市场进行干预,以达到抑制土地投机、维护土地市场稳定、优化土地资源配置、合理分配土地收益的目的。

土地市场宏观管理主要包括:储备管理、价格管理、财政管理、金融管理和动态监测。

(1) 储备管理。

土地储备是指市、县人民政府国土资源管理部门为实现调控土地市场、促进土地资源合理利用目标,依法取得土地,进行前期开发、储存以备供应土地的行为。土地储备工作的具体实施,由土地储备机构承担。土地储备机构应为市、县人民政府批准成立、具有独立的法人资格、隶属于国土资源管理部门、统一承担本行政辖区内土地储备工作的事业单位。

土地储备制度是城市土地市场供需调控与管理创新。通过建立土地储备制度,政府掌握了城市土地的"统一收购权"和"垄断供应权",土地储备机构成了代表政府在土地一级市场上供应土地的唯一渠道和机构,实现了政府在土地一级市场上垄断土地供应的目标。

土地储备制度的建立

随着我国土地使用制度改革不断推进,城市存量土地量大、利用效率低且难以盘活,自发入市导致"多头供地"等问题日渐突出。为配合企业改制,盘活城市存量土地资产,优化土地资源配置,土地储备制度应运而生。

1996年,上海建立了全国第一家土地储备机构——上海土地发展中心,接受市政府委托实施土地收购、储备、出让工作,机构列为事业单位编制。此后,杭州、厦门、南京、青岛、广州、郑州等城市相继成立土地储备机构。2001年4月,国务院颁布的《关于加强国有土地资产管理的通知》中指出,"为增强政府对土地市场的调控能力,有条件的地方政府要对建设用地试行收购储备制度。市、县人民政府可划出部分土地收益用于收购土地,金融机构要依法提供信贷支持。"5年后,国务院发文在全国试点推行,随后全国大部分城市开始建立土地储备机构,推行土地储备制度。至今全国已有2000多个市、县相继建立了这项制度。土地储备制度运行涉及拆迁、土地征收、城市规划、资金管理、银行贷款、投资立项等多方面工作。在发展中,土地储备形成了市场主导型模式、政府主导型模式和政府主导与市场运作相结合的模式。

2007年12月,随着国土资源部、财政部、中国人民银行联合制定的《土地储备管理办法》的出台,标志着我国土地储备制度全面建立,土地储备制度成为调控土地市场不可或缺的重要手段之一。土地储备制度运行涉及拆迁、土地征收、城市规则、资金管理、银行贷款、投资立项等多方面工作,对我国土地市场发展影响深远。《土地储备管理办法》,对严格土地管理、统一土地储备模式、加强土地调控、促进节约集约用地,具有重大意义。

土地收购储备制度的运作主要包括土地储备计划、土地收购、土地储备、土地开发与利用和土地供应5个程序。

①土地储备计划。土地储备实行计划管理。市、县人民政府国土资源管理、财政及当地人民银行相关分支行等部门应根据当地经济和社会发展计划、土地利用总体规划、城市总体规划、土地利用年度计划和土地市场供需状况等共同编制年度土地储备计划，报同级人民政府批准，并报上级国土资源管理部门备案。年度土地储备计划应包括：年度储备土地规模；年度储备土地前期开发规模；年度储备土地供应规模；年度储备土地临时利用计划；计划年度末储备土地规模。

②土地收购。土地收购是指根据政府授权和土地储备计划，土地储备机构收购或收回市区范围内建设用地使用权的活动。其工作程序是申请收购、权属核查、征询意见、费用测算、方案报批、收购补偿、权属变更、交付土地。根据土地储备计划收购国有土地使用权的，土地储备机构应与土地使用权人签订土地使用权收购合同。收购土地的补偿标准，由土地储备机构与土地使用权人根据土地评估结果协商，经国土资源管理、财政部门或地方法规规定的机构批准确认。完成收购程序后的土地，由土地登记机关办理注销土地登记手续后纳入土地储备。政府行使优先购买权取得的土地，由土地登记机关办理注销土地登记手续后纳入土地储备。

③土地储备。储备土地出让前，应当处理好土地的产权、安置补偿等法律经济关系，完成必要的前期开发，缩短开发周期，防止形成新的闲置土地。土地储备范围：依法收回的国有土地；收购的土地；行使优先购买权取得的土地；已办理农用地转用、土地征收批准手续的土地；其他依法取得的土地。

④土地开发与利用。对纳入储备的土地，经市、县人民政府国土资源管理部门批准，土地储备机构有权对储备土地进行前期开发、保护、管理、临时利用及为储备土地实施前期开发进行融资等活动。土地储备机构应对储备土地特别是依法征收后纳入储备的土地进行必要的前期开发，使之具备供应条件。前期开发涉及道路、供水、供电、供气、排水、通讯、照明、绿化、土地平整等基础设施建设的，要按照有关规定，通过公开招标方式选择工程实施单位。土地储备机构应对纳入储备的土地采取必要的措施予以保护管理，防止侵害储备土地权利行为的发生。在储备土地未供应前，土地储备机构可将储备土地或连同地上建（构）筑物，通过出租、临时使用等方式加以利用。设立抵押权的储备土地临时利用，应征得抵押权人同意。储备土地的临时利用，一般不超过两年，且不能影响土地供应。

⑤土地供应。储备土地完成前期开发整理后，纳入当地市、县土地供应计划，由市、县人民政府国土资源管理部门统一组织供地。依法办理农用地转用、土地征收后的土地，纳入储备满两年未供应的，在下达下一年度农用地转用计划时扣减相应指标。根据现行土地管理规定，储备土地的供应方式可分为招标拍卖挂牌出让和协议出让两种类型。

（2）价格管理。

对土地市场的价格管理是通过土地价格体系来实现的。我国土地价格体系主要包括基准地价、标定地价、出让底价、交易地价和协议最低价等几个价格。

土地价格作为土地市场运作过程中最重要的经济杠杆手段，在土地市场管理中占有极其重要的地位，因此，土地市场价格的宏观调控是土地市场管理的核心内容。对土地市场价格进行调控的主要目的是，保证土地市场价格的基本稳定和市场交易平稳发展，防止地价极高极低或忽高忽低，避免土地资产流失和土地利用的不合理。根据我国目前已有的法律和政策规定，土地价格宏观调控的措施主要有以下几方面。

①基准地价、标定地价定期公布和土地价格评估制度。基准地价、标定地价是国家建立地价体系的重要内容。按照《城市房地产管理法》第三十三条规定："基准地价、标定地价和各类房屋的重置价格应当定期确定并公布。"第三十四条规定："国家实行房地产价格评估制度。房地产价格评估,应当遵循公正、公平、公开的原则,按照国家规定的技术标准和评估程序,以基准地价、标定地价和各类房屋的重置价格为基础,参照当地的市场价格进行评估。"

②国家对出让国有土地使用权采取最低限价。国家对土地使用权出让价格采取最低限价制度主要包括两个方面,一是对协议出让国有土地使用权的最低限价,二是对工业用地出让实行最低价标准。

③政府对土地使用权转移价格采取必要的干预。土地使用权转让价格过高或过低都不利于土地市场的健康发展。按照《城镇国有土地使用权出让和转让暂行条例》第二十六条规定："土地使用权转让价格明显低于市场价格的,市、县人民政府有优先购买权。土地使用权转让的市场价格不合理上涨时,市、县人民政府可以采取必要的措施。"

④土地登记和土地交易价格申报制度。《城市房地产管理法》第三十五规定："国家实行房地产成交价格申报制度。房地产权利人转让房地产,应当向县级以上地方人民政府规定的部门如实申报成交价,不得瞒报或者作不实的申报。"因此,凡是发生土地交易行为的当事人均应在申请土地登记时同时申报土地交易价格,土地管理部门应结合土地登记对当事人申报的交易价格进行审核,发生增值的,应在转让方缴纳土地增值税后予以登记;当申报地价低于标定地价的,应先报请政府以决定是否行使政府优先购买权。

⑤土地市场地价分析公布制度和土地登记信息查询制度。为维护土地权利人和利害关系人的合法权益,各级土地管理部门要建立土地市场地价分析公布制度,定期公布市场交易信息和编制地价指数等,为政府监测土地市场变动、制定地价政策,为交易者交易决策提供市场地价信息。

(3)财政管理。

财政政策在调节土地市场发展速度和供求关系上发挥着重要的作用。主要包括地租政策、税收政策和财政投资政策。

税收政策作为财政收入政策,对土地市场的供需调控作用体现在:通过对土地市场运行过程中不同环节进行征税,实现对土地市场的调控;通过减免税,实现对土地市场的调控。财政投资政策对土地市场的调控作用主要体现在财政投资的导向作用上,利用财政投资引导社会投资,以调整产业结构和调节地区差异。

(4)金融管理。

金融政策对土地市场的调控可分为直接调控和间接调控。直接调控是指政府通过制定土地金融政策依靠中央银行直接干预土地信用业务的质和量。间接调控是指国家通过利率和贷款成数等金融杠杆来调节货币供应量和需求量,进而调控土地市场供需。

(5)动态监测。

土地市场动态监测是通过土地市场动态监测系统和城市地价监测系统来实现的。其中土地市场动态监测系统主要是针对土地供应、开发利用等信息,城市地价监测系统主要针对城市土地的基准地价、标定地价、市场成交价以及其变化走势等信息,二者共同实现对土地市场的监测。

土地市场动态监测与监管

根据《国土资源部关于部署运行土地市场动态监测与监管系统的通知》(国土资发〔2008〕284号)要求,2009年1月1日起,全国县级以上各级国土资源管理部门要全面运行监测监管系统。凡已开通国土资源主干网的市、县,通过主干网录入相关信息;尚未开通国土资源主干网的市、县,通过互联网录入相关信息。对于坐标等涉及保密的信息,只可通过国土资源主干网进行传输。在国土资源主干网全面开通之后,全部转由国土资源主干网运行。不同网络环境的数据整合处理后相关指标在中国土地市场网上公开发布。原有建设用地供应备案系统和土地市场动态监测系统同时废止。历史数据经过技术处理直接导入监测监管系统。对于各地已经开发并运行的相关管理系统,要在保证监测监管系统正常运行的前提下做好与数据库对接及数据转换工作。

监测监管系统的内容涵盖土地供应、开发利用、市场交易、收购储备、集体建设用地等多项业务。实现了由土地来源到土地供应、开发利用和市场交易等过程的动态跟踪监管。各地要及时、准确、全面地搜集、整理、录入、分析和发布土地市场动态监测与监管信息,确保监测监管系统安全有效运行。

(1)供地计划、出让公告、成交公示和供地结果等信息必须按照有关文件要求及时在中国土地市场网公开发布。

(2)土地储备信息应在纳入土地储备后7个工作日内录入。

(3)土地供应信息通过监测监管系统填报国有建设用地使用权出让合同、国有建设用地划拨决定书后,由系统自动提取。

(4)对交地、开工、竣工、土地闲置认定及处置、竣工验收等开发利用情况的监管信息,必须根据不同阶段实际监测的结果实时录入。

(5)土地转让、出租、抵押等交易信息和集体建设用地信息等应在实际发生后7个工作日内录入。

2)土地市场的微观管理

土地市场的微观管理,是指国家通过法律、行政等手段对土地市场运行进行统一的规范与管理,保证市场主体公平交易、平等竞争,以发挥土地市场机制的正常调节功能。

(1)资质审查。

①土地使用权出让人和转让人的资格审查。土地使用权出让人只能是国家,其代表是经国家授权的各级政府。凡因土地使用权的出让、转让而享有土地使用权的境内外的公司、企业、其他组织和个人,均可成为城镇国有土地使用权的转让人。

②土地使用权受让人的资格审查。作为土地使用权受让人的企业、其他组织或个人,不仅要有正当的用地理由,还要有支付土地出让、转让费用的能力或筹资能力,以及相应的经营管理能力。

(2)审批与审核管理。

对土地市场的审批与审核管理是对市场每一宗地交易进行审批或审核,以确保国家和交易者的合法权益。对出让土地使用权的审批是对出让地块现状、出让必要条件、土地利用要求、出让期限、地价、出让合同条款进行审查和批准;对转让市场中转让、出租、抵押的审核主要是对出让合同履行情况的审查,对没有按规定履行出让合同或虽履行部分约定,但没有达到转让要求的将不准交易,并对违反出让合同约定的转让当事人给予一定的处罚。

(3)交易程序规范管理。

①土地使用权出让程序。国有土地使用权的出让,主要采用协议、招标、拍卖或者挂牌的程序完成。

②土地使用权转让程序。土地使用权转让程序是:申请、批准、签约、公证、登记。

③土地使用权出租程序。土地使用权的出租必须符合一定的程序。一般要经过签约和登记两个阶段。

④土地使用权抵押程序。土地使用权抵押的手续较为简单,一般只需出示土地使用证或不动产登记证,证明其土地使用权的真实性,并签订土地使用权抵押合同。签订抵押合同之后,必须予以登记。只有经过登记的抵押合同,才具有效力。土地使用权抵押一般向土地管理部门登记。

(4)中介管理。

①对土地中介服务企业与个人进行严格的资质审查。所谓资质审查,是政府有关机构(房地产行政管理部门、国土资源管理部门、工商行政管理部门等)对从事土地中介服务的企业或个人进行资格审定和确认。

②对土地中介服务企业与个人进行经常性的审查和监督。政府除了对从事土地中介服务的企业与个人进行严格的资质审查外,还必须进行经常性的审查和监督。

3. 城镇建设用地审查报批

1)建设项目用地预审

建设项目用地预审是指在建设项目审批、核准、备案(立项)阶段,有关人民政府国土资源部门依法对建设项目涉及的土地利用事项进行的审查。《建设用地审查报批管理办法》第四条规定:"建设项目可行性研究论证时,建设单位应当向建设项目批准机关的同级土地行政主管部门提出建设用地预申请。受理预申请的土地行政主管部门应当依据土地利用总体规划和国家土地供应政策,对建设项目的有关事项进行预审,出具建设项目用地预审报告。"凡未依法进行建设项目用地预审或未通过预审的有关部门不得批准建设项目可行性研究报告,国土资源行政主管部门不得受理用地申请。

国土部门对用地进行预审,主要作用在于提前介入建设项目用地审查,在建设项目正式立项前,就对建设项目用地是否科学、合理、符合土地利用总体规划和用地指标、占补平衡指标解决途径等问题提出审查意见,有利于规范建设项目用地行为,保证土地利用总体规划、土地利用年度计划的实施,也有利于切实保护耕地、节约集约合理用地。

建设项目用地预审的内容

> 建设项目用地预审的内容主要包括:
> (1)建设项目用地选址是否符合土地利用总体规划,是否符合土地管理法律、法规规定的条件。
> (2)建设项目是否符合国家供地政策。
> (3)建设项目用地标准和总用地规模是否符合有关规定。

(4) 耕地占补方案是否可行、资金是否有保障。

(5) 属《中华人民共和国土地管理法》第二十六条规定的情形,建设项目用地需修改土地利用总体规划的,规划修改方案、建设项目对规划实施影响评估报告是否符合法律、法规的规定;涉及基本农田的补划方案是否落实;基本农田中涉及标准农田的是否经省长和农业主管部门批准等。

2) 建设用地的审核与审查

《建设用地审查报批管理办法》第五条规定:"在土地利用总体规划确定的城市建设用地范围外单独选址的建设项目使用土地的,建设单位应当向土地所在地的市、县人民政府土地行政主管部门提出用地申请。建设单位提出用地申请时,应当填写《建设用地申请表》",并附具相关材料。

《建设用地审查报批管理办法》第六条规定:"市、县人民政府土地行政主管部门对材料齐全、符合条件的建设用地申请,应当受理,并在收到申请之日起30日内拟订农用地转用方案、补充耕地方案、征用土地方案和供地方案,编制建设项目用地呈报说明书,经同级人民政府审核同意后,报上一级土地行政主管部门审查。"

《建设用地审查报批管理办法》第七条规定:"在土地利用总体规划确定的城市建设用地范围内,为实施城市规划占用土地的,由市、县人民政府土地行政主管部门拟订农用地转用方案、补充耕地方案和征用土地方案,编制建设项目用地呈报说明书,经同级人民政府审核同意后,报上一级土地行政主管部门审查","在土地利用总体规划确定的村庄和集镇建设用地范围内,为实施村庄和集镇规划占用土地的,由市、县人民政府土地行政主管部门拟订农用地转用方案、补充耕地方案,编制建设项目用地呈报说明书,经同级人民政府审核同意后,报上一级土地行政主管部门审查。"

《建设用地审查报批管理办法》第十二条规定:"有批准权的人民政府土地行政主管部门应当自收到上报的农用地转用方案、补充耕地方案、征用土地方案和供地方案并按规定征求有关方面意见后30日内审查完毕。建设用地审查应当实行土地行政主管部门内部会审制度。"

建设用地方案的内容

农用地转用方案,应当包括占用农用地的种类、位置、面积、质量等。

补充耕地方案,应当包括补充耕地或者补划基本农田的位置、面积、质量,补充的期限,资金落实情况等,并附具相应的图件。

征用土地方案,应当包括征用土地的范围、种类、面积、权属,土地补偿费和安置补助费标准,需要安置人员的安置途径等。

供地方案,应当包括供地方式、面积、用途,土地有偿使用费的标准、数额等。建设只占用国有农用地的,市、县人民政府土地行政主管部门只需拟订农用地转用方案、补充耕地方案和供地方案。

建设只占用农民集体所有建设用地的,市、县人民政府土地行政主管部门只需拟订征用土地方案和供地方案。

建设只占用国有未利用地,按照《土地管理法实施条例》第二十四条规定应由国务院批准的,市、县人民政府土地行政主管部门只需拟订供地方案;其他建设项目使用国有未利用地的,按照省、自治区、直辖市的规定办理。

建设用地方案获批的条件

(1) 农用地转用方案和补充耕地方案符合下列条件的,土地行政主管部门方可报人民政府批准:

① 符合土地利用总体规划。

② 确属必需占用农用地且符合土地利用年度计划确定的控制指标。

③ 占用耕地的,补充耕地方案符合土地整理开发专项规划且面积、质量符合规定要求。

④ 单独办理农用地转用的,必须符合单独选址条件。

(2) 征用土地方案符合下列条件的,土地行政主管部门方可报人民政府批准:

① 被征用土地界址、地类、面积清楚,权属无争议的。

② 被征用土地的补偿标准符合法律、法规规定的。

③ 被征用土地上需要安置人员的安置途径切实可行。

建设项目施工和地质勘查需要临时使用农民集体所有的土地的,依法签订临时使用土地合同并支付临时使用土地补偿费,不得办理土地征用。

(3) 供地方案符合下列条件的,土地行政主管部门方可报人民政府批准:

① 符合国家的土地供应政策。

② 申请用地面积符合建设用地标准和集约用地的要求。

③ 划拨方式供地的,符合法定的划拨用地条件。

④ 以有偿使用方式供地的,供地的方式、年限、有偿使用费的标准、数额符合规定。

⑤ 只占用国有未利用地的,必须符合规划、界址清楚、面积准确。

3) 建设用地的批准和实施

农用地转用方案、补充耕地方案、征用土地方案和供地方案经有批准权的人民政府批准后,同级土地行政主管部门应当在收到批件后5日内将批复发出。未按规定缴纳新增建设用地土地有偿使用费的,不予批准建设用地。

经批准的农用地转用方案、补充耕地方案、征用土地方案和供地方案,由土地所在地的市、县人民政府组织实施。

4) 建设用地的监督与实施

建设项目补充耕地方案经批准下达后,在土地利用总体规划确定的城市建设用地范围外单独选址的建设项目,由市、县人民政府土地行政主管部门负责监督落实。在土地利用总体规划确定的城市和村庄、集镇建设用地范围内,为实施城市规划和村庄、集镇规划占用土地的,由省、自治区、直辖市人民政府土地行政主管部门负责监督落实。

征用土地方案经依法批准后,市、县人民政府应当自收到批准文件之日起10日内,在被征用土地所在地的乡、镇范围内,公告《土地管理法实施条例》第二十五条第一款规定的内容。公告期满,市、县人民政府土地行政主管部门根据征用土地方案和征地补偿登记情况,拟订征地补偿、安置方案并在被征用土地所在地的乡、镇范围内公告。征地补偿、安置方案的内容,应当符合《土地管理法实施条例》第二十五条第三款的规定。征地补偿、安置方案确定后,县人民政府土地行政主管部门应当依据征地补偿、安置方案向被征用土地的农村集体经济组织和农民支付土地补偿费、地上附着物和青苗补偿费,并落实需要安置农业人口的安置途径。

在土地利用总体规划确定的城市建设用地范围内,为实施城市规划占用土地的,经依法批准后,市、县人民政府土地行政主管部门应当公布规划要求,设定使用条件、确定使用方式,并组织实施。

5) 建设用地信息的登记与公布

以有偿使用方式提供国有土地使用权的,由市、县人民政府土地行政主管部门与土地使用者签订土地有偿使用合同,并向建设单位颁发《建设用地批准书》。土地使用者缴纳土地有偿使用费后,依照规定办理土地登记。

以划拨方式提供国有土地使用权的,由市、县人民政府土地行政主管部门向建设单位颁发《国有土地划拨决定书》和《建设用地批准书》,依照规定办理土地登记。

建设项目施工期间,建设单位应当将《建设用地批准书》公示于施工现场。市、县人民政府土地行政主管部门应当将提供国有土地的情况定期予以公布。

4. 集体建设用地审批管理

1) 集体建设用地概述

(1)集体建设用地的概念。

集体建设用地,又叫乡(镇)村建设用地或农村集体土地建设用地,是指乡(镇)村集体经济组织和农村个人投资或集资,进行各项非农业建设所使用的土地。

(2)集体建设用地的类型。

集体建设用地分为三大类:农村宅基地、乡镇企业建设用地和乡(镇)村的公共设施、公益事业用地。

农村宅基地是指农民依法取得的用于建造住宅及其生活附属设施的集体建设用地。根据《农村宅基地管理办法》规定,农村村民一户只能拥有1处宅基地。

乡镇企业建设用地是指包括建设厂房用地、经营场所用地等,是乡镇企业为满足生产经营活动而占用的土地。

乡(镇)和村庄的公共设施用地是指为了满足乡村农民生产、生活需要而修建的基础设施,比如道路、桥梁、电力设施、通讯设备等占用的土地。

乡(镇)村公益事业用地是指在乡(镇)中为满足农村农民文化、教育、医疗的需要而举办的公益事业占用的土地,如学校、医院、幼儿园、影剧院等占用的土地。

2) 农村宅基地的审批

(1)审批权限。

按照法律规定,农村村民建宅基地应当符合乡(镇)土地利用总体规划,并尽量使用原有的宅基地和村内空闲地,农村居民建设用地,经乡(镇)人民政府审核,由县级人民政府批准;其中,涉及占用农用地的,应当报省级人民政府批准(在已批准的农用地转用范围内,具体建设项目用地可以由市、县人民政府批准)。

(2)审批程序。

①建房户按国家和当地规定的用地标准,提出建房设想,向所在地的村民小组或村民委员会提出用地申请。

②村民小组或村民委员会,根据年度控制指标和申请条件进行讨论(必要时可以提请村民大会讨论通过),予以通过的按照村镇规划的要求办理用地报批手续。

③按规定权限上报批准。

④政府批准后,发给用户《建设用地批准书》,由乡镇土地管理员(机构)配合有关人员划拨

土地。

⑤检查放线现场,核实无误后,方可施工。

⑥工程竣工后,经乡土地管理人员(机构)验收,符合用地要求的,由县级人民政府办理登记、发证手续。

根据《国土资源部关于进一步完善农村宅基地管理制度切实维护农民权益的通知》(国土资发〔2010〕28号)要求,在土地利用总体规划确定的城镇建设扩展边界内,县(市)要统筹安排村民住宅建设用地。在土地利用总体规划确定的城镇建设扩展边界外,已经编制完成村土地利用规划和宅基地需求预测十年计划表的村庄,可适当简化审批手续。使用村内原有建设用地的,由村申报、乡(镇)审核,批次报县(市)批准后,由乡(镇)国土资源所逐宗落实到户;占用农用地的,县(市)人民政府于每年年初一次性向省、自治区、直辖市人民政府或省级人民政府授权的设区的市、自治州申请办理农用地转用审批手续,经依法批准后,由乡(镇)国土资源所逐宗落实到户,落实情况按年度向省(区、市)国土资源管理部门备案。

宅基地审批应坚持实施"三到场"。接到宅基地用地申请后,乡(镇)国土资源所或县(市)国土资源管理部门要组织人员到实地审查申请人是否符合条件、拟用地是否符合规划和地类等。宅基地经依法批准后,要到实地丈量批放宅基地,明确建设时间并受理农民宅基地登记申请。村民住宅建成后,要到实地检查是否按照批准的面积和要求使用土地,符合规定的方可办理土地登记,发放集体建设用地使用权证。

(3)审查内容。

①条件审查。农村居民申请建房用地(宅基地)必须符合下列情况之一:由于实施乡(镇)村规划而需要安排的建房户;原宅基地面积低于规定标准限额的,居住又确实拥挤的建房户;一些确需分居、分家而现有宅基地又无法解决的建房户;经批准由于工作需要等原因确需在集体土地上进行建房的非农户口居民建房户;已有正式批准手续回乡落户而又无宅基地的离休、退休、退职职工和复员转业军人以及回乡定居的华侨、侨眷等非农建房户。

有下列情况之一的,不得安排宅基地用地:出卖、出租或以其他形式非法转让房屋的;一户一子(女)有一处以上(含一处)宅基地的;户口已迁出不在当地居住的;年龄未满18周岁,又不具备分户条件的;虽在农村居住而户口未迁入当地;其他按规定不应建房和安排宅基地用地的。

②用地标准审查。宅基地的面积标准由各省、自治区、直辖市根据各自的实际情况规定。

③选址审查。建房选址是否符合村镇规划要求。

《国土资源部关于进一步完善农村宅基地管理制度切实维护农民权益的通知》主要内容

规范农村宅基地管理,对于统筹城乡发展,促进节约集约用地,维护农民的合法权益,推进社会主义新农村建设,保持农村社会稳定和经济可持续发展具有重要意义。为贯彻落实中央有关要求,现就进一步完善农村宅基地管理制度、切实维护农民权益的有关问题通知如下:

一、加强规划计划控制引导,合理确定村庄宅基地用地布局规模

(一)加强农村住宅建设用地规划计划控制。

(二)科学确定农村居民点用地布局和规模。

(三)改进农村宅基地用地计划管理方式。

二、严格标准和规范,完善宅基地管理制度
(四)严格宅基地面积标准。
(五)合理分配宅基地。
(六)规范宅基地审批程序。
(七)依法维护农民宅基地的取得权。
(八)加强农村宅基地确权登记发证和档案管理工作。
三、探索宅基地管理的新机制,落实最严格的节约用地制度
(九)严控总量盘活存量。
(十)逐步引导农民居住适度集中。
(十一)因地制宜地推进"空心村"治理和旧村改造。
四、加强监管,建立宅基地使用和管理新秩序
(十二)建立宅基地管理动态巡查和责任追究制度。
(十三)建立共同责任机制。
(十四)依法查处乱占行为。
(十五)加强指导,不断研究解决新情况新问题。

3)乡镇企业建设用地的审批

(1)审批权限。

《中华人民共和国土地管理法》第六十条规定:"农村集体经济组织使用乡(镇)土地利用总体规划确立的建设用地兴办企业或者与其他单位、个人以土地使用权入股、联营等形式共同兴办企业的,应当持有关批准文件,向县级以上地方人民政府土地行政主管部门提出申请,按照省、自治区、直辖市规定的批准权限,由县级以上人民政府批准;其中,涉及占用农用地的,按规定办理审批手续。"

(2)审批程序。

①用地单位或个人必须持县以上有批准权限机关的建设项目批准文件,向当地人民政府土地管理部门提出用地申请。

②土地管理部门依据上级下达的年度用地占用指标及批准给用地单位的用地计划,依据统筹兼顾、合理布局、节约用地、保护耕地的原则,会同有关部门确定建设项目的合理地点。

③建设选址定点后,进行建设项目的初步设计和总平面图布置。接着用地单位持上级部门初步设计批文和工厂企业建设图件材料以及有关文件、材料,向土地管理部门正式申报用地,并按审批权限逐级报批。

④建设单位与被用地单位在土地管理部门的参与下,进行协商,落实各项补偿、安置方案,并签订用地协议。

⑤项目用地批准后,政府发给建设单位《建设用地批准证书》,在有关单位参与配合下,土地管理部门依据有关文件,到现场划拨土地、打桩、放线、准许施工。

⑥建设单位取得土地使用权后,即按照设计图纸进行施工建设。建成竣工后,应如实上报土地管理部门,经检查合格的由县人民政府办理登记,发给《集体土地建设用地使用证》。

(3)审查内容。

乡镇企业用地审查比宅基地审查工作要复杂一些,必须对项目的生产规模、基建投资、选

址、面积等进行核对,重点应注意以下几个方面。

①看项目的批准文件是否有效。目前,各地在批准项目上按投资规模是否都规定了批准权限,如果一个项目没有批文或者批文机关级别没有达到要求,就不能批给其所需用地。

②看选址是否合理。要有规划部门的选址意见;如是扩建项目要考虑充分利用原有基地;占用耕地要从严控制,可调整使用非耕地的,要提出新的选址意见。

③看用地数量和生产规模是否相等。有乡镇企业用地定额标准的地区要严格执行定额标准;尚无定额标准的地区,一是要参考同类工业项目用地定额标准,二是要做好现场踏勘核对工作。

④看总平面图布置是否合理、厂区的功能分区是否合理、车间组织是否恰当、厂区道路是否过宽、建筑密度是否太低等,仔细分析后确定报批或令其修改。

4) 公共设施和公益事业用地审批

农村公共设施和公益事业用地应按照村镇规划的方案进行,需要使用土地的,应由主办单位持该项目的批准文件及其他有关资料,经乡(镇)人民政府审批后,向县级以上人民政府土地行政主管部门提出申请,按照省、自治区、直辖市规定的批准权限,由县级以上地方人民政府批准,其中涉及占用农用地的,批准权属于省级人民政府。

这类用地的审批程序与审查基本上可参照乡镇企业用地审批管理办理。

5. 土地利用动态巡查制度①

1) 土地利用动态巡查的概念

土地利用动态巡查,是国土资源主管部门依托土地市场动态监测与监管系统(以下称"监测监管系统"),以供地政策的落实和《国有建设用地使用权出让合同》《国有建设用地划拨决定书》的履行为重点,通过信息公示、预警提醒、开竣工申报、现场核查、跟踪管理、竣工验收、闲置土地查处、建立诚信档案等手段,实现对辖区内建设用地批后开发利用的全程监管。

建立土地利用动态巡查制度,是切实加强建设用地供后开发利用全程监管、促进土地节约集约利用的重要抓手和基本保障。

2) 土地利用动态巡查制度的基本内容

土地利用动态巡查制度的基本内容包括:

(1)建设项目跟踪。出让合同签订或划拨决定书下发后,市、县国土资源主管部门应在监测监管系统中提取《建设项目用地跟踪管理卡》,对已供土地的公开信息、出让价款缴纳、开竣工、定期巡查等情况作详细记录,作为开展土地利用动态巡查工作的基础。

(2)信息现场公示。市、县国土资源主管部门应依据《建设项目用地跟踪管理卡》的相关内容,形成《建设项目用地信息公示牌》,提示土地使用权人在项目所在地醒目位置挂牌公示,接受社会监督。公示内容包括建设用地使用权人、建设单位、项目动工开发及竣工时间、土地开发利用标准和监管机构、举报电话等相关信息。

(3)价款缴纳提醒。对于合同约定的缴款时间前 30 日尚未缴纳土地出让价款的项目,市、县国土资源主管部门应根据监测监管系统的预警提醒,在系统中提取《国有建设用地使用权出让价款缴纳提示书》,提示受让人及时缴纳土地出让价款。缴纳土地出让价款后 10 个工作日

---

① 《关于建立土地利用动态巡查制度加强建设用地供后开发利用全程监管的通知》(国土资厅发〔2013〕30 号)。

内,相关人员应及时将价款支付情况及相关凭证录入监测监管系统。

(4)开竣工预警提醒。对于合同约定或划拨决定书规定的开竣工时间前30日尚未开竣工的项目,市、县国土资源主管部门应根据监测监管系统的预警提醒,在系统中提取《开工提醒书》或《竣工提醒书》,并送达土地使用权人,提醒其按期开工或竣工,同时提示其违约风险及违约处理等事宜。对于依法批准延期的,应及时在监测监管系统中更新信息,并按照新的开、竣工时间进行监测监管。

(5)开竣工申报。市、县国土资源主管部门应当要求土地使用权人按规定在项目开工、竣工时应向市、县国土资源主管部门提交《建设项目动工申报书》和《建设项目竣工申报书》,并提供相应的建设用地施工许可证、现场照片、竣工验收证明等材料。市、县国土资源主管部门应及时将相关信息在10个工作日内上传监测监管系统。

(6)现场核查。市、县国土资源主管部门要在约定开竣工时间、实际开工、竣工验收等时点以及开发建设过程中,定期或不定期对项目建设情况进行现场核查,获取同一角度、不同时期全景照片,并在《建设项目用地跟踪管理卡》上作好记录。核查记录要在获取后10个工作日内上传监测监管系统。

(7)闲置土地查处。市、县国土资源主管部门应严格按照《闲置土地处置办法》(国土资源部令第53号)的要求,认真履行各项程序。对涉嫌构成闲置的建设用地及时开展调查、认定和处置,并将有关信息及时录入监测监管系统,同时填报相应的法律文书和案卷表;对于确认的闲置土地及处置结果应在门户网站和中国土地市场网等媒体向社会公开相关信息,并抄送金融监管等部门。

(8)建立诚信档案。各级国土资源主管部门应根据监测监管系统中的土地使用权人违规违约记录,分级建立用地诚信档案。对于未按要求提交开竣工申报书、未按合同约定开竣工、不及时缴纳土地价款的,列入市、县级诚信档案;对于在省域内存在闲置土地的,列入省级诚信档案。各地在建立用地诚信档案的过程中,根据管理需要,可在内容和环节上适当延伸,从成交确认、开发建设条件复核、合同履行等方面作好诚信记录,建立符合本地特色的诚信系统。

3)土地利用动态巡查制度的实施与监督

(1)土地利用动态巡查制度的实施。

市、县国土资源主管部门是土地利用动态巡查工作的责任主体。部门内设机构设立土地利用动态巡查专岗,主要负责动态巡查任务的分配、督察和结果反馈。专岗工作人员在合同签订或划拨决定书下发后10个工作日内,从监测监管系统提取《建设项目用地跟踪管理卡》,将巡查任务分配到相应的基层国土所或国土资源分局,并负责督办现场巡查,取得巡查结果和上传巡查数据。

基层国土所或国土资源分局是现场核查的责任主体。实地核查人员负责按照动态巡查的内容和上级部门所分配任务,适时开展土地利用动态巡查,记录巡查结果,并按时反馈给专岗工作人员。

各地在落实动态巡查的各项要求时,对于要求土地使用权人应履行的事项,在出让合同、划拨决定书中要明确约定。对于各类违法、违规、违约行为国土资源主管部门要依法依规严肃查处,并适时通过当地媒体和中国土地市场网向社会公开,同时计入相应级别的诚信档案,按照《国务院办公厅关于继续做好房地产市场调控工作的通知》(国办发〔2013〕17号)要求,禁止其参加土地竞买。

(2)土地利用动态巡查制度的监督。

省级国土资源主管部门是土地利用动态巡查制度落实的监督单位,负责督促、指导市、县国土资源主管部门开展土地利用动态巡查的具体工作。省级国土资源管理部门负责及时汇总分析辖区内土地开发利用情况并进行定期通报。对辖区内土地开发利用情况不佳、闲置土地情况严重的地区,适时督促检查和实地督办。省级国土资源管理部门要主动加强与相关部门的沟通协调,建立信息共享机制,鼓励将合同履约情况、开发利用情况、闲置土地情况、用地诚信档案等内容抄送银行、银监、证监等相关行政监管部门,加强对违法、违规、违约行为的综合防控。

(3)违反土地利用动态巡查制度的处理。

国土资源部负责适时通报各地土地利用动态巡查工作情况。对于未按规定及时上报信息,或存在虚假、瞒报等情况的,予以通报批评;对违法、违规、违约行为严重的地区,适时开展实地核查与督办,或将有关情况抄送相关地方政府。

城乡统一的建设用地市场

当前学界和政策部门关于建立城乡统一的建设用地市场的讨论很多,一些地方已经开始进行实践的尝试。

最早关于建立城乡统一的建设用地市场的政策文件,可以追溯到《关于深化改革严格土地管理的规定》(国务院〔2004〕28号),该规定指出:"在符合规划的前提下,村庄、集镇、建制镇中的农民集体所有建设用地使用权可以依法流转。"十七届三中全会通过的《中共中央关于推进农村发展若干重大问题的决定》(中发〔2008〕16号)提出:"逐步建立城乡统一的建设用地市场,对依法取得的农村集体经营性建设用地,必须通过统一有形的土地市场,以公开规范的方式转让土地使用权,在符合规划的前提下与国有土地享有平等权益。"

在国家层面制度出台前,地方政府陆续出台了相关文件,比如广东、浙江、成都、长沙、无锡、宁波、洛阳等地均出台了《集体建设用地使用权流转管理暂行办法》。总体来讲,地方政府具有很强的流转农村集体建设用地的冲动,原因是希望通过农村建设用地的流转来获得更多建设用地,推动经济发展。比如成都市从2008年开始,相继出台了《成都市集体建设用地使用权流转管理暂行办法》(成国土资发〔2008〕124号)等10多个配套文件,对集体建设用地的依法取得、登记颁证、流转用途和程序、市场交易、基准地价、抵押融资、收益分配等事项做出了明确规定。

姜大明在《建立城乡统一的建设用地市场》的文章中讲到,土地是最重要的生产要素之一。党的十八届三中全会通过的《中共中央关于全面深化改革若干重大问题的决定》(以下简称《决定》)提出建立城乡统一的建设用地市场,明确了深化农村土地制度改革的方向、重点和要求,对于全面建立土地有偿使用制度、构建现代市场体系、发挥市场在资源配置中的决定性作用;对于缓解城乡建设用地供需矛盾、优化城乡建设用地格局、提高城乡建设用地利用水平、促进政府职能和发展方式转变;对于切实维护农民土地权益、促进城乡统筹发展、保持社会和谐稳定,都将产生广泛而深远的影响。学习理解中央关于建立城乡统一的建设用地市场的精神,概括起来主要有3个方面。

一、扩大权能是基础

《决定》的一个亮点,就是进一步扩大了土地的权能,不仅允许土地承包经营权抵押、担保,而且赋予了农村集体经营性建设用地与国有建设用地平等的地位和相同的权能。《决定》提出:"在符合规划和用途管制前提下,允许农村集体经营性建设用地出让、租赁、入股,实行与国有土地同等入市、同权同价","完善土地租赁、转让、抵押二级市场。"这为建立城乡统一的建设用地市场提供了制度保障。

(一)完善农村集体经营性建设用地权能是治本之策

现代市场经济是统一开放、公平竞争的经济,要求各类要素平等交易,农村集体经营性建设用地作为重要的生产要素也不例外。长期以来,农村集体土地所有权与国有土地所有权地位不对等、集体建设用地产权不明晰、权能不完整、实现方式单一等问题已经成为统筹城乡发展的制度性障碍。法律规定,农村集体所有土地的使用权不得出让、转让或者出租用于非农建设,农村集体建设用地不能单独设立抵押。除农村集体和村民用于兴办乡镇企业、村民建设住宅和乡(镇)村公共设施和公益事业外,其他任何建设不能直接使用集体土地,都要通过征收程序将集体土地变为国有建设用地。法律限制过多,导致农村集体建设用地财产权利实现渠道受阻,制约了农村集体建设用地市场建设,农民土地权益受到损害。多年来,特别是党的十七届三中全会以来,一些地方积极开展集体建设用地和宅基地改革探索,取得了重要进展,广东、安徽、湖北等省先后出台了全省性的规范集体建设用地流转的规定,为完善农村集体建设用地权能奠定了实践基础。

(二)坚持同等入市、同权同价

为解决上述突出问题,《决定》在深入总结国内外经验的基础上提出,农村集体经营性建设用地实行同等入市、同权同价。同等入市意味着农村集体经营性建设用地可以与国有建设用地以平等的地位进入市场,可以在更多的市场主体间、在更宽的范围内、在更广的用途中进行市场交易,为完善农村集体经营性建设用地权能指明了方向;同权同价意味着农村集体经营性建设用地享有与国有建设用地相同的权能,在一级市场中可以出让、租赁、入股,在二级市场中可以租赁、转让、抵押等,为完善农村集体经营性建设用地权能提供了具体明确的政策依据。这必将为深化农村土地制度改革注入强大动力,进而开启农村土地制度改革的破冰之旅。

(三)严格用途管制和用地规划管理

《决定》强调,农村集体经营性建设用地入市要以严格用途管制、符合用地规划为前提。建设用地具有较强的不可逆性,实现土地资源的优化配置,既要发挥看不见的手的作用,也要发挥看得见的手的作用。要坚持两手抓,两手都要硬。实行用途管制是世界大多数国家的通行做法,这是确保土地利用经济效益、社会效益、生态效益相统一的根本途径,是统筹经济发展与耕地保护的重要举措。无论是国有建设用地还是农村集体经营性建设用地都要遵守用途管制和用地规划。

二、征地改革是关键

征地制度既是国有建设用地市场建设的基本制度,也关系到农村集体经营性建设用地市场发展的空间,更关系到农民的切身利益。为了贯彻落实党的十八大报告提出的要求,切实解决征地中存在的突出问题,在总结征地制度改革经验的基础上,《决定》指出了深化征地制度改革的方向和重点任务,就是缩小征地范围,规范征地程序,完善对被征地农民合理、规范、多元保障机制;建立兼顾国家、集体、个人的土地增值收益分配机制,合理提高个人收益。

(一)解决征地问题的根本出路在于深化改革

多年来,土地征收制度在保障我国工业化、城镇化对建设用地的需求方面做出了历史性贡献。但在实践中,现行征地制度暴露出一系列突出问题。随着征地规模和被征地农民数量的逐年增加,引发的社会矛盾也逐年增多,导致涉及征地的信访居高不下,群体性事件时有发生,社会风险加剧。这既与现行法律法规执行不到位有关,也与征地范围过宽、征地补偿标准偏低、安置方式单一、社会保障不足、有效的纠纷调处和裁决机制缺乏有关。征地引发的问题,核心是利益,根子在制度,出路在改革。按照党的十七届三中全会深化征地制度改革的要求,各省(区、市)制订公布并实行征地统一年产值标准和区片综合地价,较大幅度提高被征地农民的补偿标准并建立定期调整机制;一些地方积极开展征地制度改革试点,探索缩小征地范围和留地安置等让被征地农民分享增值收益的多种方式,为改革征地制度奠定了基础。

(二)缩小征地范围,规范征地程序,完善对被征地农民合理、规范、多元保障机制

这与党的十七届三中全会关于深化征地制度改革的要求是一脉相承的。缩小征地范围,就是按照《中华人民共和国宪法》规定的精神,将征地界定在公共利益范围内,逐步减少强制征地数量,从源头上减少征地纠纷的产生,同时也为建立农村集体经营性建设用地市场留出充足空间。规范征地程序,就是通过改革完善征地审批、实施、补偿、安置、争议调处裁决等程序,强化被征地农民的知情权、参与权、收益权、申诉权、监督权,进一步规范和约束政府的征地行为,防止地方政府滥用征地权。完善对被征地农民合理、规范、多元保障机制,就是从就业、住房、社会保障等多个方面采取综合措施维护被征地农民权益,使被征地农民生活水平有提高、长远生计有保障,确保社会和谐稳定。

(三)建立兼顾国家、集体、个人的土地增值收益分配机制,合理提高个人收益

这体现了党的十八大报告关于提高被征地农民在土地增值收益中所占比例的要求,意味着被征地农民集体和个人除了得到土地合理补偿外,还能通过一定方式分享一定比例的增值收益,并且所获得的增值收益要向个人倾斜。这不仅是重大的理论创新,也是维护被征地农民利益的强有力举措,必将进一步深化征地制度改革,为切实解决征地突出矛盾、促进社会和谐稳定奠定制度基础。同时,建立土地增值收益分配机制,要求我们将深化征地制度改革与建立农村集体经营性建设用地市场统筹考虑、同步研究、系统设计、协调推进,平衡好相关各方的利益关系,确保改革平稳推进。

三、城乡统一是方向

改革开放以来,我国城镇国有建设用地市场建设从无到有、从小到大、从无序到规范,取得了明显成效,但农村集体建设用地市场发展不平衡、不规范的问题十分突出,城乡建设用地市场呈现明显的二元特点。《决定》提出,建立城乡统一的建设用地市场,为今后土地制度改革指明了方向。建立城乡统一的建设用地市场是一项长期艰巨的任务,需要深入研究、系统设计,区分轻重缓急、分步实施、配套推进,不断把改革引向深入。基本要求是统筹城镇建设用地与农村集体建设用地和宅基地,统筹增量建设用地与存量建设用地,

实行统一规划,遵循统一规则,建设统一平台,强化统一管理,形成统一、开放、竞争、有序的建设用地市场体系。

(一)规范农村集体经营性建设用地流转

随着社会主义市场经济的发展,农村集体建设用地和宅基地有了较大增值空间,自发隐形无序流转十分普遍,城乡结合部尤为突出。由于这种流转不符合法律规定,缺少有效监管措施和办法,存在巨大法律风险,一旦发生纠纷,集体建设用地和宅基地所有者、使用者的权益都难以得到有效保护。要借鉴国有建设用地管理的经验,加快建立农村集体经营性建设用地流转制度,并将农村集体经营性建设用地交易纳入已有国有建设用地市场等交易平台,促进公开、公平、公正和规范交易。大力培育和发展城乡统一建设用地市场信息、交易代理、市场咨询、地价评估、土地登记代理、纠纷仲裁等服务机构。

(二)切实维护农民宅基地用益物权

《决定》提出:"保障农户宅基地用益物权,改革完善农村宅基地制度,选择若干试点,慎重稳妥推进农民住房财产权抵押、担保、转让,探索农民增加财产性收入渠道。"当前农村宅基地问题十分突出,一是农村宅基地取得困难,违法点多面广,治理难度大;二是退出机制不健全,既造成宅基地闲置,也影响农民财产权益的实现,在一定程度上阻碍了农民顺利进城落户。这既有管理不到位的因素,也有制度和政策不适应的问题。维护农民宅基地用益物权,推动农民增加财产性收入,必须改革完善宅基地制度,在确保农民住有所居前提下,赋予农民宅基地更完整的权能,并积极创造条件,将其逐步纳入城乡统一的建设用地市场。

(三)进一步扩大市场配置国有土地的范围

《决定》指出,"减少非公益性用地划拨","完善土地租赁、转让、抵押二级市场"。就是要让市场在国有建设用地配置中发挥更大作用。虽然国有土地有偿使用推行多年,但重点是在新增建设用地,大量存量建设用地属于划拨用地,划拨用地比例依然偏高,存量划拨用地的盘活还存在政策障碍,二级市场的作用尚未充分发挥。同时,在新增建设用地中经营性基础设施用地等尚未纳入有偿使用范畴。从未来发展趋势来看,新增建设用地增长将受到严格制约,存量建设用地的盘活将成为建设用地供给主要来源。因此,在进一步扩大国有建设用地市场配置新增建设用地范围的同时,必须大力发展和规范完善租赁、转让、抵押二级市场,鼓励支持盘活存量建设用地,为建设资源节约型社会、促进经济结构调整和发展方式转变做出了积极的贡献。

(四)建立建设用地合理比价调节机制

《决定》要求:"建立有效调节工业用地和居住用地合理比价机制,提高工业用地价格。"价格是实现土地资源优化配置的重要手段。多年来,居住用地价格过高、工业用地价格过低,导致资源利用效率降低、产业结构失衡,影响民生事业和经济持续健康发展。对这个问题,各级政府要引起高度重视,切实加强土地供需调节,加快构建居住用地和工业用地合理比价调节机制,促进地价合理回归和土地市场健康发展。

(五)系统安排建立城乡统一建设用地市场的配套措施

建立城乡统一建设用地市场涉及重大利益格局调整,事关全局、意义重大、政策性强,是一项极为复杂的系统工程。必须切实加强领导,坚持培育扶持和严格管控相结合,从法制建设、用途管制、确权登记、市场管控、共同责任等方面整体设计、配套推进。

(1) 加快推进相关法律法规修改和制度建设。这是建立城乡统一建设用地市场的首要任务。要在深入研究重大问题和系统总结各地改革实践经验的基础上，抓紧修改《中华人民共和国物权法》《中华人民共和国土地管理法》《中华人民共和国担保法》《中华人民共和国城市房地产管理法》等法律法规。同时，加快推进建立统一建设用地市场的相关制度建设。抓紧研究出台农村集体经营性建设用地流转条例、农村集体土地征收补偿安置条例。改革完善土地税制，合理调节农村集体建设用地流转收益，促进城乡建设用地市场繁荣发展。

(2) 全面落实用途管制要求。这是建立城乡统一建设用地市场的重要前提。以第二次全国土地调查和年度土地利用变更调查数据为基础，以土地利用总体规划为依托，综合各类相关规划，加快建立完善国土空间规划体系，明确城乡生产、生活和生态功能区范围，充分考虑新农村建设、现代农业发展和农村二、三产业发展对建设用地的合理需求，为建立城乡统一的建设用地市场提供用途管制和规划安排。

(3) 扎实做好城乡建设用地确权登记发证工作。这是建立城乡统一建设用地市场的重要基础。加强农村地籍调查，尽快完成农村集体建设用地、宅基地和城镇国有建设用地的确权登记发证工作。加快建立城乡建设用地统一登记信息查询系统。抓紧研究制定不动产统一登记条例。

(4) 严格对城乡统一建设用地市场的管控。这是建立城乡统一建设用地市场的重要保障。深化农地转用计划和审批管理制度改革；建立健全农村集体建设用地节约集约标准体系；加强城乡建设用地供应和利用的统计监测和形势分析；切实发挥土地储备对建设用地市场的调控功能；对现有违法违规城乡建设用地开展全面清查并研究制定处理政策；加强新形势下对城乡建设用地违法违规行为的执法监察；加强基层国土资源管理机构和能力建设。

(5) 协力构建共同责任机制。这是建立城乡建设用地市场的重要措施。充分发挥方方面面的积极性、主动性和创造性，形成推进合力。必须坚持党的领导，人大、政府、政协等各负其责；必须加强部门联动、政策协调，健全统筹协调推进改革的工作机制，统筹规划和协调重大改革；必须充分相信群众、依靠群众，切实发挥农村集体经济组织的主体作用，增强其履行农村集体土地所有者职责和维护农民土地权益的能力。

源自：http://www.mlr.gov.cn/xwdt/jrxw/201311/t20131122_1293227.htm。

三、其他土地利用管理

(一) 其他用地的概念

根据《土地规划用途分类》标准，其他土地指农用地和建设用地以外的土地，即我们通常所说的未利用地。其他土地包括水域和自然保留地，其中，水域指河流水面、湖泊水面和滩涂；自然保留地指水域以外，规划期内不利用、保留原有性状的土地，包括冰川及永久积雪、沼泽地、荒草地、盐碱地、沙地、裸地、高原荒漠、苔原等。

(二)其他用地利用管理的相关法规阐述

其他土地是土地利用生态保护的主要对象,对其开发利用必须进行严格的审批管理。《中华人民共和国土地管理法》第三十九条规定:"开垦未利用的土地,必须经过科学论证和评估,在土地利用总体规划划定的可开垦的区域内,经依法批准后进行。禁止毁坏森林、草原开垦耕地,禁止围湖造田和侵占江河滩地。"第四十条规定:"开发未确定使用权的国有荒山、荒地、荒滩从事种植业、林业、畜牧业、渔业生产的,经县级以上人民政府依法批准,可以确定给开发单位或者个人长期使用。"《中华人民共和国土管法实施条例》第十七条规定:"禁止单位和个人在土地利用总体规划确定的禁止开垦区内从事土地开发活动。在土地利用总体规划确定的土地开垦区内,开发未确定土地使用权的国有荒山、荒地、荒滩从事种植业、林业、畜牧业、渔业生产的,应当向土地所在地的县级以上人民政府土地行政主管部门提出申请,报有批准权的人民政府批准。一次性开发未确定土地使用权的国有荒山、荒地、荒滩 600 公顷以下的,按照省、自治区、直辖市规定的权限,由县级以上地方人民政府批准;开发 600 公顷以上的,报国务院批准。开发未确定土地使用权的国有荒山、荒地、荒滩从事种植业、林业、畜牧业或者渔业生产的,经县级以上人民政府依法批准,可以确定给开发单位或者个人长期使用,使用期限最长不得超过 50 年。"

第三节 土地节约集约利用管理

一、土地节约集约利用的概念

土地节约集约利用是指通过规模引导、布局优化、标准控制、市场配置、盘活利用等手段,达到节约土地、减量用地、提升用地强度、促进低效废弃地再利用、优化土地利用结构和布局、提高土地利用效率的各项行为与活动①。

二、土地节约集约利用制度的建设

(一)土地节约集约利用制度建设概述

根据《节约集约利用土地规定》第五条规定:"国土资源主管部门应当建立节约集约用地制度,开展节约集约用地活动,组织制定节地标准体系和相关标准规范,探索节约集约用地新机制,鼓励采用节约集约用地新技术和新模式,促进土地利用效率的提高。"

(二)土地节约集约利用制度建设的意义

节约集约用地制度是我国土地管理制度中的一项基础性制度,是保障和促进经济社会科学发展的战略举措。积极推进节约集约用地制度建设和实施具有重大意义:

(1)节约集约用地制度建设和实施是健全最严格的土地管理制度的重要组成部分。

(2)节约集约用地制度建设和实施是完善节约集约用地法制、体制、机制的重要工作任务。

---

①《节约集约利用土地规定》。

(3)节约集约用地制度建设和实施是促进转变土地利用方式和经济发展方式,全面落实节约优先战略的重要着力点。

(4)节约集约用地制度建设和实施是落实最严格的耕地保护制度的重大举措。

(5)节约集约用地制度建设和实施是提升土地资源对经济社会发展的承载能力和利用效益,促进城乡建设用地合理布局和节约集约利用,保障和促进经济社会可持续发展的重要途径。

(三)节约集约用地制度建设的总体要求

节约集约用地制度建设的总体要求是,紧紧围绕科学发展主题和加快发展方式转变主线,以保障经济社会可持续发展为目标,以提升土地资源利用效率和土地投入产出水平为着力点,合理控制建设用地规模,优化土地利用布局和结构,拓展符合资源国情的建设用地新空间,创新节约集约用地模式,加强节约集约用地评价考核,促进各项建设少占地、不占或少占耕地,实现以较少的土地资源消耗保障支撑更大规模的经济增长。

(四)节约集约用地制度建设的基本原则

节约集约用地制度建设的基本原则是:

(1)坚持统筹城乡用地,合理确定用地布局和结构。

(2)坚持建设用地总量控制和用途管制,促进土地利用和经济发展方式转变。

(3)坚持市场配置土地资源,提高土地承载能力和利用效率。

(4)坚持土地使用标准控制,严格用地约束。

(5)坚持节约集约用地评价考核,促进制度有效落实。

(五)节约集约用地制度的基本内容

节约集约用地制度的重点是建立健全以下8项节约集约用地制度。

1. 土地利用总体规划管控制度

国家通过土地利用总体规划,确定建设用地的规模、布局、结构和时序安排,对建设用地实行总量控制。产业发展、城乡建设、基础设施布局、生态环境建设等相关规划,应当与土地利用总体规划相衔接,所确定的建设用地规模和布局必须符合土地利用总体规划的安排。国土资源主管部门通过规划、计划、用地标准、市场引导等手段,有效控制特大城市新增建设用地规模,适度增加集约用地程度高、发展潜力大的地区和中小城市、县城建设用地供给,合理保障民生用地需求。

《节约集约利用土地规定》中关于城乡土地利用布局优化的有关条款

第三章 布局优化

第十条 城乡土地利用应当体现布局优化的原则。引导工业向开发区集中、人口向城镇集中、住宅向社区集中,推动农村人口向中心村、中心镇集聚,产业向功能区集中,耕地向适度规模经营集中。

禁止在土地利用总体规划和城乡规划确定的城镇建设用地范围之外设立各类城市新区、开发区和工业园区。

鼓励线性基础设施并线规划和建设,促进集约布局和节约用地。

第五章 土地利用管理

> 第十一条 国土资源主管部门应当在土地利用总体规划中划定城市开发边界和禁止建设的边界,实行建设用地空间管制。
>
> 城市建设用地应当因地制宜采取组团式、串联式、卫星城式布局,避免占用优质耕地。
>
> 第十二条 市、县国土资源主管部门应当加强与城乡规划主管部门的协商,促进现有城镇用地内部结构调整优化,控制生产用地,保障生活用地,提高生态用地的比例,加大城镇建设使用存量用地的比例,促进城镇用地效率的提高。
>
> 第十三条 鼓励建设项目用地优化设计、分层布局,鼓励充分利用地上、地下空间。
>
> 建设用地使用权在地上、地下分层设立的,其取得方式和使用年期参照在地表设立的建设用地使用权的相关规定。
>
> 出让分层设立的建设用地使用权,应当根据当地基准地价和不动产实际交易情况,评估确定分层出让的建设用地最低价标准。
>
> 第十四条 促进整体设计、合理布局的建设项目用地节约集约开发。
>
> 对不同用途高度关联、需要整体规划建设、确实难以分割供应的综合用途建设项目用地,市、县国土资源主管部门可以按照一宗土地实行整体出让供应,综合确定出让底价。
>
> 综合用途建设项目用地供应,包含需要通过招标拍卖挂牌的方式出让的,整宗土地应当采用招标拍卖挂牌的方式出让。

2. 土地利用计划调节制度

土地利用计划调节制度的总体要求是,加强和改进土地利用年度计划管理,严格控制新增建设用地总量和新增建设用地占用耕地的数量,降低经济发展对土地资源的过度消耗。具体内容包括:

(1)实行差别化的计划区域调节政策,依据国家区域发展战略,从严控制东部发达地区新增建设占用耕地计划指标,合理安排中部和东北地区新增建设用地计划指标,适当增加西部欠发达地区未利用地计划指标。

(2)实行有保有控的产业用地政策,优先安排保障性住房和农民住房、环保、医疗卫生和现代服务业用地,合理安排重点能源、交通、水利等基础设施项目用地,支持战略性新兴产业和高技术、高附加值、低消耗、低排放的新产业、新工艺、新产品项目用地。

(3)统筹安排城乡建设用地增减挂钩、围填海用地和盘活存量建设用地。

(4)鼓励符合条件的地区开展工矿废弃地复垦调整利用和低丘缓坡荒滩等未利用地开发利用。

3. 建设用地使用标准控制制度

建设用地使用标准控制制度的总体要求是,实行建设项目用地准入标准,修订和实施限制禁止用地目录,控制资源消耗高、环境危害大、产能过剩、土地利用强度低、投入产出效益差的项目用地。《节约集约利用土地规定》第十五条规定:"国家实行建设项目用地标准控制制度。国土资源部会同有关部门制定工程建设项目用地控制指标、工业项目建设用地控制指标、房地产开发用地宗地规模和容积率等建设项目用地控制标准。地方国土资源主管部门可以根据本地实际,制定和实施更加节约集约的地方性建设项目用地控制标准。"

建设用地使用标准控制制度的具体内容包括:

(1)实行城乡统一的建设用地指标控制,完善科学可行的建设用地标准体系,修订和实施工程建设项目用地指标,合理确定城镇规划区范围以外的农村宅基地和宅基地建筑占地最高控制面积,控制建设项目用地规模,逐步形成覆盖城乡、覆盖各类产(行)业的建设用地使用标准体系。

(2)实行工业项目建设用地指标控制,适时修订工业项目建设用地控制指标,明确工业项目投资强度、容积率、建筑系数、绿地率、非生产设施占地比例等控制性指标要求,实现工业用地节约集约和优化配置。

(3)探索建立经营性建设项目投资和产出标准体系,综合评定土地利用效率和效益。

《节约集约利用土地规定》中关于建设项目用地标准控制制度的有关条款

第四章 标准控制

第十五条 国家实行建设项目用地标准控制制度。

国土资源部会同有关部门制定工程建设项目用地控制指标、工业项目建设用地控制指标、房地产开发用地宗地规模和容积率等建设项目用地控制标准。

地方国土资源主管部门可以根据本地实际,制定和实施更加节约集约的地方性建设项目用地控制标准。

第十六条 建设项目应当严格按照建设项目用地控制标准进行测算、设计和施工。

市、县国土资源主管部门应当加强对用地者和勘察设计单位落实建设项目用地控制标准的督促和指导。

第十七条 建设项目用地审查、供应和使用,应当符合建设项目用地控制标准和供地政策。

对违反建设项目用地控制标准和供地政策使用土地的,县级以上国土资源主管部门应当责令纠正,并依法予以处理。

第十八条 国家和地方尚未出台建设项目用地控制标准的建设项目,或者因安全生产、特殊工艺、地形地貌等原因,确实需要超标准建设的项目,县级以上国土资源主管部门应当组织开展建设项目用地评价,并将其作为建设用地供应的依据。

第十九条 国土资源部会同有关部门根据国家经济社会发展状况和宏观产业政策,制定《禁止用地项目目录》和《限制用地项目目录》,促进土地节约集约利用。

国土资源主管部门为限制用地的建设项目办理建设用地供应手续必须符合规定的条件;不得为禁止用地的建设项目办理建设用地供应手续。

4. 土地资源市场配置制度

土地资源市场配置制度的总体要求是:实行土地资源市场配置,完善国有土地出让、租赁、作价入股等配置方式。《节约集约利用土地规定》第二十条规定:"各类有偿使用的土地供应应当充分贯彻市场配置的原则,通过运用土地租金和价格杠杆,促进土地节约集约利用。"

土地资源市场配置制度的具体内容包括:

(1)实行经营性基础设施用地有偿使用,缩小划拨供地范围;坚持和完善国有土地招标拍卖挂牌出让制度,依据规划确定用途,通过市场竞争确定土地价格和用地者。

(2)加快推进经营性集体建设用地使用制度改革,城镇建设用地范围外依法取得的集体经营性建设用地使用权,可按有关规定采取公开规范的方式转让,与国有土地享有平等权益。

(3)鼓励集体土地使用权人以土地使用权联营、入股等形式兴办企业,盘活利用闲置土地和低效用地。

《节约集约利用土地规定》中关于通过市场配置
促进节约集约用地的有关条款

> 第五章　市场配置
>
> 第二十条　各类有偿使用的土地供应应当充分贯彻市场配置的原则,通过运用土地租金和价格杠杆,促进土地节约集约利用。
>
> 第二十一条　国家扩大国有土地有偿使用范围,减少非公益性用地划拨。
>
> 除军事、保障性住房和涉及国家安全和公共秩序的特殊用地可以以划拨方式供应外,国家机关办公和交通、能源、水利等基础设施(产业)、城市基础设施以及各类社会事业用地中的经营性用地,实行有偿使用。
>
> 具体办法由国土资源部另行规定。
>
> 第二十二条　经营性用地应当以招标拍卖挂牌的方式确定土地使用者和土地价格。
>
> 各类有偿使用的土地供应不得低于国家规定的用地最低价标准。
>
> 禁止以土地换项目、先征后返、补贴、奖励等形式变相减免土地出让价款。
>
> 第二十三条　市、县国土资源主管部门可以采取先出租后出让、在法定最高年期内实行缩短出让年期等方式出让土地。
>
> 采取先出租后出让方式供应工业用地的,应当符合国土资源部规定的行业目录。
>
> 第二十四条　鼓励土地使用者在符合规划的前提下,通过厂房加层、厂区改造、内部用地整理等途径提高土地利用率。
>
> 在符合规划、不改变用途的前提下,现有工业用地提高土地利用率和增加容积率的,不再增收土地价款。
>
> 第二十五条　符合节约集约用地要求、属于国家鼓励产业的工业用地,可以实行差别化的地价政策。
>
> 具体办法由国土资源部另行规定。
>
> 第二十六条　市、县国土资源主管部门供应工业用地,应当将工业项目投资强度、容积率、建筑系数、绿地率、非生产设施占地比例等控制性指标纳入土地使用条件。
>
> 第二十七条　市、县国土资源主管部门在有偿供应各类建设用地时,应当在建设用地使用权出让、出租合同中明确节约集约用地的规定。
>
> 在供应住宅用地时,应当将最低容积率限制、单位土地面积的住房建设套数和住宅建设套型等规划条件写入建设用地使用权出让合同。

5.节约集约用地鼓励政策制度

1)农用地的节约集约利用

《节约集约利用土地规定》第二十八条规定:"国家鼓励土地整治。县级以上地方国土资源主管部门应当会同有关部门,依据土地利用总体规划和土地整治规划,对田、水、路、林、村进行综合治理,……提高土地利用效率和效益,促进土地节约集约利用。"农用地整治应当促进耕地集中连片,增加有效耕地面积,提升耕地质量,改善生产条件和生态环境,优化用地结构和布局;宜农未利用地开发,应当根据环境和资源承载能力,坚持有利于保护和改善生态环境的原则,因地制宜适度开展;高标准基本农田建设,应当严格控制田间基础设施占地规模,合理缩减田间基础设施占地率。对基础设施占地率超过国家高标准基本农田建设相关标准规范要求的,县级以上地方国土资源主管部门不得通过项目验收。

2) 存量建设用地的节约集约利用

《节约集约利用土地规定》第二十八条规定:"国家鼓励土地整治。县级以上地方国土资源主管部门应当会同有关部门,依据土地利用总体规划和土地整治规划,……对历史遗留的工矿等废弃地进行复垦利用,对城乡低效利用土地进行再开发,提高土地利用效率和效益,促进土地节约集约利用。"

县级以上地方国土资源主管部门可以依据国家有关规定,统筹开展农村建设用地整治、历史遗留工矿废弃地和自然灾害毁损土地的整治,提高建设用地利用效率和效益,改善人民群众生产生活条件和生态环境。

县级以上地方国土资源主管部门在本级人民政府的领导下,会同有关部门建立城镇低效用地再开发、废弃地再利用的激励机制,对布局散乱、利用粗放、用途不合理、闲置浪费等低效用地进行再开发,对因采矿损毁、交通改线、居民点搬迁、产业调整形成的废弃地实行复垦再利用,促进土地优化利用。鼓励社会资金参与城镇低效用地、废弃地再开发和利用。鼓励土地使用者自行开发或者合作开发。

鼓励地上地下空间开发利用,完善地上地下建设用地使用权配置方式、地价确定、权利设定和登记制度。实行城市改造中低效利用土地"二次开发"的鼓励政策,在符合法律和市场配置原则下,制定规划、计划及用地取得、地价等支持政策,鼓励提高存量建设用地利用效率。

3) 开发区节约集约用地

实行开发区节约集约用地鼓励政策,完善开发区节约集约利用评价、考核与升级扩区、优先安排建设用地指标相挂钩的激励机制。实行工业用地节约集约利用鼓励政策,深化完善工业用地提高利用率和容积率不再增收土地价款的规定;实行优先发展产业的地价政策,各省(区、市)确定的优先发展产业且用地集约的工业项目,出让底价可按不低于《工业用地出让最低价标准》的70%确定。

6. 土地利用监测监管制度

县级以上国土资源主管部门通过加强土地市场动态监测与监管,对建设用地批准和供应后的开发情况实行全程监管,定期在门户网站上公布土地供应、合同履行、欠缴土地价款等情况,接受社会监督。《节约集约利用土地规定》第三十四条规定:"省级国土资源主管部门应当对本行政区域内的节约集约用地情况进行监督,在用地审批、土地供应和土地使用等环节加强用地准入条件、功能分区、用地规模、用地标准、投入产出强度等方面的检查,依据法律法规对浪费土地的行为和责任主体予以处理并公开通报。"

土地利用监测监管制度的具体内容包括:

(1)实行土地供应全程监管,以供地前发布实施供地计划、供后规范履行出让合同(划拨决定书)为重点,以国土资源遥感监测"一张图"为基础的综合监管平台为支撑,对土地供应总量、布局、结构、价格和开发利用情况实行全面监管,形成"全国覆盖、全程监管、科技支撑、执法督查、社会监督于一体"的综合监管体系。

(2)实行土地利用巡查,以乡镇国土所为平台和依托,以建设项目开工、竣工、土地用途改变、土地闲置、土地开发利用强度为重点,开展动态巡查。

(3)实行土地开发利用信息公开,定期公布批而未供、供而未用、低效用地、合同履行等情况,扩大公众参与,发挥社会监督作用。

7.土地利用评价考核制度

县级以上国土资源主管部门组织开展本行政区域内的建设用地利用情况普查,全面掌握建设用地开发利用和投入产出情况、集约利用程度、潜力规模与空间分布等情况,并将其作为土地管理和节约集约用地评价的基础。《节约集约利用土地规定》第三十六条规定:"县级以上国土资源主管部门应当根据建设用地利用情况普查,组织开展区域、城市和开发区节约集约用地评价,并将评价结果向社会公开。节约集约用地评价结果作为主管部门绩效管理和开发区升级、扩区、区位调整和退出的重要依据。"

土地利用评价考核制度的具体内容包括:

(1)实行城乡建设用地节约集约利用评价考核,以上一级政府对下一级政府单位国内生产总值建设用地面积下降为考核重点,定期公布考核结果,作为控制区域建设用地规模、下达土地利用年度计划的依据。

(2)定期开展开发区土地集约利用评价,评价结果作为开发区升级、扩区的依据。

(3)开展重点城市建设用地节约集约利用潜力评价,全面掌握城市建设用地利用状况、集约利用程度、潜力规模与空间分布,评价结果作为科学用地管地、制定相关用地政策的重要依据。

8.节约集约用地责任制度

节约集约用地责任制度主要包括共同责任制度和法律责任制度。

1)节约集约用地共同责任制度

由各级党委政府领导节约集约用地工作,加强部门协同联动,充分调动社会力量参与,着力构建"党委领导、政府负责、部门协同、公众参与、上下联动"的共同责任制度。

2)节约集约用地法律责任制度

根据《节约集约利用土地规定》第三十七条规定,县级以上国土资源主管部门及其工作人员违反《节约集约利用土地规定》,有下列情形之一的,对有关责任人员依法给予处分;构成犯罪的,依法追究刑事责任:

(1)违反规定,为不符合建设项目用地标准和供地政策的建设项目供地的。

(2)违反规定,为禁止或者不符合限制用地条件的建设项目办理建设用地供应手续的。

(3)违反规定,低于国家规定的工业用地最低价标准供应工业用地的。

(4)违反规定,通过高标准基本农田项目验收的。

(5)其他徇私舞弊、滥用职权和玩忽职守的行为。

第四节 土地利用生态保护管理

一、土地生态系统概述

(一)土地生态系统的概念

土地生态系统是地球陆地表面上由相互作用、相互依存的地貌、岩石、水文、植被、土壤、气候等自然要素之间以及与人类活动之间相互作用而形成的统一整体。它不仅是指生物和环境以及生物各种群之间长期相互作用而形成的统一整体,着眼于土地各构成要素如植物、岩石、大气、陆地水、动物和人之间的物质迁移与能量转换,更主要的内涵是空间区域上各土地利用类型子系统之间的物质、能量与信息交流与转换,既包括陆地生态系统中自然现象的复杂性,也包括人类在利用土地资源过程中形成的各种社会经济系统的复杂性。

(二)土地生态系统的特征

土地生态系统具有以下特征(吴次芳等,2002)。

1. 土地生态系统的层次性和高维性

土地生态系统的多层次结构表现在水平结构和垂直结构两个方面。在水平结构方面,按利用类型划分有农田生态系统、草地生态系统、林地生态系统、水域生态系统、城镇工矿用地生态系统等子系统。不同子系统有其独特的结构组成和功能表现,各子系统之间又存在相互影响、相互依赖的关系;按景观生态结构又可分出不同的气候、土壤、生物等地带性子系统,不同的地带性子系统由于地域特征的空间差异,在系统结构和功能表现上存在较强的规律性,同时子系统之间也存在明显的物质、能量、信息的相互交换。在垂直结构方面,土地生态系统是一个立体结构,可分为地上层、地表层和地下层3个层面,不同层面之间联系紧密,难以在空间尺度上明确划分,地上层包括气候、局部小气候因素,地表层包括土壤、河川径流、浅层地下水、植物和微生物等要素,地下层则含土壤层以下的岩石、深层地下水等。

2. 土地生态系统中各子系统关联的复杂性

土地生态系统位于岩石圈、大气圈、水圈、生物圈的复合界面,是自然界各种物理过程、化学过程、生物过程、物质与能量的转化与交换过程最活跃的场所,同时又是人类长期活动的历史产物,包含文化、意识、制度、政策、科技、信息、交通等多种社会经济因素。各种自然过程和社会经济过程包含于土地生态系统之中,使土地生态系统不仅表现出自然要素、社会经济要素之间存在的复杂联系,而且农田、草地、林地、城镇工矿用地、水域等不同土地利用类型子系统之间也存在物质、能量和信息的紧密关联。

3. 土地生态系统的不确定性

土地生态系统的边界、结构和功能都具有一定的不确定性,系统内生态特征变化也表现出一定的随机性。这是由于土地生态系统内部组成要素的多样性和复杂性所决定的。如区域气候条件变化,农田产出量变化,子系统之间物质、能量交换方向及交换量等都存在较大的随机性,人们目前还无法进行长期精确的预测。

4. 土地生态系统的开放性和动态性

土地生态系统的开放性与动态性表现在：①土地生态系统和人类之间的物质与能量交换。土地是一个自然历史综合体，本身凝聚着人类社会实践的成分，在长期的演化过程中，不断受到人类的干预。人类活动不断参与土地生态系统的物质与能量的交换，而人们对土地的干预随着社会的发展和科技水平的提高不断变化，使土地生态系统处于一个动态变化过程之中。②土地生态系统和外部系统之间的物质与能量交换。土地生态系统内部的大气循环、地质循环、水循环和生物循环无一不与外界环境紧密联系，在与外界不断进行物质和能量交换的同时，自身系统状态也在不断变化发展。

5. 土地生态系统的自适应性和自组织性

土地生态系统的自适应性和自组织性主要表现在它较系统，具有多层次结构和众多的生物种群，物质与能量的转化与交换途径众多，从而使系统表现出较强的自我调节能力和代偿功能。自我调节能力主要是指通过生物种群数量及结构的改变以抵制环境变化的能力，代偿作用是指当系统内某一能流和物流渠道受阻时，可改由其他渠道继续进行，从而维持系统的正常状态。

（三）土地的生态效应

土地的生态效应是以土地为基质并和一定生物群落相结合产生生态效益对一定地块及其周边地区的影响。对土地生态效应可以从不同的层次与方面来认识。

（1）从土地生态系统内部，即生物与土地环境的相互影响来看，既有生物对土地环境条件的要求与适应性，也体现生物对土地环境的改造。

（2）某一类型的土地生态系统具有多种生态功能，如森林生态系统具有涵养水源、防风固沙、保持水土、调节气候、保护农田等多方面的生态功能。

（3）一个单元的土地生态效应决不仅限于该地块的土地单元，其生态效应会进一步影响其周边地区，如水土保持、风沙危害等的上下游地区，甚至扩大形成一个区域效应。

（4）在看到土地生态效应的环境效应时，还应当看到更大的土地生态经济效应，如环境价值等。

二、土地利用生态保护管理的概念

土地利用生态保护管理是人类在充分认识土地生态系统特征的前提下，以持续地获得经济、生态及社会效益为目标，并依据对土地生态系统的关键生态过程和重要生态因子进行长期监测的结果而对土地利用行为进行的管理活动。

土地利用生态保护管理是人类以科学理智的态度利用、保护土地资源的行为体现。土地资源的可持续利用主要依赖于土地资源的合理利用，因而土地利用生态保护管理是实现可持续发展的手段和重要途径。

三、土地利用生态保护管理的基本原则

土地利用生态保护管理应遵循以下基本原则。

（1）系统性原则。土地生态系统作为一个复杂的大系统，其内部各组成要素之间以及系统与人类之间相互联系、相互作用和相互制约。在这个系统中，单个因素的变化会引起其他因素

甚至整个系统的变化。因此,在土地利用生态保护管理中应遵循系统性原则。

(2)动态性原则。土地生态系统是一个动态系统。该系统内外物质与能量的交换表现出动态演替过程。因此,在土地利用生态保护管理过程中,应加强土地生态环境的动态监测和管理,发现土地生态系统出现逆向演替时,及时予以治理和保护。

(3)平衡性原则。需要对土地生态系统各项功能指标(功能极限、环境容量等)加以认真分析和计算,通过合理的人为管理,减缓外界压力,以保持系统的健康和平衡。

(4)多样性原则。土地生态多样性是土地生态系统发展和生产力的核心,其重要作用包括3个方面:①生物多样性在复杂的时空梯度上维持生态系统过程的运行;②生物多样性是生态系统抗干扰能力和恢复能力的物质基础;③生物多样性是生态系统适应环境变化的物质基础。

四、土地利用生态保护管理的内容

土地利用生态保护管理的内容主要包括土地利用的生产保护管理、土地利用的结构管理、土地利用的生物多样性保护管理和土地利用的污染防治管理等。

(一)土地利用的生产保护管理

土地是人类生产和生活必不可少的物质基础。合理的土地利用活动中,不仅能够保持土地生态系统的平衡和稳定,而且能够进一步改善土地生态系统,提高土地的生产能力,促进土地的持续利用。相反,如果土地利用行为不当,则会造成土地生态系统的破坏,造成土地质量下降,出现水土流失、沙漠化、盐碱化、土壤肥力下降等问题。可以说土地利用过程的生产保护是土地生态管理的终极目标(欧名豪,2011)。

我国的水土流失情况

根据中华人民共和国环境保护部发布的2010年《中国环境状况公报》,我国现有水土流失面积356.92万 km^2,占国土总面积的37.2%。其中,水力侵蚀面积161.22万 km^2,占国土总面积的16.8%;风力侵蚀面积195.70万 km^2,占国土总面积的20.4%。

我国的沙漠化情况

沙漠化是指在干旱、半干旱和部分半湿润地区,由于受自然因素或人类活动的影响,破坏了自然生态系统的脆弱平衡,使原非沙漠的地区出现了以风沙活动为主要标志和类似沙漠景观的环境变化过程,以及在沙漠地区发生了沙漠环境条件的强化与扩张过程。所以,沙漠化也就是沙漠的形成和扩张过程,即所谓的沙质荒漠化。中国是世界上沙漠化面积大、分布广、危害严重的国家之一。据研究,半干旱和半湿润地区的沙漠化,第四纪以来一直存在。20世纪以来,沙漠化过程除了受到数年或数十年的干湿气候波动作用,也受到人类不合理的经济活动的影响,使沙漠化进程加快,而后者是主要的。目前,中国的沙漠及沙漠化土地面积约为160.7万 km^2,占国土面积的16.7%。其中,干旱区沙漠化土地面积87.6万 km^2,半干旱区沙漠化土地面积约为49.2万 km^2,遍及宁夏、陕西、山西、河北、吉林、辽宁、黑龙江、新疆、内蒙古、西藏、甘肃、青海等广大地区,其中人类活动导致的现代沙漠化土地面积约38.57万 km^2。朱震达等根据遥感分析和典型区调查表明,

20世纪50年代以来我国北方沙漠在加速扩展,其中,50年代至70年代中期平均扩展速度为每年1560km²,70年代中期至80年代中期,平均扩展速度为2100km²,1988年到2000年平均扩展速度近3600km²。我国北方沙漠化进程中,潜在、轻度和中度沙漠化土地占沙漠化土地总面积的60%以上。沙漠化防治的主要目标,就是这些由人为因素引起的、发展中的沙漠化,而不是面向整个沙漠和沙漠化。

(二)土地利用的结构管理

土地是国民经济各部门重要的物质条件,各部门的生产活动都离不开土地,都是以占用一定面积土地作为其活动范围的,因此,国民经济各部门之间不仅存在着经济上的结构和比例关系,而且其间也具有土地利用结构和比例关系。

土地生态系统的结构是内稳定性的载体,土地利用结构变化程度应小于土地生态系统的抗干扰弹性。这要求在土地利用中注重生态用地配置。通过在土地利用规划和城市规划中增加生态用地规划内容,加大生态用地的用途管制和空间管制,对生态用地和人类社会生产生活用地进行总体平衡和妥善安排,促进节约集约用地,在满足人类社会对土地资源基本需要的同时,为自然生态保护提供保障。

(三)土地利用的生物多样性保护管理

土地生态系统中的生物多样性是其结构平衡、功能完善和抗干扰能力的基础。通过保护物种关系和生物多样性,保证土地生态系统内部物质循环的连续性、结构复杂性、功能完善性,增强系统的抗干扰能力是土地生态管理的主要内容。

(四)土地利用的污染防治管理

土地污染是土地生态系统破坏的重要原因之一。土地利用的污染防治重点在于减轻工业、农业生产污染和生活污染,减轻系统的纳污压力,增强土地生态功能(欧名豪,2011)。

土地利用生态保护管理的相关法规条文

《中华人民共和国宪法》《土地管理法》《中华人民共和国环境保护法》及相关法规条例,为土地利用生态保护管理提供了法制保障。

1. 宪法

《宪法》确立了国家土地管理法的基本框架和主要内容,构成建立健全土地生态管理法律、法规的基础和依据。《宪法》第九条规定,"国家保障自然资源的合理利用,保护珍贵的动物和植物。禁止任何组织或者个人用任何手段侵占或者破坏自然资源",第二十六条规定:"国家保护和改善生活环境和生态环境,防治污染和其他公害。国家组织和鼓励植树造林,保护林木。"

2. 土地管理法

《土地管理法》第三十二条规定:"县级以上地方人民政府可以要求占用耕地的单位将所占用耕地耕作层的土壤用于新开垦耕地、劣质地或者其他耕地的土壤改良。"第三十九条规定:"开垦未利用的土地,必须经过科学论证和评估,在土地利用总体规划划定的可开垦的区域内,经依法批准后进行。禁止毁坏森林、草原开垦耕地,禁止围湖造田和侵占江河滩地。根据土地利用总体规划,对破坏生态环境开垦、围垦的土地,有计划有步骤地退耕还林、还牧、还湖。"第四十一条规定:"国家鼓励土地整理。县、乡(镇)人民政府应当组织农村集体经济组织,按照土地利用总体规划,对田、水、路、林、村综合整治,提高耕地质量,增加有效耕地面积,改善农业生产条件和生态环境。"

3. 环境保护法

针对土地利用,《环境保护法》提出,应当加强对农业环境的保护,促进农业环境保护新技术的使用,加强对农业污染源的监测预警,防治土壤污染和土地沙化、盐渍化、贫瘠化、石漠化、地面沉降以及防治植被破坏、水土流失、水体富营养化、水源枯竭、种源灭绝等生态失调现象,推广植物病虫害的综合防治。科学合理施用农药、化肥等农业投入品,科学处置农用薄膜、农作物秸秆等农业废弃物,防止农业面源污染。城乡建设应当结合当地自然环境的特点,保护植被、水域和自然景观,加强城市园林、绿地和风景名胜区的建设与管理。

到目前为止,中国的环境与资源保护法律体系虽然已经基本形成。针对土地合理利用和生态环境保护,《草原法》(1985年)、《野生动物保护法》(1988年)、《水土保持法》(1991年)、《矿产资源法》(1996年修改)、《森林法》(1998年修改)、《水污染防治法》(1996年和2008年分别修改)、《环境影响评价法》(2002年)、《畜禽规模养殖污染防治条例》(2014年实施)等法律法规先后出台。但总体而言还较为笼统,生态保护相关法律、法规还不完善,一些具体领域还缺乏专门的法律法规。因此需要进一步加强立法工作,把土地利用中的生态环境保护全面纳入法制化轨道,尽快制定《自然保护区法》《土壤污染防治法》《转基因生物安全法》《生态保护法》等法律,制定《生物遗传资源管理条例》《物种资源保护条例》《农村环境保护条例》等有关法规。

4. 土地利用总体规划

在科学发展观指导下,我国以《土地管理法》为依据,制定了《全国土地利用总体规划纲要(2006—2020年)》,以引导全社会保护和合理利用土地资源。其中,协调土地利用与生态建设是其主要任务之一,提出要充分发挥各类农用地和未利用地的生态功能,保护基础性生态用地;积极推进以土地整理复垦为重点的国土综合整治,统筹土地利用与生态环境建设;制定不同区域环境保护的用地政策,因地制宜改善土地生态环境。

第五节 土地利用动态监测管理

一、土地利用动态监测的概念和目的

土地利用动态监测是指运用遥感、土地调查等技术手段和计算机、监测仪等科学设备,以土地详查的数据和图件作为本底资料,对一个国家或地区土地利用状况及其动态变化进行定

期或不定期的监视和测定,并对土地利用状况及其动态变化进行全面系统的反映和科学分析的一项管理工作。

土地利用动态监测的目的在于及时、准确掌握土地利用状况(数量、质量、空间分布等),为政府决策和各级土地管理部门制定管理政策和落实各项管理措施提供科学依据。

二、土地利用动态监测的特点和作用

(一)土地利用动态监测的特点

土地利用动态监测的特点包括:

(1)监测成果的多样性。为适应各级土地管理机构的需求,通过土地利用监测定期提供全国和各省、市、县的土地利用现状资料,包括面积数据和反映土地利用空间分布的图面资料。同时,除开展按固定调查项目连续监测外,还需做固定项目的专题调查。

(2)监测体系的层次性。各级土地管理部门的监测机构,互为关联形成监测体系,既能保证监测成果的统一性和可比性,又能开展各自辖区的监测任务,提供辖区的监测成果。在体系中一般分两个基本层次:一层是国家和省级的,重点提供全国和全省的土地利用宏观数字;另一层是县、乡(镇)级的,提供本辖区的土地利用资料。两个基本层次的监测指标、技术手段和精度要求上可有区别,但在监测指标和数据传输的上下层面上能接口。

(3)技术要求的区域性。我国地域广阔,不同地区之间的自然条件、经济发展程度和土地利用水平差异悬殊,故可将全国土地分成若干类型区和重点监测区,不同地区在监测周期、方法手段和精度要求上应有所不同。

(4)技术手段的综合性。根据我国土地利用监测的任务和要求,在技术手段上宜采用卫星遥感、航空遥感、抽样调查和地面调查相结合的方法,发挥各自优势,使得总体功能上满足各项需要。

(二)土地利用动态监测的作用

土地利用动态监测的作用包括:

(1)保持土地利用有关数据的现势性,保证信息能不断得到更新。

(2)通过动态分析,揭示土地利用变化的规律,为宏观研究提供依据。

(3)能够反映土地规划实施状况,为规划信息系统及时反馈创造条件。

(4)对一些重点指标进行定时监控,设置预警界线,为政府制定有效政策与措施提供服务。

(5)及时发现违反土地管理法律法规的行为,为土地监察提供目标和依据等。

三、土地利用动态监测的内容

土地利用动态监测包括土地利用变化监测(耕地变化、建设用地扩张、水域变化等)、土地政策执行情况监测(规划目标执行情况、建设用地批准后使用情况、土地整治项目实施情况)、土地生产力状况监测(耕地地力、土地投入产出水平等)和土地环境条件监测(耕地污染、农田防护林效果、土地植被变化等)。现阶段土地利用动态监测的重点包括建设用地扩张情况、耕地总量动态平衡情况和基本农田保护区情况的监测等。

四、土地利用动态监测的技术方法

我国土地利用监测的传统方法有土地利用现状调查和变更调查等,主要通过实地调查了解土地实际利用情况,一直以来都被广泛应用。随着土地利用变化日趋频繁,利用常规传统的监测手段难以满足快速准确监测土地资源变化的要求,基于遥感的土地利用动态监测方法得到广泛运用(许南海,2013)。

(一)土地利用现状调查

我国在 2007—2009 年期间开展了第二次全国土地调查,利用传统土地利用现状调查方法,分县全面查清了我国土地的类型、数量、质量、分布、利用状况并做出科学评价,为制定国民经济计划和有关政策,进行农业区划、土地利用规划、建立土地调查、土地统计、土地登记制度以及土地基础信息系统等提供了科学依据。之后每年开展的土地变更调查及时客观地反映了土地利用变化状况,为实施严格的耕地保护制度以及全面落实运用土地政策参与国民经济宏观调控职能提供了数据支持。

(二)土地利用动态遥感监测

1. 土地利用动态遥感监测的概念

土地利用动态遥感监测,是以上一年度土地变更调查的数据及图件为基础,运用遥感图像处理与识别技术,从遥感图像上提取变化信息,从而达到对耕地及建设用地等土地利用变化情况定期监测的目的。与其他监测手段相比,遥感监测具有速度快、精度高、范围广等特点。自新一轮国土资源大调查至今,建立了在充分利用 3S 以及地面调查和计算机网络通讯等技术手段基础上的土地利用动态遥感监测体系,进行了连续、多周期、多目标的遥感监测,实现了对重点地区、特定目标土地利用状况的快速监测。

2. 土地利用动态遥感监测的优点

土地利用动态遥感监测的优点有:

(1)监测成果具有精度高、现势性强、可视化程度高、客观反映现状、检索查询便捷等优点,体现了客观性、及时性,弥补了人工巡查的时间与人力不足的缺陷。

(2)克服了常规巡查的人为性偏差,实现了优势互补,扩大了监管的广度和深度,实现了对违法违规用地早发现、早报告、早制止、早纠正的快速反应。

3. 土地利用遥感监测成果在国土资源管理工作中的应用

土地利用动态遥感监测成果能全面准确地反映近年来的土地利用变化情况,为国土资源管理提供现势性的基础资料,在土地参与国民经济宏观调控方面发挥了重要作用。

1)在土地利用调查中的应用[①]

在土地利用调查中应用动态遥感技术主要是利用遥感和 GIS 等高科技手段,快速、准确、高效地发现并提取新增建设用地信息,确定变化图斑占用地类型。监测重点是城市新增建设用地情况,并通过叠加土地利用规划图等相关资料确定其一致程度,及时将监测成果提交相关土地利用部门。

通过两个时相遥感影像的对比,可新增工矿、码头、居民点、道路等建设用地信息,如图 5-1 所示。

---

① 中国国土资源航空物探遥感中心. http://www.agrs.cgs.gov.cn/yyly/201608/t20160818_372273.html.

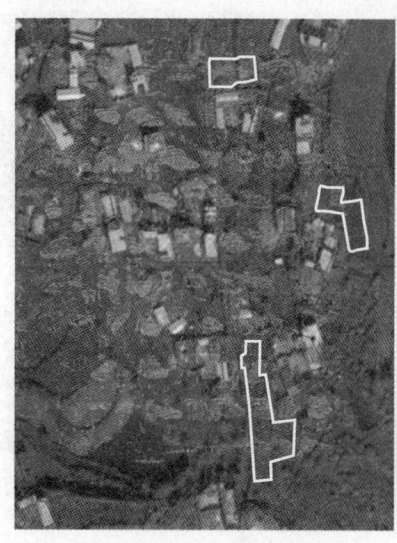 

图 5-1 新增居民点

动态遥感监测在土地变更调查中应用的优势

将动态遥感监测技术应用在土地变更调查中具有以下优势：

(1) 减少人为干预，保障数据真实。以往国家单纯对数据流量的合理性进行审核，外业实地核实量很小，人为干预调查成果的空间较大。新形势下土地变更调查工作，以全覆盖的遥感影像为基础，结合遥感动态监测成果，对数据质量总体掌控，辅以对数据流量的合理性审核，可以全面核查每一变化图斑的地类、位置、范围，尤其是国家级外业核查手段的采用，最大限度地避免了人为干预调查数据的现象，保证了数据的真实性。

(2) 数据覆盖广，整合度高。对照遥感监测影像，对国家下发遥感监测图斑逐一核实，并将规划、耕保、执法和地籍等多个部门的数据进行有效整合。整合年度土地利用计划下达、执行情况资料，基本农田补划、调整等相关图件、数据资料，年度建设用地审批、土地开发复垦整理等资料，违法用地的数量、范围、位置及查处资料，全面摸清了辖区内土地利用变化情况，尤其是新增建设用地情况，克服过去主要依据用地批文进行土地变更的局限性，保证了年度变更调查成果的完整性、现势性。

来源：《土地利用动态遥感监测技术及成果在国土资源管理工作中的应用》。

2）土地整理与复垦遥感监测①

利用遥感技术对土地整理项目区土地平整、规划农田水利设施、道路的修建及修缮状况等实施情况进行监测，监测成果为政府部门监管土地整理项目提供了第一手的翔实资料，对国家土地整理工作的可持续开展与科学管理具有十分重要的意义。土地整理前后变化如图 5-2 所示。

---

① 中国国土资源航空物探遥感中心. http://www.agrs.cgs.gov.cn/yyly/201608/t20160818_372273.html.

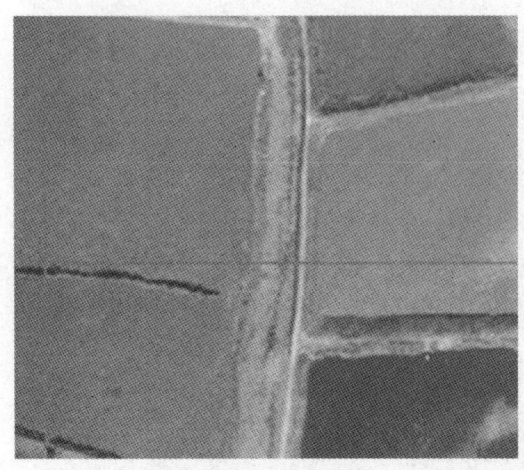

图 5-2 土地整理前(鱼塘)后(耕地)遥感影像图对比

3) 在土地卫片执法检查工作中的应用

卫片执法检查是指国土资源部按行政区划,将卫片下发到相应的县(市)、区,要求县(市)、区政府组织国土部门,对卫片所反映的每个变化图斑地块逐一进行核查,查出哪些用地是合法的,哪些是违法的(图 5-3)。对违法用地按照国土资源部的要求进行依法查处、整改,对有关责任人进行依法追究,对土地管理混乱、违法违规严重地区的政府领导人实施问责等。

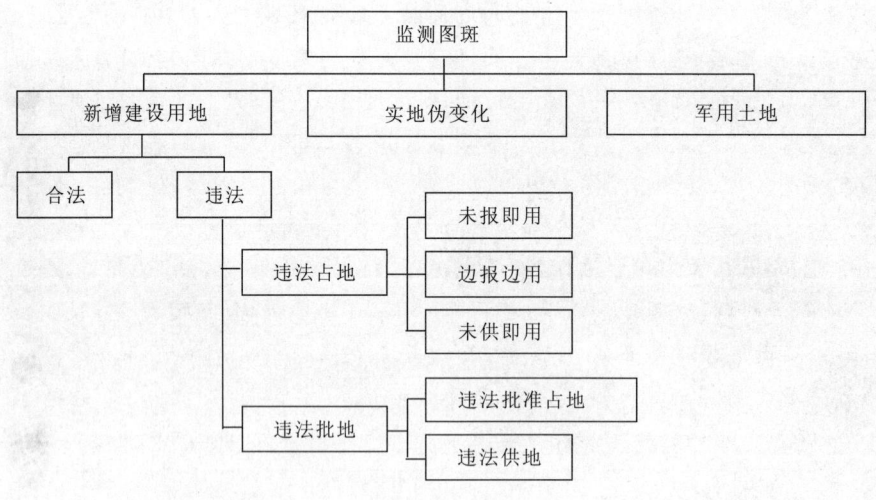

图 5-3 卫片执法检查实务操作流程

遥感影像提供了一个客观的、持久的解译数据源,使得数据结果重现,是土地执法检查部门事前发现、事中跟踪、事后评价的基础数据来源,最大限度地及早发现土地违法行为,包括因交通不便不易通过巡查及时发现或因检查不到位而隐藏的土地违法行为,威慑了各种不规范用地行为,遏制了违法用地现象,取得了明显的效果。

4) 国家级开发区遥感监测[①]

国家级开发区遥感监测主要是利用最新遥感数据监测国家级开发区面积、规划执行情况、土地利用现状、建设用地容积率、用地行业状况、用地程度和经济指标等，为国家清理整顿开发区提供翔实、准确、现势性的基础资料（图5-4）。

5) 在用地审批业务中的应用

遥感监测成果数据客观反映监测区耕地、建设用地变化情况，使新增建设用地占用耕地面积、范围得到直观体现。应用季度监测、半年监测以及年度监测的动态监测数据成果可以快速发现监测区域范围内

图5-4 开发区行业用地遥感监测图[①]

用地现状、耕地变化情况和地类变化情况，对于需要审批的建设用地通过高分辨率监测成果数据可以客观地确认其合法性、可行性和科学性，通过实地验证，即获取到土地利用的现势性数据，减少了资金浪费，使土地管理决策机构根据土地利用动态遥感监测成果数据，决策用地指标，制定用地管理措施，并对建设用地的审批、利用、开发、管理实现动态监督。

6) 土地快速应急反应监测[①]

利用卫星影像对特定地区、特定任务、突发事件进行快速、应急反应监测，发挥遥感监测追索历史数据、快速监测变化、准确提取信息、全面反映土地利用状况和应用的技术优势，配合清理整顿治理土地市场秩序，为建设用地审批和管理提供决策依据。

图5-5 项目动工前（左图）后（右图）遥感影像图对比[①]

如图5-5所示，利用项目动工前（左图）、项目实施过程中以及项目竣工后（右图）3年内7个时相和3种高分辨率航空、航天遥感影像，对某项目用地实施多年逐时相的监测。对比项目

---

① 中国国土资源航空物探遥感中心. http://www.agrs.cgs.gov.cn/yyly/201608/t20160818_372273.html.

建设前后"无法恢复工业用地""可复垦工业后备用地"和"尚未占用耕地(含已复垦土地)"的变化及现状。利用遥感数据重现同一地区各时相用地现状,避免因时间较长,导致无法确认其违法用地的时间、程度和建设过程的现象。

习题与思考题

1. 简述耕地利用管理的措施、林地用途管制制度的内容。
2. 简述建设用地利用管理的内容。
3. 简述土地节约集约利用的概念、意义和基本内容。
4. 什么是土地利用生态保护管理?包括哪些内容?
5. 简述土地利用动态监测的概念、目的和内容。土地利用动态监测有哪些技术方法?

主要参考文献

方芳.土地资源管理[M].上海:上海财经大学出版社,2006.
国土资源部土地估价师资格考试委员会.土地管理基础[M].北京:地质出版社,2000.
刘胜华,刘家彬.土地管理概论[M].武汉:武汉大学出版社,2005.
欧名豪.土地利用管理[M].2版.北京:中国农业出版社,2011.
濮励杰,彭补拙.土地资源管理[M].南京:南京大学出版社,2002.
谭术魁.土地资源学[M].上海:复旦大学出版社,2011.
王万茂.土地资源管理学(第2版)[M].北京:高等教育出版社,2011.
吴次芳,陈美球.土地生态系统的复杂性研究[J].应用生态学报,2002,13(6):753-756.
许南海.土地利用动态遥感监测技术及成果在国土资源管理工作中的应用[J].城市建设理论研究,2013(6).
朱道林.土地管理学[M].北京:中国农业大学出版社,2007.
杨飞龙.中国与匈牙利土地利用中生态环境保护制度的比较[J].台湾农业探索,2012(6):31-35.
中华人民共和国环境保护部.HJ/T 192—2006 生态环境状况评价技术规范(试行)[S].中华人民共和国环境保护部,2006.
中华人民共和国国土资源部.城市土地集约利用潜力评价技术规程(试行)[S].中华人民共和国国土资源部,2007.
中华人民共和国住房和城乡建设部.GB 50137—2011 城市用地分类与规划建设用地标准[S].中华人民共和国住房和城乡建设部,2011.
中华人民共和国建设部,中华人民共和国国家质量监督检验检疫总局.GB 50188—2007 镇规划标准[S].中华人民共和国建设部,中华人民共和国国家质量监督检验检疫总局,2007.
中华人民共和国建设部.GB 50178—93 建筑气候区划标准[S].中华人民共和国建设部,1993.
中华人民共和国国土资源部.TD/T 1014—2007 第二次全国土地调查技术规程[S].中华人民共和国国土资源部,2007.
中华人民共和国国土资源部.第二次全国土地调查数据库建设技术规范[S].中华人民共和国国土资源部,2007.

第六章 土地信息管理

第一节 土地信息管理发展概述

一、土地信息管理与土地信息管理系统

(一)土地信息管理的概念

现代土地管理是一项非常庞大、复杂的工作,有海量的土地信息和土地数据需要综合处理和考虑,而传统的资源信息获取能力有限,不能及时、准确、全面地了解资源状况信息。因此,为了提高土地信息管理效率,有必要在土地资源调查和研究的基础上,利用计算机软、硬件设施,将与土地有关的信息和参数,如土壤、地貌、土地利用等要素的数据以及相关的社会经济要素数据,按照空间分布或地理坐标,进行输入、存储、检索、显示和综合分析的技术系统,也就是土地信息系统(Land Information System,简称 LIS)。因此,土地信息管理是现代土地管理过程中最重要的内容之一,而 LIS 是快速、有效实现土地信息管理的必然途径。

土地信息和土地数据

> 土地信息是用文字、数字、符号、图件等形式定性、定量、定位、定时、可视化地表示土地的各种空间属性、自然属性、经济属性和权能属性以及这些属性之间相互的联系。
>
> 土地信息的内容根据土地特征可以分为:土地的环境信息、基础设施信息和土地的社会经济信息。土地的环境信息包括气候、土壤、地形、地貌、生物等;土地的基础设施信息包括交通运输、建筑物和各种公共设施等;土地的社会经济信息包括经济发展状况、人口、社会状况等。
>
> 土地信息按照土地管理内容可以分为:地籍信息、土地利用信息、土地市场信息。地籍信息包括土地的位置、数量、质量、权属、用途和价格等;土地利用信息包括农用地、耕地等的利用和保护,建设用地的管理,土地用途管制及土地利用规划的实施和管理等;土地市场信息包括土地市场交易中交易主体、交易客体及土地市场供应与需求情况信息等。
>
> 土地信息按照获取途径还可以分为:实地测量信息、摄影测量和遥感信息、专题考察与调查信息、统计信息等。
>
> 土地数据是建立土地管理信息系统的基础。土地数据按照内容可以分为基础控制测量数据、土地利用数据、地籍数据、地价数据、土地分等定级数据和土地开发、复垦和整理数据等。按照表现形式可分为图件数据、表格数据、卡片数据、文档数据等。按照其性质可分为矢量数据、栅格数据、属性数据等。

土地信息管理从学科的角度来看,属于土地科学体系的内容。现代土地科学的研究,已经离不开土地信息管理的支持,而土地信息系统的普及和进步必将促进土地科学的长远发展。土地信息管理可以视为一门学科,是关于描述、存储、分析和输出土地信息的理论和方法的一门新兴的交叉学科。从土地信息的获取、处理、表达、存储、分析和输出来看,土地信息学与测绘科学、计算机科学、管理学以及土地科学联系紧密(图6-1)。

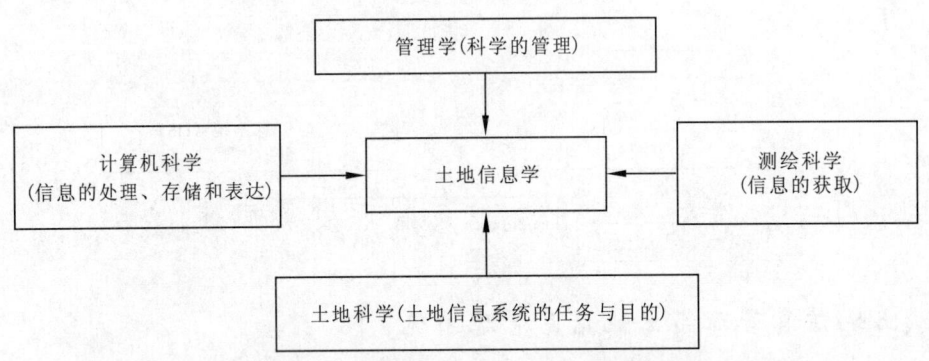

图6-1　土地信息管理学与相关学科的关系

国际测量人员联合会(FIG)对LIS的定义是:"LIS是一种用于法律、行政管理和经济决策的工具,并辅助规划和开发。一方面,这种系统是由数据库组成,数据库中包含特定地区的与土地有关的空间配准数据;另一方面,该系统的组成部分还包括一些处理过程和技术手段,用于系统采集、更新、处理和发布数据。一个LIS的基本特点是系统内数据具有统一的空间参考系,便于对系统内的数据与系统外其他与土地有关的数据建立关联。"

LIS是以空间数据为基础,在计算机软硬件的支持下,对土地信息进行采集、管理、操作、分析、模拟和显示,并采用空间模型分析方法,适时提供多种空间和动态的土地信息并应用和传播土地信息,为决策服务而建立起来的计算机技术系统。它是法律、行政和经济决策的工具,也是规划和发展的辅助工具。LIS的基础是统一的空间参照体系,这样便于系统内数据与其他和土地相关数据的连接。

LIS属于信息系统范畴中资源信息系统分支中的一类(图6-2)。一般而言,LIS具有以下3个方面的特征。

(1)具有采集、管理、分析和输出多种土地空间信息的能力。

(2)以土地研究和土地决策为目的,以模型方法为手段,具有空间分析、多要素综合分析和动态预测的能力,并能产生多层次的土地信息。

(3)由计算机系统支持进行土地数据管理,并由计算机程序授拟常规的或专门的土地分析方法,作用于空间数据,产生有用信息;计算机系统的支持是LIS的重要特征,使LIS快速、准确、综合地对复杂的地理系统进行空间定位和动态分析。

(二)LIS的重要特点

LIS由于其特定的面向目标,具有与一般地理信息系统不同的特点。这些特点包括以下一些内容。

(1)界面更加友好,系统更加智能化。LIS是实用管理型信息系统,信息系统使用者是政府部门的土地管理工作人员,而一般地理信息系统通常是研究设计型信息系统,使用者通常是

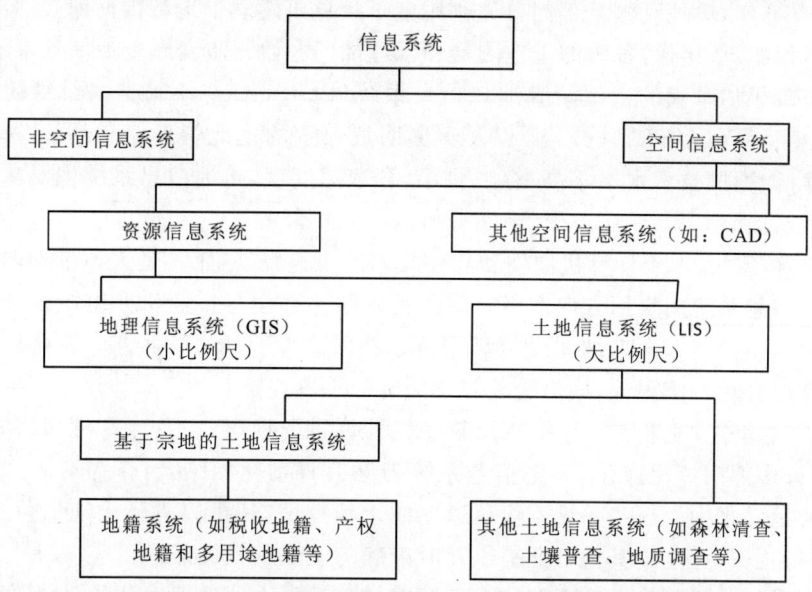

图 6-2 国际测量人员联合会描述的土地信息在信息系统框架中的位置

研究人员或工程设计人员。这个特点意味着 LIS 用户界面必须更加友好、更加智能化,否则系统难以推广。

(2)严格的数据保护与保密措施。土地管理不同于其他一般的管理,土地的数据都具有严格的法律效力,进入系统的数据以及更改一个数据都必须有一定的法律程序。LIS 设计者必须采取严格的数据保护与保密措施,保护数据不被其他人篡改破坏。

(3)采用分布式数据库管理系统。LIS 数据量庞大,信息量大于一般的地理信息系统,土地信息种类繁多,关联十分紧密,造成土地信息数据结构复杂。一个 LIS 通常是多终端使用的,土地信息数据亦要被多层管理部门所使用,因而支持这样海量的数据管理必须采用分布式数据库管理系统,又必须以局域网与广域网相结合共同支持。

(4)模型复杂。LIS 不仅包括自然资源信息的管理,而且也包括资产信息的管理,因为土地既是一种重要的自然资源,又是一种重要的资产。对于资产管理,LIS 在模型上带有强烈的土地经济学、金融学的特征。它必须根据国家土地政策法律、土地市场管理法规、土地金融交易规律等领域的要求,制定数据处理数学模型。这种模型常常变易性很大,又需要将人们经验性的、难以定量的因素和约束条件考虑进模型中去,因而模型通常较为复杂。

(5)信息现势性要求高。LIS 对于信息的现势性要求比一般的地理信息系统强烈。土地自然属性的变化通常比较缓慢(自然灾害除外),而土地的社会经济属性的变化却很快,国家一项土地政策改变,常常使全国土地的社会经济属性发生剧烈改变。为解决 LIS 的现势性问题,通常需要一支地籍测量与调查的技术队伍。LIS 必须与现代测量工具留有接口,使测量信息能立即录入系统的数据库。

二、国外土地信息管理发展概述

LIS 的发展一直伴随着资源调查和规划管理以及计算机的应用发展。它始于 20 世纪 60

年代,早在1956年,奥地利测绘部门首先利用电子计算机建立了地籍数据库。

进入20世纪60年代,各国的土地测绘和管理部门开始逐步发展土地信息系统(LIS)用于地籍管理,出现了加拿大的土地清查地理信息系统(CGIS,1969年)、美国纽约的土地利用和自然资源信息系统(LUNR,1967年)以及美国明尼苏达的土地管理信息系统(MLMIS,1969年)等。当时,计算机技术水平不高、存贮量小、存取速度慢,土地信息系统主要功能多集中在对土地静态数据管理以及制图方面,空间分析的功能较薄弱。

20世纪70年代,由于计算机硬件和软件技术的飞速发展,尤其是大容量存取设备磁盘的使用,使土地信息系统向实用方向发展。澳大利亚联邦科学与工业研究组织设计的土地利用规划信息系统,美国北卡罗来纳州土地利用信息系统(NCLUIS)等都将土地评价与规划过程相结合,具有综合性和实用性,成为土地管理的有效手段。

20世纪80年代,随着图形工作站及新一代计算机的推出,以及计算机网络的建立,空间信息系统在许多部门广泛应用,土地信息系统与办公自动化相结合,作为有关部门的必备工具,投入日常运转之中。这些系统不仅可以完成土地登记,还可以进行土地估价、税收及规划等方面的支持工作,并能给其他行业提供及时准确的土地及相关信息。

进入20世纪90年代,专家系统和人工智能技术被引入到地理信息系统的研究中,出现了知识型地理信息系统(KGIS)和土地管理决策支持系统,并在土地管理中发挥越来越重要的作用。

进入21世纪后,从国内外土地信息系统的发展过程可以看出,随着各方面技术的不断发展,土地管理理论与实践的不断完善,土地信息系统将向功能更加全面、结构更加复杂的方向发展。LIS逐渐与Internet、专家系统和人工智能相结合,解决多层次、多因素、非线性变化的复杂问题,加强LIS的土地管理决策功能,并实现LIS信息的网络发布。与更多的自然资源和社会经济发展等大型项目综合开发,应用于社会经济领域,实现LIS的综合化发展等是土地信息系统发展的必然趋势。

此外,进入21世纪,信息技术继续保持迅猛的发展势头,向高速大容量、网络化、综合集成化方向发展的势头更加迅猛,通信、光学、微机械、认知科学、传感技术等多学科相互交叉,涌现出云计算、智慧地球、物联网等新技术、新理念,正孕育着新的重大突破,并继续向经济社会各领域广泛渗透。对地观测系统向高分辨率、智能化、网络化、综合协作方向发展,正在迈向多层、立体、多角度、全方位和全天候对地观测新时代,获取地表信息的周期越来越短,精细化程度越来越高,途径越来越多。随着深部探测技术的发展,将会获取更加丰富的地球深部信息。信息技术的迅猛发展正在深刻地改变着信息化发展的技术环境和条件。现代土地信息管理面临的新形势对信息化提出了新的更高要求。

发达国家的土地信息化建设开始时间较早、资金充足、管理体系以及法制体系都相对完善,有着良好的数据基础和先进技术的支持,土地信息共享程度高,已由部门内部共享逐渐转向社会范围共享,对于LIS的研究和建设都趋向成熟。

(一)加拿大

为了便于利用计算机处理、分析和管理地理数据,1960年加拿大测量学家Roger F Tomlinson提出,利用电子计算机处理和分析地理数据,把传统的纸质线划地图转变成数字形式的地图。Roger F Tomlinson于1963年首先提出了"地理信息系统"这一概念,并在1964年建立了"加拿大地理信息系统(CGIS)"[①],该系统是世界上第一个地理信息系统,用于自然资源的管理与规划(Burough,1986)。CGIS是世界上最早建立的以土地调查和宗地管理为原型的地籍信息系统。近年来,加拿大联邦和各省高度重视自然资源的利用、管理和信息化服务。1998年,安大略省自然资源部就开始实现安大略省土地信息系统计划(LIO),其目标就是要建成一个集数据采集、处理、存储、管理和查询为一体的土地管理信息系统。

(二)美国

美国政府于1971年由内政部地质调查所地理组负责开展全国1∶10万、1∶25万土地利用地形图的编制。1970年至1976年期间,美国发展了50多个地理信息系统,用于获取和处理地质、地理、地形和水资源等领域的空间信息,较典型的有GIRAS,主要用于输入、处理、分析和输出全国范围土地利用以及土地覆盖制图的空间数据。美国环境研究所在多年从事地理信息软件和应用工作的基础上于20世纪80年代初推出了新的GIS软件ARC/INFO,这种混合的数据模型兼顾了空间数据和非空间数据这两种不同性质数据的特点,有效实现了这两种数据的操作、处理和管理。在软件的结构上采取基本模块组成的工具箱,以实现输入、分析、管理和显示输出的功能,使用户可以作二次开发扩充。ARC/INFO在土地管理部门得到了广泛的应用。到20世纪90年代末,美国各州都建立了地籍管理信息系统,实现了地籍管理的科学化。从1997年起,美国地质调查局(USGS)和宇航局(NASA)建立了全国统一的分类标准和数据标准,并开始进行地质图的数字化工作。至今已经完成了占国土面积一半以上的区域地质数据数字化工作,并进行了建库工作。用户可以通过这一系统在Internet上完成各种信息的查询工作。

美国环境系统研究所(ESRI)

美国环境系统研究所(Environmental Systems Research Institute,简称ESRI)成立于1969年,总部设在美国加州Red Lands市,是世界最大的地理信息系统技术提供商。在全美各地都设有办事处,世界各主要国家均设有分公司或者代理,全球员工总数超过4000名。其商业合作伙伴计划,在全球有超过2000个领域开发商、咨询服务商、增值代理以及数据提供商,与分布在80个国家的国际代理一起,构成了ESRI公司强大的技术支持与服务网络。主要产品包括:ArcGIS、ArcView、ArcEditor、ArcInfo、ArcGISServer、ArcIMS、ArcSDE。其官方网站见:http://www.esri.com/。

(三)德国

联邦德国是一个具有悠久地籍管理历史,且地籍管理技术含量高的国家。德国测量署于1997年开始着手设计建设综合官方的地籍信息系统(ALKIS),于2005年所有的州启动该系

---

① CGIS主页见http://cgis.ca/。

统的建设进程,努力实现将自动化不动产地籍簿(ALB)和自动化不动产地籍图(ALK)合二为一,开发成为综合官方地籍信息系统(ALKIS)。该系统建成后其地籍信息的全数字化管理将得以实现,地籍管理工作的效率将得到大大提高,同时,使得地籍管理信息系统与其他 GIS 系统高效的、无损的数据转换成为可能。

(四)芬兰

芬兰的土地信息管理已有近 500 年的积累,负责土地信息管理工作的机构是芬兰国家土地测量署(NLS)。1993—1997 年,一种新型的基于 GIS 的地籍管理信息系统在芬兰建立,于同一数据库中存储图形数据和属性数据,系统能同时完成地籍调查和地籍测量,同时可提供地籍电子地图信息服务。该系统包含了 SOGB 的数据,运行在 700 多个工作站里,分散于芬兰的各个测绘局,形成了一个紧密联系的有机整体。在 1995—1997 年间,芬兰基于 Small World GIS 软件作为系统开发工具,成功设计和开发了新的系统(JAKO)。在此基础上,1999 年芬兰完成了覆盖全国的图件数字化工作。

(五)荷兰

在荷兰,负责土地信息管理和服务的机构是地籍署。由于 1994 年以来,荷兰政府的私有化政策及机构改革实施,地籍署具有政府机构和私营企业的双重身份。自 1990 年开始,荷兰采用数字形式进行土地登记,完成了基于 Internet 的地籍信息查询、分析以及可视化系统,建立了地籍信息(属性)的联网查询系统。1997 年完成全国 750 万个地块的地籍图数字化工作(约 3 万多幅 AO 幅面的图件)。全国大比例尺地形图、地籍图以及土地登记数据库的建设也于 1999 年完成。2001 年底荷兰的地籍信息系统提供 Web 环境下的基于终端仿真技术的信息在线发布,还完全实现了对图形和属性历史数据的统一管理。

(六)日本

日本的地理数据数字化在亚太地区是相对领先的,可以与北美及欧洲相媲美。日本统计局于 1960 年为人口普查制作的 1km 栅格数据是其最早的数字化数据。日本国家土地局于 1974 年建立了基于栅格的、综合有具有点、线、面和网络数据的地理数据库。在日本有着基于不同比例尺的各种数字地图、数字高程模型(DEM),具有覆盖整个国家 50m、250m、1km 的 DEM。数字地图:1∶2500 数字地图(主要针对市区);1∶1 万数字地图(针对部分人口密集的地区);1∶2.5 万数字地图和数字影像图;1∶20 万数字地图和数字影像图。此外还有国家土地局和地理测绘院联合完成的国家土地数字地图。

(七)韩国

韩国于 1990 年起开始对其地籍图进行数字化,在 2003 年完成。于 1996 年投资 2500 万美元制作国家级数字地图,分为地形图、大比例尺的设施管理图两部分。PBLIS(Parce Based Land Information System)的建设也于 2003 年完成。在此基础上,韩国进一步计划转换所有的数字地籍图为无缝地图,以便应用在国家地理信息系统(NGIS)中。

(八)新加坡

新加坡政府高度重视地籍信息化和系统化建设,2001 年 6 月,新加坡律政部将 4 个土地相关部门,即土地局、土地注册局、测量局以及土地系统支持组合,并成为新加坡土地管理局。土地管理局、交通局与房屋建设局提供商业性的网上土地资料服务,为市民公开土地信息。目前,新加坡的土地信息发展已处于世界领先地位,政府部门通过土地信息中心实现土地基础信息的共享,市民亦可以通过计算机联网查询获取土地登记册内的各项资料,还可以通过电子地契系统进行网络土地注册,这是亚洲第一个也是世界上第三个采用该项先进技术的国家。完备的信息系统功能以及高效的土地信息服务使得新加坡在土地管理领域成为东南亚乃至亚洲地区的典范。

三、我国土地信息管理发展概述

现代土地管理的发展已经离不开土地信息科学的支持。我国土地信息系统建设起步较晚,但是进步较快。20世纪80年代中期,我国从事地理信息系统研究的学者已经逐步将地理信息系统、数据库技术应用于我国土地管理的实践中。到了80年代后期,许多学者纷纷对城镇地籍调查、土地资源调查等方面的土地管理信息系统做出了尝试性的研究。

随着土地管理工作的不断推进和深入,自1988年起,原国家土地管理局根据国务院指示,要求各级地方人民政府在最短的时间内,以县级行政辖区为单位,查清本辖区内每块土地的面积、权属、四至、位置、用途、价格及利用状况,建立完整、准确和符合实际的土地产权产籍资料,为土地登记、土地统计、不动产地基管理等工作的进一步开展做好了准备,为税收征管、城市规划、城市管理等政府职能部门提供了详细的土地资料。为此,在20世纪90年代,大规模的1∶500、1∶1000城镇地籍调查、城镇土地分等定级估价连同起步于20世纪80年代的1∶10 000土地利用现状调查等工作在全国各地蓬勃展开。同时,国内众多专家学者对土地管理信息系统建设的一般性原则、系统功能框架、数据组织编码、数据处理模式等进行了大量的研究,并将这些研究应用于土地管理信息系统的研制当中。

到了20世纪90年代后期,我国土地信息管理系统取得了较快发展,但在实用化方面也暴露出一些问题。例如,业务系统划分标准不统一;软件系统不能基于网状环境下运行;多数软件系统采用C/S体系结构,与操作系统的发展速度不能相适应;可选用的商品化GIS平台较多,所形成的空间数据不仅在地理符号表达上不能共享,更不能在数据表达的语言级上共享;数据种类繁杂、交叉;空间数据多数使用文件级GIS平台共享;数据库维护复杂且成本较高。这些问题对于土地信息系统的发展和实际应用都起到了一些制约作用。针对这些问题,学术界及国土资源主管部门逐步调整了土地信息系统的建设和发展方向,即不再将土地信息系统视为一个纯粹的技术系统,而是将其视为一个综合的业务管理系统,涉及地理科学、信息科学、管理科学和社会学等多个领域。这一转变为土地信息系统的进一步发展奠定了基础。

进入21世纪以后,社会经济的快速发展对我国土地资源管理工作提出更高、更严的要求。国土资源部根据全国土地资源管理信息系统建设的实际情况和未来国土信息系统发展的要求,制定了《全国土地资源政务管理信息系统与信息服务系统建设总体方案》。该方案明确地指出到2010年实现土地政务管理和主流程的信息化,使土地管理信息化建设总体接近发达国家水平,建立结构完整、技术先进、高速、大容量的信息交换网络,建成具有完整比例尺系列、覆盖全国、内容丰富、更新更快捷的土地管理基础数据库,使电子信息化建设和信息资源的开发、利用、服务、管理与标准规范相配套,营造良好的系统建设与运行环境,建立以运行土地管理信息为主并具有多种分析预测和决策功能的信息综合服务体系,实现国土资源信息在国家、省、市、县、乡5个行政级别上的高度共享与高效利用。综合而言,当前我国土地资源管理正逐渐向着"天上照、地上查、海上监、网上管"以提高相关职能部门决策支持能力、社会化服务能力为目标的全方位、立体化、标准化的信息管理体系,完善和应用好全国国土资源遥感监测"一张图"和综合监管平台的方向发展。

国产 MapGIS 软件

　　MapGIS 作为国产优秀 GIS 软件的代表为土地信息管理的应用提供了平台。开发 MapGIS 的中地数码集团是国家规划布局内重点软件企业、自主创新百强企业和国家高新技术研究发展计划成果产业化基地。2009 年,新一代可视化、零编程的开发系统 MapGIS K9 平台研发成功。2011 年 MapGIS K9 SP3 亮相中地数码媒体见面会,该平台采取悬浮式体系架构,具有可伸缩性和很强的自适应性;功能与数据是分离的,功能与功能之间,功能与数据之间是相耦合的;系统生命力极强,一个云细胞出了问题,新的云细胞可以随时聚集过来进行替换;具有跨平台、高扩展性等特点,可以轻松地实现不同设备间的数据或应用的共享,可以方便地与 ERP、CRM、商业智能(BI)等企业系统进行有机集成,为用户提供及时、高效、可定制的 GIS 服务。此外,SP3 嵌入式开发平台,基于严格的嵌入式架构和系统平台规范开发,很好地屏蔽了异构平台在体系架构和操作上的差异,能够方便快捷地在各种硬件平台的终端上快速部署各类 GIS 空间信息应用,在系统移植性、地图表现力、空间信息管理、大数据装载等方面表现出极大的优势。

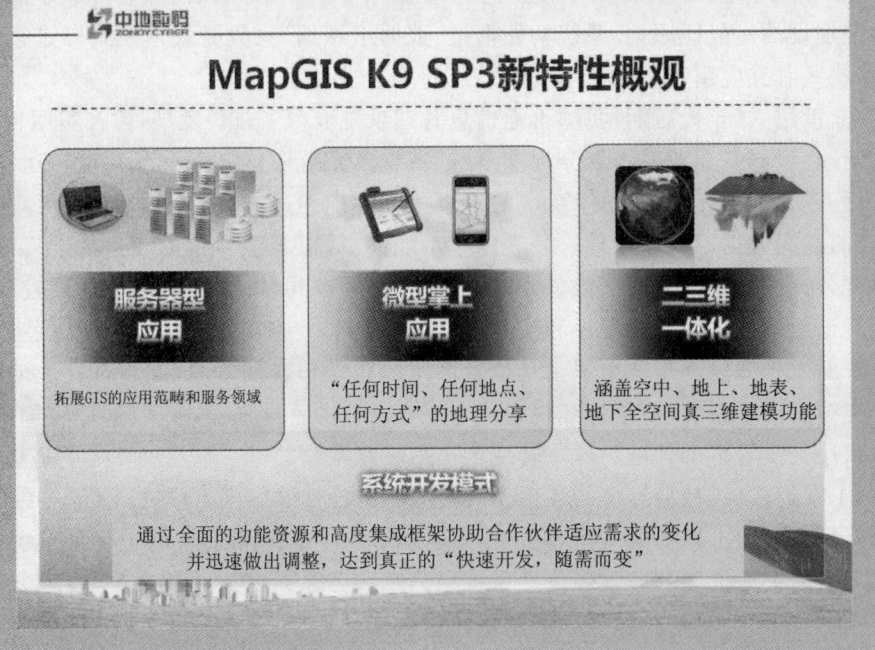

第二节 土地信息系统及相关技术

一、土地信息系统与地理信息系统

地理信息系统(Geographical Information System,简称 GIS)是一种空间信息系统,主要用于收集、处理、提供大量地理信息,以辅助研究、管理、决策政府的各项工作。GIS 是以地理空间数据库为基础,采用地理模型分析方法,适时提供多种空间的和动态的地理信息,为地理研究和地理决策服务的计算机技术系统。GIS 自 20 世纪 60 年代被提出以来,获得了快速的发展和广泛的应用,并在 20 世纪 90 年代逐渐形成一门新的学科,即地理信息科学(Geographical Information Science,简称 GISci)。

地理信息科学及其发展

> 地理信息科学是 1992 年 Goodchild 在国际期刊 *IJGIS* 上首先提出的,与地理信息系统相比,它更加侧重于将地理信息视作为一门科学,而不仅仅是一个技术实现,主要研究在应用计算机技术对地理信息进行处理、存储、提取以及管理和分析过程中提出的一系列基本问题,主要包括:①分布式计算;②地理信息的认知;③地理信息的互操作;④比例尺;⑤空间信息基础设施的未来;⑥地理数据的不确定性和基于 GIS 的分析;⑦GIS 和社会;⑧地理信息系统在环境中的空间分析;⑨空间数据的获取和集成等。
>
> 地理信息科学在对于地理信息技术研究的同时,还指出了支撑地理信息技术发展的基础理论研究的重要性。随着以地理信息系统技术为核心的遥感、全球定位系统等技术的发展以及其间的相互渗透,为解决区域范围更广、复杂性更高的现代地学问题提供了新的分析方法和技术保证。20 世纪 70 年代以来,由于整个人类社会面临的人口、资源、环境和发展等各方面的问题日益突出,全球变化(Global Change)以及可持续发展(Sustainable Development)等方面的研究,作为重要的两个推动力,最终促成了地球信息科学的产生。

关于 GIS 和 LIS 的关系可以这样理解:两者都是空间信息系统,其物理外壳都是计算机化的技术系统,都与地理学有着密切的关系;GIS 以基础信息为主,内容及应用范围更广泛,空间分析功能更强大,多采用小比例尺,而 LIS 强调土地管理工作的需要,以"行业应用"为主,属性功能强于 GIS,更强调时态性,多采用大比例尺;GIS 强调宏观,LIS 强调微观;从产生时间上看 LIS 的出现要早于 GIS,从应用广度上看 LIS 只是 GIS 的一个部分。

二、土地信息系统与遥感、全球定位系统

LIS 的一个重要的技术问题即如何实时、准确地获得大量的土地管理数据。事实上,土地管理信息数据与一般的信息系统数据不同,它不仅包含大量的地形地貌等空间数据和土地利用管理的属性数据,同时还包含其动态变化过程与经济、政策和法律的信息相关联的具有时间

序列的数据。因此,LIS 数据实际上具有空间和时间双重属性。因此,沿用传统的信息输入方式和设备的 LIS 具有此特点。

遥感与全球定位系统作为 3S 技术之一,是高效的信息采集手段,正在逐步与 LIS 走向集成化并在土地管理实践中广泛应用。RS 正在向集成多种传感器、多种分辨率、多谱段和多时相为一体并从信息获取、信息处理到应用综合信息流程发展,这为 LIS 的信息源和数据更新提供了重要手段,而 LIS 作为支持 RS 信息提取的平台,也为 RS 的综合开发和应用提供了理想环境。GPS 作为一种利用人造地球卫星进行点位测量导航的技术,可以实现在地球表面任何地方、任何时间、任何天气条件下,进行地物目标定位和移动目标的导航,其定位速度快、精度高、效益好等优点在土地信息管理领域发挥着重要的作用,有力地推动了 LIS 的建设和发展。

3S 技术及其在我国的发展

3S 技术是遥感技术(Remote Sensing,RS)、地理信息系统(Geographic Information System,GIS)和全球定位系统(Global Positioning Systems,GPS)的统称,是空间技术、传感器技术、卫星定位与导航技术和计算机技术、通讯技术相结合,多学科高度集成的对空间信息进行采集、处理、管理、分析、表达、传播和应用的现代信息技术。

随着 3S 技术的不断发展,将遥感技术、地理信息系统和全球卫星定位系统紧密结合起来的 3S 一体化技术已显示出更为广阔的应用前景。以 RS、GIS、GPS 为基础,将 RS、GIS、GPS 3 种独立技术中的有关部分有机集成起来,构成一个强大的技术体系,可实现对各种空间信息和环境信息的快速、机动、准确、可靠的收集、处理与更新。

便携型 GPS 及其他信息输入设备

3S 技术出现并被逐渐应用到土地管理工作中,从而为解决土地供需矛盾,协调人与土地关系,提供了强有力的技术支撑,为实现土地资源管理工作的现代化提供了可能。

(一)3S 技术在土地资源调查中的应用

利用 GPS 为空间数据的采集提供实时、快速的定位服务,可以应用于土地资源的外业调绘和数据采集工作;利用 RS 提供的遥感影像,经过校正得到精度较高、现势性好的空间信息数据,在 GPS 的辅助操作下可以定位、定量到具体的地块,最终可以获取土地资源调查的图件数据;利用 GIS 的空间分析、统计功能和可视化制图功能,可以方便有效地完成土地资源的统计、评价,以及土地资源利用图的制作等工作。总之,基于 3S 技术的土地资源调查具有客观、快速、省时、省力等优点。

(二)3S 技术在土地动态监测中的应用

传统土地动态监测方法是用地单位直接上报和登记数据,以便统一管理。这种调查方式不仅工作效率低下,难以主动发现变化区域,而且获取的数据精确度还比较差,资料缺乏实时性,周期长,所以无法有效实时地掌握土地的利用变化。3S 的集成技术提供了一个有效的土地利用动态监测方法,发挥了 RS 获取数据速度快、精度高、范围广的特点,还发挥了 GPS 快速精确定位以及 GIS 高效的数据管理与分析的优势。

(三)3S 技术在土地利用规划中的应用

3S 技术为土地规划的动态实施和成果管理提供了科学的方法和现代化的手段。3S 技术为土地利用规划提供了一套数据采集、存储、管理、查询、分析、应用等功能服务,并具有对图件数据、属性数据的更新功能。3S 技术在土地利用规划的数据处理、编制实施和成果管理中发挥着重要的作用。利用遥感技术采集并处理数据,准确及时地反映土地信息;通过 GIS 建立土地利用信息系统,为土地利用总体规划提供详细的资料,实现土地利用总体规划编制、修改、实施的有效管理。

(四)3S 技术在土地勘测定界中的应用

3S 技术在土地勘测定界中有广泛的应用。GPS 技术可快速准确地进行定位,获取高精度的三维坐标。与传统的作业方法相比,该作业方式可以提高土地勘测定界精度,并且无需通视,观测时间短,不受气象条件影响,操作简便,极大地提高了作业效率。此外,GIS 技术对土地勘测定界、测量数据提供便利性,并且可以及时地更新 GIS 数据库,保证数据库的准确性,实现数据处理的自动化,便于数据查询分析。

(五)3S 技术在土地执法检查中的应用

3S 技术在土地执法检查中,可以有效地帮助土地执法人员准确发现疑似违法用地,并且在电子地图导航的指引下快速地到达违法用地现场。另外,3S 技术也可以辅助疑似违法用地的巡查、违法违规处罚的处理以及结果的汇总上报等工作,形成全方面、多层次、宽领域的监督体系。

三、土地信息系统与管理信息系统

管理信息系统(Management Information System,简称 MIS)是支持协助管理人员完成调研、制定、监督、执行规章制度等各个管理环节中各项预定任务的计算机系统,由信息源、信宿、信息处理、信息用户和信息管理 5 个部分组成。MIS 的特点是系统自动模拟管理工作对象的工作流程,在每一个环节将有关的法规制度贯彻其中,支持协助管理工作人员完成信息数据存储、检索、统计、评估以及决策等工作。MIS 包括计算机、网络通讯设备等硬件成分,包括操作系统、应用软件包等软件成分。

LIS 与 MIS 都具有管理、分析、决策功能,是管理人员高效、准确、快速实现目标的有效工具。只是,LIS 是以土地资源管理为工作对象的计算机信息系统,它将地空信息、土地利用、土地使用权属、土地状况、土地行政区划等土地信息(地籍信息)等以数字的形式输入计算机,对有关信息进行收集、组织、存储、分析和表达。从某种意义上讲,LIS 是管理信息系统具体运用于土地及相关行业中的产物。

LIS 与 MIS 主要区别在于:LIS 的空间数据和属性数据并重,功能更强大、系统更复杂;MIS 只注重属性数据的管理,图形要素以文件形式管理,不能分解、查询、没有拓扑关系。

四、土地信息系统与测绘技术

测绘是以计算机技术、光电技术、网络通讯技术、空间科学、信息科学为基础,以全球定位系统(GPS)、遥感(RS)、地理信息系统(GIS)为技术核心,将地面已有的特征点和界线通过测量手段获得反映地面现状的图形和位置信息,供工程建设的规划设计和行政管理之用。测绘以及产品是反映地表上的自然、人工要素及其在地理空间的位置和属性信息的,而这些信息是社会发展和经济建设的各行各业需要利用和必须依赖的基础。

随着高性能计算机及网络技术的快速发展,测绘技术也完成了从传统的测绘技术体系向数字化测绘技术体系的转变。数字测绘技术利用 GPS、航天(航空)遥感、全站仪等现代设备和技术采集空间地理信息并对这些信息进行处理、编码、整合和储存,是 LIS 中各种空间数据获取及更新的主要手段,是 LIS 得以建立、应用的基础。土地信息管理的实践对现代数字化测绘技术提出了更高的要求,同时,现代数字测绘技术的不断提高和进步,为推动土地信息管理的发展,完善 LIS 的建设奠定了基础。

测量仪器:全站仪

全站仪,即全站型电子速测仪(Electronic Total Station),是一种集光、机、电为一体的高技术测量仪器,是集水平角、垂直角、距离(斜距、平距)、高差测量功能于一体的测绘仪器系统。因其一次安置仪器就可完成该测站上全部测量工作,所以称之为全站仪。与光学经纬仪相比,全站仪将光学度盘转换为光电扫描,将人工光学测微读数代之以自动记录和显示读数,使测角操作简单化,且可避免读数误差的产生。全站仪的自动记录、储存、计算功能,以及数据通讯功能,进一步提高了测量作业的自动化程度。因此,全站仪广泛用于地上、地下工程测量或监测领域。

智能型全站仪

五、土地信息系统与网络技术

随着现代通信技术和计算机网络技术的飞速发展和日趋成熟,有限的地球空间正在越变越小,各国的信息高速公路正在积极建设。WebGIS 技术的发展及宽带网络的建立,使全球范围内大量的土地数据交换成为可能,同时改变了土地信息发布模式和服务模式。在网络技术的强大推动下,具有时空特性的土地数据通过网络实现了互联互通和信息资源共享。

发达国家在已有的土地信息管理系统的基础上,相继完成国家级土地信息的数字化建设,建立了面向社会不同用户的基于 Internet 技术的土地信息发布和信息平台,使土地信息管理系统一方面能更好地服务各种级别土地利用规划和地区经济的可持续发展,并对土地市场的发展产生推动作用,另一方面也有助于公众参与土地管理实践。在 Internet 技术发展的推动下,"数字土地"和"数字国土"快速发展,成为土地管理系统的拓展和延伸,也逐步超越了土地相关部门一般的业务管理范畴。

WebGIS 简介

WebGIS 是通过互联网对地理空间数据进行发布和应用,以实现空间数据的共享和互相操作,如 GIS 信息的在线查询和业务处理等。WebGIS 客户端采用 Web 浏览器,如 IE,FireFox。WebGIS 是利用 Internet 技术来扩展和完善 GIS 的一项新技术,其核心是在 GIS 中嵌入 HTTP 标准的应用体系,实现 Internet 环境下的空间信息管理和发布。WebGIS 可采用多主机、多数据库进行分布式部署,通过 Internet/Intranet 实现互联,是一种浏览器/服务器(B/S)结构,服务器端向客户端提供信息和服务,浏览器(客户端)具有获得各种空间信息和应用的功能。

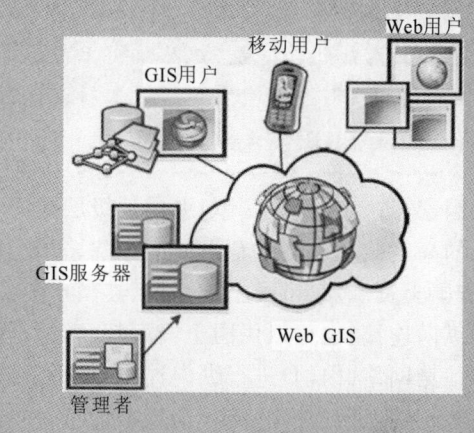

WebGIS 组成结构

由于 WebGIS 是 Internet 技术应用于 GIS 开发的产物。GIS 功能通过 Web 得以扩展,成为一种大众使用的工具。从 Web 的任意一个节点,Internet 用户可以浏览 WebGIS 站点中的空间数据、制作专题图,以及进行各种空间检索和空间分析,从而使 GIS 进入千家万户。

第三节 土地信息系统构架及应用

一、土地管理信息系统构架概述

土地管理信息系统的建设应以服务系统为重点,实现对土地资源数据的采集、评估、分析、应用、决策以及行业内部及面向全社会的信息服务;以数据中心为核心,实现对数据的集中与分布式管理;以独立的组织机构、政策与管理制度、信息化标准、法律法规为保证,实现系统的稳定、高效运行。土地管理信息系统建设是国土资源信息化的核心组成部分,是实现土地管理现代化的重要举措。按照国土资源部的规划,土地管理信息系统由土地调查评价系统、政务管理信息系统和信息服务系统三大部分组成。根据国土资源部制定的《全国国土资源政务管理信息系统与信息服务系统建设总体方案》,土地管理信息系统由国家、省、市、县、乡(镇)5个层次的系统构成(图6-3)。而各级土地管理系统总体框架具有明显的平台性和层次性的特点,由网络通信平台、基础软件平台、共享数据平台、核心应用平台和信息服务平台5个平台组成。将各级土地管理信息系统建成重点定位在平台上,则可以避免资源浪费,实现数据共享,打破"信息孤岛"。我国目前已基本建成覆盖全国的国土资源信息化框架体系,"十三五"期间还将进一步打造集数字化、网络化、智能化于一体的"智慧国土"。

国土资源信息化"十二五"规划

2012年1月19日,国土资源部印发《国土资源信息化"十二五"规划》。该规划指出"十二五"期间,国土资源信息化将以依托四级网络互联互通的国土资源遥感监测"一张图"、电子政务平台、综合监管平台和共享服务平台为基础,努力构建覆盖全国的集数字化、网络化、智能化为一体的"智慧国土",全面实现网上办公、网上审批、网上监管、网上交易和网上服务,促进管理方式的根本转变,增强全程监管能力,提高管理决策的科学化水平,推动服务型政府建设。

将国家、省、市、县、乡(镇)纵向5级层次的系统,由内网、外网和政府专网等连接起来,实现信息的高度共享和高效利用。国务院、省政府、市政府、县政府之间由政府专网连接,国土资源部、省国土资源厅、市国土资源局、县国土资源局内部构成内部局域网,它们可以通过政府专网进行纵向连接,也可以用国土资源部、省国土资源厅、市国土资源局、县土地资源局之间的国土资源信息网络(内网)进行纵向连接;国土资源部、省国土资源厅、市国土资源局、县国土资源局通过公用信息网(外网)向社会发布信息,在有条件的县实现县与各所属乡镇土管所之间的公用信息网络连接。

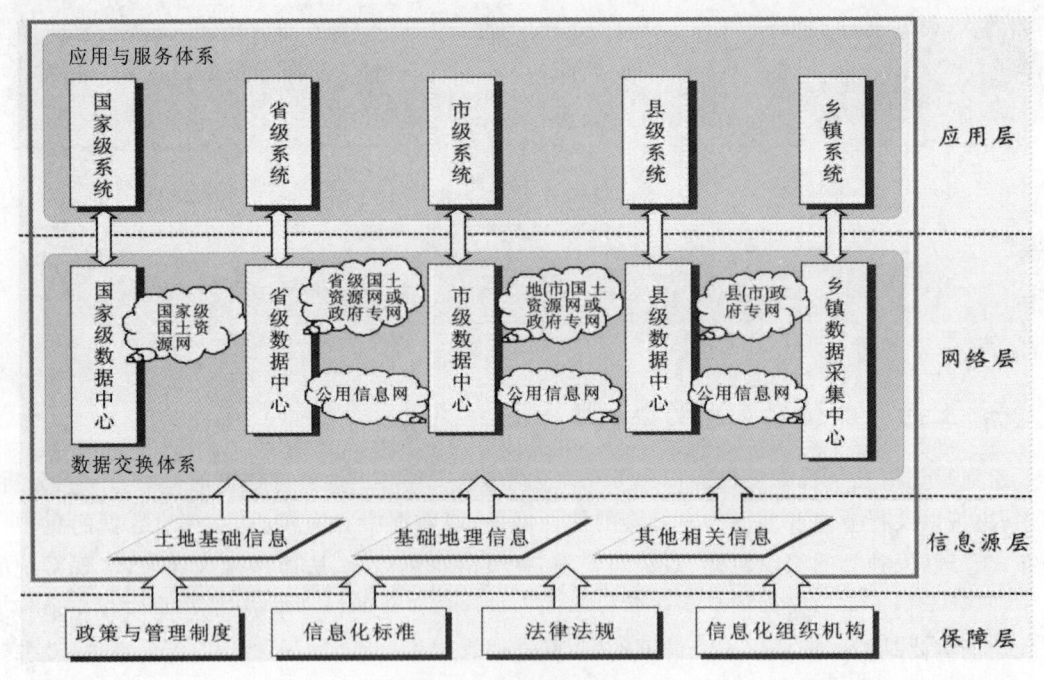

图6-3 LIS组成框架

二、土地管理信息系统主要功能应用

土地管理信息系统按功能主要可以划分为土地调查评价系统、土地政务管理系统及土地信息服务系统(图6-4)。其中土地调查评价系统主要包括城乡一体化地籍管理子系统、农用地分等定级估价子系统、城镇土地分等定级估价子系统、土地利用规划编制辅助子系统、国土资源信息动态监测子系统;土地政务管理系统主要包括土地行政管理子系统、统计分析子系统、土地监察管理子系统、综合事务管理子系统；土地信息服务系统主要包括国土资源决策支持信息系统、国土资源信息发布系统、国土资源信息查询系统、国土资源导航与搜索引擎系统、国土资源多媒体演示系统、国土资源信息产品制作发布系统。

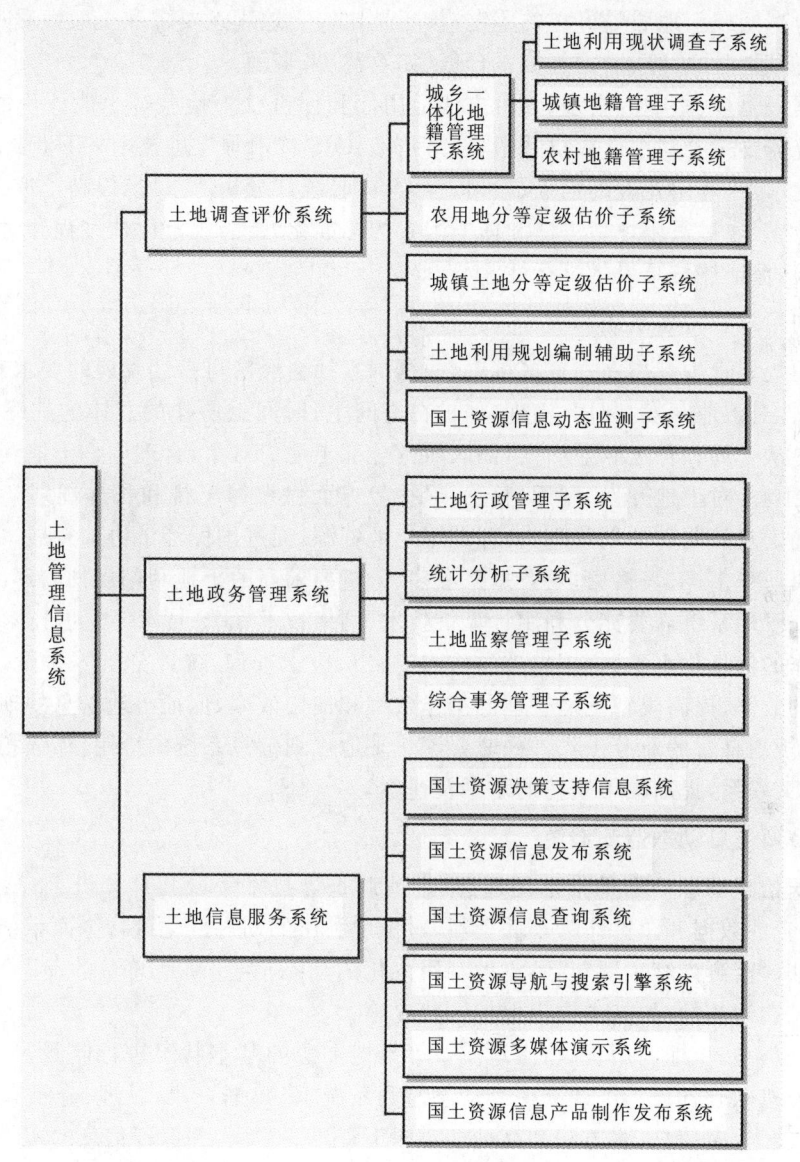

图 6-4 LIS 功能组成

(一)土地调查评价系统

1. 土地调查及数据库的建设

本节具体内容详见本书第二章。

2. 土地评价系统

土地评价是在土地资源调查、土地类型划分完成以后，在对土地各构成因素及综合体特征认识的基础上，以土地合理利用为目标，根据特定的目的或针对一定的土地用途来对土地的属性进行质量鉴定和数量统计,从而阐明土地的适宜性程度、生产潜力、经济效益和对环境有利或不利的后果,确定土地价值的过程。评价的目的是为了满足人类的某种目的或需求,包括预测未来的土地利用,判定土地利用的效益;评价的基础是土地(包括未利用地);评价的实质是对土地生产力高低或土地质量好坏的鉴定;核心是比较土地用途要求和土地性质;评价结果可以通过等级(如适宜性等级、潜力等级)、分值(如效益)来表示。

针对数据来源多、影响因素多、评价方法适用性和评价结果检验等土地评价的显著特征,土地评价系统需要充分利用计算机技术、网络技术、GIS技术等先进技术来不断提高规划管理工作的信息化水平,应用先进的输入、输出、检索查询、统计分析等手段,提高土地分等、定级及估价工作的效率,通过适用评估方法和影响因素的标准化处理,规范评估过程并对评估结果进行有效性检验,保证评估结果的可行性。

3. 土地利用规划管理系统

土地利用规划管理是指在一定区域内,根据国家社会经济可持续发展的要求和当地自然、经济、社会条件对土地开发、利用、治理、保护在空间上、时间上所作的总体的战略性布局和统筹安排。它是从全局和长远利益出发,以区域内全部土地为对象,合理调整土地利用结构和布局;以利用为中心,对土地开发、利用、整治、保护等方面做统筹安排和长远规划。目的在于加强土地利用的宏观控制和计划管理,合理利用土地资源,促进国民经济协调发展。

针对解决业务多样、表格繁多、数据来源多、分析要求高的土地利用规划管理的显著特征,土地利用规划管理系统需要充分利用计算机技术、网络技术、GIS技术等先进技术来不断提高规划管理工作的信息化水平,应用先进的输入、输出、检索查询、统计分析等手段,提高各种土地规划制定的效率,提高规划土地管理的工作效率和使用效率,保证土地信息的现势性和连续性,简化土地规划日常的业务工作。同时要深化土地规划信息系统的应用,加强相关领域的横向、纵向的交叉联系,提高决策支持的水平及速度。

4. 国土资源信息动态监测系统

国土资源信息动态监测是指运用遥感、土地调查等技术手段和计算机、监测仪等科学设备,以土地详查的数据和图件作为本底资料,对土地利用的动态变化进行全面系统地反映和分析的科学方法。监测内容主要包括:土地利用变化的动态信息、耕地总量的动态平衡情况、农业用地内部结构调整情况、基本农田保护区状况等。

针对土地类型、土地利用现状、土地质量等土地资源的基本状况进行监测,为实现这一目标需要在计算机软硬件支持下建立一套动态监测系统,将数据采集、处理、分析和管理整合于一体,实现多技术、多信息、多方法和高精度对国土资源的监测,并保证信息的实时更新。

(二)土地政务管理系统

土地政务管理系统是以地政管理、统计分析、综合事务管理等信息子系统为核心,以数据中心为枢纽,以土地政务信息、土地基础信息、基础地理信息以及其他领域相关基础信息为数据源,以数据库为基础,以管理制度、信息化标准和信息化机构为保障的计算机信息系统。从系统层次上看,土地政务管理系统由国家、省、市和县4个层次构成,通过政府专网或国土资源信息网实现各级系统间连接。每一级系统都在数据中心支撑下运行,数据中心为本级各类政务管理信息系统的运行提供数据支持和软硬件支持,通过对各类数据库和政务管理信息系统所生成的数据进行信息提取、挖掘,实现基础性、公益性国土资源信息的社会化服务;并通过国土资源信息网,实现信息的远程交换与共享。

土地政务系统通常由土地登记系统、建设用地审批信息系统、土地市场管理信息系统、土地利用规划管理系统、土地开发整理项目管理系统构成。根据国土资源部的相关规范,国土资源电子政务系统(electronic government of land and resources management)是指国土资源管理部门采取信息技术手段履行政府管理服务职能,面向社会、企业和社会公众进行行政审批或者提供公共服务而建设的管理信息系统。国土资源电子政务平台(electronic government platform of land and resources management)是国土资源电子政务支撑性、基础性平台,可基于该平台搭建各种国土资源电子政务管理系统。

从总体框架来看,土地管理电子政务系统以政策、法规和标准等为保障,以计算机网络及硬件平台为依托,在电子政务基础平台上构建国土资源政务管理信息系统,在数据中心和数据交换体系的支持下,电子政务管理信息系统通过国土资源行业内网网站和外网网站,形成对行政管理和社会的应用与服务,同时整个电子政务系统必须在切实安全的环境下运行(图6-5)。

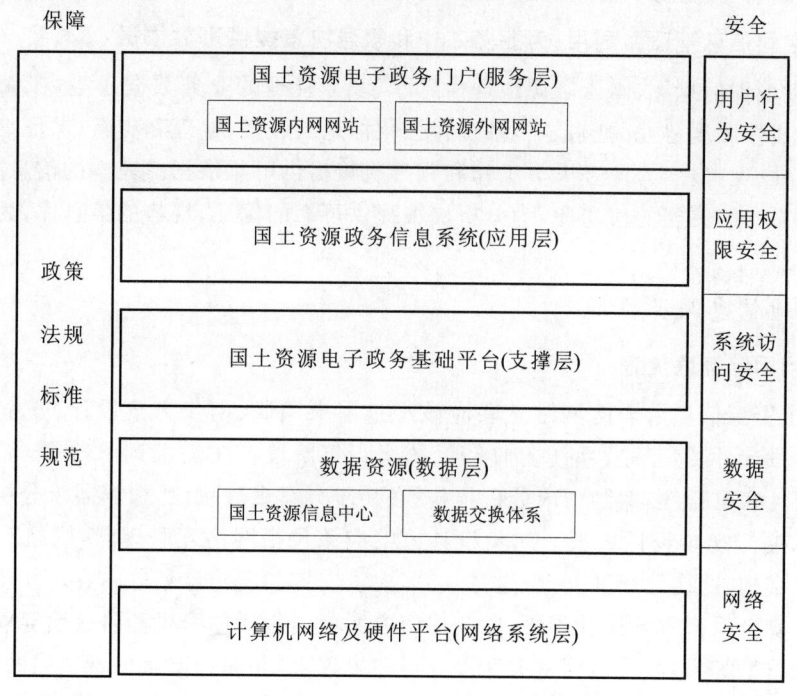

图 6-5 国土资源电子政务系统总体框架

此外,现代土地政务管理系统应具备以下特点。

1. 实现 MIS、GIS 一体化的综合型政务管理信息系统

MIS、GIS 技术集成于同一系统之中,存储于同一数据库,真正实现了 MIS、GIS 的技术一体化,为国土资源管理部门各级领导和工作人员提供了图文一体化的基于 B/S 结构的协同工作应用环境。系统提供的工具可以帮助用户最快速度调阅业务审批案卷、各个部门的审批意见、案卷相关的基础地图信息和各种专业地图信息,同时可以查看与该案卷相关的会议纪要、督办信息、申报材料、案卷交接过程等,在一体化的环境下,完成案卷审批的日常操作。

将国土资源管理工作中的利用、土地监察等方面业务统一在一个业务管理系统中实现综合管理，业务一体化的基础就是需要将不同部门单独使用的数据综合起来，建立其中的关联，在同一数据体系下实现各类数据的信息同步和共享应用。

2. 提供成熟的工具化软件系统

提供的"电子政务构建平台"，可以使系统管理员在不用编码、不用了解系统的详细结构情况下，通过简单的可视化界面操作完成系统与数据的日常维护和不断扩展；无须依赖开发单位，系统管理员可以随时维护或添加机构、人员、业务、流程、表格、地图等信息，使系统数据（包括 MIS、GIS 数据库）和功能在应用过程中得到逐步扩展，实现"快速开发、自我维护、灵活调整、持续完善"的目标。通过一期应用系统的开发和使用完善，为以后其他应用系统的建设奠定良好的基础。

系统提供 C/S 结构的客户端，在该系统中，除了可以完成地图数据编辑管理工作以外，同样可以在该环境中，完成业务处理（MIS）的全部工作。在 C/S 结构的客户端将提供更多的基础数据管理、编辑、分析等功能，为需要更多地图数据处理功能的部门服务。

3. 强化空间信息管理和利用，为业务工作和领导决策提供可靠依据

基于基础地理信息库、国土资源地理信息库、政务管理的业务数据库等，在保证这些信息的完整性、真实性和现势性的前提下，系统将强化信息的收集、整理和更新，保证信息库建设的完整性、真实性、现势性，为业务人员工作和领导决策提供可靠依据。完整的信息库，为分析决策提供足够的依据；真实的信息库，为分析决策提供可靠的保证；现势的信息库，为分析决策提供发展的基础。

（三）土地信息服务系统

1. 主干网网际互联流程

全国国土资源信息主干网网际互联应该经过需求调研、初步方案设计、安全保密方案设计、详细方案设计、网络互联、系统验收和系统运行等阶段。在需求调研阶段，了解现状及需求，研究必要性和可行性，编制需求分析报告；在初步方案设计阶段，根据需求分析报告进行网络互联规划，制定初步设计方案。初步设计方案应该包括网络互联现状，网络互联目标和任务，系统总体结构，网络管理和安全，财务预算，人员安排和实施计划等内容。初步方案须通过专家评审；在安全保密方案设计阶段，安全保密方案应当包括加密机和防火墙等安全产品的技术指标、采购方案等内容，安全保密方案须经过专家评审，并通过安全保密部门的批准；在详细方案设计阶段，详细方案是对初步方案的进一步细化，以此为基础应能进行网络互联，详细方案应当包括公共 IP 地址规划、域名系统规划和网络互联的进度安排等内容；在网络互联阶段，安装网络接入设备、安全保密设备以及相关软件系统等；在系统验收阶段，测试、联调、试运行、验收，编写网络互联验收文档；在系统运行阶段，在试运行的基础上，全国国土资源主干网系统正式投入运行。

2. 网络结构

国土资源全国广域网选择以国土资源部机关内部局域网为中心节点的星型拓扑结构。每个省级国土资源管理部门内部局域网节点和国土资源部直属单位内部局域网节点的出口处必须同时安装路由器、防火墙和加密机等网络接入设备和安全设备，并进行全国统一的安全策略制定、管理和加密隧道的建立以及全网设备的鉴别、认证和密钥分发（图 6-6）。

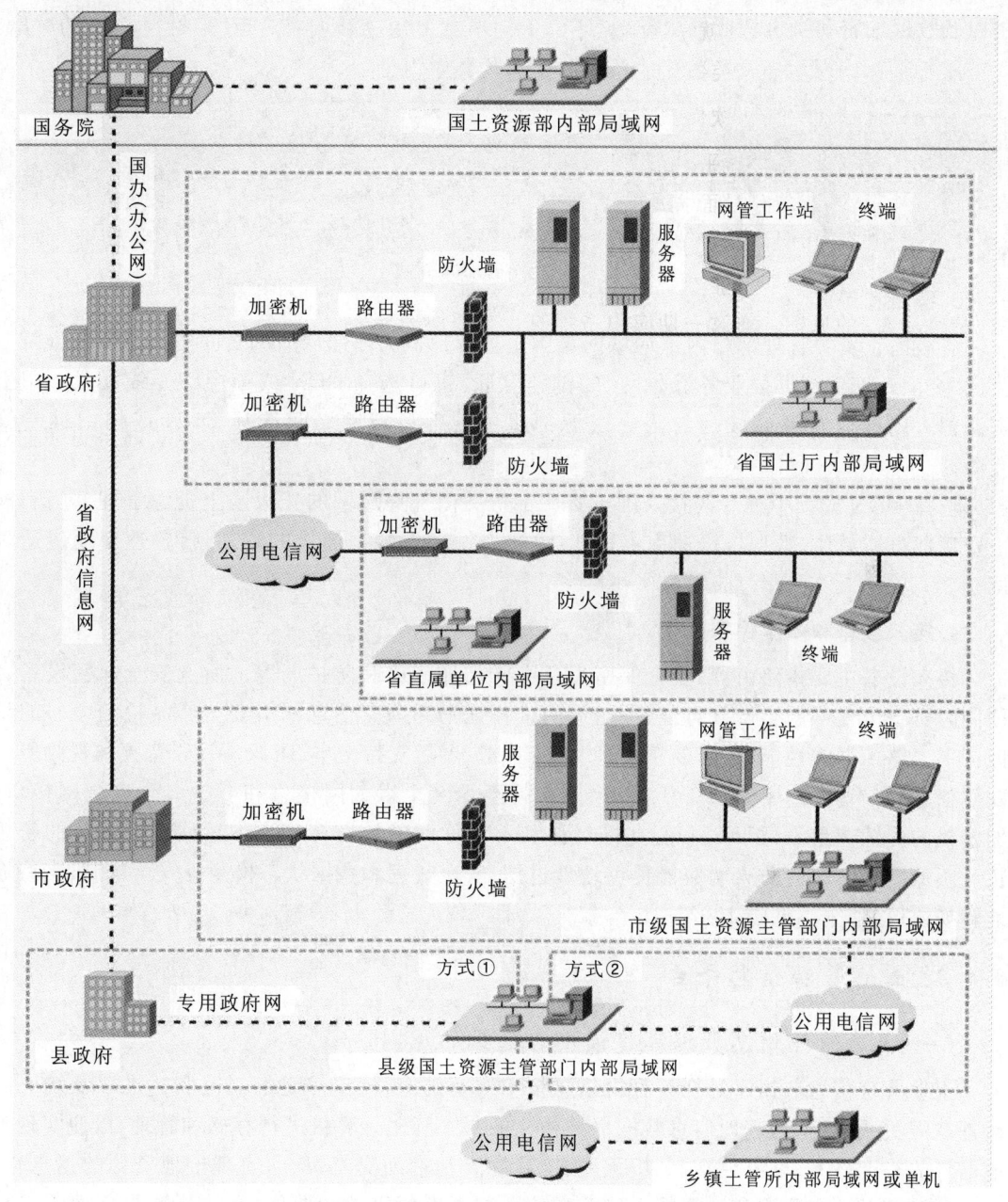

图6-6 各级国土部门及其之间网络互联示意图

全国国土资源信息主干网中的任何接入设备、安全设备、加密机、服务器、客户机及工作站等,禁止直接或间接接入国际互联网,上述设备均需与国际互联网物理隔离。在国土资源部机关内部局域网中心节点设立国土资源信息网络管理中心,统一管理直接通过DDN或帧中继专线接入国土资源部机关内部局域网的省级国土资源管理部门和国土资源部直属单位的内部局域网节点;通过"全国政府系统办公业务资源网"间接接入全国国土资源信息主干网的省级国土资源管理部门内部局域网节点由当地政府的网络管理部门管理。在国土资源信息网络管理中心建立全国统一的数字认证中心,为用户和系统服务提供数字证书签名、分发、管理和注销以及数据加密和身份认证等服务。

什么是 DDN？

> DDN(Digital Data Network)，即数字数据网，是利用数字信道传输数据信号的数据传输网。它是将数万、数十万条以光缆为主体的数字电路，通过数字电路管理设备，构成一个传输速率高、质量好、网络延时小、全透明、高流量的数据传输基础网络。

3. 链路和带宽

省级国土资源管理部门内部局域网与国土资源部机关内部局域网之间主要选择国务院办公厅"全国政府系统办公业务资源网"的链路互联，也可选择 DDN 或帧中继专线互联。国土资源部直属单位内部局域网与国土资源部机关内部局域网之间选择 DDN 或帧中继专线互联。

选择 DDN 或帧中继专线接入国土资源部机关内部局域网的省级国土资源管理部门和国土资源部直属单位，数据传输速率不低于 128K/s。随着数据流量的增加，传输速率还应适时调整。

4. 接入设备和安全保密设备

接入设备主要指路由器，安全保密设备主要指加密机和防护墙等。所选安全保密设备必须同时具备公安部的生产许可证、保密局的推荐证书和国家信息网络安全产品检测中心的认证证书。路由器需性能稳定，易于管理。支持或扩展后支持文本、图像、图形、音频和视频等多媒体信息的传输。速率不低于 100M/s。支持至少 2 个以太网接口和至少 2 个广域网接口。加密机的传输速率不低于 2M/s，支持对称和不对称两种加密算法。不对称加密算法的密钥长度不低于 128 位。防火墙应能提供地址过滤、安全代理和数据状态检测等安全机制，支持地址转换协议，速率不低于 100M/s。

三、土地管理信息平台

(一) 土地管理信息数据库建设平台选择的原则

土地管理信息数据库是在计算机信息技术的基础上，依据一定的规范和标准以及统一的地理空间关系，对土地管理信息数据以结构化的形式利用计算机进行存储和管理，以便实现土地信息的查询检索、修改更新、分析预测、统计制表和辅助决策，从而实现土地资源的信息化、网络化管理及社会化服务。根据土地管理信息数据库的目的和要求，在选择数据库建设平台时应满足以下原则。

(1) 软件的适应性与完备性。所选软件必须满足城镇土地信息管理的要求，并具有一定的通用性和针对性。

(2) 与硬件的兼容性。所选软件必须能够适应当前各种主流的计算机类型和外部设备。

(3) 与其他软件的接口能力。所选软件必须能够与当前各种主流的计算机软件和工具软件相互连接、相互支持。

(4) 模型化能力。主要指 GIS 应用软件要具有建立数据模型的能力，以方便城镇土地信息管理。

(5)二次开发能力。主要指GIS应用软件要具备二次开发的能力,以满足城镇土地信息管理等应用的需要。

(6)数据交换能力。能够按照《城镇地籍数据库标准》规定的交换格式交换数据,同时能够和主流的GIS系统进行数据交换。

(7)良好的可视化能力。作为空间数据管理系统的一类,空间性是土地信息管理系统所管理信息和数据所具有的最大特点,这要求土地信息管理系统应具有良好的可视化能力。

(8)用户界面的友好性。所选软件应界面简单,操作灵活、方便,这有利于在全国不同的行政级相关部门普及推广。

(二)常用建库平台的特点分析

基于城镇地籍数据库平台选择原则,对市面上使用较多的GIS建库软件MapGIS、ArcGIS、MapInfo、SuperMap以及KQGIS进行对比分析如下(图6-7):

图6-7 典型建库平台的界面

(1) MapGIS 是武汉中地数码科技有限公司开发的，新一代面向网络超大型分布式地理信息系统基础软件平台。

(2) ArcGIS 是由美国 ESRI 开发的目前世界上使用最多的商业化软件之一。ArcGIS 是一个用来构建完整 GIS 的软件产品集合。ArcGIS 是以矢量数据结构为主体的 GIS 系统，它是通过关系数据库管理属性数据。

(3) MapInfo 公司是全球最早开始从事地理信息系统软件研制的公司，作为桌面地理信息系统的代表。

(4) SuperMap 是北京超图地理信息技术有限公司依托中国科学院的科技优势，立足技术创新，研制的具有完全自主知识产权的大型地理信息系统软件平台。

(5) KQGIS 是北京苍穹数码测绘有限公司利用核心 GIS 平台，通过组件化的可扩展与可伸缩的程序框架，研制的集空间数据采集、转换、编辑、检查、处理、入库、制图、分析、统计、变更等工作为一体的地理信息系统软件平台。

经过对比分析，以上 5 种主要土地信息平台的优缺点如表 6-1 所示。

表 6-1 不同应用平台的优缺点对比分析

平台名称	主要优点	主要缺点
MapGIS	具有强大的制图功能。几乎包括了 MAPCAD 全部的制图功能。 空间数据数字化输入、编辑、拓扑一体化。 高性能的空间数据库管理。采用 Client/Server 结构。 海量无缝图库管理。 丰富的二次开发手段。其开发库包括 API 函数、MFC 类库、COM 组件和 ActiveX 组件 4 种方式。 良好的数据可交换性。 较齐全的空间分析和查询功能。	缺乏专用数据库的支持。 系统管理功能较弱，不利于大型数据库的管理。
ArcGIS	强大的空间分析功能。 强大的空间数据引擎 ArcSDE。ArcSDE 成功解决了大型数据库多用户共享、快速响应的技术难点。 提供一体化的地图绘制、显示、编辑和输出的集成环境。 开放的开发环境 ODE。用户可以用 Visual C、Visual Basic、Power Builder、Delphi 等可视化语言在程序中嵌入 OLE 控件，缩短开发周期。 优秀的向上升级和向下扩展性。	系统所占内存空间大。 对硬件要求较高。 价格较高。
MapInfo	支持关系型数据库管理。 较强的地图表达处理和数据查询分析功能。 支持多源数据的无缝集成。 完善的系统开发工具。MapInfo 提供了 MapBasic 作为配套的用户开发工具。 支持多种硬件操作平台，对工作环境的配置要求不高。	用 MapBasic 编写的程序不能脱离 MapInfo 环境运行。 缺乏拓扑结构的定义，不支持拓扑关系的存储、管理和基于拓扑结构的空间分析和运算。 管理的数据量不大，当系统数据量增大时，系统效率降低，不适用于大型的系统。

续表 6-1

平台名称	主要优点	主要缺点
SuperMap	SuperMap GIS 具有强大的数据交换功能，可与主流的 GIS 软件、CAD 软件进行数据交换，同时，可以实现多种数据格式的输入和输出。 统一的技术内核。基于统一的底层基础类库进行研发，具有相同的技术基础，相同的数据模型和统一的地图资源配置。 强大的地图编辑功能，强大的拓扑处理能力，较完善的空间分析功能。	对历史数据的管理功能较弱。 操作界面友好性有待提高。
KQGIS	采用面向服务的设计思想、多层体系结构，利用组件技术提供了强大的 GIS 软件开发支持，实现了面向空间实体及其关系的空间数据管理。 具有 TB 级空间数据处理能力和三维实体建模和分析等功能。 适合大型 GIS 系统的建设开发。	系统相对不稳定。 功能不完善。

第四节 国家"金土工程"

一、国家"金土工程"概况

金土工程是面向保护资源、维护权益、支持发展、服务社会的国土资源信息化建设工程，是国土资源信息化的主体工程，是在国土资源信息化建设的总体框架下，在政务管理和社会服务信息化领域内，选择耕地保护、矿产资源管理、地质灾害防治等涉及关键性、迫切性问题的重要业务管理工作。

2004 年 10 月 22 日，国务院发布的《国务院关于深化改革严格土地管理的决定》中明确要求要组织实施金土工程。金土工程作为国家电子政务建设重点项目的配套工程，以试点示范工程的形式在"十五"同期启动。2005 年 5 月 31 日，国家发改委正式批准金土工程一期建设项目建议书。至此，金土工程成为"十二金工程"之外，第一个正式获准立项的国家电子政务重点工程。2006 年 6 月 13 日，金土工程一期建设项目的立项工作全面完成。金土工程进入全面组织实施阶段。为了全面完成金土工程建设目标，形成"天上看、地上查、网上管"的国土资源管理运行体系，促进国土资源管理方式的转变，金土工程成果成为国土资源管理信息化的重要组成部分之一。

实施金土工程的核心是实行最严格资源管理制度、参与宏观调控、做好国土资源各项管理、服务工作。实施金土工程的主要目的包括：

(1) 覆盖国家、省、市、县四级的耕地保护国家监督系统和矿产资源国家安全保障系统，基本实现国家、省、市、县四级国土资源主要政务管理业务的网上审批，形成对土地、矿产等资源开发利用的监管系统，大幅提高政府管理的行政效能。

什么是"金土工程"?

> "金土"的由来
>
> 2002年,国务院17号文件提出重点建设金关工程、金税工程、金盾工程等12个电子政务系统,俗称"十二金工程"。当年,金土工程未列其中。
>
> 金土工程是2004年1月国务院副总理曾培炎在国土资源部视察工作时提出的。金土工程是在国土资源电子政务建设的总体框架下,围绕当前国土资源管理的中心工作,选择耕地保护、矿产资源管理、地质灾害防治等重要业务,在流程梳理、整合的基础上,建立业务应用系统和相应的信息服务系统,形成边界清晰的政务信息系统。金土工程的总体目标,是完成"三大系统"建设(即耕地保护国家监管、矿产资源国家安全保障和地质灾害预警、预报与应急指挥系统),建立覆盖国家、省、市、县级国土资源电子政务管理信息化系统。

(2)在对地质灾害多发区、易发区实施监测的基础上建立地质灾害预警预报及应急指挥系统,形成集地质灾害监测与预警网络化信息传输于一体的防灾、减灾体系,及时科学地预警、预报地质灾害,提高对突发性地质灾害的应急能力。

(3)推动国土资源行政管理职能的转变。加快政府职能转变是我国行政体制改革的要求,通过国土资源管理的网上运行和服务,促进依法行政,提高决策科学化、民主化水平。

(4)建立覆盖全国的土地、矿产、地质环境和基础地质的各类基础数据库,基础信息积累和基础数据库建设与更新基本满足各级国土资源管理,并向社会提供全面的信息服务。

(5)建立覆盖全国的国家、省、市、县四级国土资源信息网络系统,建立各级国土资源数据中心,基本形成全国国土资源信息交换体系,实现各级业务管理系统运行与数据库更新的联动。

(6)建立由信息安全管理规章制度、应用安全、数据安全、网络安全等组成的安全保障体系。进一步完善满足各级国土资源信息系统规范建设与运行,以及信息共享、交换与安全需要的标准。

二、"金土工程"的总体框架和构成

全国金土工程建设的总体框架是,以国土资源各类数据库为基础,以国土资源信息网络为纽带,以标准、制度和安全体系为保障,以国土资源各项管理业务流程优化为主线,以支撑国土资源管理决策为核心,形成互联互通、贯穿上下的政务管理、决策支持和社会服务信息化体系。金土工程的总体构成如下(图6-8):

(1)网络层。构建各级国土资源管理部门局域网,支撑各级国土资源业务系统内部运行;依托国家电子政务外网平台,建立国土资源政务外网,支撑国土资源纵向业务的网上运行;依托Internet,提供对外信息服务。

(2)数据层。以国土资源各类数据为核心,依托成熟的数据库管理系统和GIS平台,按照统一的标准,建立集数据管理、数据处理、数据交换等功能为一体的国土资源数据中心,提供业务系统运行所需的基础数据、管理数据支撑。

(3)应用支撑层。建设国土资源电子政务平台,作为金土工程各业务系统建设的应用支撑平台,利用电子政务搭建环境定制各项业务应用;通过电子政务运行环境对业务应用系统进行

第六章 土地信息管理

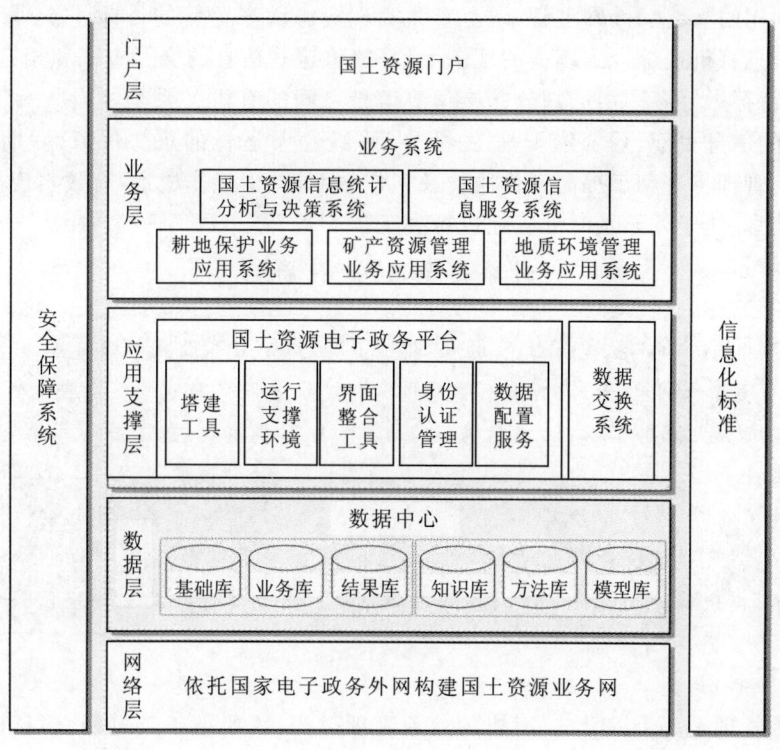

图 6-8 金土工程总体技术框架

管理、运行和维护。

(4) 业务层。围绕耕地保护国家监管、矿产资源国家安全保障、地质灾害预警预报及应急指挥等业务,建立并集成业务应用系统,开发国土资源信息统计分析与决策支持系统、国土资源信息服务系统。

(5) 门户层。利用门户实现各级国土资源管理业务网上受理,并发布国土资源基础信息和政务信息,向社会各界、相关政府部门提供服务。

第五节 土地管理"一张图"模式

一、系统概述及应用特点

(一) 系统概述

"一张图"是以现状信息为基础,以法定图则为核心,系统整合各类规划成果,具备动态更新机制的规划管理工作平台。2009年国土资源部提出了国土"一张图"战略,目的是开展全国土地调查与监测,掌握真实准确的土地数据,加强国土资源监管和土地宏观调控,实现土地利用现状、基本农田、遥感监测、土地变更调查以及基础地理数据等多源信息的集成,与国土资源的计划、审批、供应、补充、开发、执法等行政监管系统叠加,共同构建统一的综合监管平台,实现资源开发利用的"天上看、网上管、地上查",实现资源动态监管的目标。"一张图"的实现主要是将多种信息有机地综合到统一的地图上,并提供这些信息的交互查询和相应的空间分析。因此,按信息特征做好各图层的划分并梳理清信息之间的有机关系是建设"一张图"系统的先决条件,后续的信息更新、系统维护是"一张图"系统正常运行的重要保障,后期管理是根本。实现"一张图"管理将有利于提高工作质量及工作效率,减少工作成本,有效实现部门间业务信息资源及时共享,便于领导及时准确地进行决策。

什么是全国"一张图"?

> 2007年开展的第二次全国土地调查,建立土地调查国家级数据库是二次调查的重要工作,将全国960万平方千米的调查数据无缝衔接和管理起来。全国2889个县、75万个村庄的二调数据成果全部入库,共包含1亿5千多万个地块、1亿多条线状地物,数据量达75TB,相当于7500万本50万字的图书。在国土资源管理过程中,以二调成果全国"一张图"建立综合监管平台,实现了如违法用地"天上看、地下查、网上管"一体化监管。目前,开展了全天候的土地利用检测。二次土地调查国家级数据库成为世界最大的空间矢量数据库,各项指标均达到国际领先,成为我国第一个真正意义上的全国"一张图"。

(二)应用特点

国土资源管理是一个综合的、有机的业务管理过程,需要把各类过程、信息进行有机的组合,并梳理调顺各业务间衔接关系才能真正满足管理的需求。经过对业务科室深入调查、互动探讨,相关部门工作人员及其他系统用户对土地利用总体规划图、基本农田保护图、土地利用现状图、违法用地红线图、征地报批红线图、土地储备红线图、集体土地所有权登记发证红线图、地籍图、遥感影像图等图件信息都有着查询、分析的需求,而将这些图形信息进行合理的分类与整合则是"一张图"系统建设的最基本要求。综合地图的查询、定位、历史回溯、叠加分析、对比分析等功能。"一张图"不仅仅是一张综合地图,更重要的是提供一张能反映业务关系的"关系图",即涵盖国土资源监管各个业务分支的关系图。通过该关系图,系统用户就能对土地的变迁情况一览无遗,比如:何时被征迁转用,何时被收储,何时被供应,供应面积用途如何,何时进入地籍登记等。

国土资源管理中的大部分图件都是属于机密信息,在"一张图"系统的应用中,管理系统需要根据用户的职权来赋予其相应的地图浏览和编辑权限,不同的业务办理人员及各级管理人员在对地图浏览时根据所属行政区、业务处理范围来控制对地图的浏览。在图形数据的编辑上,系统结合用户职权与具体业务进行管理,只有在某一具体的业务办理过程中,拥有权限的用户才可以对图形数据进行编辑和维护。

二、系统功能及应用

(一)"一张图"管理系统

"一张图"是将遥感、土地利用现状、基本农田、遥感监测以及基础地理等多源信息集合到统一的地图上,使国土资源监管业务中的各职能部门能够在统一的数据平台、应用平台上动态及时地共享地图信息资源,能够更好地为国土资源管理和决策服务(图6-9)。在"一张图"地图系统中,除了提供地图操作的基本功能,针对业务管理过程中的需要,还提供各类具体业务

第六章　土地信息管理

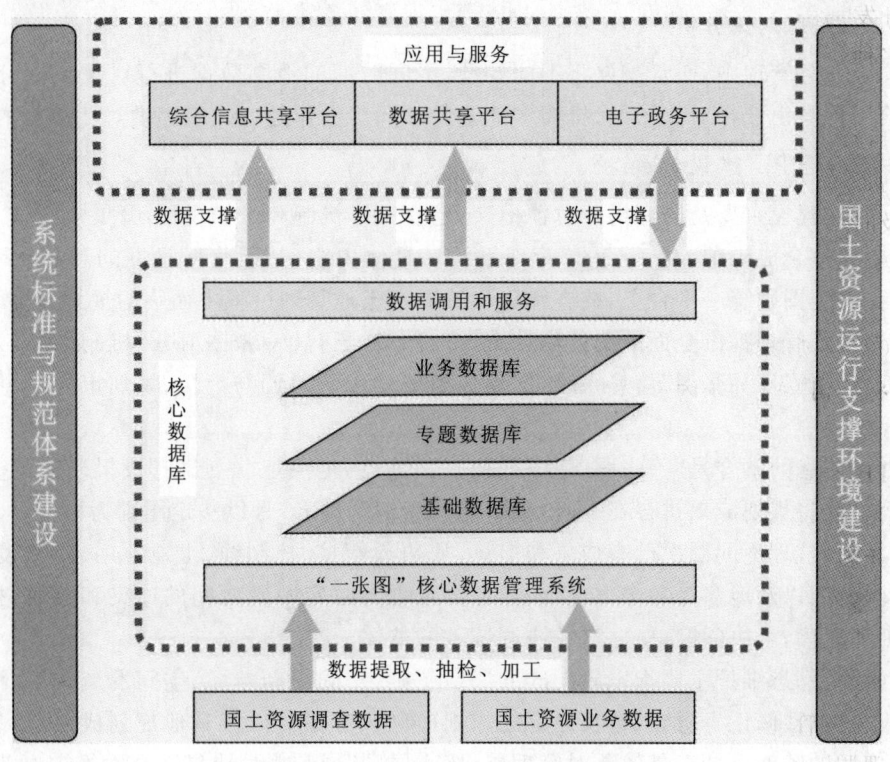

图6-9　国土资源"一张图"结构图

的图/属交互查询、专题图层控制、地图对比分析、空间叠加分析、坐标转换、坐标导入、导入等常用功能。"一张图"总体框架一般包括三层一库,即管理层、核心层、基础层和规划成果库。法定图则是"一张图"的核心,也是"一张图"规划整合的基础。

1. 基本地图操作

根据系统用户权限设置,对于普通用户提供地图浏览功能。在不进入具体业务的情况下,根据坐标、区界索引、鹰眼图等对地图进行定位。能够选择对象进行属性查询,对所选对象导出空间坐标。用户可以根据图层的特质,自定义专题图层的分类,达到地图主题突出、控制灵活的目的。

2. 图/属交互查询

系统提供各业务的属性查询,并根据查询结果进行地图定位。查询方式按业务分类提供,并可以由管理员进行自定义扩充新的查询。

3. 叠加分析

系统提供通用叠加分析功能和自定义叠加分析功能:在通用叠加分析中,用户通过在地图上选择业务对象,如宗地、地类图斑、建设用地范围、违法用地范围或者从外部导入坐标文件确定分析对象,然后选择待分析图层的方式来进行叠加分析;自定义叠加分析由管理员进行维护扩充,可以组合某一类的专题分析提供给用户使用,用户只需要选定或者导入分析对象,然后执行相应的专题分析功能,就可以得到分析结果。

4. 历史回溯、对比分析

在国土业务管理中，通常需要将不同专题、不同时期的地图数据进行对比查询分析，本系统提供给用户自由选择对比图层、排列多地图窗口同步操作的方式来提供对比分析的功能。

(二)"一张图"建设和维护

"一张图"建设主要是研究搭建总体框架，建立工作机制和工作规程，开展规划成果梳理整合，并将梳理整合成果纳入"一张图"管理系统。具体内容包括：将已批准的各层次不同的规划，整合在法定图则统一平台上，核查和逐步解决在土地管理过程中面临的规划冲突与衔接问题，为规划审批管理提供全面准确的信息支撑。同时，通过"一张图"协调机制，完善规划编制与管理工作。通过"一张图"信息系统，起到各类规划编制协调与衔接、规划审批信息支撑、辅助决策等作用。

规划和信息的整合是"一张图"建设的核心和重点，是决定"一张图"成果质量的关键。整合不是简单地将规划成果拼合在一起，也不是重新编制规划，是以法定图则为核心，通过"一张图"工作机制，梳理不同层次已有成果和信息，从边界衔接、控制线、土地利用、公共设施、道路交通、市政设施以及地名等各个方面，核查各类规划与法定图则之间的冲突和矛盾，按照规划整合原则和程序，解决问题，使之形成协调统一的整体。

"一张图"动态维护主要指以新批准的法定图则、空间更新单元、空间发展单元、法定图则个案修改、技术性修正等更新、替换原有的图则(草案、方案)，以及其他规划成果、规划管理信息、基础信息的动态更新。具体是对管理层、核心层、基层和规划成果库全面维护更新。

(三)"一张图"的主要应用

1. 综合查询统计

"一张图"系统使用方便快捷，统计、查询功能强大，大大提高了规划管理的工作效率。统计查询主要可以划分为业务部门专题统计与通用查询。业务部门专题统计按部门的职能专题来统计业务信息，分别为地籍管理、土地利用、耕地保护、执法监察等。通用查询提供根据关键信息查找业务数据的功能，用户不需要知道与条件相关的信息究竟是存储在什么业务数据中，系统将自动根据该条件进行检索，对于符合用户条件的任何数据都会按业务分类显示，并提供给用户进一步查看业务表单和相关图件的功能。

2. 国土资源监管

国土业务管理涉及土地执法监察、建设用地审批、土地收购储备、土地供应、土地开发整理复垦、地籍管理等多个业务的组合，每一个分支业务都与其他业务有着一定的关联关系。在常规的国土资源管理系统中，一般是把各个业务模块分割进行管理。在本系统中，通过对业务逻辑关系的深入分析，建立起了业务关系的"一张图"。从土地开发整理复垦、建设用地审批、土地收购储备、土地供应到最后的地籍登记，都在这个关系图上有机关联，每一块地的"批、供、用、补、查"的详细情况都能通过关系图跟踪反馈，为建设用地的动态监管和领导决策提供了强力的支持。具体而言，主要包括工作任务列表国土业务监管的业务处理等功能。工作任务列表是用户的工作首界面，提供用户最新任务列表、最新待办公文、当前各类业务情况统计等，方便用户对业务情况有总体了解的同时，能够快捷地进入业务办理环节。国土业务监管的处理过程一般都需要经过受理申请、空间数据调查采集、业务审查、登记入库等过程，这些过程中通常需要对不同的专题图件进行查询、分析,基于"一张图"的管理系统,业务人员可以很方便地在地图上查找到所需要的信息并进行相关查询分析。

3. 管理决策支持

国土资源"一张图"核心数据库管理系统在整合各类国土数据资源的基础上,利用 GIS 技术、数据库技术、海量数据管理技术,可以实现对国土资源"一张图"核心数据的分层叠加显示、查询与浏览、分析与挖掘、数据更新与历史管理,并与以电子政务平台为基础的审批系统、综合信息监管平台以及各有关应用系统对接,同时能为国土资源管理辅助决策提供支撑。

"一张图"系统在天津市土地管理中的应用

天津市"一张图"建成于 2008 年,经过约两年的改进,最终于 2010 年投入使用。该系统于 2010 年投入使用的主要原因是因为 2010 年天津市完成全市域范围内的第二次土地调查,并且基础数据齐备,是进行"一张图"系统来管理土地征收转用、登记发证、违法监察等业务的最佳时期。天津市"一张图"系统的基础数据可以说基本上是第二次土地调查的成果,主要包含集体所有权调查、城镇地籍调查、地类变更调查、遥感影像数据等成果。系统自启动以来,天津市国土系统内部均能共享数据,各科室能通过"一张图"系统这个统一平台简化工作量程,减少接边错误,提高工作效率。目前,"一张图"系统不仅仅只应用于国土资源部门的建设用地审批、耕地保护、土地利用规划编制、土地开发整理复垦、违法用地查处等方面,而且还运用并服务于指定天津市经济发展规划、宏观调控、城市规划等领域。

习题与思考题

1. 简述 LIS、MIS 和 GIS 之间的区别和联系。
2. 简述 LIS 的主要功能组成。
3. 简述我国现阶段常用的 GIS 建库平台及其特点。
4. 简述"一张图"模式土地资源管理系统的概念及特点。

主要参考文献

边志华,李晓英,徐德军,等. 3S 技术集成在国土管理工作中的应用[J]. 地理空间信息,2006,4(4):43-46.
陈伟强. 县级土地利用数据库建设方法与应用研究——以偃师市为例[D]. 保定:河北农业大学,2001.
董玉森,杨云玲. 地质图数据库数据格式转换方法研究[J]. 测绘通报,2004(10):27-29.
高文秀. 基于知识的 GIS 专题数据综合的研究[D]. 武汉:武汉大学,2002.
桂德竹,张成成,李钢,等. "3S"集成技术在"精准土地"调查中的应用研究[J]. 测绘科学,2007,32(4):155-156.
黄杏元,马劲松. 地理信息系统概论[M]. 北京:高等教育出版社,2007.
刘家彬,张金亭,胡石元. 土地信息系统理论和方法[M]. 北京:测绘出版社,2002.
刘耀林. 土地信息系统[M]. 北京:中国农业出版社,2003.
孙家抦. 遥感原理与应用[M]. 武汉:武汉大学出版社,2009.

孙在宏,陈惠明,乔伟峰,等.土地管理信息系统[M].北京:科学出版社,2005.
王辉,李艳,刘刚."3S"技术及其在土地资源管理中的应用[J].现代农业科技,2009(21):257-259.
王丽媛.城镇地籍数据库建设的研究[D].南昌:江西理工大学,2011.
王林松.县级农村土地利用数据库建设技术探讨[D].重庆:西南大学,2009.
王维一."3S"技术在土地资源管理中的应用[J].河北农业科学,2009,13(2):154-156,162.
王孝尊,王同乐,闫学静,等.天津市"一张图"系统在土地管理中的应用[J].价值工程,2014,35:295-297.
王振中."3S"技术集成及其在土地资源管理中的应用[J].测绘科学,2005,30(4):62-64.
邬伦,刘瑜,张晶,等.地理信息系统[M].北京:科学出版社,2001.
张世全.城乡一体化地籍信息系统理论与方法研究[D].郑州:解放军信息工程大学,2008.
Haanen A, Bevin T, Sutherland N. e-Cadastre-Automation of the New Zealand Survey System[C]. FIG XXII International Congress, Washington, D. C. USA, 2002.
Mulholland G, Pontes L. The technology behind the Integrated Cadastre/Land Registry. Solutions in the Canadian Provinces of New Brunswick and Nova Scotia[C]. Symposium on Innovative Technologies for Land Administration, Madison WI, US 24-25 JUne 2005.

第七章 土地法制管理

第一节 土地管理体制概述

管理体制是指职、责、权、利的结构形式,是由生产力的发展水平所决定的,同时,必须与被管理对象的发展水平相适应。土地管理体制主要是指土地管理机构设置和管理职权权限划分所形成的体系和管理制度,其中,土地管理机构设置的模式是土地管理体制的核心。

建国以来,我国土地管理机构设置的模式经历了3个阶段。第一阶段(1919—1955年)统管时期:由中华人民共和国中央人民政府内务部地政司主管全国地政。第二阶段(1955—1986年)分管时期:土地管理职能分散于农村和城市政府各级有关用地部门,城市用地由房产局管理,农业部管理农村土地,铁道部管理铁路用地,交通部管理公路等交通用地,林业部管理林业用地,水利部管理水利工程用地,农垦部管理国营农用地和荒地。"文化大革命"期间,土地管理机构大多被撤销,全国土地管理处于无序状态。1982年8月到1986年6月,国家实行城乡分管的体制。农牧渔业部下设土地管理局,城乡建设环境保护部下设城乡住宅局,部分恢复了地政管理职能。第三阶段(1986年至今)统管时期:1986年3月21日成立国家土地管理局,行使统管全国土地的工作职能,从国务院到地方各级人民政府设置土地管理部门,实行全国城乡土地统一管理制度。1998年3月10日,由地质矿产部、国家土地管理局、国家海洋局和国家测绘局共同组建国土资源部。土地管理部门的地位急剧跃升,其他部门则由主管部门变为用地部门(王万茂,2013)。

我国的土地管理体制有统管、分管及统管与分管相结合3种形式。统管,是指全国土地依法实行统一归口管理。分管,是指分部门、分系统建立土地管理机构,归口管理本部门、本系统所使用的土地,从中央到地方,没有一个统一的土地管理机构。统管与分管相结合,是指国家实行统一管理与归口分管相结合的体制,即国家设置土地管理职能机构,负责协调各部门用地,制定统一政策、法规,并与部门归口管理相结合(张丰等,2011)。

根据新《土地管理法》及相关法律、法规的规定,我国土地实行分级管理体制,且省级以下实行垂直管理体制,中国各级政府在土地管理的各项业务上都有相对明确的职能配置和分工。从上到下建立责任制,由国务院国土行政主管部门统一负责全国土地的管理监督工作,县(市)级以上地方人民政府国土管理部门主管本行政区域内的土地管理工作,乡(镇)人民政府(通过建立国土管理所)负责本行政区域内的土地管理工作及基本农田保护工作。现在,全国已经形成从国家到乡(镇)的土地管理网络。

但我国现行的土地管理体制还存在一些弊端,如职能分散、国家土地管理权力弱化、宏观调控能力不强;地方土地管理部门机构、编制不足,部分基层土地管理机构不健全、职能不到位,尤其是乡(镇)土地管理缺编缺人等。为切实加强土地管理,需要拓宽思路,加强体制改革的研究和实践,实行最严格的适合我国国情的土地管理制度,相应制定严格的检查制度,并依据考核结果实行奖惩制度,建立不断健全和完善,与土地所有权的国家属性、实现耕地总量动态平衡,以及与全国保有18亿亩耕地底线的目标相适应的,体现土地部门统一性、权威性管理原则的,适应社会主义市场经济体制的土地管理体制。

我国的土地垂直管理体制

2004年4月下发《关于做好省级以下国土资源管理体制改革有关问题的通知》,正式明确省以下土地管理机构实行垂直管理,即省级以下土地管理部门的土地审批权和主要领导任免权上收至省级政府。进一步加强了国家对国土资源的宏观管理,强化省级人民政府保护耕地的责任,推进依法行政进程。2006年7月,国务院下发了《关于建立国家土地督察制度有关问题的通知》,国土资源部向全国派驻9个国家土地督察局,以切实加强土地管理,完善土地执法监察体系,进一步完善了土地垂直管理体制。

第二节 土地法律体系

随着土地问题的日益严重及土地科学的发展,世界各国的土地立法都在发展和完善。很多国家已经逐步形成了一个完整的、多层次的、多形式的、适用范围不同的法律、法规组成的土地法体系。这个体系内的各种法律、法规的目标是一致的,即调整土地关系、协调人与土地的关系,但各自的目的、任务、重点则有所区别,它们之间是相互联系、相互制约、相互补充的。

一、土地法律体系的涵义

(一)法律体系

在法理学中,法律体系有时也称"法的体系"或简称"法体系",它是指由一国现行的全部法律规范按照不同的法律部门分类组合而形成的一个呈体系化的有机联系的统一整体。这里所说的法律部门是调整某一类社会关系的法律规范的总和。法律关系性质的不同,是区别法律部门的最基本标志,如刑法部门是以打击犯罪和刑事处罚社会关系为调整对象,民法部门调整的是平等主体之间的财产关系和非财产的人身关系。各个法律部门组成了一个内容和谐一致、形式完整统一的法律规范的有机整体。

依法治国,建设社会主义法治国家,是中国共产党领导人民治理国家的基本方略。1997年9月,党的十五大明确提出,到2010年形成有中国特色社会主义法律体系的立法工作目标。形成中国特色社会主义法律体系,保证国家和社会生活各方面有法可依,是全面落实依法治国基本方略的前提和基础,是中国发展进步的制度保障。2011年10月,国务院新闻办公室发表《中国特色社会主义法律体系》白皮书,宣告一个立足中国国情和实际、体现党的主张和人民意志统一、符合现阶段改革开放和社会主义现代化建设需要,以宪法为核心和统帅,包括法律、行政法规和地方性法规等层次,由宪法相关法、民商法、行政法、经济法、社会法、刑法、诉讼与非诉讼程序法等部门构成的中国特色社会主义法律体系已经形成[①]。

(二)土地法

土地法是整个国家立法体系中一个重要的组成部分,是国家通过制定法律,运用法律手段,调整人们在土地开发、利用、保护和治理过程中发生的各种社会关系的法律规范的总称。土地法是我国法律体系中的一个独立的法律部门,是以以土地为客体而产生的各种社会关系为调整对象,如土地所有权关系、土地使用权关系、土地利用关系、土地保护关系、土地管理关系等。目前,我国立法机关还没有制定统一形式的土地法,但实质意义的土地法,即调整土地行政管理以及占有利用的法律规范体系已经比较完善,我国土地法是由许多法律组成的体系。

(三)土地法律体系

土地法律体系与土地法不同。土地法是指调整土地关系的法律规范的总称,土地法律体系是指土地法的各部分之间的有机联系的整体,这些法律规范如何有机组合并协调运行,以发挥其系统最佳整体功能。也就是说,土地法体系不是指某个具体的土地法律规范,而是指所有的土地法律规范。土地法律体系的概念包括3层涵义(张丰等,2011):

(1)土地法律体系由调整土地关系的各种法律规范组成。

(2)体系中的各类法律规范由于立法机关的不同而形成的级别不同,所具有的法律效力不同,低一级的法律规范必须服从高一级的法律规范。

(3)体系中的各类法律规范是相互协调、相互制约、相互统一的。变更其中一个的内容,势必影响其他法律规范。

土地法律体系的发展、健全程度,是衡量一个国家土地法治和土地管理水平的重要标志。完善土地法体系,对于合理开发、利用、保护、治理土地,加强土地管理,促进土地的可持续利用具有重要的意义。

二、我国现行的土地法律体系

新中国成立以来,我国在土地资源开发、利用、保护、治理、管理等方面做了大量的工作,我国的土地法律制度和措施在实践中得以建立和完善。

法律体系的形成以完善的立法为前提,从我国已有的立法和现行的土地法律规范来看,完整而科学的土地法律体系还有待于立法的进一步完善(严全明,2004),要建立完善的土地法律体系还有大量的工作要做。尽管如此,现行的土地法律规范已构成了我国土地法律体系的基本框架,目前中国已初步形成以《宪法》为依据,以《民法》《物权法》为基础,以《土地管理法》《城市房地产管理法》等法律为基干的土地法体系(杨永芳,2007;董藩等,2009)。

(一)《中华人民共和国宪法》

宪法作为国家根本大法,由全国人民代表大会制定,具有最高的法律效力,其效力位于我国社会主义法律体系和各部门法律体系之首。其主要作用是规定国家的社会、经济、政治制度,国家机关的组织和活动的基本原则,以及公民最基本的权利和义务等。随着土地问题的日益突出,迫切需要国家加强对土地所有权、土地的开发、利用和保护等各项活动进行干预。这

[①] 参见 http://www.gov.cn/jrzg/2011-10/27/content_1979498.htm,2011-10-17。

种带全局性的任务,必须通过具有最高法律效力的宪法来加以原则规定。宪法中有关土地的规定具有指导性、原则性和政策性,它构成了中国土地法制的基础。

新成中国成立以来,我国已先后颁布了4部《宪法》,都对土地问题做了原则性规定。《宪法》关于土地公有制、土地所有权、土地使用权等的规定,是制定各项土地法律规范的根本依据。现行《宪法》(2004年修正)在第八条、第九条、第十条集中规定了合理开发、利用和保护土地的基本内容和土地所有权的归属(表7-1)。《宪法》的这些规定居于土地法律体系的最高层次,土地基本法及任何土地法律规范的制定都不得与《宪法》的规定相抵触,否则就是无效的。

表7-1 我国《宪法》中的土地管理相关规定

条目	相关内容
第八条	农村集体经济组织实行家庭承包经营为基础、统分结合的双层经营体制。农村中的生产、供销、信用、消费等各种形式的合作经济,是社会主义劳动群众集体所有制经济。参加农村集体经济组织的劳动者,有权在法律规定的范围内经营自留地、自留山、家庭副业和饲养自留畜。
第九条	矿藏、水流、森林、山岭、草原、荒地、滩涂等自然资源,都属于国家所有,即全民所有;由法律规定属于集体所有的森林和山岭、草原、荒地、滩涂除外。 国家保障自然资源的合理利用,保护珍贵的动物和植物。禁止任何组织或者个人用任何手段侵占或者破坏自然资源。
第十条	城市的土地属于国家所有。 农村和城市郊区的土地,除由法律规定属于国家所有的以外,属于集体所有;宅基地和自留地、自留山,也属于集体所有。 国家为了公共利益的需要,可以依照法律规定对土地实行征收或者征用并给予补偿。 任何组织或者个人不得侵占、买卖或者以其他形式非法转让土地。土地的使用权可以依照法律的规定转让。 一切使用土地的组织和个人必须合理地利用土地。

(二)法律

通常所说的法律是狭义的法律,专指由全国人民代表大会及其常务委员会依照立法程序制定和颁布的规范性文件。新中国成立以来,特别是党的十一届三中全会以来,为了合理开发、利用和保护土地资源,调整土地市场运行,全国人民代表大会及其常务委员会在立法中非常注重制定调整和规范土地关系的法律。土地法律包括基本法律和一般法律。

1. 基本法律

1)《中华人民共和国民法通则》

该法第五章第一节"财产所有权和与财产所有权有关的财产权"中,规定了土地的国家所有权(第七十三条)和集体所有权(第七十四条)、国有土地使用权和集体土地使用权(第八十条)、自然资源使用权(第八十一条)及相邻权(第八十三条)制度(表7-2);第六章"民事责任"的规定可以适用于侵害土地财产权的民事责任的确定。

表 7-2 我国《民法》中的土地管理相关规定

条目	相关内容
第七十三条	国家财产属于全民所有。 国家财产神圣不可侵犯，禁止任何组织或者个人侵占、哄抢、私分、截留、破坏。
第七十四条	劳动群众集体组织的财产属于劳动群众集体所有，包括： （一）法律规定为集体所有的土地和森林、山岭、草原、荒地、滩涂等； （二）集体经济组织的财产； （三）集体所有的建筑物、水库、农田水利设施和教育、科学、文化、卫生、体育等设施； （四）集体所有的其他财产。 集体所有的土地依照法律属于村农民集体所有，由村农业生产合作社等农业集体经济组织或者村民委员会经营、管理。已经属于乡（镇）农民集体经济组织所有的，可以属于乡（镇）农民集体所有。 集体所有的财产受法律保护，禁止任何组织或者个人侵占、哄抢、私分、破坏或者非法查封、扣押、冻结、没收。
第八十条	国家所有的土地，可以依法由全民所有制单位使用，也可以依法确定由集体所有制单位使用，国家保护它的使用、收益的权利；使用单位有管理、保护、合理利用的义务。 公民、集体依法对集体所有的或者国家所有由集体使用的土地的承包经营权，受法律保护。承包双方的权利和义务，依照法律由承包合同规定。 土地不得买卖、出租、抵押或者以其他形式非法转让。
第八十一条	国家所有的森林、山岭、草原、荒地、滩涂、水面等自然资源，可以依法由全民所有制单位使用，也可以依法确定由集体所有制单位使用，国家保护它的使用、收益的权利；使用单位有管理、保护、合理利用的义务。 国家所有的矿藏，可以依法由全民所有制单位和集体所有制单位开采，也可以依法由公民采挖。国家保护合法的采矿权。 公民、集体依法对集体所有的或者国家所有由集体使用森林、山岭、草原、荒地、滩涂、水面的承包经营权，受法律保护。承包双方的权利和义务，依照法律由承包合同规定。 国家所有的矿藏、水流，国家所有的和法律规定属于集体所有的林地、山岭、草原、荒地、滩涂不得买卖、出租、抵押或者以其他形式非法转让。
第八十三条	不动产的相邻各方，应当按照有利生产、方便生活、团结互助、公平合理的精神，正确处理截水、排水、通行、通风、采光等方面的相邻关系。给相邻方造成妨碍或者损失的，应当停止侵害，排除妨碍，赔偿损失。

2）《中华人民共和国刑法》

该法在 1997 年修订中，增设了"非法转让、倒卖土地使用权罪"（第二百二十八条），"非法占用耕地罪"（第三百四十二条）[①]，以及"非法批准征用、占用土地罪"和"非法低价出让国有土地使用权罪"（第四百一十条）（表 7-3）。这些规定为加强土地管理，更好地打击土地违法行

[①] 根据 2001 年 8 月 31 日第九届全国人民代表大会常务委员会第二十三次会议通过的《中华人民共和国刑法修正案（二）》，为了惩治毁林开垦和乱占滥用林地的犯罪，切实保护森林资源，已对刑法第三百四十二条进行了修改。

为和保护耕地提供了强有力的法律武器。

表7-3　我国《刑法》中的土地管理相关规定

条目	相关内容
第二百二十八条	【非法转让、倒卖土地使用权罪】以牟利为目的，违反土地管理法规，非法转让、倒卖土地使用权，情节严重的，处三年以下有期徒刑或者拘役，并处或者单处非法转让、倒卖土地使用权价额百分之五以上百分之二十以下罚金；情节特别严重的，处三年以上七年以下有期徒刑，并处非法转让、倒卖土地使用权价额百分之五以上百分之二十以下罚金。
第三百四十二条	【非法占用耕地罪】违反土地管理法规，非法占用耕地、林地等农用地，改变被占用土地用途，数量较大，造成耕地、林地等农用地大量毁坏的，处五年以下有期徒刑或者拘役，并处或者单处罚金。
第四百一十条	【非法批准征用、占用土地罪；非法低价出让国有土地使用权罪】国家机关工作人员徇私舞弊，违反土地管理法规，滥用职权，非法批准征用、占用土地，或者非法低价出让国有土地使用权，情节严重的，处三年以下有期徒刑或者拘役；致使国家或者集体利益遭受特别重大损失的，处三年以上七年以下有期徒刑。

3)《中华人民共和国物权法》

该法是以不动产为核心构建起来的，而土地又是不动产的核心组成部分，其颁布生效对于完善我国的土地法律体系意义重大，是中国公民权利保护体系的里程碑。特别是，对国土资源管理法律制度进行了改革创新：建立了不动产统一登记制度，完善了土地征收补偿制度，构建了以土地所有权、土地承包经营权、建设用地使用权和宅基地使用权为主要内容的土地物权体系，明确了探矿权、采矿权的物权性质[1]。另一方面，根据《物权法》的规定，不少现行法律、行政法规、地方性法规、规章以及规范性文件中有关物权的规定都要依照《物权法》进行修改或者废止。为此，国土资源部发出通知进行法规清理，要求各级国土资源管理部门要抓紧进行地方性法规、规章，特别是规范性文件的清理工作，对于超越权限制定以及与《物权法》规定不相一致的，要及时废止或者修改[2]。

2. 一般法律

1)《中华人民共和国土地管理法》

这是一部专门以调整土地行政管理关系为主要内容的法律制度，在土地管理方面发挥着基础性作用。它是宪法有关土地问题原则性规定的具体表现，是制定土地行政法规或规章的直接依据，是地政部门土地行政执法的主要依据，是司法部门审判土地违法案件的重要准则。

2)《中华人民共和国测绘法》

这是我国测绘行业一部综合性的基本大法，是从事测绘活动和进行测绘管理的基本准则和基本依据，对于推进我国测绘法制建设和测绘依法行政，加强测绘市场管理，规范测绘行为，提高测绘保障能力和服务水平，满足经济建设和人民生活对基础地理信息日益增长的需求，具

---

[1] 参见 http://www.mlr.gov.cn/xwdt/jrxw/200705/t20070518_650766.htm，2007-05-18。
[2] 参见 http://www.mlr.gov.cn/xwdt/jrxw/200705/t20070518_650765.htm，2007-05-18。

有十分重要的意义。它涉及到基础地理信息、摄影与遥感、航拍、地图制作与管理、海洋测量、地籍及房地产测绘等方面。

3)《中华人民共和国城市房地产管理法》

这是一部涉及国有土地使用权的取得、在国有土地上进行房地产开发和交易及房地产权属登记的法律制度。包括总则、房地产开发用地、房地产开发、房地产交易、房地产权属登记管理、法律责任、附则共7章。其中,该法关于国有土地使用权取得、城市土地流转关系和市场管理的规定构成我国现行土地法律制度的重要内容。

4)《中华人民共和国农村土地承包法》

这是一部以规范农村土地承包、保护农村土地承包经营权及其流转为主要内容的法律,其核心是关于土地承包经营权设立、转让以及保护方面的规定。包括总则、家庭承包、其他方式的承包、争议的解决和法律责任、附则共5章。

5)《中华人民共和国城乡规划法》

在城乡规划法出台以前,我国有关城市和乡村规划管理的法律、行政法规有《中华人民共和国城市规划法》(1989年12月26日第七届全国人民代表大会常务委员会第十一次会议通过,1990年4月1日起施行)[①]和《村庄和集镇规划建设管理条例》(1993年5月7日国务院令第116号公布),简称"一法一条例"。"一法一条例"实施十多年来,对于加强城市、村庄和集镇的规划、建设和管理,遏制城市和乡村的无序建设、生态环境破坏等问题,促进城乡健康协调发展起到了重要的作用。但是,"一法一条例"所确定的规划管理制度是建立在城乡二元结构基础上的,我国《城市规划法》不涉及乡村规划和管理,《村庄和集镇规划建设管理条例》不涉及建制镇以上的城市规划和管理。这种就城市论城市、就乡村论乡村的规划制度与实施模式使得城市和乡村规划之间缺乏统筹考虑和协调,影响城乡协调发展,已经不适应城乡统筹的需要。城乡之间的联系越来越紧密,城市的经济社会发展对其周边乡村的发展起到了积极的带动作用,乡村也为城市的发展提供了有力的支持,城市和乡村的发展日益交融。

该法的颁布实施,对于加强城乡规划管理,协调城乡空间布局,改善人居环境,促进城乡经济社会全面协调可持续发展,具有重要意义。该法共计7章70条(分别为总则、城乡规划的制定、城乡规划的实施、城乡规划的修改、监督检查、法律责任、附则)。

6)《中华人民共和国农村土地承包经营纠纷调解仲裁法》

这是我国继2002年颁布了《农村土地承包法》后,又一部规范农村土地承包经营工作,维护农民土地承包合法权益的法律,为解决农村土地承包经营纠纷提供了一个相对规范、统一的法律制度。包括总则、调解、仲裁、附则共4章。

我国《农村土地承包经营纠纷调解仲裁法》明确了运用调解、仲裁双渠道化解纠纷的原则。法律规定,发生农村土地承包经营纠纷的,当事人可以自行和解,也可以请求村民委员会、乡(镇)人民政府等调解。当事人和解、调解不成或者不愿和解、调解的,可以向农村土地承包仲裁委员会申请仲裁,也可以直接向人民法院起诉。

我国《农村土地承包经营纠纷调解仲裁法》还明确规定了受理纠纷的范围:因订立、履行、变更、解除和终止农村土地承包合同发生的纠纷;因农村土地承包经营权转包、出租、互换、转让、入股等流转发生的纠纷;因收回、调整承包地发生的纠纷;因确认农村土地承包经营权发生

---

① 于2008年1月1日《中华人民共和国城乡规划法》施行起同时废止。

的纠纷;因侵害农村土地承包经营权发生的纠纷;法律、法规规定的其他农村土地承包经营纠纷。

（三）行政法规

土地行政法规是指国务院制定的调整土地法律关系的规范性文件,它们也是我国土地法律体系的重要组成部分。国务院是最高国家行政机关,是最高国家权力机关的执行机关,是最高的行政立法主体,享有较为完全的行政立法权,可依职权制定土地行政法规,其形式一般为"条例""规定""办法"等。对某一方面的行政工作做比较全面、系统的规定,称"条例";对某一方面的行政工作做部分的规定,称"规定";对某一项行政工作做比较具体的规定,称"办法"。

根据宪法和法律,国务院先后发布了围绕土地行政的各个领域和各个方面的行政法规,现行有效的主要有[①]:《中华人民共和国城镇土地使用税暂行条例》(1988年9月27日国务院令第17号发布),《中华人民共和国城镇国有土地使用权出让和转让暂行条例》(1990年5月19日国务院令第55号发布),《中华人民共和国土地增值税暂行条例》(1993年12月13日国务院令第138号发布),《中华人民共和国土地管理法实施条例》[②](1998年12月27日国务院令第256号发布),《基本农田保护条例》[③](1998年12月27日国务院令第257号发布),《中华人民共和国城市房地产开发经营管理条例》(1998年7月20日国务院令第248号发布),《大中型水利水电工程建设征地补偿和移民安置条例》[④](2006年7月7日国务院令第471号发布),《中华人民共和国耕地占用税暂行条例》[⑤](2007年12月1日国务院令第511号发布),《土地调查条例》(2008年2月7日国务院令第518号发布),《国有土地上房屋征收与补偿条例》[⑥](2011年1月21日国务院令第590号发布),《土地复垦条例》[⑦](2011年3月5日国务院令第592号发布),《不动产登记暂行条例》(2014年11月24日国务院令第656号发布)。

我国土地市场结构的基本框架

> 1990年出台的《中华人民共和国城镇国有土地使用权出让和转让暂行条例》构筑了我国土地市场结构的基本框架——基于政府供应土地的一级市场和土地使用者自主交易的二级市场,该条例的颁布实施标志着中国土地市场的建立与发展有了法律依据。该条例根据我国相关的法律规定,在土地所有权和使用权分离的基础上,建立了以出让、转让、抵押等为主要方式的国有土地有偿使用制度,不同用途的土地使用权设置了一定的使用期限。

此外,还有《国务院关于深化改革严格土地管理的决定》(国发〔2004〕28号),《国务院关于促进节约集约用地的通知》(国发〔2008〕3号),《国务院关于坚决遏制部分城市房价过快上涨的通知》(国发〔2010〕10号),《国务院关于严格规范城乡建设用地增减挂钩试点切实做好农村

[①]根据北大法宝数据库整理 http://www.pkulaw.cn/,最后访问于2016年9月1日。
[②]1991年1月4日国务院发布的《中华人民共和国土地管理法实施条例》同时废止。
[③]1994年8月18日国务院发布的《基本农田保护条例》同时废止。
[④]1991年2月15日国务院发布的《大中型水利水电工程建设征地补偿和移民安置条例》同时废止。
[⑤]1987年4月1日国务院发布的《中华人民共和国耕地占用税暂行条例》同时废止。
[⑥]2001年6月13日国务院发布的《城市房屋拆迁管理条例》同时废止。
[⑦]1988年11月8日国务院发布的《土地复垦规定》同时废止。

土地整治工作的通知》(国发〔2010〕47号)等国务院规范性文件①,同样对土地法律体系建设产生了重要的影响。

（四）部门规章

根据《立法法》的规定,国务院各部、委、行、署和直属机构可以根据法律和国务院的行政法规、决定、命令,在本部门的权限范围内制定涉及土地的规章,其表现形式有命令、指示、规章等。

土地部门规章的数量很大②,涉及地籍管理,用地管理,土地利用规划管理,土地开发、整理与复垦,土地税费管理,土地估价,土地监察管理等各个方面(中国土地学会等,2006)。其中,也有很大部分已经被废除或失效,根据2016年国土资源部公布的已废止或者失效的规范性文件目录③显示就达到315件。现行有效的主要包括④,例如,《违反土地管理规定行为处分办法》(监察部、人力资源和社会保障部、国土资源部令第15号)、《招标拍卖挂牌出让国有建设用地使用权规定》(国土资源部令第39号)、《土地登记办法》(国土资源部令第40号)、《建设项目用地预审管理办法》(国土资源部令第42号)、《土地利用总体规划编制审查办法》(国土资源部令第43号)、《土地调查条例实施办法》(国土资源部令第64号)、《国土资源部规章和规范性文件后评估办法》(国土资源部令第47号)、《闲置土地处置办法》(国土资源部令第53号)、《土地复垦条例实施办法》(国土资源部令第56号)、不动产登记暂行条例实施细则(国土资源部令第63号)等。

（五）地方法规和地方行政规章

我国现行的立法采取中央和地方两级立法体制。

地方性土地法规,是指由各省、自治区、直辖市和其他依法有地方法规制定权的地方人民代表大会及其常务委员会制定的调整土地法律关系的规范性文件。地方土地行政规章,是指由各省、自治区、直辖市人民政府和其他依法有地方行政规章制定权的地方人民政府制定的调整土地法律关系的规范性文件。二者数量众多,它们不仅在保证土地法律制度的实施方面起到了积极的作用,而且在积极探索土地制度改革、推动我国土地法律制度的进一步完善方面产生了重要的影响,同样构成土地法律体系的重要组成部分。

（六）最高人民法院的司法解释

最高人民法院就土地法适用问题所做的解释,属有权解释,亦是我国土地法律体系的组成部分之一。20世纪90年代以来,最高人民法院就土地法问题所做的解释甚多,重要的有《最高人民法院关于审理涉及国有土地使用权合同纠纷案件适用法律问题的解释》(法释〔2005〕5号)、《最高人民法院关于审理涉及农村集体土地行政案件若干问题的规定》(法释〔2011〕20号)、《最高人民法院关于办理申请人民法院强制执行国有土地上房屋征收补偿决定案件若干问题的规定》(法释〔2012〕4号)、《最高人民法院关于国有土地开荒后用于农耕的土地使用权

---

①按照宪法的授权,国务院制定的行政措施、行政法规和发布的决定、命令,均是国务院实施宪法和法律、履行最高行政机关职责的具体形式。因此,国务院发布的行政措施、决定和命令,同样应具备法律效力的基础。

②根据中国土地学会等编著的土地科学学科发展蓝皮书(2006),自新中国成立以来仅原国家土地管理局和现国土资源部发布的关于土地的规章和技术规程就至少有76件之多。

③《国土资源部关于公布已废止或者失效的规范性文件目录的公告》(2016年第10号),http://www.gtzyb.com/bugaolan/20160614_97381.shtml,2016-06-14。

④根据北大法宝数据库整理 http://www.pkulaw.cn/,最后访问于2016年9月1日。

转让合同纠纷案件如何适用法律问题的批复》(法释〔2012〕14号)等。这些司法解释,解决了我国土地法适用中的疑难问题,对推动土地法律制度进一步完善做出了贡献。

(七)其他土地规范性文件

其他土地规范性文件,是指除上述几类外,由县级以上人民代表大会及其常务委员会、人民政府依照宪法、法律的规定制定的有关合理开发、利用、保护、治理土地和调整土地市场运行方面的规范性文件。这类规范性文件为数众多,其表现形式多为决定、通知、批复、意见等,他们虽然不是人民法院审理土地案件的裁判规范,但对土地行政机关的执法行为有约束力,因而有些也是土地行政法的一种表现形式。

(八)小结

从以上我国现行土地法律体系的构架来看,我国的土地法律体系既不是纯粹属于民事法律,也非纯粹属于行政或刑事法律,而是包含了宪法规范、民事、刑事及行政法律规范等在内的多个法律部门的集合。这一现象,是由土地在我国社会生活及国民经济中的重要地位决定的。土地关系到国家、社会和个人的方方面面,因而要求法律的综合调整。

为了加强对土地关系的全面调整,促进土地的可持续利用和有效保护,必须根据中国国情和土地工作的需要,有计划、有步骤地建立系统的、科学的、完善的,既适合中国国情又具有较强的可操作性的土地法体系。这不仅是土地立法的目标和司法工作的需要,也是土地学科建设的一项重要内容。

第三节 我国《土地管理法》的制定与修订

在现实生活和法律实践中,我国《土地管理法》基本充当着土地管理基本法的地位和作用。时代在发展,法律制定的社会背景和社会经济条件在变化,随着我国经济的快速发展,根据我国土地管理及社会经济发展的需要,《土地管理法》已经先后完成了3次修订(彭小云,2009;唐敏,2010),当前,最新的一轮修订工作也正在积极推进过程中(陈小君,2012),我国《土地管理法》在不断修改完善。《土地管理法》的每一次修订,都代表着一个经济发展的阶段,标示其不断成长和完善的历程,并使我国的土地管理事业在法制的轨道上提升了一步。

一、诞生:新中国成立后第一部全面规范土地管理和土地利用的法律

时间:1986年6月25日,第六届全国人大常委会第十六次会议。

背景:20世纪80年代初国民经济迅速发展、各项建设占用土地增加、乱占滥用耕地现象日趋严重。

意义:我国土地管理工作开始纳入依法管理和全国城乡土地统一管理的轨道。

20世纪80年代,我国开启了一个改革开放的新时代。"以经济建设为中心",生产力的释放,经济建设的快速发展,城市扩张、乡镇企业发展、农村建房,建设的规模迅速扩大,大量耕地被占用。据统计,"六五"期间,全国耕地净减3680多万亩,年均减少700多万亩,尤其是1985年,这一数字史无前例地超过了1500万亩(张传玖,2006),人多地少的矛盾日益突出。中共中

央、国务院发布的《关于加强土地管理、制止乱占耕地的通知》(中发〔1986〕7号)中这样表述："乡镇企业和农村建房乱占耕地、滥用土地的现象极为突出。许多地方耕地大量减少,有的省一年减少一个中等县的耕地面积,有的城镇郊区农民几乎已无地可种。这种情况如果继续发展下去,将会给国家建设和人民生活造成严重后果,贻害子孙后代。"然而,相较于触目惊心的"圈地热",当时人们看到的土地管理状况却是:偌大的国家竟没有一部专门的、完整的土地管理法;没有统一完整的土地管理体系,行政管理城乡分立、多头行使,政出多门,职责不清;土地资源家底不清,土地权属混乱,纠纷频繁。

正是在这样的大背景下,如何加强土地管理、保护有限的耕地引起了最高决策层的重视。1986年6月25日,第六届全国人大常委会第十六次会议审议通过并颁布了《土地管理法》(1987年1月1日起正式施行)。第一部《土地管理法》共包括五十七条,设有总则、土地所有权和使用权、土地利用和保护、国家建设用地、乡(镇)村建设用地、法律责任、附则共7章。这是新中国成立后,我国颁布的第一部关于土地资源管理、全面调整土地关系的法律。《土地管理法》的颁布,结束了长期以来土地管理无法可依的局面,是我国土地管理工作的重大转折和管理体制的根本性改革,标志着我国土地管理工作开始纳入依法管理和全国城乡土地统一管理的轨道,从而从根本上开创了我国土地管理事业的新纪元。

伴随着《土地管理法》的贯彻实施和各种措施的配合,当时那一轮"圈地热"很快收敛了。1986年之后的连续几年,全国耕地年净减量都控制在300万亩以下,乱占滥用耕地的势头得到了有效遏制。

《土地管理法》从酝酿至颁布只有短短3个多月的时间,创下我国立法耗时最短的记录。由于立法仓促,加之时代的局限,1986年《土地管理法》还带有较浓厚的计划经济色彩。然而,1986年《土地管理法》毕竟结束了长期以来土地管理无法可依的局面,实现了我国土地管理由多头分散管理向集中统一管理的历史性转变,其具有的划时代价值毋庸置疑。

二、第一次修订:土地作为生产要素进入市场

时间:1988年12月29日,第七届全国人大常委会第五次会议。

背景:在无偿、无限期、无流动(即"三无")的配置制度下划拨使用,土地应有的资产特性未得到体现,脱胎于计划经济时代的《土地管理法》显露出历史局限性。

意义:推动我国土地使用制度改革,为土地市场建设铺下了新的基石。

时代在发展,法律制定与实施的社会经济条件在不断变化,因此,法律也要与时俱进。20世纪80年代中后期,人们刚刚开始反省计划经济之弊,就开始热议商品经济甚至是市场经济了。土地的商品属性也引起有识之士的强烈关注,脱胎于计划经济时代的《土地管理法》诞生仅一两年就很快显露出它的历史局限性,面临着作重大修改的任务。

在一味强调公有公用的计划经济时代,土地成了"免费的午餐":1986年《土地管理法》确立在无偿、无限期、无流动(即"三无")的配置制度下划拨使用,失去了土地应有的资产特性。中国"一大二公",用地可以不要钱,然而,随着外资的进入,外国资本家来用我们的土地却是需要"买单"的[①],这个问题如何解决?

实际上,新生的国家土地管理局很早就开始酝酿土地使用制度的改革,上海的土地批租,

---

① 1979年《中华人民共和国中外合资经营企业法》首次从制度上标志了土地有偿使用的开始。

深圳的土地出让就是国家土地管理局的试点。1987年9月8日,深圳特区首次以定向议标的方式出让有偿使用的第一块国有土地使用权,土地作为一种生产要素直面市场,从此拉开城市土地市场的帷幕,数日后再次以招标的形式出让第二块国有土地使用权。11月,国务院批准了国家土地管理局等部门的报告,确定在深圳、上海、天津、广州、厦门、福州进行土地使用制度改革试点。土地有偿使用已成为我国土地使用制度改革中不可回避的核心问题。

同年12月,深圳市公开拍卖了一块国有土地的使用权。这是新中国成立后首次进行的土地拍卖。按照土地所有权与使用权分离的原则,国家在保留土地所有权的前提下,通过拍卖、招标、协议等方式将土地使用权以一定的价格、年期及用途出让给使用者,出让后的土地可以转让、出租、抵押。这是中国土地使用制度带有根本性的改革,打破了土地长期无偿、无限期、无流动、单一行政手段的划拨制度,创立了以市场手段配置土地的新制度。但令人遗憾的是,深圳的这一槌敲得并不理直气壮,甚至可以说是"违法"的,因为当时的《土地管理法》明文规定"任何单位和个人不得侵占、买卖、出租或以其他形式非法转让土地"。

1988年4月,就在《土地管理法》正式实施的第十六个月,七届全国人大第一次会议通过了《宪法修正案》,根据修正案,删去了《宪法》第十条第四款中"禁止土地出租"的规定,同时在该条款中增加了"土地的使用权可以依照法律的规定转让"的规定。1988年12月29日《土地管理法》在颁布两年之后,第七届全国人大常委会第五次会议根据《宪法修正案》通过了关于修改《土地管理法》的决定,删除了"禁止出租土地"的内容,并增加规定"国有土地和集体所有的土地的使用权可以依法转让""国家依法实行国有土地有偿使用制度"等内容。

1988年《土地管理法》的修改,推动了我国土地使用制度改革,在法律层面恢复了国有土地资产的商品属性——这被人们称为我国土地使用制度大改革的第一步。在此基础上,国务院于1990年发布了《城镇国有土地使用权出让和转让暂行条例》和《外商投资开发经营成片土地暂行管理办法》,管理城市土地的一部重要法律《城市房地产管理法》也于1994年7月正式出台,对土地有偿使用制度作了较为全面的规定。

我国的土地资产管理终于步入了市场化的轨道,土地开始成为中国经济转型历程中的重要角色,释放了巨大的经济能量——修法之后短短两年多的时间里,全国就收取土地出让金20多亿元,2001—2010年的十年间全国土地出让金已达9万亿元之多[①]。国有土地使用权价格的市场机制已初步形成,经营性国有土地使用权招标拍卖挂牌出让制度普遍建立起来。2005年,全国共出让土地面积16.32万公顷,出让价款达5505.15亿元。其中,招标、拍卖、挂牌、出让的面积达到5.72万公顷,出让价款为3920.09亿元,与1992年相比,招标、拍卖、挂牌、出让面积占当年出让总面积的比例由不足1%上升到35.06%;招标、拍卖、挂牌、出让价款占当年出让总价款的比例从不足1%上升到71.21%(张传玖,2006)。

其后几十年,我国经济持续快速发展,工业化、城市化进程全面提速,很大程度上就得益于1988年对《土地管理法》土地使用制度的修改,得益于土地市场的培育和土地资产的盘活。我国的土地资产管理步入市场化的轨道,土地开始成为中国经济转型历程中的重要角色,释放出巨大的经济能量。

---

① 国务院发展研究中心《土地制度改革与转变发展方式》披露,2001年全国土地出让金仅为1295.89亿元,2010年全国土地出让金已经攀升到27 100亿元,十年间全国土地出让金增长了近20倍。

三、第二次修订:实行最严格的耕地保护制度

时间:1998年8月29日,第九届全国人大常委会第四次会议。

背景:"开发区热""房地产热"导致耕地被大面积浪费。

意义:对土地管理方式和土地利用方式进行了重大变革,为世界上最严格的土地管理法律制度确定了框架体系。

随着经济的快速发展,出现了乱占滥用耕地的情况。从1992年上半年开始,一些地方出现了"开发区热""房地产热"。一时间,乱办乱建开发区成风,几千个开发区雨后春笋般冒出来,土地房产炒卖如火如荼,尤以海南海口和广西北海为甚。"两热"中,大量耕地被圈占用于开发区、商品房开发。据建设部门后来公布的资料,截至1993年3月,中国内地县级以上的开发区达6000多个,占地1.5万平方千米,比当时城镇城区用地面积总量1.34万平方千米还多出0.16万平方千米。但这些开发区或因基础设施条件差,或因软环境恶劣,多数"是开而不发",无法完工的工程普遍存在,耕地被大面积浪费(张传玖,2006)。我国耕地保护再次面临十分严峻的形势,耕地面积锐减,加之耕地质量差且后备资源不足,人地矛盾日趋尖锐。

我国人多地少,珍惜和合理利用每寸土地是我国的基本国策,在快速发展的实践面前,1988年修改的《土地管理法》还是明显不能适应加强土地管理尤其是保护耕地的需要,再次显现出它的局限性,例如:对农用地转为建设用地缺乏严格的法律限制、对土地违法行为缺乏强有力的法律监督体制和手段、对土地征用缺乏严格的法律限制且比较分散,以及对国有土地资源和市场管理缺乏明确的规定等。

《土地管理法》再次修改也由此提上了土地管理决策层的议事日程。1992年11月18日,中共中央、国务院适时出台《严格制止乱占滥用耕地的紧急通知》。1996年,国家土地管理局牵头开展了一项工程浩大的调研工作——耕地保护问题大调研。1997年2月18日,中共中央政治局常委会召开会议,认真地研究了加强土地管理和耕地保护的工作并做出重大决策,"中国要用最严厉的措施来保护耕地"成了最高决策层的共识。其后,4月15日,凝聚了决策高层集体智慧与决心的《中共中央、国务院关于进一步加强土地管理切实保护耕地的通知》(中发〔1997〕11号)文件颁布。11号文件明令"冻结"非农建设项目占用耕地一年、"冻结"县改市,加快修改《土地管理法》。11号文件提出的诸如土地用途管制、建设占用耕地"占一补一"等重大原则也成为修改《土地管理法》所遵循的基本原则,并构建了今日中国土地管理的基本制度和体系框架。

其间,《土地管理法》的修改稳步推进。就在第八个全国土地日来临之际的1998年4月29日,第九届全国人大常委会第二次会议决定,将《土地管理法(草案)》交由全民讨论,这是继《宪法》之后我国第一部由全民参与讨论修改的法律,充分体现了立法的民主性。

在立法指导思想上,实现了从保障建设用地供应为主到切实保护耕地为主的根本性转变。耕地保护作为一条主线,贯穿于《土地管理法》的始终,将从根本上扭转过去土地需求决定供给、"吃饭"服从"建设"的局面,从法律上保证了国家土地管理首要目标的实现。

在土地管理方式上,实现了从分级限额审批制度到用途管制制度的根本性转变。将土地分为农用地、建设用地和未利用地,以土地利用总体规划作为实施用途管制的依据,从法律上对农用地转为建设用地进行了严格限制。

在土地利用方式上,实现了从处延粗放型到内涵集约型的根本性转变。规定城市总体规

划、村庄和集镇规划应当与土地利用总体规划相衔接,建设用地规划不得突破土地利用总体规划确定的规模,建设占用耕地实行占补平衡制度,从法制上促进了建设用地走内涵挖潜、集约利用的道路。

在土地管理职权划分上,实现了各级政府职能合理划分的根本性转变。将事关全局的决策性职权适当集中于中央和省两级,而执行性职权主要由市、县来承担,不但强化了国家管理土地的职能,而且有利于充分调动各级政府和部门的积极性。

在执法监督工作上,实现了从传统的土地监察到建立现代土地执法监察体系的根本性转变。不但在制度建设和执法手段方面作了较为完备的规定,克服了过去土地执法监察制度不严密、执法手段软弱的弊端,而且在土地违法案件查处上改变了过去单纯注重程序性审查的做法,建立了实质性审查与程序性审查有机结合的新制度。

在调整范围上,实现了从单纯调整行政管理关系到既调整行政管理关系又调整财产关系的根本性转变。适应世界资源立法的趋势,在公民特别是农民的土地财产权保障上作了突破性规定,从而将进一步调动亿万人民群众合理利用土地、保护耕地的积极性。

与1988年《土地管理法》相比,1998年《土地管理法》主要呈现了以下方面的革新:一是实现了从分级限额审批制度向土地用途管理制度的转变;二是首次以立法形式明确了合理利用土地和切实保护耕地是我国的基本国策,设计了耕地保护制度,基本农田保护制度,占用耕地补偿制度,禁止闲置、荒芜耕地制度,开发利用土地制度和土地整理、复垦制度5项耕地保护制度;三是提高了土地征用的补偿标准;四是确立了土地监督检查制度(张小凤等,2000)。1998年修订的《土地管理法》被法学界称为市场经济条件下一部新的《土地管理法》,正是这部法律的颁布实施,为世界上最严格的土地管理法律制度确定了框架体系。

1998年修订的《土地管理法》在中国立法史上创造了诸多"第一"(甘藏春,2011)

(1)第一部提交全民讨论的自然资源法律。
(2)第一部经全国人大常委会三次审议通过的自然资源法律。
(3)第一部由全国人大常委会以零票反对通过的自然资源法律。
(4)第一部从法律上确立土地基本国策的自然资源法律。
(5)第一部按照市场经济原则在立法思想、基本原则和主要内容等方面对原法进行全面修订的自然资源法律。
(6)第一部将改革决策与立法决策相结合、用立法推动改革的自然资源法律。
(7)第一部法与实施条例同步实施的自然资源法律。

1998年修订的土地管理法的核心内容(甘藏春,2011)

1. 保护耕地是《土地管理法》的目标

《土地管理法》以保护耕地为目标,确立了一系列重要的法律制度。一是耕地总量动态平衡的法律制度,明确了省级政府保护耕地的责任。二是耕地占补平衡的法律制度,规定:非农业建设经批准占用耕地的,按照"占多少,垦多少"的原则,由占用耕地的单位负责开垦与所占用耕地的数量和质量相当的耕地;没有条件开垦或者开垦的耕地不符合要求的,应当缴纳耕地开垦费,专款用于开垦新的耕地。三是对基本农田实行特殊保护,明确要求各省、自治区、直辖市应当将80%以上的耕地划入基本农田实行特殊保护。建设项目用地确需占用基本农田的,必须报国务院批准。四是强化了对建设用地总量和城市建设用地规模的控制,规定下级土地利用总体规划中的建设用地总量不得超过上级土地利用总体规划确定的控制指标;城市建设用地规模应当符合国家规定的标准等,以控制城市规模的扩张对耕地的大量占用。

2. 土地用途管制是《土地管理法》的灵魂

土地用途管制制度是市场经济发达国家普遍采用的政府有效管理土地的基本制度。它的基本内涵是国家通过土地利用规划规定土地用途,使用土地的单位和个人必须严格按照土地利用规划确定的用途使用土地。土地用途管制的法理基础是土地的发展权属于国家。在土地利用上,无论何种土地所有制,土地利用都必须符合社会利益。1998年以前,我国实行的是分级限额审批制度,不注重规划的作用,对农用地向建设用地流转缺乏严格的法律限制,这是造成耕地大量减少、土地粗放利用的重要原因之一。《土地管理法》对国际通行的土地用途管制制度进行了法律移植,并针对中国的具体情况,对土地用途管制的主要环节做出了明确规定:一是土地分类是实施用途管制的基础。《土地管理法》将土地分为农用地、建设用地和未利用地3类,突出了中国土地用途管制的核心是控制农用地转为建设用地,切实保护耕地。二是土地利用总体规划是实施用途管制的依据。《土地管理法》突出了土地利用总体规划的地位和作用,对土地利用总体规划的编制和审批、土地利用总体规划与相关规划的关系、土地利用计划等作了详细规定,为实施土地用途管制提供了依据。三是农用地转用审批是实施用途管制的关键。《土地管理法》增设了农用地转用审批环节,规定任何单位和个人进行建设涉及农用地转为建设用地的,都必须报国务院或者省级人民政府批准,从而为土地利用总体规划的有效实施提供了保证。四是执法监督是实施用途管制的保障。《土地管理法》强化了土地执法监督,加大了对土地违法行为的处罚力度,从执法上保证了用途管制制度的实现。

3. 保护农民的土地财产权是《土地管理法》的核心

土地制度是最基本的财产制度之一。《土地管理法》以保护农民的土地财产权为核心,做出了多项创新性规定。一是规定农民的土地承包经营权受法律保护,承包经营期限为30年,第一次将党的政策上升为法律。二是明确农民集体所有土地产权代表是村集体经济组织或者村民委员会、村内农村集体经济组织或村民小组、乡(镇)农村集体经济组织,为建立新型的农民集体所有土地的财产组织形式提供了法律依据。三是解决了农村集体建设用地使用权的法律保护问题,规定"农民集体所有的土地依法用于非农业建设的由县级人民政府登记造册,核发证书,确认建设用地使用权"。四是赋予被征地的农村集体经济组织和农民征地过程中的知情权和监督权,规定"征地补偿安置方案确定后,有关地方人民政府应当公告,并听取被征地的农村集体经济组织和农民的意见","被征地的农村集体经济组织应当将征收土地的补偿费用的收支状况向本集体经济组织的成员公布,接受监督"。

4. 合理划分中央和地方的土地管理职权是《土地管理法》的重点

《土地管理法》依据宪法关于合理划分中央与地方国家机构职权的原则，按照市场经济和用途管制的要求，依照管理职权的性质对各级人民政府的土地管理职权进行了明确划分。即：将涉及土地管理宏观决策性的权利，包括土地利用总体规划的审批权、农地转用和土地征用的审批权、耕地开垦的监督权、土地供应总量的控制权集中在中央与省两级政府。同时，将土地管理执行性的权力下放到市、县政府。如：土地登记权、规划和计划的执行权、在已经批准的建设用地区域内具体项目用地的审批权、土地违法案件的查处权等。这种职权的划分有利于调动中央与地方两个方面的积极性，有利于引导建设用地的集约利用，有利于实现国家土地管理的政策性目标。

四、第三次修订：进一步明确征地制度内涵

时间：2004年8月28日，第十届全国人大常委会第十一次会议。

背景：我国工业化、城市化进程的加快，征地规模不断扩大，一些地方耕地被大量占用，在征地中农民利益受到损害。

意义："征用"修改为"征收"，明确了财产关系。

1998年的《土地管理法》修订实施一年后，历史便跨入了21世纪。随着我国工业化、城市化进程的加快，征地规模不断扩大，涉及征地问题的土地信访数量不断攀升，因征地补偿安置引发的矛盾和纠纷日益突出，社会各界对改革和完善征地制度的呼声十分强烈。一方面，随着经济与社会的快速发展，用地需求再次盲目扩张，尤其是从2002年下半年开始，第三次"圈地热"以超乎想象的速度和力度席卷中国大地。地方政府低价出让土地、圈占土地，各类开发区遍地开花，政府或政府部门土地违法案件仍居高不下，据统计，新《土地管理法》实施以来的7年中，全国共发现土地违法行为100多万件，涉及土地面积近500多万亩，比2004年全国新增的建设用地总量402万亩还要多出近100万亩。另一方面，与疯狂"圈地"相对照的是，我国耕地数量迅速减少。"十五"期间我国共减少耕地9240万亩，年均减幅达1848万亩。2005年是我国开展土地市场治理整顿的第三年，尽管国土资源部对违法用地继续保持高压态势，但这一年未批先建占用耕地的面积仍达30.8万亩（张传玖，2006）。

历史再次把土地管理的深层次、制度性问题呈现在人们面前。首先，随着耕地被大量征用，征地制度在很大程度上忽视了农民的利益，已不能适应新的经济形势下对失地农民进行合理安置补偿的需求。《土地管理法》如何完善征地制度，让农民分享社会发展的成果，并从法律上允许、规范农村集体建设用地流转，已是势在必行。第二，通行的用地模式还是延续"需求冲动"主导下的被动供地方式，地方政府尤其是市、县政府为招商引资、出政绩，背后支持、纵容、默许土地违法的现象依然大量存在，成为违法的主导因素，这在很大程度上使得违法用地情势依然严峻。面对地方政府违法用地长期存在这个难题，在严格执法的同时，从完善制度入手研究如何遏制地方政府批地供地的好处和热情，也是十分迫切的任务。第三，经过多年的推动，到2005年年底全国招拍挂出让面积只占出让总面积的35.06%，也就是说，还有约七成的土地仍然是暗箱操作的协议出让和划拨。如何搬走阻碍土地市场建设的绊脚石，更好地培育、规范土地市场，未来的《土地管理法》应该给出更明确的答案。第四，对征收的土地出让金缺乏严格

的监督管理,有的不纳入本级财政预算,而是将土地出让金变成一些地方盲目扩大城市建设规模和搞政绩工程、形象工程的主要资金来源,甚至截留征地补偿费来搞城市建设。一些市、县、区的土地出让金收入已经占到财政收入的一半,有的作为预算外收入甚至超过同级同期的财政收入。也因此,一些地方政府不顾经济发展水平和市场情况,为获取土地出让金而盲目扩大城市规模,用计划经济的办法低价征地,用市场经济的办法高价出让,甚至以未来土地出让收入作担保向金融机构大量借贷搞城市建设。第五,当行的土地收益分配办法客观上形成了多批地多得益的机制,需要在制度上进行科学的调整。由此,所有这些,都亟待一部更适用的新《土地管理法》。

2003年6月,国土资源部成立了《土地管理法》修改工作领导小组,负责对修改中涉及的重大问题进行调研决策,协调各方面的关系,《土地管理法》修改工作的正式启动,是国土资源管理法制进一步完善的新起点。

2004年3月14日,第十届全国人大第二次会议对《宪法》第十条第三款作了字数不多的修改,"将国家为了公共利益的需要,可以依照法律规定对土地实行征用"修改为"国家为了公共利益的需要,可以依照法律规定对土地实行征收或者征用并给予补偿"虽只寥寥数语,可谓字字千钧。同年8月28日,第十届全国人大常委会第十一次会议随之对《土地管理法》作了适宪性修改,一是将《土地管理法》总则第二条第四款"国家为了公共利益的需要,可以依法对集体所有的土地实行征用",修改为"国家为了公共利益的需要,可以依法对集体所有的土地实行征收或者征用并给予补偿";二是将其他条款(第四十三条第二款、第四十五条、第四十六条、第四十七条、第四十九条、第五十一条、第七十八条、第七十九条)中的"征用"全部修改为"征收"。形式上,此次修法幅度不大,变革不显明,然而从征用到征地与征用法则的共同确立来看,其现实意义与历史意义皆不可小视。

2007年颁布的《物权法》是中国公民权利保护体系的里程碑,这部《物权法》关于土地权利的规定对《土地管理法》所确立的相关规则作了修改和完善,基于基本法律的效力高于一般法律的基本原理,《土地管理法》与《物权法》相冲突之处即应修改(高圣平等,2008)。而且,随着改革的深入,《土地管理法》的一些相关条款仍然不能适应经济社会发展的需要,面临再次修订的任务。2009年,土地管理法修改征求意见稿在各个地方国土资源部门征求意见,6月底《土地管理法(修订案送审稿)》正式上报国务院审议。第十二届全国人大常委会已把土地管理法的修改列入了本届人大立法规划中的第一类项目,即条件比较成熟、任期内拟提请审议的法律草案。此次土地管理法修改,将突出5个方面的重点内容①:一是适应经济发展新常态的要求,进一步强化土地用途管制制度,落实十八届五中全会提出的建设用地总量和强度双控;二是适应城乡一体化发展和推进农业现代化的要求,在总结农村土地征收、集体经营性建设用地入市、宅基地管理制度改革试点经验的基础上,推进农村土地管理法律制度创新,切实保护农民的土地物权;三是强化存量建设用地管理,创新存量建设用地管理机制,调动地方利用存量建设用地的积极性和主动性,完善闲置土地处置制度和土地整治制度;四是按照简政放权、放管结合、优化服务的要求,进一步改革完善土地审批制度,厘清建设项目用地预审、农用地转用审批和土地征收征用审批的关系,提高审批效率;五是强化土地执法,将国家土地督察制度上

---

①参见 http://www.legaldaily.com.cn/index_article/content/2016-02/16/content_6485131.htm?node=5955,2016-02-16。

升为法律,加大执法力度,完善执法手段,提高执法效能。

第四节 土地管理基本法律制度

一、土地所有权制度

土地权利制度是土地法律制度的核心,明晰土地权利是保护权利人合法权益和规范土地市场的前提和基础。根据《物权法》的规定,我国土地物权可以分为土地所有权、土地用益物权和土地担保物权,其中,土地所有权包括国家土地所有权和集体土地所有权,用益物权包括土地承包经营权、建设用地使用权、宅基地使用权、地役权等,土地担保物权主要是指土地使用权抵押。此外,根据《合同法》《城镇国有土地使用权出让和转让暂行条例》的规定,当事人也可以在土地上设定租赁权等债权性质的土地权利。

《土地管理法》第二条规定:"中华人民共和国实行土地的社会主义公有制,即全民所有制和劳动群众集体所有制。"说明我国土地所有权制度包含国家土地所有权制度和农村集体土地所有权制度。

城市市区的土地属于国家所有。国家所有土地的所有权由国务院代表国家行使。农村和城市郊区的土地,除由法律规定属于国家所有的以外,属于农民集体所有;宅基地和自留地、自留山属于农民集体所有。农民集体所有的土地,由县级人民政府登记造册,核发证书,确认所有权。农民集体所有的土地依法属于农民集体所有的,由村集体经济组织或者村民委员会经营、管理;已经属于乡镇农民集体所有的,由乡镇农村集体经济组织经营管理;已经分别属于村内两个以上集体经济组织的农民集体所有的,由村内各该集体经济组织或者村民小组经营管理。

二、土地使用权制度

国有土地和农民集体所有的土地,可以依法确定给单位或者个人使用。使用土地的单位或个人,有保护、管理和合理利用土地的义务。国家实行国有土地有偿使用制度,我国土地所有权是不得买卖的,但是土地使用权却可以在法律规定的范围内以法律规定的形式进行流转(包括买卖、抵押、出租等)。我国的土地使用权制度又分为国有土地使用权制度和集体土地使用权制度。土地使用权制度包括:国有土地使用权出让制度、国有土地使用权划拨制度、国有土地使用权转让制度、国有土地使用权出租制度、集体土地使用权流转制度、土地承包经营权制度等(李显冬,2011)。

三、土地利用总体规划制度

《土地管理法》第十七条规定:"各级人民政府应当依据国民经济和社会发展规划、国土整治和资源环境保护的要求、土地供给能力以及各项建设对土地的需求,组织编制土地利用总体规划。土地利用总体规划的规划期限由国务院规定。"土地利用总体规划制度包括了土地利用总体规划的制定和土地用途管制,为了给土地利用总体规划的编制提供科学的依据,《土地管理法》还规定国家建立土地调查制度(第二十七条)和土地统计制度(第二十九条)。

土地利用总体规划是指在一定区域内,根据国民经济和社会发展对土地的需求以及当地的自然、经济和社会条件,对该地区范围内全部土地的利用所作的长期的、战略性的总体布局和安排。

一般而言,国家通过编制土地利用总体规划确定土地用途,明确土地使用条件,规定土地所有者、使用者必须严格按照规划确定的用途和条件使用土地,以保证土地资源的合理利用,促进经济、社会和环境的协调发展。土地利用规划是实施土地用途管制的依据和基础,用途管制则是落实土地利用总体规划的手段。土地利用总体规划制度包括了土地利用总体规划的编制依据、编制原则、编制要求、审批程序、审批权限及土地利用总体规划和其他规划的关系等内容。

为保证土地规划制度的落实,《土地利用年度计划管理办法》确定了土地计划制度。土地利用计划是指国家和地方对土地资源开发和利用做出的中期和年度计划部署和安排,是土地利用总体规划的具体实施。土地利用中期计划一般为5年计划,它是土地利用总体规划的阶段性实施计划。年度计划是以1年为期的计划,是中期计划的具体细化,是具体的执行计划。土地利用年度计划,根据国民经济和社会发展计划、国家产业政策、土地利用总体规划以及建设用地和土地利用的实际状况编制。土地利用年度计划的编制审批程序与土地利用总体规划的编制审批程序相同,一经审批下达,必须严格执行。土地利用计划按管理方式可分为国家计划和地方计划,国家计划是全国土地利用计划,地方计划是国家计划的具体细化。地方计划必须服从国家计划。

土地调查由县级以上人民政府土地行政主管部门会同同级有关部门进行,根据土地调查结果,规划土地用途,评定土地等级。

土地统计由县级以上人民政府土地行政主管部门和统计部门对土地数量、质量、分布、利用和权属状况进行调查、汇总、统计分析和提供统计资料,作为各级人民政府编制土地利用总体规划的依据。

四、耕地保护制度

耕地保护是我国土地管理的主要目标和核心内容。《土地管理法》第三十一条规定:"国家保护耕地,严格控制耕地转为非耕地。国家实行占用耕地补偿制度。非农业建设经批准占用耕地的,按照'占多少,垦多少'的原则,由占用耕地的单位负责开垦与所占用耕地的数量和质量相当的耕地;没有条件开垦或者按规定缴纳耕地开垦费,专款用于开垦新的耕地。"耕地保护制度包括:基本农田保护制度、耕地总量动态平衡制度、耕地占补平衡制度、土地开发整理复垦制度。

(一)基本农田保护制度

现行法律法规和政策规定了严格的基本农田保护制度,基本农田一经划定,任何单位和个人不得擅自占用,或者擅自改变用途;符合法定条件,确需改变和占用基本农田的,必须报国务院批准;经批准占用基本农田的,征地补偿按法定最高标准执行,对以缴纳耕地开垦费方式补充耕地的,缴纳标准按当地最高标准执行;禁止占用基本农田挖鱼塘、种树和其他破坏耕作层的活动。以省、自治区、直辖市为单位,划定的基本农田保护区应当占本行政区域内耕地的80%以上。

（二）耕地总量动态平衡制度

省级人民政府是耕地总量动态平衡的责任者，也是耕地开垦的组织者和监督者。省、自治区、直辖市人民政府应当严格执行土地利用总体规划和年度土地利用计划，采取措施，确保本行政区域内耕地不减少；耕地总量减少的，由国务院责令在规定期限内组织开垦所减少耕地的数量与质量相当的耕地，并由国务院土地行政主管部门会同农业行政主管部门验收。个别省、自治区、直辖市确因土地后备资源匮乏，新增建设用地后、新开垦耕地数量不足以补偿所占用耕地的数量的，必须报经国务院批准减免本行政区域内开垦耕地的数量，进行易地开垦。

（三）耕地占补平衡制度

非农业建设项目经批准占用耕地的，按照"占多少，垦多少"的原则，由占用耕地的单位负责开垦与所占用耕地的数量和质量相当的耕地；没有条件开垦或者开垦的耕地不符要求的，应当按照省、自治区、直辖市的规定缴纳耕地开垦费，专款用于开垦新的耕地。

（四）土地开发整理复垦制度

国家鼓励单位和个人按照土地利用总体规划，在保护和改善生态环境、防止水土流失和土地荒漠化的前提下，开发未利用的土地，适宜开发为农用地的，应当优先开发成农用地。国家鼓励土地整理。县、乡（镇）人民政府应当组织农村集体经济组织，按照土地利用总体规划，对山、水、田、林、路、村综合整治，提高耕地质量，增加有效耕地面积，改善农业生产条件和生态环境。因挖损、塌陷、压占等造成土地破坏的土地，用地单位和个人应当按照国家有关规定负责复垦；没有条件复垦或者复垦不符合要求的，应当缴纳土地复垦费，专项用于土地复垦。复垦的土地应当优先用于农业（张正峰，2008）。

五、建设用地管理制度

基于土地资源的有限性和不可替代性，以及土地资源受到污染和破坏后很难恢复其原有的功能等特性，《土地管理法》在第四章对严格控制建设用地设专章规定。建设用地管理制度内容纷繁复杂，大致包括了建设用地取得及流转制度、建设用地审批制度、对农村集体土地的征收制度（李显冬，2011）。

六、土地调查制度

我国现行的土地调查制度是依法设立的重要土地管理制度之一，其目的是为了保障土地调查工作依法规范开展。土地调查制度有力保障了土地调查科学、有效地组织实施，有效保证了土地调查数据的准确性和及时性，确保了土地调查成果的充分应用，为进一步加强和改善土地管理奠定了坚实的基础。由于技术性强，随着土地调查内容、方法和技术不断丰富和发展，土地调查制度逐步形成了以技术规程为支撑、以法律规范为依据的不断完善健全的制度体系。

在1984—1996年的第一次全国土地调查过程中，原国家土地管理局先后印发了《土地利用现状调查技术规程》《土地利用现状调查地市级汇总和省级汇总技术规程》和《土地利用现状调查省级汇总技术规程》等技术规程，逐步完善了土地调查的技术制度体系。1986年颁布的《土地管理法》第十四条明确规定："国家建立土地调查统计制度。县级以上人民政府土地管理部门会同有关部门进行土地调查统计"，从此土地调查有法可依。第一次土地详查结束后，为了保持土地利用现状调查成果的现实性和准确性，1996年全国部署开展了年度土地利用变更调查。随着土地利用变更调查的全面开展,土地调查法律制度强化的需要越来越强烈。1998年修订的《土地管理法》第二十七条、《土地管理法实施条例》第十四条明确规定了土地调查的组织实施、主要内容和成果公布应用,土地调查法律制度得到强化。

随着经济社会的快速发展,土地资源利用状况变化较快,土地调查任务越来越艰巨。人们在实践中逐步认识到,土地调查工作需要通过专门的立法进行规范。只有做到土地调查的内容、方法、组织实施、质量监控和应用等各个环节都有法可依、有章可循、规范实施,才能保证土地调查数据真实、准确和完整,实现土地调查的目标。第二次土地调查启动后,2008年国务院颁布了《土地调查条例》,我国土地调查事业进入一个法制化建设的新阶段,成为与人口普查、经济普查具有同样重大意义的国情国力调查。2009年国土资源部颁布《土地调查条例实施办法》,进一步细化了土地调查的具体操作。此外,为了满足2007年7月1日部署启动的第二次全国土地调查工作需要,土地调查相关的技术规程不断完善,土地调查制度逐步形成了以技术规程为支撑,法律规范为依据的制度体系。

以《土地调查条例》为核心的土地调查制度主要是以土地调查工作的流程分别规定了土地调查的内容、土地调查方法、土地调查采用的标准、土地调查的组织实施、土地调查的成果处理及质量控制、土地调查成果公布及应用和法律责任等内容。

七、土地行政管理法律制度

(一)土地用途管制制度

土地用途管制制度是伴随着土地管理制度的不断深化而形成的。1986年《土地管理法》颁布,当时经济改革不断深入,人口、资源与环境的矛盾不断加剧,土地紧缺开始出现,建设用地开始实行分级限额审批。但"分级限额审批"的用地管理制度未有效地控制用地规模,有些地方用"化整为零"或"下放土地审批权"等办法非法批地和非法用地,造成耕地锐减,威胁到国家粮食安全,引起土地市场波动等诸多问题。1998年通过总结我国土地管理的实践,并借鉴其他国家土地管理的成功经验,修订《土地管理法》,改变了以往的分级限额审批制度,代之以土地用途管制制度。从此,土地用途管制越来越多地参与到土地管理中,成为一项重要的法律制度。

土地用途管制制度是指国家为了保证土地资源的合理利用,使经济、社会和环境协调发展,通过编制土地利用总体规划划定土地用途区域,确定土地使用限制条件,土地所有者、使用者严格按照国家确定的用途利用土地的法律规定。《土地管理法》第四条规定:"国家实行土地用途管制制度。国家编制土地利用总体规划,规定土地用途,将土地分为农用地,建设用地和未利用地;严格限制农用地转为建设用地,控制建设用地总量,对耕地实行特殊保护。"

(二)土地登记制度

由于经济体制的原因,在过去相当长的一段时间里,土地权利登记工作的重要性一度被忽视。《土地管理法》的颁布,明确了土地所有权和使用权的确认、登记、发证规定,土地权属登记工作得到迅速发展。《物权法》的颁布丰富了不动产权属登记的种类和内容,进一步凸显了土地登记管理工作的重要性。国土资源部及时修改了《土地登记规则》,颁布了《土地登记办法》,使得土地权利登记内容和程序更加完备,这不仅有效地明晰了土地权利的归属,保证了交易的安全,而且为土地行政管理提供了可靠的依据,保证了土地行政管理的有效性。

(三)土地监督检查制度

土地管理监督检查,是指县级以上地方人民政府土地行政主管部门,依法对本行政区域内土地管理的执行情况进行监督检查,即对单位和个人执行和遵守国家土地法律、法规的情况进行监督检查,并对违法者实施法律制裁的政府活动(周训芳等,2008)。根据《土地管理法》的有关规定,结合土地监督检查行为的内容,土地监督检查部门在实施土地监督检查中,在法定范围和限度内,可以具有下列监督检查权力:

(1)调查权。为了了解用地单位或者个人的有关活动、行为及事实,有权采取调查或检查的方式,直接向相对人进行了解,相对人必须如实回答,不得拒绝或隐瞒。

(2)查阅或复制有关材料权。即有权要求被检查的单位或者个人提供有关土地权利的文件和资料,进行查阅或予以复制。土地管理相对人不得借故推辞、拒绝,更不得隐瞒、转移有关证据或提供伪证。

(3)要求做出解释与说明权。根据需要,可以要求用地单位或个人就有关土地权利问题进行解释和说明,陈述某些客观事实,从而有利于查明事实真相,综合评判有关证据材料的真伪,以确定用地单位或个人的行为是否违法。

(4)现场勘测权。即有权进入被检查单位或者个人非法占用的土地现场进行勘测。为了查清事实,获取第一手的证据,需要深入现场,进行实地勘测、丈量,这往往是认定使用土地的单位或个人是否违法的必要前提。

(5)责令停止违法行为权。即有权责令非法占用土地的单位或者个人停止违反土地管理法律、法规的行为。应当注意,土地管理部门虽有责令停止违法行为权,但是如果违法单位或者个人仍在继续违法行为的,可由土地管理部门请求有关机关如人民法院协助采取强制措施,或及时全面调查,尽快做出有关行政处罚决定,并对违法者加重处罚。

(四)土地违法行为处罚制度

由于不同的土地法律规范调整的对象、内容、性质不同,我国的土地法律责任由土地民事法律责任、土地行政法律责任、土地刑事法律责任构成(李显冬,2011)。有关土地利用、保护、管理、开发的关系,如土地所有权法律关系、土地使用权法律关系、土地保护义务等,一般采用民事法律和行政法律,破坏这些法律关系或者拒不履行法定义务者,追究民事法律责任或行政法律责任。在国家处于土地所有者和管理者的角度行使土地行政管理行为时,公民和法人属于被管理者的地位,因此发生的土地监督检查法律关系,以行政法律进行规定,违反者追究行政法律责任。以上各种土地违法行为,如果造成重大危害,或者牟取大量非法经济利益,超过一定限度,就进入《刑法》的调整范围,追究刑事法律责任。

1. 民事责任

土地民事责任是指公民、法人或其他组织实施了违反土地法律法规的行为,侵犯平等主体的土地权益,对被侵犯方造成经济损失,依法受到民事制裁所应当承担的法律责任。土地民事违法行为主要包括土地侵权行为,即侵犯土地所有权和使用权的行为,以及违反土地民事合同义务的行为,如擅自转让合同约定不得转让的建设用地使用权的行为。

2. 行政责任

土地行政责任是指国家土地行政主管部门依据法律规定,对土地违法的行政机关和责任人员进行行政处分,对违法公民进行行政制裁。

(1) 行政处分。对违反土地法律的国家行政机关和责任人员而言,土地行政责任指的是行政处分。行政处分是行政机关对于隶属机关及所辖的内部工作人员(不局限于公务员),按照内部行政规定和纪律进行的一种制裁。能够做出行政处分决定的只能是所在单位或上级机关,行政处分的种类有:警告、记过、记大过、降级、降低工资、撤职、辞退、开除等。值得注意的是,法院虽然不能直接对行政机关及其工作人员判处行政处分,但是可以司法建议的方式,向行政机关或者上级机关建议进行行政处分。

(2) 行政处罚。土地行政处罚是指由有行政处罚权的国家土地行政主管部门或者人民政府对于违反土地法律法规的单位或者个人实施的行政制裁。我国的土地行政处罚方式主要有:罚款、没收非法所得、责令退还非法占用的土地、限期拆除或者没收非法占用土地上新建的建筑物和构筑物、责令限期治理、赔偿损失等。

3. 刑事责任

土地法律中的刑事责任,是指违反土地法律法规的行为造成了较大的社会危害,触犯了刑事法律、构成犯罪,由人民法院依法判处刑罚。土地刑事法律责任是3种土地法律责任中最为严厉的,关于土地犯罪的刑罚有管制、拘役、有期徒刑、无期徒刑、死刑、罚金、没收财产、剥夺政治权利几种。由于土地刑事责任的严厉性,追究土地刑事责任应当符合以下几个条件:

(1) 存在土地违法行为,且违法行为有严重的社会危害性。存在土地违法行为,但是违法程度轻微或者较轻,不足以造成严重的社会危害性,不会受到刑法的追究。

(2) 需刑法明确规定。根据"罪刑法定"原则,追究土地违法中的刑事责任必须有《刑法》的明确规定,如果《刑法》中没有规定,即便该种土地违法行为极其严重,也不能适用《刑法》进行追究。

(3) 需经过刑事诉讼程序。由于刑事责任的严厉性,代表了国家公权力对土地违法行为最严肃的惩罚,追究刑事责任的程序必须极为严格地遵守刑事诉讼法的要求,由国家检察机关提起公诉,经过国家审判机关的审判为承担刑事责任后,由相关国家机关依法执行判决,方能追究犯罪分子的刑事责任。不经刑事程序,任何组织和个人对土地违法者滥用私刑,本身也是违法行为,亦会受到法律惩罚。

第五节　土地督察

一、基本释义

督察、监督与监察

督察、监督与监察都包含督促、监察、察看、监视等基本涵义。

监督,指上级对下级的监督,又可指下级对上级的监督、平级监督和社会监督。

督察、监察一般指上级对下级的检查与督促。督察多用于专业领域的监管,如海关督察等;监察一般指行政领域的监管,如行政监察、审计监督等。

(一) 行政监察

1997年,我国颁布了《中华人民共和国行政监察法》,建立了行政监察制度。行政监察是监察机关依据法定职权,按照法定程序对国家行政机关、国家公务员和国家行政机关任命的其他人员执行法律、法规和规章的行为进行监督,并对违法违纪行为予以查处的活动(张正钊,2002)。根据我国法律规定,行政监察是一种内部监督,它针对的是国家行政机关和国家公职人员,而不涉及对一般公民的监督。

(二) 土地监察

1995年6月7日,原国家土地管理局局务会议审议通过并发布的《土地监察暂行规定》第二条规定:"土地监察,是指土地管理部门依法对单位和个人执行和遵守国家土地法律、法规情况进行监督检查以及对土地违法者实施法律制裁的活动。"土地管理部门通过行使土地监察职权,维护国家土地管理和土地市场秩序。土地监察工作是土地管理工作的一部分,在土地管理中具有重要的地位和作用。

与《中华人民共和国行政监察法》不同,土地管理领域的监察内容比较广泛,既包括针对国家机关和国家公职人员的内部监督,也包括针对一般公民的外部监督。主要包括:建设用地行为;建设用地审批行为;土地开发利用行为;土地权属变更和登记发证行为;土地复垦行为;基本农田保护行为;土地使用权出让行为;土地使用权转让、出租、抵押、终止行为;房地产转让行为。其中,既有对政府的公权力行为的监察,也有对一般公民的土地利用行为的监督。

土地监察的主体是依法享有土地行政管理职权的县级以上人民政府土地行政主管部门,包括国土资源部;省、自治区、直辖市人民政府土地行政主管部门;设区的市、自治州人民政府土地行政主管部门和县级人民政府土地行政主管部门。

土地监察的对象是管理相对人,即一切与土地发生法律关系的机关、团体、单位和个人,在一定的条件下,还包括地方各级人民政府及其土地行政主管部门,这是土地监察的重要特点之一。

土地监察的内容是对土地管理法律、法规的执行情况进行监督监察,并对违法者实施法律制裁。法律制裁包括给予违法者行政处罚和行政处分。

土地监察的目的是实现土地管理职能,保证国家土地管理法律、法规的贯彻与实施[①]。

(三) 土地督察

《现代汉语词典》和《新华词典》对"督察"一词的解释是:动词,即监督察看;名词,即担任督察工作的人。在我国实施的督察工作类型有教育督察、环保督察、审计督察、司法督察和警务督察等(余剑平等,2008)。

由此,土地督察可以定义为对土地管理及土地利用等相关行为进行监督检查等行为。具体而言,土地督察就是我国土地督察机构对省、自治区、直辖市以及计划单列市人民政府土地利用和管理情况进行监督检查的行为。

---

① 参见 http://www.mlr.gov.cn/zt/2005tudiri/4.htm,2005-06-25。

二、概念辨析

(一)土地监察与行政监察

国务院下设监察部,省(自治区、直辖市)里设监察厅(局),省以下地方政府设监察局。土地监察与国家行政监察有区别,主要体现在以下几个方面。

1. 主体不同

土地监察的主体是属于国家行政机关的各级土地管理部门,具体执行的是土地监察机构;行政监察机关是各级人民政府为保证政令畅通、维护行政纪律、加强廉政建设、改善行政管理、提高行政效能、促进国家行政机关及其国家公务员依法行政而专门设立的行使行政监察职能的机构。

2. 对象不同

土地监察的对象是与土地使用发生关系的一切机关、团体、单位和个人,具有广泛性;行政监察的对象则是国家行政机关及其工作人员。

3. 内容不同

土地监察是对土地管理机关法律法规执行情况和土地利用情况进行监督检查,并对违法者实施行政制裁;行政监察则是对行政机关及其工作人员的行政行为的合法性、合理性、有效性进行监督检查。

4. 目的不同

土地监察的目的是为了实现国家土地管理职能,维护土地公有制,合理调配社会对土地的需求,保证土地管理法律、法规的实施;行政监察的目的是为了保障社会主义民主和法制,保障行政机关依法行政,防止国家机关及其工作人员滥用职权,直接保护相对人的合法权益。

5. 监察的法律依据不同

土地监察主要依据国家土地管理法律、法规和政策;行政监察则依据《宪法》《组织法》、各类行政法规以及政策等。

(二)土地督察与土地监察

《土地管理法》第六章专门规定了土地监督检查制度,这里的土地监督检查是指"政府土地部门依法对相对方遵守土地法律、法规、规章,执行与土地有关的行政命令、决定的情况进行检查监督的行政行为"(张军连,2007)。

《土地管理法》中所规定的土地监督检查制度包含了土地督察的内容。土地督察制度实际上是把对地方人民政府涉及中央权力和利益的土地行政行为的监督权从土地监督检查权力中分离出来,形成专门的制度规则,加强中央政府对地方政府的土地行政行为的监督管理。在处理土地督察与土地监督检查之间的关系上,虽然土地监督检查的一部分权力被分离出去,但这并不影响土地督察部门与土地管理部门在各自的职权范围内互相配合。土地督察制度并没有取代土地管理部门依法享有的土地监督检查权。它的设置实质上使地方人民政府的土地管理职权更加明确,国家督察主体通过监督检查,依法对土地管理部门及地方人民政府的土地行政权力形成制约,对地方人民政府及其土地管理部门的土地管理、利用行为进行监督,从而保证其依法行政(何淑珩,2009)。

1. 主体不同

土地监察的主体是依法享有土地行政管理职权的县级以上人民政府土地行政主管部门，包括国土资源部；省、自治区、直辖市人民政府土地行政主管部门；设区的市、自治州人民政府土地行政主管部门和县级人民政府土地行政主管部门。而土地督察的主体则是国家土地总督察、向各地区派驻的国家土地督察局及国家土地督察专员。

2. 对象不同

土地监察的对象是管理相对人，即一切与土地发生法律关系的单位和个人，在一定的条件下，还包括地方各级人民政府及其土地行政主管部门。而土地督察的对象则是省级及计划单列市人民政府土地利用和管理情况。

3. 内容不同

土地监察的内容是对土地管理法律、法规的执行情况进行监督监察，并对违法者实施法律制裁。而土地督察的内容则是监督检查省级和计划单列市人民政府对耕地保护责任目标的落实情况；监督省级和计划单列市人民政府土地执法情况；监督检查省级和计划单列市人民政府贯彻中央关于运用土地政策参与宏观调控要求情况；开展土地管理的调查研究，提出加强土地管理的政策建议等。

4. 职能权限不同

土地监察的职能是对土地管理法律、法规的执行情况进行监督监察，并对违法者的违法行为给予法律制裁，包括给予违法者行政处罚和行政处分。而土地督察的职能权限则包括调查权、审核权、纠正权和建议权。二者最重要的区别就是是否拥有对监督检查客体违法违规行为的处罚权。土地督察机构区别于土地监察机构，不具有该种处罚权。根据中央与地方土地管理事权的划分，派驻地方的土地督察机构，坚持监督与调查研究并重，负责监督检查地方政府土地利用和管理情况，主要是对存在的问题向所驻地政府提出整改意见，不改变、不取代地方政府及其土地行政主管部门的行政许可、行政处罚等土地管理职权，不削弱地方政府现有土地管理职权，并确保地方政府土地管理职权有效行使（王诗钧，2008）。

（三）土地督察与行政监察

我国土地督察制度是指为了加强对地方人民政府土地行政权力的制约，国家通过创设土地督察权力，设置专门的土地督察机构对地方政府的土地管理和利用行为进行监督察看，并依法对地方人民政府在执行土地法律、法规、政策中的违法违规行为采取纠举和惩戒措施的制度。而行政监察是指"国家各级行政监察机关，依法对国家行政机关、国家公务员及法律法规授权的主体职权执行情况进行监督，并对违法违纪行为予以查处的活动（张正钊，2002）。因此，从某种意义上说，土地督察属于行政监察的范畴，两者既有联系又有区别。

1. 土地督察是行政监察的特定化

在与行政监察的关系上，土地督察主体与行政监察主体两个机关职责明确，分别在各自的范围内行使监督职权。土地督察是从行政监察中分离出来的专门行使对地方政府涉及中央权力和利益的土地行政行为进行监督的制度，它独立于行政监察，享有独立的土地督察权。国家土地督察机构属于行政监督系统的内部专设监督机构，与行政监察机关同属于行政机关的内部监督；前者属于业务行政监督，后者属于专门行政监督。

2. 土地督察机关和行政监察机关在职能分配上密切合作

在整个行政监督体系中，由于土地督察主体没有行政处分权力，所以在土地督察工作中发现政府工作人员的违法违规问题，土地督察主体与行政监察主体需要密切配合。在现行法律规定中，两个主体的权力均只享有监督检查权，监督的主要目的在于预防违法行为，所以均不享有制止违法行为的独立办案权。根据现行的做法，土地督察主体以《国家土地督察移送通知书》的方式，对违法违规者提出相应的行政处分意见，并移送行政监察主体，由行政监察主体做出相应的处理决定[①]。

三、国家土地督察制度

（一）国家土地督察制度的法律依据

1. 土地督察制度建立的基本法律依据

根据我国《土地管理法》第五条规定，"国务院土地行政主管部门统一负责全国土地的管理和监督工作。县级以上地方人民政府土地行政主管部门的设置及职责，由省、自治区、直辖市人民政府根据国务院有关规定确定。"明确了国务院土地行政主管部门具有土地执法监察权。

2. 土地督察制度建立的直接依据

2004年，国务院发布《关于深化改革严格土地管理的决定》（国发〔2004〕28号），对土地督察机构的设置和职责做出了规定，提出"完善土地执法监察体制，建立国家土地督察制度，设立国家土地总督察，向地方派驻土地督察专员，监督地方执法行为"。

3. 土地督察制度正式实施的依据

2006年，国务院办公厅发布《关于建立国家土地督察制度有关问题的通知》（国办发〔2006〕50号），正式启动了土地督察制度，这是土地督察制度正式实施的依据。9月6日，国务院任命了国家土地总督察、兼职国家土地副总督察和专职国家土地副总督察。9月13日，中央机构编制委员会办公室印发《关于国家土地督察机构行政编制的批复》（中央编办复字〔2006〕121号），批准国家土地总督察办公室及9个国家土地督察局的具体编制方案，国家土地督察制度正式建立（图7-1）。

（二）国家土地督察机构性质和法律地位

国家土地督察机构是经国务院授权专门对省、自治区、直辖市以及计划单列市人民政府行使土地监督检查权的机构。国务院将权力授予国土资源部，国土资源部则通过设立国家土地总督察、副总督察来行使监督检查权。派驻地方的国家土地督察局，代表国家土地总督察履行监督检查职责[②]。

1. 授权主体是国务院

国家土地总督察、副总督察根据国务院的授权，代表国务院领导土地督察机构，并行使土地督察权力。

---

① 参见《违反土地管理规定行为处分办法》（监察部、人力资源和社会保障部、国土资源部令第15号）。
② 参见 http://xh.xhby.net/mp2/html/2009-07/13/content_33566.htm，2009-07-13。

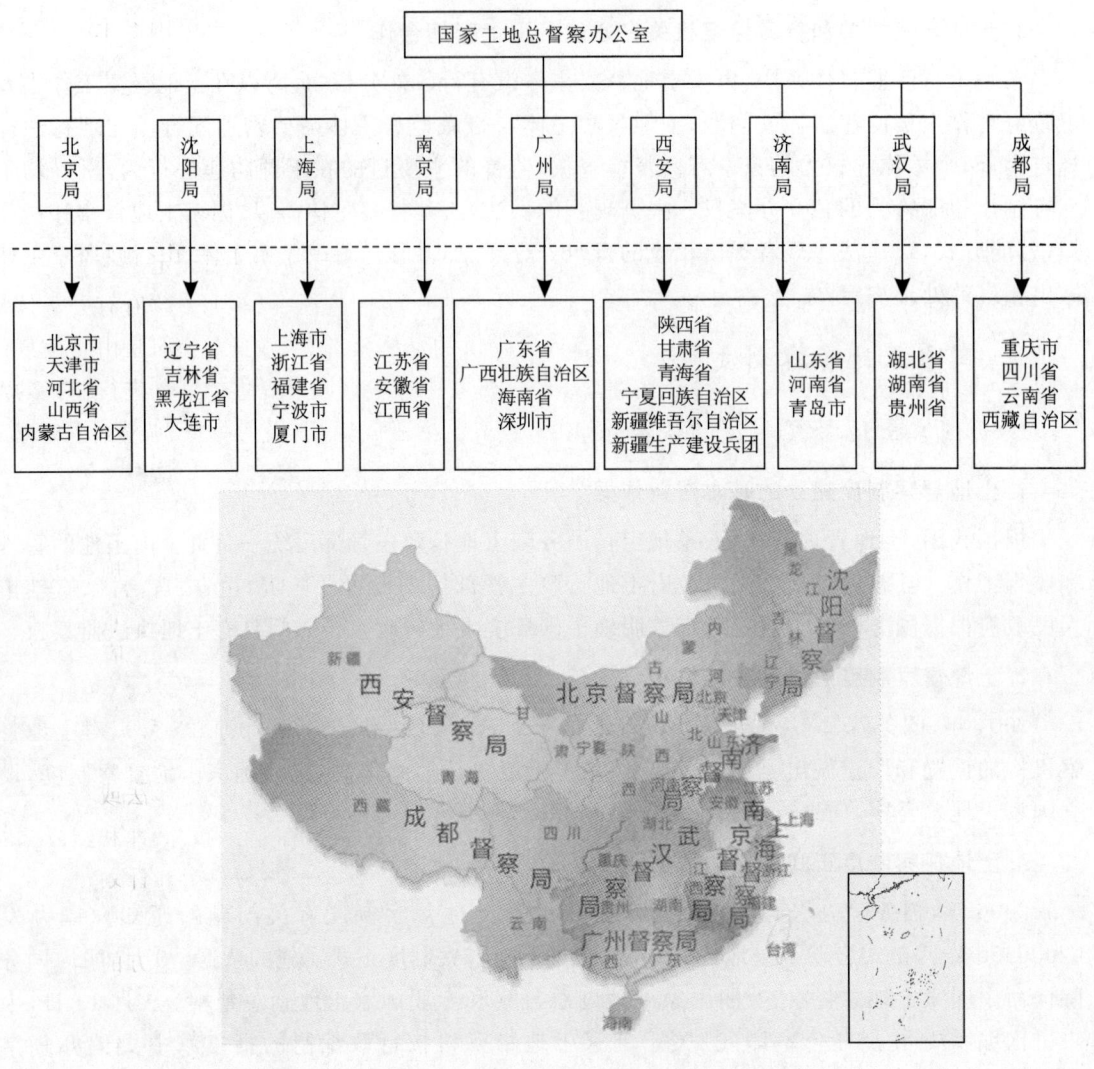

图7-1 国家土地总督察办公室及9个国家土地督察局

2. 与地方政府的关系

国务院办公厅50号文件明确规定,国家土地督察机构与省级人民政府是监督与被监督的关系。

3. 与国土资源部的关系

授权的主体是国务院,被授权的主体是国土资源部。国务院将权力授予国土资源部,国土资源部则通过设立国家土地总督察、副总督察来行使监督检查权,即国土资源部是本体,国家土地督察机构不是独立于国土资源部之外的(刘敏,2011)。

派驻地方国家土地督察机构的性质和特征也是由国务院办公厅50号文件规定:"派驻地方的国家土地督察局,代表国家土地总督察履行监督检查职责。"其授权关系是:国务院授权国土资源部,国土资源部通过土地总督察代表国务院行使监督检查权,派驻地方的国家土地督察局代表总督察对督察范围内的土地利用和管理情况进行监督检查。同时,国务院办公厅50

号文件还规定:"由国土资源部向地方派驻9个国家土地督察局",派驻地方的国家土地督察局是由国土资源部派出的,这就明确了与国土资源部的关系,国家土地督察局是由国土资源部派出,代表国家土地总督察行使监督检查职权的法定机构。

(三)国家土地督察机构的职权

1. 调查权

"没有调查就没有发言权",土地督察主体只有获得充分信息之后,才能确定是否启动监督程序,对被监督政府采取相应措施。而信息的获得需要一定的途径,虽然地方政府有公务信息公开的义务,土地督察主体可以通过其公开或者提供的资料获得必要的信息,但是由于信息的垄断性,政府部门往往会封锁一部分信息,使土地督察主体根据政府提供的信息进行监督的实效大打折扣。所以,土地督察主体享有调查权,运用包括巡回检查、接受举报、调查研究、相关部门提供的材料(董礼洁,2008)、运用遥感监测技术等方式掌握土地违法违规情况。

2. 审核权

国家土地督察局应对农用地转用和土地征收两项审批事项是否符合法律法规规定的权限、标准、程序等进行合法性审查。对农用地转用审批的合法性审查,主要是控制农用地转为建设用地的总量和速度,保护耕地;对土地征收的合法性审查,主要是规范地方政府的征地行为,保护被征地农民的合法权益。

3. 纠正权

国家土地督察机构的纠正权是指在纠正案中对有关地方人民政府的土地违法或失职等行为,有权提出整改意见,要求其改正的权力。为了强化国家土地督察机构的权威性和监督的有效性,对于监督检查中发现的问题,先由土地督察局向督察范围内的有关省级和计划单列市人民政府提出整改意见。整改不力的,由国家土地总督察依照有关规定责令限期整改。整改期间,暂停被责令限期整改地区的农用地转用和土地征收。结束整改,要经派驻地方的国家土地督察局审核后,报国家土地总督察批准。

从我国现行的做法我们不难发现,纠正权并不是督察主体直接采取行政措施,针对土地违法行为强制撤销、改正行为,而是由土地督察主体首先向省级政府发出整改意见书,尽可能让违法行为主体自己先行改正。只有有关政府坚持不予改正的,才以国家土地督察机构的名义,对土地违法行为直接强制予以撤销或者责令整改。这一做法客观上有利于土地管理机关自觉履行法律职责,同时也保证了中央土地督察权不改变、不取代地方人民政府的土地管理职权。

4. 建议权

对地方政府改进土地管理工作提出建议。通过认真细致的实地调查研究,对于各地好的做法和典型经验进行总结推广,对于不足的地方向地方人民政府提出改进的建议。现行的土地督察制度中,国家土地督察机构的督察建议权包括督察工作建议权和督察问责建议权两部分。

(四)土地督察的形式

经过反复摸索和实践,国家土地督察机构目前形成了例行督察、日常(审核)督察和专项督察三大核心业务,土地督察工作机制日益健全。通过开展例行督察,实现以市为对象的监督检查,对地方政府土地审批、征转、供应、开发利用、执法和抵押融资等环节进行全程监督、全面体检;通过开展日常(审核)督察,全面实施对农用地转用和土地征收审批事项及批后情况的监督检查,实现全国覆盖、日常监管、集中实地核查的常态化;通过开展专项督察,针对土地利用和管理某一方面问题或特定事项开展监督检查,实现对敏感和倾向性、苗头性土地违法违规问题及重大土地违法案件的快速反应、跟踪督察等①。

1. 例行督察

例行督察是国家土地督察机构依据法律法规和政策,针对某一地区、行业的一定时段内土地利用和管理情况进行全面或者专项的常规性监督检查和评估。在实际工作中,一般每年在每个省选择2~3个地市开展例行督察②。通过例行督察,能够及时发现土地利用年度计划执行情况、中央土地调控政策和国家产业政策执行情况、建设用地审批的合法性和真实性、供地政策执行情况和节约集约用地等存在的主要问题。根据需要,也可以组织开展延伸督察。例行督察如同对该地区土地利用管理领域进行全面"审计"和"体检",可以有效掌握该地区特定时段的实际用地情况和土地违法底数,从而对当地土地管理工作进行全面、客观、公正的评价。对出现的问题,依据《违反土地管理规定行为处分办法》及有关法律法规进行问责。督察结果作为土地违法问责的重要依据。

2. 日常(审核)督察

日常督察主要是对省级政府土地审批中的关键程序——农用地转为建设用地和从农村集体征收土地的审批事项开展监督检查,即"沿着耕地红线展开的督察",重点发挥把住耕地流失"关口"的功能,促进省级政府审批的项目强化批后利用监管③。对应报国务院审批和由省、自治区、直辖市人民政府审批的农用地转用和土地征收事项及批后实施情况进行监督检查,不改变、不取代省、自治区、直辖市人民政府的行政审批职权。

3. 专项督察

围绕中央决策部署和国土资源中心工作,针对某一项重大工作部署或某一类突出问题专门开展的督察行动,是专项督察③。近年来,国家土督察机构陆续开展了以耕地占补平衡、维护被征地农民合法权益、节约集约用地、不动产登记职责机构整合、永久基本农田划定等为主题的专项督察,有力推动了国务院重大决策部署的落实和一些突出问题的解决。

(五)土地督察的程序

土地督察分为程序开始、土地调查、做出决定和决定的实施4个基本阶段(欧名豪,2011)。

1. 土地督察开始阶段

土地督察是行政机关内部自上而下的行政监督行为,土地督察程序的启动具有主动性,依职权开始是土地督察程序开始的方式。但是,并非任何时候任何情况土地督察机构都能够启动督察程序,其依职权启动督察程序,应当符合两个基本条件:①启动土地监督的主体拥有相应的监督权;②监督主体已经初步掌握了开始行政程序的基本事实。所以,土地督察机构虽然可以依职权开始督察程序,但是不能随意启动,必须在掌握被监督事项的某些信息之后,才可以开始土地督察程序。

---

① 参见 http://www.gtzyb.com/duchazhifa/20160715_98245.shtml,2016-07-15。
② 参见 http://www.gjtddc.gov.cn/ztzl/zthd/dcss10/zdcx/201606/t20160606_1408014.htm,2016-06-06。
③ 参见 http://www.gjtddc.gov.cn/ztzl/zthd/dcss10/sjts/201606/t20160608_1408248.htm,2016-06-08。

2. 土地督察调查阶段

(1) 发现机制是指土地督察机构通过信息收集、监督检查和调查研究等方式，及时发现政府的土地违法违规行为。首先，从发现方式上来看：①被动获得信息的方式从提交的备案审批案卷中发现，即对省级人民政府抄送上报国务院和本级审批的农用地转用和土地征收事项进行认真审查，从中获取新增建设用地和农用地转用情况信息；②采取主动方式获得信息，国家土地督察机构可以通过投诉热线、上访接待日、土地监督论坛、新闻媒体等方式获得相关信息，建立公众参与的监督体系，完善对土地违法违规问题的发现机制。其次，从监督的技术手段上来看，国家土地督察机构通过利用卫星遥感等现代监测技术对重点区域及时监测、快速核查，建立土地督察信息系统。

(2) 表明身份和回避作为行政程序中一种普遍性的制度，国家土地督察机构的工作人员在履行职责时，应当出示土地督察证件，以证明其职权即将开始，不但可以减少督察阻力，保证督察工作顺利进行，而且从客观上也起到遏制土地督察人员在土地督察时滥用职权的作用。

回避是指与行政行为有利害关系的行政主体不得参加该行政行为的调查和决定的制度。为了排除非法干预，保证对违法违规土地行政行为的实体处理结果更加公正，维护土地督察的公正性和权威性，回避制度被运用到土地督察程序中来，与被督察单位或者督察事项有利害关系的应当回避。

3. 土地督察决定阶段

(1) 集体决定应当赋予土地督察机构对有关地方人民政府在土地管理和利用过程中的行政行为的违法确定权，而该权力行使的结果是：如果该行为一旦被认定违法，无论是对行政主体，还是对相关行政相对人，都会有一系列影响，因此在对土地行政行为监督决策的重大事项方面，应当采用集体决定的方式，由土地督察机构领导集体讨论决定。在最后决定的形成方式上，可以采取"一把手"根据会议讨论意见作出选择，或者根据大多数人的意见作出决定，或者采取投票方式。这种以领导集体讨论的方式，可以防止领导个人滥用职权，同时也使得土地督察决定更加准确合理。

(2) 书面决定为了统一土地督察行政行为，提高监督行政效率，土地督察机构在行使土地督察权时，应当按照法定形式进行，否则就不能产生土地监督法上的效力。土地督察机构应当根据土地违法情节的轻重，以书面的形式分别向被监督主体发出《督察建议书》《纠正意见》《整改意见书》《限期整改决定》。这些书面的文书应当按照国家土地督察机构统一制定的固定格式进行。以书面、规范的格式作出决定，一方面是对国家土地督察机构监督权的体现，另一方面也是对监督权的行使作出限制，防止权力滥用。

4. 土地督察决定的实施阶段

1) 纠正

(1) 纠正案的提出。国家土地督察机构发现有关政府土地行政行为有违法违规情况，应当在30日内提出纠正案，发出纠正意见书。

(2) 纠正案的移送。纠正案由土地督察机构移送省级行政机关，督促其改善与处理。

(3) 纠正案的执行。有关政府机关未按要求进行纠正或者没有达到纠正要求的，由国家土地总督察责令整改，地方政府应采取措施进行整改，并将整改情况及时反馈。

(4) 纠正案的强制执行。有关地方政府未按整改要求进行的，由国家土地总督察责令限期整改,省级人民政府应在 3 个月内,采取有效措施进行整改并及时报告。

(5)纠正案的验收程序。有关人民政府在结束整改后,将其整改的情况报派驻地区土地督察局审核,派驻地方的国家土地督察局应该进行验收,整个纠正程序完成。

2)信息反馈

一项完整的权力运行制度应该包括信息的收集、信息的运用以及信息的反馈,土地督察权力的运行也不例外。土地督察主体在履行监督察看职权过程中,在对地方人民政府贯彻落实土地宏观调控的土地行政行为要做出相应的处理决定后,应当对这些处理决定的落实情况实时追踪察看。有关政府根据国家土地督察机构的建议实施完成土地整改行为后,应该将其整改的情况及时报土地督察机构知晓。信息的反馈机制是督察主体对地方政府违法违规行为进行追踪监督的表现,同时,通过对地方政府整改情况的了解,有利于土地督察机构及时总结督察工作中的经验教训,使土地督察制度更加完善。

(六)我国土地督察制度实施成效

建立国家土地督察制度,是党中央、国务院基于我国基本国情和发展阶段特点,实行最严格的土地管理制度做出的一项重大决策。自 2006 年正式实施国家土地督察制度以来,国家土地督察机构以监督省级和计划单列市政府土地管理和利用情况为主线,以监督耕地保护责任制落实、土地调控政策执行、推进土地政策完善为重点,逐步建立起有中国特色的中央政府对地方政府土地利用与管理行为的监督制度和运行机制。

1. 国家土地督察制度建设方面

按照"一办九局"的组织架构,国家土地督察机构基本完成了机构建设,形成了一支具有较高业务素质的国家土地督察专职干部队伍;开创了以例行督察、审核督察和专项督察为核心,以督促落实耕地保护目标责任制和中央土地调控政策、严格土地执法、开展调查研究与土地管理形势监测预警为主要内容,以"在线土地督察系统"为主要技术平台的核心业务体系;初步建立了土地督察的发现、审核与纠错机制[①]。

2. 履行国务院赋予的职责方面

以严格保护耕地为首要目标,监督检查省级及计划单列市政府耕地保护责任目标的落实情况,有效遏制了我国快速工业化、城镇化过程中耕地减少过快的势头,确保耕地红线不被突破,维护国家粮食安全;以监督检查国家土地管理法律法规和土地调控政策在地方的执行情况为重点,规范地方政府管地用地行为,促进土地利用和管理方式转变,为经济社会发展提供有效的用地保障;以维护群众权益为出发点和落脚点,监督检查地方政府在土地利用和管理中侵害群众权益的问题;以遏制土地违法为主攻方向,及时发现、制止和纠正土地违法违规问题,维护土地利用和管理正常秩序。

2006—2016 年以来,国家土地督察机构针对重大违法用地问题,向省级及计划单列市人民政府发出了 132 份《整改意见书》,督促地方政府给予党纪政纪处分 1 万余人,移送司法机关追究刑事责任 2000 余人,有效遏制了土地违规违法问题的上升势头。2007 年以来全国发现土地违法面积和案件数量持续下降,实现了对地方土地利用和管理情况广覆盖、全流程的监管。土地督察将监管"触角"覆盖到地方政府和政府管理的发改、财政、规划、建设等行政部门涉地事项

---

① 参见 http://www.gjtddc.gov.cn/ftzb/201112/t20111205_1040225.htm,2011-12-05。

及其行政行为,对土地批、供、用、补、查各个环节实现全面体检,同时持续关注和调研土地管理体制性障碍、制度性缺陷和管理漏洞,提出了大量完善政策的意见和建议,很多都转化为土地管理新政策、新举措。10年运行情况表明,这项制度是与我国人多地少的基本国情、土地公有制的基本制度和条块结合的行政管理体制以及国家治理体系现代化的要求相适应的[①]。

3. 国家土地督察制度的实施效果[②]

第一,促进了最严格的耕地保护制度的落实。在国家土地督察机构督促推动下,全国31个省(区、市)都制定了耕地保护责任目标考核办法。仅2010年,通过督促复耕、补充耕地,补划基本农田等手段使得耕地减少面积直接降低了7971.34公顷,约占当年全国批准建设占用耕地(21.19万公顷)的3.76%。

第二,促进了国家土地调控政策的规范执行。监督检查地方政府违反土地供应政策出让土地情况,并加强对土地抵押标的物的合法性清查,防范金融风险;督促地方政府及时处置闲置土地、出台保障性住房用地供应计划、供应政策和减免相关费用等政策,2008年—2011年上半年通过例行督察共收回闲置土地面积14 126.20公顷,促进了国家土地调控政策的贯彻落实。

第三,追缴国家土地收益,有效防止了国有土地资产流失。通过对地方政府土地出让金的收支管理进行监督检查,2009年—2011年上半年共追缴土地出让收入286.41亿元、新增建设用地土地有偿使用费5.44亿元、耕地开垦费3.89亿元。

第四,维护了被征地农民的合法权益。督促地方政府严格执行国家有关政策,对被征地农民社保资金未落实、补偿标准较低或不执行等问题及时通报有关部门,督促地方政府及时整改。2009年—2011年上半年通过例行督察督促发放征地补偿费29.66亿元,保障了被征地农民的合法权益。

第五,维护了土地管理的法治秩序。督促地方政府惩治土地违法违规行为。2007年—2011年上半年以来,共计有8471人受到不同程度的党政纪处分,1589人被追究刑事责任。对卫片执法检查中发现违法用地严重地区,开展专项督察,警示约谈了35个违法用地严重地区的县级以上地方政府主要负责人。对遏制土地违规违法上升的势头产生了积极效果。

第六,规范了地方政府土地利用和管理行为。在土地督察工作中,清理地方政府出台的违规违法文件。2008年—2011年上半年共督促撤销地方土地管理违规违法文件827份,督促制定土地管理政策文件920份,显著增强了地方党委和政府依法依规用地管地的意识。

总体上看,国家土地督察制度框架体系初步形成,开创了我国土地监管的新模式和新格局,已成为国家土地监管体系中不可或缺的重要组成部分。这一制度的实施,对坚守18亿亩耕地红线、促进经济平稳较快发展发挥了积极作用,为土地政策参与宏观调控积累了宝贵经验。同时有力促进了土地管理秩序总体向好,取得了凝聚社会共识、规范管理秩序、威慑土地违法等良好效果。为深化我国行政体制改革积累了有益经验。

4. 国家土地督察制度实施中存在的一些不足之处

第一,土地督察法制建设亟需加强。国家土地督察机构的职权、职责尚缺乏明晰的界定,特别是对调查、检查等权力没有明确的法律规定。各派驻地方的国家土地督察局之间工作开

---

① 参见 http://www.gtzyb.com/duchazhifa/20160715_98245.shtml,2016-07-15。
② 参见 http://www.gjtddc.gov.cn/ftzb/201112/t20111205_1040225.htm,2011-12-05。

展的范围和程度也不尽一致,亟待法律规范。

第二,土地督察制度建设有待进一步健全和深化。主要有:土地督察机构与其他部门的现有衔接机制尚未落实;业务制度规范尚需健全;部分督察业务的制度规范还处于空白状态;土地督察工作范围和工作重点有待进一步校准,对省级及计划单列市人民政府土地管理的整体性监督检查和评估还显不够。

第三,地方政府土地违法的制度性、体制性根源依然存在。包括:共同纠错机制有待建立;由于缺乏组织、人事、监察等相关部门的参与,不能从根本上纠正地方政府的土地违规违法行为;影响土地督察效果的制度性、体制性障碍有待破除。

四、国外的相关监管体制[①]

国际上与我国土地督察相似的制度,有俄罗斯的国家土地督察制度,英国的规划督察制度,荷兰的住房、空间规划和环境督察制度,法国的规划与遗产督察制度。将国外相关监管体制进行对比分析,有助于为我国土地督察体制创新提供丰富、多维的视角。

(一)俄罗斯:"一主两辅"式土地督察

中俄两国是目前世界上仅有的实行土地督察制度的国家,探析俄罗斯的国家土地督察体制,必须从俄罗斯土地资源管理体制入手进行研究。俄罗斯联邦的土地所有制分为4种,即联邦所有、联邦主体所有、自治地方所有、企业和个人土地所有;相应的,俄罗斯联邦的土地管理分为国家管理、社会管理、自治地方管理和农场内部管理4种形式,但目前国家管理是主要的管理形式。同时,社会组织在土地管理方面也越来越发挥着积极的作用。

2004年俄罗斯联邦政府决议,负责土地管理的俄罗斯联邦地籍总局改名为俄罗斯联邦不动产籍总局,归俄罗斯联邦经济发展和贸易部领导。俄罗斯联邦不动产籍总局负责管理国家财产、土地规划、不动产籍管理、土地的国家地籍评估、其他不动产的评估、土地的国家监控职能。

俄罗斯联邦不动产籍总局是纵向管理的联邦机关,组织上分两个层次,即中央地籍局和地方地籍机关。联邦与地方土地管理实行垂直领导,不动产籍总局可以直接任命地方地籍机关首长,但须事先征得地方同意。此外,由于俄罗斯联邦的土地所有制存在多种形式,所以除了联邦委员会的土地管理体系,各地方政府分别对各辖区内相应级别的土地进行管理。

根据俄罗斯土地管理特点,在土地督察上形成了政府职能部门土地督察体系、社会公共土地督察体系、用地生产企业土地督察体系。政府部门土地督察体系总体上实行"一主两辅"式土地督察。"一主"即以联邦不动产登记地籍和测绘局为土地督察制度实施主体,对土地利用的经济社会属性方面进行综合性土地督察;"两辅"即农业部耕地利用督察局对土壤肥力、耕种条件等土地利用的自然属性方面实施补充和辅助督察,资源环境部生态环境督察局对土地整理、生态环境、农地恢复等土地利用的自然属性方面实施补充和辅助督察。

俄罗斯土地督察管理机构分为3级:联邦(中央)、主体(省)和地区(这一级包括城市)。最高层级是俄联邦土地利用和保护总督察及其副职。根据土地法的规定:联邦不动产署署长要兼任"俄联邦土地利用和保护国家总督察";联邦不动产署副署长和不动产署直属督察机构的

---

① 参见 http://www.gtzyb.com/guojizaixian/20160229_93923.shtml,2016-02-29。

领导是"俄联邦土地利用和保护国家副总督察";联邦不动署直属督察机构的专家是"俄联邦土地利用和保护国家督察员"。第二级是俄联邦各主体土地利用和保护总督察及其副职。根据土地法的规定:俄联邦主体的联邦不动产署地区机构的领导兼任"俄联邦主体土地利用和保护的总督察";俄联邦主体的联邦不动产署地区机构的副职领导和联邦不动产署位于联邦主体的地区机构直属督察机构的领导担任"俄联邦主体土地利用和保护的副总督察"。人员由总局任命,经费由总局下拨。第三级是各城市和地区土地利用和保护总督察及其副职。

同时,俄罗斯用地审批部门与土地督察和土地执法监察部门分属两个不同的政府职能部门,土地利用管理与土地执法监管分离。俄联邦现有土地督察人员近6000人。

(二)英国:半独立的"仲裁式"督察机制

英国规划督察机制根基于英国规划体系,是其规划体系的一个重要组成部分。1947年英国《城乡规划法》确定了规划的4个重要原则:对发展进行定义或规划,并将土地的所有权与发展权分开;规划覆盖地方政府所有辖区,土地利用规划应当定期修编;地方政府具有开发规划控制权;地方政府有强制购买土地的权力。现行的英国规划体系主要有以下几个特点:中央政府具有相当大的控制和干预的权力;土地所有权与发展权相分离;一般土地的所有权可以属于私人所有,政府控制着土地发展权,任何发展建设都必须规划许可;将规划作为开发控制管理政策框架,在规划申请的审批过程中,不仅要考虑法定的"发展规划",同时还需要考虑其他的相关法律、欧盟的规章制度、中央政府的规划政策文件,以及本地区的发展特征等。

因此,英国的规划实质是一种概括性的阐述,地方规划部门实际被赋予了很大的自由裁量权;但同时,英国城乡规划的审批需要与各利益团体进行协商和咨询。为协调规划实施当中出现矛盾,英国在规划体系中建立了一个规划督察机制,它的主要职责是对规划实施和规划控制管理过程中出现的矛盾进行仲裁。特别是规划申请者不满意地方政府的审批结果,有权力向国务大臣(或威尔士议会政府)提起上诉。国务大臣或威尔士议会政府一般委托规划督察负责审理这些上诉案件。因此,英国规划体系实质是由开发政策制定、规划许可申请谈判和规划督察裁决相结合的组织系统。

英国所有规划督察都由规划督察署管辖。规划督察署对国务大臣和威尔士议会负责。规划督察裁决的依据是规划法规、住宅法规、环境法规,处理有关开发与建设项目规划许可申请的上诉案件,代表国务大臣和威尔士议会介入城市开发与建设项目规划许可审批。英国城乡规划督察还有一个特点:若无上诉案件或国务大臣介入的决定,规划督察则无权干预地方政府规划编制和规划管理,但公众参与的听证会例外。

(三)荷兰:整合机构实行"一站式"督察

荷兰人口密度是欧洲人口密度最高的国家之一。在荷兰开发每寸土地都同荷兰住房、空间规划和环境部(VROM)息息相关,这个部门的主要目标就是"创造一个可持续的高品质生活环境"。为了实现这个目标,2002年1月1日荷兰在住房、空间规划和环境部内部历史上第一次成立了一个单纯负责监督和提高执行力的机构——荷兰住房、空间规划和环境部督察。

荷兰住房、空间规划和环境部将原本分散的4个督察机构,即空间规划督察、住房督察、环保督察(包括核安全部门)以及刑事调查科合并成一个统一的住房、空间规划和环境部督察,其最高长官——督察局长直接对荷兰住房、空间规划和环境部部长负责。VROM督察是荷兰住房、空间规划和环境部一个相对独立的部门,中央一级是设在海牙的VROM督察,大约有700

人。地方级有 5 个，分别位于格罗宁根的北部局、哈勒姆的西北部局、鹿特丹的西南局、艾恩得霍芬的南部局和阿纳姆的东部局。核安全局、风险管理中心、VROM 情报和调查局位于总部海牙。它通过设在海牙的总部和分布在各地的机构来监督市民和企业的活动是否威胁到荷兰的安全、健康和可持续的居住环境，来督察地方政府贯彻执行关于住房、空间规划和环境方面法律法规及政府决策的情况。

荷兰住房、空间规划和环境部督察在体制上体现了 3 个原则，即"一站式"理念：将原本独立的 4 个督察机构合并成一个统一的住房、空间规划和环境部督察，从而可以比较清晰地对省市政府及其他组织机构，如水委员会进行监督。决策权和执行权明确分开：VROM 督察署是 VROM 一个相对独立的执行监督机构，从而避免出现地区级督察也要制定政策的情况。以前由空间规划督察负责的一些与制定政策有关的职能，现在由空间规划局下的空间政策执行和协调局负责。由环保督察承担的一些与制定政策有关的职能，现在由环保总局下的两个部门负责，地方环保质量和交通局负责城市方面政策的制定。土地、水和农村局负责农村方面政策的制定。通过整合可以集中力量监督土地、住房和环境方面的法律、法规的执行落实情况，提高政策执行力，从而提高政府公信力。

（四）法国：双重行政管理体制护航督察

法国"国家建筑师"制度产生于 1946 年，它是针对二战结束后大量农村人口涌入城市的现象，需要大规模的城市重建和扩建，特别在老城区建高层住宅以解决居民居住问题，城市中老城历史中心区遭受威胁的背景下产生的。国家建筑师驻省代表处是法国文化部向各省的派出部门，实质是为保护历史建筑和遗产保护区而设立的监督机构，督察对象是地方政府。国家建筑师驻省代表处职责主要是：宣传国家遗产保护政策，向地方政府的领导、部门对保护政策、保护措施作出解释，并指导实施。督察的范围是国家遗产保护区以及与这些遗产有关的所有建设活动。国家建筑师驻省代表处主要有 3 项工作内容，包括协助审查建设项目、负责景区保护管理工作和管理历史文物周边地区。驻省代表处针对不同的保护区采取不同的管理和保护方式。

法国国家建筑师驻省代表处受省长领导，并向中央政府负责。中央政府派出机构与各级地方政府在各自不同的职权范围内共同管理地方事务，形成相互独立的双重行政管理体制。这种双重行政管理体制既可确保中央政府实施集中统一的行政管理，维护国家的整体利益；又可发挥地方积极性，维护地方局部利益。

在国家层面，国家建筑师驻省代表处是法国文化与交流部向各省的派出部门，驻省代表处设在每个省的省会城市中，由文化部派出，受文化部、建设部和环境部 3 个部门共同领导。这 3 个部门中，对国家建筑师驻省代表处业务进行领导的司局分别是：文化部的建筑与遗产局，环境与国土治理部的自然与风景管理局，建设、交通与住宅部的城市规划总局。同时，文化部建筑遗产局的建筑与遗产检查处、文化部文化事务行政总监室、遗产保护总会的总监室对驻省代表处的职能工作进行定期检查。

在地方层面，派驻省级，但与大区、省级均有密切联系。法国的行政体制按国家、大区、省、市镇设置。虽然法国的国家建筑师督察制度只在省一级设置了代表处，但驻省代表处在工作中与大区、省级政府部门中的其他相关单位始终保持密切联系。

在大区层面，与驻省代表处联系密切的单位有：大区文化局，主要负责大区土地上的遗产管理工作；大区环保局，负责监管大区范围内城市规划建设活动中的环境质量和景区质量。

在省级层面，与驻省代表处合作的单位有：城镇、规划主管部门，主要负责规划编制、核定、也是历史文物的主管部门。顾问委员会,主要负责遗产维修和鼓励政策,但要依靠驻省代表处来进行。省建设局,负责对有关市镇的建设项目申请进行规划审批;但对地处保护区内的,或地处环境敏感区内的建设项目申请,则由驻省代表处审批;设在省建设局的国家人居署驻省代表处,该处根据驻省代表处的意见可以取消维修项目的特别税。

习题与思考题

1. 试评价我国现行的土地法律体系。
2. 简述《土地管理法》中法律责任的主要内容。
3. 我国的耕地保护制度主要包括哪些内容?
4. 简述国家土地督察机构的性质及其职能。

主要参考文献

陈小君. 我国《土地管理法》修订:历史、原则与制度——以该法第四次修订中的土地权利制度为重点[J]. 政治与法律,2012(5):2-13.
董藩,郑润梅. 土地法学[M]. 北京:北京师范大学出版社,2009.
董礼洁. 地方政府土地管理权[D]. 上海:上海交通大学,2008.
高圣平,刘守英.《物权法》视野下的《土地管理法》修改[J]. 中国土地科学,2008,22(7):3-10.
甘藏春. 以制度创新推动社会经济发展——重温《土地管理法》的全面修订[N]. 中国国土资源报,2011-09-28.
何淑珩. 我国土地督察法律制度的研究[D]. 北京:中国政法大学,2009.
李显冬. 李显冬解读土地管理法[M]. 北京:中国社会出版社,2011.
刘敏. 国家土地督察制度及其绩效研究——以沈阳局为例[D]. 北京:中国地质大学,2011.
欧名豪. 土地利用管理[M]. 2版. 北京:中国农业出版社,2011.
彭小云.《土地管理法》修订十大悬念[J]. 国土资源导刊,2009(5):30-33.
唐敏.《土地管理法》修订内情[J]. 法治与社会,2010(4):36-38.
王诗钧. 我国土地督察制度研究[D]. 武汉:华中科技大学,2008.
王万茂. 中国土地管理制度:现状、问题及改革[J]. 南京农业大学学报(社会科学版),2013,13(4):76-82.
严金明. 土地立法与《土地管理法》修订探讨[J]. 中国土地科学,2004,18(1):9-13.
杨永芳. 土地法学[M]. 开封:河南大学出版社,2007.
余剑平,余际从. 推进我国土地督察制度建设进程的若干思考[J]. 资源与产业,2008(1):69-73.
张传玖. 守望大地20年——《土地管理法》成长备忘录[J]. 中国土地,2006(6):4-8.
张丰,杜震洪. 土地科学与土地管理概论[M]. 杭州:浙江大学出版社,2011.
张军连. 土地法学[M]. 2版. 北京:中国农业大学出版社,2007.
张小凤,何忠. 对我国《土地管理法》中若干法律制度的思考[J]. 兰州大学学报:社会科学版,2000(3):111-115.
张正峰. 土地资源管理学[M]. 北京:中国人民大学出版社,2008.
张正钊. 行政法与行政诉讼法[M]. 6版. 北京:中国人民大学出版社,2002.
中国土地学会,等. 土地科学学科发展蓝皮书(2006)[M]. 北京:中国大地出版社,2006.
周训芳,李爱年. 环境法学[M]. 长沙:湖南人民出版社,2008.

第八章 海外(地区)土地管理概述

第一节 国外土地管理概述

一、美国土地管理概述

美国国土的主要部分位于北美洲中央(另有阿拉斯加在加拿大西部,檀香山在太平洋中)。国土总面积 936.3 万平方千米,耕地和永久性农作物田地近 1.9 亿公顷,占世界总面积的 15%,人均 0.8 平方千米。长期的草地与放牧场 2.4 亿公顷,林地 2.65 亿公顷。属于人少地多的国家。

自 20 世纪 30 年代以来,美国的土地利用方式有很大的改变。由滥垦、滥伐、滥牧的掠夺式经营,逐步转为立足于提高单产和土地利用率的集约式经营,农林牧并举,全面发展。近半个世纪以来,美国政府对于土地的管理和保护极为重视,在行政立法、机构设置、资金投入、经济政策和技术措施等方面做了巨大的努力,取得了一定的成效和经验。

目前,美国实行的是公私兼有的多元化土地所有制,实行集中、垂直的土地管理体制。强调土地的社会职能和利益高于一切,实现土地资产的可持续利用,是美国土地管理的根本宗旨和主要目标所在。

(一)美国土地管理相关机构和职能

在美国,土地的管理、整治和利用没有一个统一的机构,它分属于国家有关部门和地方政府管理。联邦政府在土地利用、开发和管理方面主要通过法律和有关部门行使。

其中最主要的部门之一是内政部土地管理局(Bureau of Land Management,简称 BLM)。美国独立后,1812 年在联邦政府内成立了土地管理办公室。后来从实际出发,于 1946 年 7 月把原土地管理办公室和放牧局合并,组建了美国联邦内政部土地管理局。现在的土地管理局设正、副局长各 1 名,正、副局长助理各 4 名。局内除正副局长直接管理两个办公室外,下设能源矿产资源、土地与再生资源、辅助业务、行政事务、州办公室等 5 个局以及丹佛联邦中心与联邦防火中心。局以下设 25 个处。在全国还设有 13 个区域性土地办公室,58 个地区性土地办公室,143 个资源区办公室。在首都华盛顿总部有雇员 1200 人,总部之外的雇员约 5800 人,分布在全国各地。其机构设置见图 8-1。

美国的土地分私人所有、联邦政府所有、州及地方政府所有 3 种所有制,其中私人所有的土地占 58%,主要分布在东部;联邦政府所有的土地占 32%,主要分布在西部;州及地方政府所有的土地占 10%。美国法律保护私有土地所有权不受侵犯,土地以私有制为主,国有土地

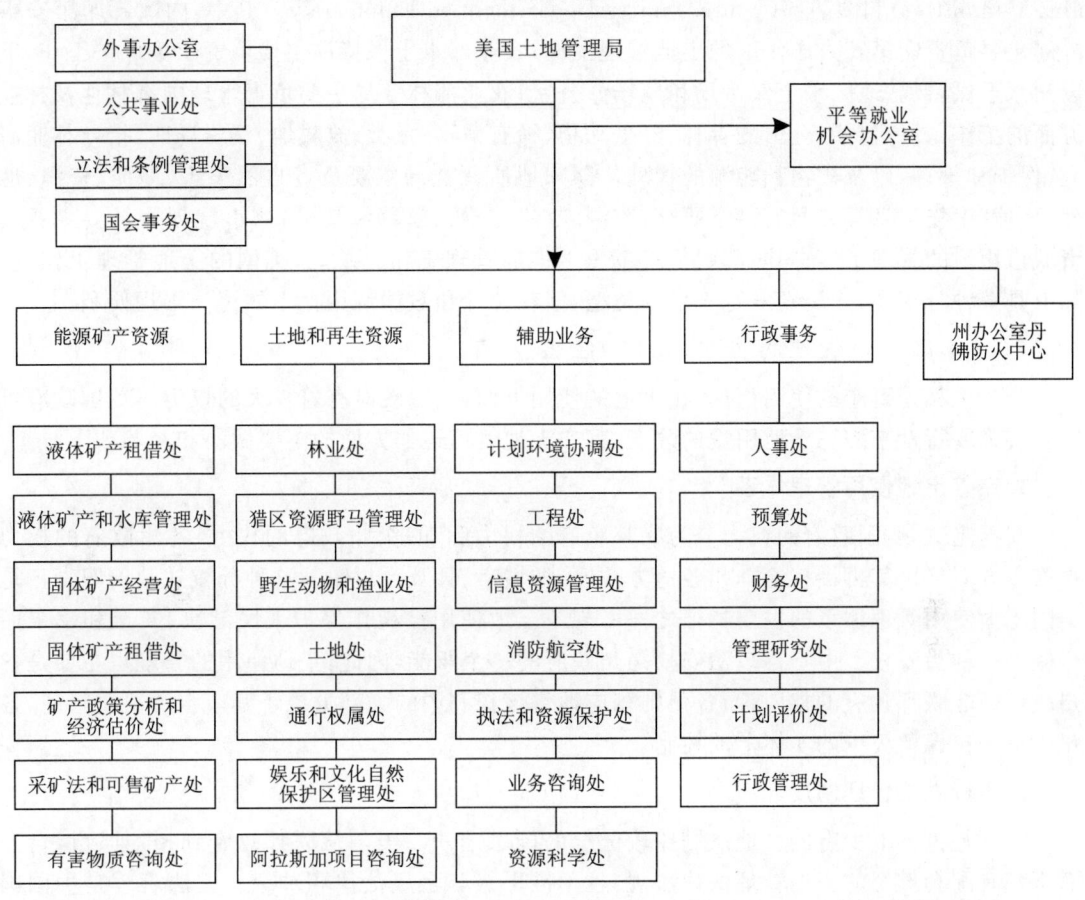

图 8-1 美国土地管理机构

只占其中一小部分。联邦内政部土地管理局,主要负责占全国 1/3 的联邦政府所有的土地管理,包括地上资源与地下资源及其辅助性业务活动的管理。

1986 年美国国会通过的《土地政策和管理法》规定了土地管理局的主要职能有:主管地籍档案,负责地籍测量,确认公有土地的境界和界标;负责土地利用规划的编制工作;负责国有土地的出让工作;国家授权依法强制征用私人土地;负责开矿占地特许证的签发;依法在国有土地上授予使用权;依法管理规定的特殊地区;负责法律规定的与土地管理有关的业务。

土地管理局所遵循的规则是:维持土地最佳利用状态,从长远角度考虑土地在自然、科学、文化和风景等方面的价值,充分照顾人们对可更新资源和不可更新资源的需求;对可更新资源的管理,要求适应全国粮食、纤维、木材等国内资源高产、稳定和野生动物繁殖环境的需要,并利用公共土地资源为地方经济的发展服务;对矿产资源的管理,主要是提供安全的国内矿产资源及有重要战略意义的非能源矿产,使联邦政府能够有计划地、及时地开发这些矿产,以获得相应的合理收入。在土地管理过程中,既注重开发资源,又注重环境保护。

除 BLM 外,和土地管理相关的行政部门还包括内政部印第安事务局(Bureau of Indian Affair,简称 BIA)、农业部水土保持局(Soil Conservation Service,简称 CSC)、农业部林务局(Forest Service)、联邦地质调查局(Federal Geological Survey)、城市规划委员会(City Planning Committee)和国防部(United States Department of Defense)等。其中,内政部印第安事务局主要负责印第安人居住区的土地管理工作;农业部水土保持局主要负责土壤保护工作,下设州水土保持局、地区水土保持局和现场办公室;农业部林务局主要负责管理国有林地及林业方面的工作,具体包括:全国的森林、野生动物、稀有植物、鱼类、放牧地、娱乐场所,指导林业研究、保护和管理,以及矿物和能源的管理。联邦地质调查局主要负责自然灾害、地质、资源、地理、环境、生物信息等方面的科学研究、监测、收集、分析、解释和传播;城市规划委员会主要负责城市用地的管理工作;国防部则负责军用土地的管理工作。总之,美国的土地管理工作,实际上是一种分层次、按类别进行管理的类型,但在统计和数据调用上不如统一管理便利。

(二)美国土地管理的主要做法和经验

与其他私人财产的使用相比,在土地的使用上面,美国政府有着较大的权力。美国政府可以直接采取行动来控制土地用途的改变,其在土地管理运作方面的主要做法和经验如下。

1. 完善土地使用管理体系

根据宪法,美国政府的权力分为联邦政府的权力和50个州政府的权力,各州政府的权力在许多方面又由其再授权给本州各地方政府,如城市、县及乡村镇。这种分权式政府职责正是美国土地使用管理体系的主要特征之一。规范土地使用被视作保护人民健康、安全和幸福而行使的一种治安权。由于行政治安权是州政府的一个职能,因此,土地使用的管理也主要是各州政府而非联邦政府的权力,而各州则相应地将该权利中的大部分授予其市自治机关行使,各州或地区仅保留极少的实体上的控制。

2. 实行立法管理制度

美国是世界上少有的土地法制比较健全的国家之一。美国从联邦政府到州、县、市,自上而下都有配套健全的土地管理法律法规,且不准下级与上级法律相冲突。立法管理是美国国土资源管理的一项基本制度,是各项行政管理的基础和依据。目前,美国进行土地资源管理的立法主要有:《联邦土地政策和管理法 1976》《国有草地牧场改良法 1978》《林地和草地牧场资源推广法 1978》《资源保护和复原法 1976》《林地和草地牧场可更新资源计划法 1974》《国家环境政策法 1969》《水土资源保护法 1977》《免耕法》等。此外,法律的执行往往与经济手段相结合,使管理更有实效。如对农用土地采取差别税率的办法以及制定《露天开矿管理和开垦法》,都是一些比较好的经济与法律相结合的例证。

美国土地管理局充分发挥中央和地方、官方和民间的各方面积极性。在联邦的法规基础上各州政府可以根据各自的需要分别制定州一级的土地利用和管理法案。对水土保护区内,也成立了农民的民间保持土地的组织。对保护土地资源,政府大量投资,采取有效的经济鼓励政策。直接鼓励措施有财政、技术上的具体援助;间接鼓励措施包括优惠税率、贷款、保险及签订租赁合同等。

3. 所有土地都实行有偿使用

美国法律规定所有土地都实行有偿使用,土地可以买卖和出租。联邦政府为了国家和社会公益事业兴建铁路、公路及其他设施,需要占用州属公共土地或私人土地,也要进行交换或购买。通讯、输电、输油等管线要通过公有土地的地上或地下,都必须向土地管理局通行权处申请批准,并付租金。据情况介绍,联邦公有土地,包括地下矿产、水资源的出卖、出租收入,是仅次于税收收入的联邦政府第二大财政来源。

4. 实行土地管理分区制

分区制是美国政府为了社区的利益而实施的土地使用管理最主要的内容。分区制是依据一份综合规划，按照土地的特征、结构及特殊用途来对区域加以分类，将土地划分为不同的区（块），在各区（块）内实施不同的土地使用规划。分区制大致管辖下列事务：对地上的使用规划、对建筑物的高度、面积及规模的限制以及对建筑物设计方面的限制等。

此外，管理分区制的行政机构权责分明。管理及实施地方分区制法令的主要机构有：①分区官员或行政人员。通常负责监督分区制法令的执行情况。②上诉委员会或分区调处委员会。一般受理所有对分区行政管理员决定的上诉请求及所有要求对分区制法令条文的执行进行变通和作出例外的请求。③地方立法机构。负责制定分区制法令的草案及其修改，并据此建议而成立的分区委员会。④计划委员会。是一个由市属法团按非成文法创设的机构，其成立的目的是为土地使用变化方面的计划提出意见。

5. 全面评价土地资源，合理规划利用土地

在全国土壤普查的基础上，建立了很有实用价值的土地潜力分级标准，用以表示土地适宜耕种和限制利用的程度。分级标准是根据土壤特性、坡度、侵蚀度和侵蚀类型为标志的地面状况以及气温、降水等气候条件等因素而确定的。土地潜力被划分为8级，用罗马数字Ⅰ～Ⅷ表示，随着数字的增大，土地利用限制增加，实际利用的选择余地变小。美国全国及各农业企业都以此分级作为规划利用土地的依据，做到宜农则农、宜林则林、宜牧则牧，各得其所。

6. 重视科学研究，采用先进技术

美国农业部农业研究局、水土保持局，分布在全国和各州的农业研究、试验机构以及全国农业大专院校均把保护土地、保持地力、防止水土流失等作为重要研究课题，重视土地各因素的相关性，并对其进行定量分析。

1980年起，美国土地管理局采用先进技术建立土地管理系统，已在20多个州和县进行试验。现行的土地管理情报系统由缩微存贮和数字化存贮两部分组成，它把各种土地档案、地籍图件，经缩微照相保存在缩微平片上，使用时可通过阅读机光学放大，了解每块土地的情况，这种贮存方法简便易行，成本较低，工作方便，已用于县级土地管理办公室的日常工作，数字化存贮技术先进，在专用软件支持下，它可以对图形、图像、特殊数据进行三维立体分析，把多种信息进行多层重叠，具有人机对话数据输入功能、编辑功能、联网功能、三维立体分析功能和自动检索等方面的功能。

7. 充分体现管理的服务新理念

美国土地管理局管理工作的主要目标是：支撑国有土地的健康、多样、多产开发与利用，满足公众持续对土地资源开发与利用的需求。对应任务主要有3个方面：服务当前及未来公众、恢复和保持土地健康、提高管理绩效。"服务当前及未来公众"具体指提供环保型休闲及娱乐机会，提供环保型商业活动，保护自然、文化遗产资源，降低土地资源开发利用对公众卫生、安全及财产的威胁，提供土地资源信息，提供经济、技术帮助。可见美国土地管理一切以人为本的服务理念。而"提高管理绩效"所涉及的10项具体工作中特别提出一条即"收集和评价顾客、所有者及雇员反馈意见"，将客户服务质量作为管理绩效的重要评价内容。

美国土地管理工作十大指导原则

美国土地管理工作有十大指导原则,从这些原则中更可以看出关于土地管理服务的重要思想。

(1)对自然资源进行多目标利用与长期价值管理,承认已经批准的土地用途将随时间的推移而存在利用变化。

(2)承认国有土地在提供开阔空间及保护文化、自然遗产中所起的重要作用。

(3)以顾客为中心,对顾客需求作出快速反应,或者满足他们的需求,或者向他们解释为什么不能满足他们的需求。

(4)借助现代科学和信息技术,了解和掌握土地利用情况及其随时间的推移是如何变化的。

(5)理解与土管局管理的国有土地相关的社会、经济条件,土地利用的环境、社会、经济条件的改变,对国有土地使用者和地方社区的影响。

(6)充分认识到土管局与其他组织及个人分享长远目标的重要性,土地及其利用如何随时间变化而进化的重要性;共同承担的人力、财力资源对实现长远目标的重要性;分享和理解新的信息对如何监测改进方案的实施,以及如何对管理进行调整的重要性;并与其他部门或组织建立长期的工作伙伴关系。

(7)建立高效的工作程序和服务传递系统。

(8)作出正确的商业决策,理解成本及税收状况,避免预料不到的长期债务。

(9)对土管局拥有的公共信息——国有土地状况及其利用情况、土管局管理与商业实践、国有土地及其资源是怎样影响人民的日常生活等信息提供公共接口。

(10)建立起一个全民参与、鼓励竞争、力争生存、适应能力强的组织。

8. 规范土地使用的联邦及州法律相互配套,便于操作

20世纪60年代末70年代初,国会通过的关于全国环境和资源保护的一系列法律,使土地使用的管理开始联邦化了。这些法规广泛地涵盖了环境影响的分析、净水、清洁空气、海洋区域的保护和洪水灾害的防范。其中大多数法律要求或鼓励一个广泛的地方性规范和法令与之相配套。此外,美国联邦通常会通过设定特定的土地资源管理标准和条件,并出台政策鼓励各州在土地资源管理中努力实现这些标准和条件,并为达到标准和条件的州提供大量的资金支持,引导他们实现对土地资源的利用和保护,体现管理的服务导向意识。

9. 禁止私人使用、处置联邦土地和国家公园

联邦政府拥有美国约7亿4千万英亩的土地,这些土地约占全美土地总量的三分之一,其中约4亿4千万英亩可进行行政性处置,而无须国会的同意,其中例外的是:国家公园、国家森林和国家野生动物保护区的土地须经国会批准。联邦政府拥有大量的土地是国家和地方公园产生的基础。国家公园是根据美国法律被保留的,用作奉献于和留作为公众公园或作为供人们享用和得益的娱乐场地,任何居住或占用已被规划为公众公园任何部分的人将被认为是非法入侵。

10. 在土地流转中保护土地所有者

美国对土地流转的管理主要是通过其发达的市场和权责明确的交易秩序和原则来进行的，无论是政府还是个人，要使用不属于自己的土地都通过购买或租赁获得。美国的土地所有者的保护主要是保证其土地所有权不受侵犯。如联邦政府为了国家和社会公益事业兴建铁路、公路及其他基础设施，需要占用州属公有土地或私人土地，就必须通过购买、交换或捐赠来获得各种土地上的权益。土地所有者有土地收益分配和处分的权利，土地收益除按国家和地方政府的规定交纳较固定的土地税、农产品销售所得税、房产税外，没有任何其他税费。同时，土地所有者在土地转让、租赁、抵押、继承等各方面也都具备完全不受干扰和侵犯的权利。

11. 宏观调控为导向的土地利用规划

美国在人口增加，经济发展过程中大量侵占了优质农地，著名"硅谷"曾经就是农业基地。仅城市化就使美国优质农地以每年平均200万英亩的速度减少，由此引发了一系列的经济、社会和环境生态问题。为此，美国各州开始采取一系列的措施来控制城市发展规模，保护优质农地，使土地用途管制内容成功转向控制城市规模和农地保护。由于土地利用规划与控制是地方政府的责任，因此各州政府都颁布了各自的法案，通过法律要求地方政府根据本地的经济发展状况和土地利用现状，划定城市增长线，分期分批发展，建筑许可的总量控制等措施来控制城市发展规模，保护优质农地。美国土地利用规划体系分为州土地利用规划和地方土地利用规划。美国总体规划又称"非永久性宪法"，即根据不断变化的发展趋势来定期修订。同时建立严格的土地利用规划制定程序。通过土地利用规划，引导城市的发展，缓解城市发展压力，控制土地开发的区位速度、公共设施的服务水平。1993年通过的美国纽约市区划决议是迄今最新的版本。由于经过不断修订和补充，形成系统而完整的一套区划规定，并一直发挥着良好的作用。这套决议是规划、设计、开发、管理必须遵守的法定条例。

12. 普遍的公众参与制度确保服务质量和多元性

公众参与始终贯穿到美国土地管理的各环节。如，土地利用方针或规划都是自下而上、在公众参与下完成的。美国的土地利用规划编制是从基层的社区、市做起，逐级向上归并，一般只到县一级。公民有权决定是否编制土地利用规划，主要通过公告、召开听证会等形式，让专家学者、社区民众提意见，一般要经过半数以上民众讨论同意，方可进行。

美国土地管理的公众参与，不仅保证土地管理相关政策措施的有序进行，同时也确保土地管理始终服务各层次多元主体，不会偏离其服务经济社会、服务大众的宗旨和目的。

13. 规范的业务流程和开放的信息系统奠定服务基础

美国政府在制定政策的时候非常注重规范和透明性，政策制定的每个环节都是按照预先设定好的流程进行，保证公众能够了解到其政策是如何制定及实施的。与此同时，美国政府也特别注重信息的公开性和服务性，让公众能够通过各种手段和渠道，方便地获得想要知道的信息。

美国政府信息技术服务小组提出的政府信息技术服务的远景报告认为，改革政府不只是人事精简、减少政府赤字的问题，更需要善于运用信息技术的力量彻底重塑政府对民众的服务工作。

美国土地管理部门在进行土地管理的时候非常注重建立规范、透明的业务流程和土地管理信息系统，以保证与土地相关的规划信息、产权信息能够以最快的速度最大限度的公开。例如在圣地亚哥市，地理信息中心建立地理数据库，并向公众提供各种类型的清晰地图和每块土地的权属状况。地理信息中心甚至保留有被制作成电影胶片的170年前的土地权属证明，而所有的这些资料都能在公开的资料库中查询到。

14. 完全市场下的土地交易

在美国，土地的交易完全由市场来决定，土地的买卖价格完全由当事人双方根据土地的经济价值自行确定，或者由私人估价公司帮助双方达成协议。不仅私人使用的土地必须通过地产市场取得，即使联邦政府为了国家和社会的公共利益，如兴建铁路、公路及其他公共设施等，即使占用私人土地或州属土地，也要通过交换或购买取得。通讯、输电、输油等管线如要通过公有的土地，无论是地上或地下也必须向土地管理局的有关机构申请，并支付租金。在土地的用途方面，美国私营公司及土地的使用者也拥有较大的权利。他们往往依据市场调节机制，以追求利润最大化为原则，以此来确定土地的使用方向。

二、英国土地管理概述

英国的土地在法律上属于英王或国家所有，因此，一般居民没有土地的所有权。英王将土地分给功臣和国民，他们拥有的是土地保有权。英国真正的土地权利为不同形式的土地保有权。为确保土地利用效益，不同形式的土地保有权在总体上只是年限不同，在基本权利上是相同的。土地保有权有两种形式：一种是自由保有权，也称永业权(freehold)，一般以契约或居住、耕作使用等形式为基础确定，在他人土地上居住或使用12年，土地视为使用者保有；另一种是有限期保有权，也称业权(leasehold)，它具有一定的期限，大部分依协议而产生。英国土地所有权制度虽然简单，却很完整。其基本原则是：以利用定归属，重视保护土地的动态利用，其保护土地权益的次序为租用保有权、自由保有权与土地所有权，即侧重保护土地使用者的权益。这样做的目的是提高土地的使用效率和经济效益，实现土地的持续利用。

（一）英国土地管理相关机构和职能

英国在中央一级没有统一的土地管理机构，而是由各机构分别执行相应土地管理职能，分类管理。英国涉及土地管理的机构主要有：副首相办公室（ODPM），环境、食品和农村事业部（DEFRA），林业委员会以及司法部等。副首相办公室2006年5月起改组为社区和地方政府事务部，这是一个综合性的政府管理部门，主要负责城市发展、住房政策制定、规划政策、权利授予政策、地方政府政策等。此外，该部门也负责促进政府部门间的合作，以及保证社会的可持续发展和繁荣稳定。环境、食品和农村事业部由农渔食品部（MAFF）和环境、交通和区域部（DETR）的环境和乡村事业局组建，主要负责农地和农村发展用地。林业委员会负责森林和林地的管理和统计等工作。司法部则主要管辖土地登记局及相关法律事务。

（二）英国土地管理的主要做法和经验

1. 强制实现土地开发权国有化

土地是一种公共资源，土地的流转涉及到公众的切身利益，而国家是公共利益的代表，国家享有对土地的管理权和规划权。英国的"土地开发权国有化"将土地开发的权力牢牢掌握在了政府手中。在土地开发权国有化的规定下，英国通过强制购买的方式可以将土地收归国有，这与我国的征地制度较为类似。

2. 加强对农民权利的保护

英国对农民权利的保护主要是侧重于对失地农民的利益补偿。英国的土地补偿及收益分配机制是相当规范和完善的。1967年修订的《农业法》规定:合并小农场,政府提供所需费用的50%,对愿意放弃经营的小农场主可以发给2000英镑以下的补助金,或者每年发给不超过275英镑的终身年金。为了实施土地开发权国有化而进行国家强制购买时,政府必须向丧失开发权的土地所有者支付补偿金。另外,英国还建立了土地开发利益回馈社会制度。

3. 法规为导向型的土地利用规划

英国城市土地规划由完善的法规体系和执法系统构成。其立法系统包括制定城市土地利用规划法案和编制具有法律约束力的开发规划;其执法系统则是指以签发规划许可控制地区的土地开发活动。英国规划法明确指出,除少数例外,所有的开发与建设规划必须得到政府的批准。这是因为市场本身无法产生一个合理的、有效的土地使用机制,无法做到既能在短期内解决对空间合理的要求,又能满足未来发展的长期需要。同时,土地是人类赖以生存的有限资源,政府部门必须参与土地的分配,在再分配过程中对近期和远期的要求进行平衡,对不同利益集团之间进行平衡。

土地利用规划一个重要目的是通过规划控制来有效保护土地。土地保护按照土地用途和保护目的的不同采取不同的保护方式。一种是对人文遗产的保护(conservation)。对这类性质的土地实行积极保护方式,即在合理利用的基础上实行有效地保护。例如,对于城堡等古建筑,在不破坏原有建筑的基础上,有限度地开放参观,一方面可以发挥其历史文化作用,另一方面也可以筹集一部分资金,用于修缮和保护。另一种是对自然遗产的保护(presenvation)。对于自然保护区、国家森林公园这类自然遗产,通过实行严格的保护措施,最大限度地保持原始生态的完整。

英国的土地规划体系

英国的土地规划一直采用城乡一体化的模式,通常称为空间规划,由于都是以土地作为载体,布局国民经济的各项活动,因此从内容上看,与我国的土地利用规划最为接近。规划体系通常与行政区划的设置相对应。英国划分为英格兰、威尔士、苏格兰和北爱尔兰4个部分。英格兰分为9个地区,下设郡和市镇;威尔士分为22郡;苏格兰共有25区,4个城市区,3个岛区;北爱尔兰分为26个区;伦敦称大伦敦,下设独立的32个城区和1个金融城;此外,还有12个属地。与此相对应,土地利用规划分为以下几个层级,自上而下分别是国家级,由中央政府制定规划政策导则(Planning Policy Guidance Notes, PPGs),以土地利用政策为主;区域级,由区域规划机构制定区域规划导则(Regional Planning Guidance, RPG),重点包括区域土地利用的协调;地方级,由地方政府制定补充规划导则(Supplementary Planning Guidance, SPG),重点包括具体的土地利用项目布局,比如道路、企业等。其中地方级的规划分两种,对于大都市地区,比如伦敦,需编制总体发展规划(Unitary Development Planning, UDP);而对于非大城市地区,又分为两个层次,在郡级上编制结构规划(structure planning),在地区级上编制地区规划(local plans)。

4. 强调公众参与和民主监督

英国的法律规定在规划的编制过程中，必须有3个月公众参与的阶段，这项规定可以从两个方面来理解：首先，城市规划的实施毫无疑问地将影响社会某些人的利益，所以人们有权利了解规划的详细内容并发表自己的意见，通过这种方式也促使规划考虑绝大多数市民的利益；其次，规划的实施不仅需要政府的投资，也需要私人的投资。公众参与能够协助投资者与开发商了解投资环境和有关规划事宜。

民主监督制度作为对土地行政的约束行为，反映在土地规划法规的立法系统中是民主参与政策；反映在土地规划法规的执法系统中，则表现为"规划起诉"和中央政府对地方政府在执法过程中的强化监督管理。在英国，每一种类型的开发规划编制过程中几乎都有法定的公众参与程序。其形式有公众评议、公众审查、公众讨论、公众审核、公众意见等。英国有关城市规划方面的起诉分为规划起诉和强制执行起诉。完整的民主监督制度保证了城市利用与开发按照城市规划要求而有序展开。作为开发商，在投资开发前他要对土地使用规划方案有所了解，他需要知道周围地区的土地使用性质以及投资地区附近所进行的经济和社会活动是否有利于开发、经营和获取利润。

5. 土地登记采用托伦斯登记制

英国的土地登记采用托伦斯登记制（Thorence registration system）。其土地权利的登记由土地登记局（Land Registry）负责。土地登记局是一个非盈利性机构，受司法部管辖，其行为不受地方政府制约，具有高度的独立性。土地登记局成立于1862年，目前在英格兰和威尔士共设有24个分局，分片承办各自辖区范围内的具体登记业务。土地登记局是政府唯一从事土地产权的审查、确认、登记、发证、办理过户的部门。自1990年12月1日起，整个英格兰和威尔士地区成为强制注册区。在此之后，该区域内所有未注册过的土地一旦发生交易，都必须到土地登记局进行登记。

土地登记及其程序由《土地登记法》（1925年，2002年）及配套的土地登记条例来规范。相关的法律还包括《财产法》（1925年，1989年）。为使土地登记有序进行，英国土地登记遵循几大原则。一是真实全面原则，即土地登记内容真实准确地反映土地现有权利及影响土地权利事项；二是权利登记原则，即登记内容反映土地权利而非土地本身，登记权利包括各种法定权利；三是"窗帘"原则，即土地使用权益衍生的任何利益不被包括在土地注册权利之内，从而不影响购买者的权益（即土地购买者所购买的为注册的权益）；四是保障原则，即国家保障注册土地所有者的权益，由于注册错误所引发的损失将得到补偿。

托伦斯登记制度

托伦斯登记制度属于不动产登记制度的一种。因澳大利亚人托伦斯创造而得名，也称澳洲登记制或权状交付主义，主要特点是初次登记不强制，但土地权利一经登记，今后土地权利发生变更都必须经过登记。登记后颁发权利凭证，登记机关保留正本，副本作为土地权利人拥有土地权利凭证。

采用托伦斯登记制度的国家或地区主要有澳大利亚、英国、爱尔兰、加拿大、美国少数州、菲律宾、泰国、马来西亚、南非、苏丹等。

> 托伦斯登记制度有如下特点：①登记非强迫性，即不强制一切不动产必须向政府申请登记，登记与否，由当事人自行决定；②登记采取实质审查主义；③登记具有公信力；④发给土地权状；⑤地上如设定权利负担，应为负担登记；⑥登记人员负登记错误的损害赔偿责任；⑦登记簿采取人工编成主义，并用地籍图辅助登记簿。

6. 绿化控制带政策

英国的土地保护中有一项极富特色的政策，即绿化控制带政策（Green Belt Policy）。绿化控制带概念最早可追溯到20世纪20年代，当时对房屋建设导致城市扩张的关注产生了规划建设绿化控制带的需要。绿化控制带政策正式出现在1955年引入、1995年修订的规划政策指引重申了其法律效力和永久性。绿化控制带主要设立在英国主要城市如伦敦、伯明翰等和历史文化古城如剑桥、牛津等的周边。目前仅在英格兰规模约为1.5万平方千米，约占英格兰总面积的13%。在绿化控制带内可进行有限度的开发，但前提是不影响已有景观，不对环境造成破坏，且开发规模受到严格的限制。调查显示，在一个为期8年的研究期内，绿化控制带受开发影响的总规模不到0.3%。

经过50多年的实践，英国的绿化控制带政策证明非常有效。第一，绿化控制带的设立，明晰了城市边界，有效防止了城市无限制的外延性扩张；第二，绿化控制带政策防止了相邻城镇连成一片，对城市环境起到了保护作用，同时也为城市居民提供了休闲的场地；第三，绿化控制带政策保护了历史文化古城的独特性，防止这些城市的核心地区因新城区的开发而被边缘化；最后，绿化控制带政策的实行客观上促进了城市更新改造，提高了土地利用率。

7. 完全依据市场价格交易土地

在英国，土地交易总的原则是必须按市场价格交易，政府一般不干预，只是依法向土地交易者征税。英国政府上下级之间、平级政府之间转换土地所有权，必须通过买卖。单就地价而言，中央政府、上级政府的权力并不比下级政府大。上级政府的特权只表现为可以购买下级的地。英国各级政府买进土地，包括出租土地，由代表该政府行使土地所有权的职能部门办理，签订土地买卖契约，包括出租契约的，一般是这个职能部门的律师。皇家房地主办公室无征地权。相反，其管理的土地可由政府征用，并无豁免的特殊待遇。不论被征用还是其自行决策卖出买进土地，都按市场价格进行。

三、德国土地管理概述

统一后的德国国土面积为35.7万平方千米，人口8000万，人均可耕地及永久性作物用地0.16公顷，属耕地偏少的国家。整个国家的用地结构是：50%的农用地，30%的森林用地，20%的建设用地。保持这样的用地结构不变，既是德国政府的政治目标，也是它的法律目标。而之所以要维持这样的用地结构，是从人的基本生活需求和实现可持续发展方面考虑的。

（一）德国土地管理相关机构和职能

联邦德国的土地管理工作分散在许多部门，通过立法，形成各部门的分工合作制度。

1. 州测量局

州测量局归属州经济技术部，下辖市、县地籍局，主管城乡地籍工作，在大多数地籍局设有地产估价委员会,负责地产估价工作。

2. 地方法院土地登记局

地方法院土地登记局主管土地法律登记工作。

3. 国家财政局

税收评价联邦法律规定由财政部主管农业用地评价和地产价值评价。联邦、州、县分别设立各级评价委员会。各州、县财政局均设有地产税和土地交易税科,负责组织农地评价和地产价值评价。

4. 州发展规划与环保部

州发展规划与环保部,地区政府设规划处,主管各级土地利用规划工作。

5. 土地管理司

州粮食、农林部的土地管理司、地区的土地管理局主管各级土地整理工作和土地整理评价工作。

(二)德国土地管理的主要做法和经验

1. 重视土地立法

德国在土地管理方面有一整套完备的法律、法规。除了在基本法、民法中有关于土地制度等的明文规定外,还颁布有《地籍管理法》《土地登记规划》《土地评价法》《土地整理法》《地籍测量法》《地籍更新法》等,这些法规是搞好土地管理的法律依据。

2. 采用先进技术手段

在地籍管理、土地管理工作中,采用现代化设备、自动化技术。在地籍测量中采用电子速测仪,直接读出点位坐标储存于电子计算机,还建立了自动化地籍数据库、图库,大大提高了土地管理工作效率。

3. 重视土地信息的保存、利用和完善

在德国,保存有100多年来的地籍图、册和数据资料档案,其内容随着社会经济的发展而不断充实、完善,能满足社会各方面的需求。

4. 注意培养一支较高素质的土地管理队伍

以黑森州为例,该州测量与地籍管理系统的工作人员,有80%以上是测量或地籍管理专业毕业的专家,其中不少人还取得了博士、硕士学位,具有较高的业务能力。

5. 农业土地采取"开发"和"保护"相结合

为了在农村创造与城市等值的生活和工作条件,德国采取"开发"和"保护"相结合的方式,开展了乡村革新。所谓开发,即各地根据未来发展和改善生活的需要,修建地区和乡村的基础设施,如乡村公路、供电供水及排污等系统;兴建中小学校、体育场馆及影剧院等文体设施。所谓保护,是指有效保护农村传统的社会生活环境和良好的自然生态环境。各地方政府在土地整理和乡村革新过程中,注意保护古老的村庄文化,开展丰富多彩的农村文化生活;组织村民参与设计自己家乡的建设,强化人们的乡土观念;保护当地的历史文化遗产,发扬健康的地方民情风俗。

6. 地上权制度在抑制土地投机

德国地上权属于德国民事权利体系中的物权类型,具体就是指在他人所有的土地上建筑并拥有建筑物的权利,并且在地上权合同约定的存续期内(一般情况下是75~99年),该地上权可随建筑物被出让和被继承。在地上权框架内,权利人拥有对土地所有权的限定物权和房屋所有权双重权利,其只用每年向土地所有权人缴纳相当于设定地上权时土地价格的3%~5%的年租就可以在他人土地上建筑属于自己的房屋。如果建筑的是一幢居住大楼,年租将依照区分所有权制度由大楼内所有住户按照所占建筑面积比例分担,几乎每一个普通家庭都能够承担这样的年租。通过地上权制度,土地所有权人保留了土地所有权,在享有年租的同时也不会失去土地的增值部分;而地上权人不用大量贷款就可以获得建筑用地,在地上权期限届满之际还可以选择续展地上权期限,或以60%的市价将地上建筑卖于土地所有权人,或者向土地所有权人购买土地所有权。德国的这一制度对于抑制土地投机起到了积极作用。

四、加拿大土地管理概述

加拿大土地法律上和英国相同,实际所有制有3种形式:联邦公有土地、省公有土地和私人所有土地,联邦和省公有土地又称皇家土地。联邦公有土地占全国土地的40%,约4亿公顷,其中有近9万公顷在大城市地区。一般都是港口、机场和联邦办公机构及其他重要设施用地。省公有土地占全国土地的50%,约5亿公顷。私人所有土地占全国土地的10%,约1亿公顷。联邦政府负责管理联邦公有土地;省政府负责管理省公有土地;私人土地则由所有者自主经营管理。各级政府和业主对土地的开发、利用和保护,均根据联邦和省的有关土地法规行事。

(一)加拿大的土地管理相关机构和职能

加拿大实行的是土地的所有权、处置权和管理权基本一致的管理体制。联邦政府负责管理联邦公有土地,省政府负责管理省公有土地,私人土地则由所有者负责经营。各级政府和业主对土地的开发、利用和保护,均根据联邦和省的有关土地法规行事。

加拿大代表联邦政府管理联邦公有土地的是环境部,下设内陆水域和土地局,内设土地处,包括土地利用分析、土地政策分析、联邦政府土地、土地生态分类、土地监测和土地信息系统等6个科室。除环境部外,联邦政府内还有一系列机构与土地利用有关,如加拿大国家公园和野生生物服务公司、加拿大抵押与住房公司等。由于联邦政府主要是通过制定计划和政策来指导联邦土地利用,为了协调各部门的土地利用政策,联邦政府制定并由国会公布了加拿大《土地利用指南》,指南有10条原则,分别对城市用地、水资源保护用地、历史遗迹地、生物繁衍土地、冒险性项目用地和其他区域性用地等,规定了联邦政府的指导性意见,要求所有的联邦政府部门、机关在执行各自的方针、计划和活动时遵循这些原则。由15个单位(包括环境部、农业部、矿产能源资源部、印第安及北方事务部、运输部、渔业海岸部、加拿大抵押与住房公司、内陆水域资源公司、国家公园和野生生物服务公司等)组成的"联邦政府土地利用委员会",负责指导贯彻这10条原则。该委员会指导的方法是:在宏观上对部门用地是否符合政策进行讨论,研究合理的用地方案,并对其执行进行监督。因此严格来说,联邦土地的宏观管理在联邦政府,环境部则通过对土地信息的掌握和土地利用的研究提供宏观决策意见,并在具体管理上起牵头和协调利用的作用。

在加拿大还有一个称"加拿大土地利用委员会"的协调机构,其任务主要是体现联邦政府与省政府之间在土地管理上的合作关系。这种合作关系由加拿大《土地利用指南》的第10条原则规定双方应负的责任。省级土地利用的规划,应有适当措施保证联邦政府在土地和地方环境方面发挥积极影响。联邦政府在保证联邦土地中良好农地用于农、良好林地用于林、良好的其他土地用于相应适宜用途的同时,通过这个委员会的工作,也要保证这些用地政策能够符合各省政府对土地利用的既得利益。

根据加拿大法律,省公有土地由省政府全权管理,包括省公有土地的立法、司法权、境内土地使用的控制权和矿产资源的所有权。省政府还负责对私有土地的立法工作,由于加拿大实行联邦制,各省有权决定省级有关行政机构的设置,也不一定归于一条垂直系统。大不列颠哥伦比亚省的土地管理机构设在林土部;安大略省的土地管理机构设在自然资源部。

(二)加拿大土地管理的主要做法和经验

1. 建立完整的土地利用规划体系

加拿大建立了一个从高层次规划到低层次规划、从纲要性规划到详细规划设计的完整体系。其规划主要划分为3个层次:国家级土地利用指南(国家性)、省级土地政策宣言(区域性)、用地分区管理条例或区划法(地方性)。

加拿大的分层次土地利用规划

加拿大国家级土地利用指南是联邦政府为了协调各级政府、各个部门的土地利用政策,分别对城市用地、农业用地、森林用地、不可再生资源土地、交通和通讯用地、水资源保护地、历史遗迹地、生物繁衍地、风险性项目用地和其他区域性用地提出联邦政府的指导性意见。

加拿大的省级规划为"省级土地政策宣言",省级规划是贯穿联邦政府土地利用指南相对细化的政策性、纲要性文件,划分出城市和农村的界线,强调保护农业用地。地区级规划由地方政府制定,经省政府批准的政策性文件,将省级规划转化为地区的行动纲领,指导地方政府制定《土地分区管理法》,对分成小片出售的成片开发地产进行控制和管理,并制定基础设施和公共建设计划。加拿大的市级(包括县和乡镇)规划又称"用地分区管理条例"或者区划法(Zoning by Law)及分块开发规划(Subdivision Plan),是关于土地如何开发利用的具体要求及具体开发建设方案。

2. 注重土地税收的公平性和公正性

在土地税收方面,加拿大积累了多年经验,主要确定了以下4项原则。一是公平性原则。在加拿大,不论是谁都要依法缴税,收入较高的人必须支付更多的税。二是公开性原则。土地税费的确定权在联邦或省以及地方议会,广泛征求社会各界的意见,力求税赋公平公正。三是公正性原则。主要体现在对纳税财产的评估方面,要求评税师对自己的评估结果接近市场水平,过分地脱离市场水平则被视为不称职,有被辞退的危险。纳税人可以对评估结果提出异议,有权要求修正。四是根据不同环节进行征税的原则,分别对土地的保有和转移进行征税。对土地保有的征税又包括对土地所有和出租进行征税,而对土地的转移则又包括对转移行为本身和转移时所发生的增值进行课税。

3. 利用社会力量建立土地信息系统

信息技术作为当代科学技术的先锋,在资源管理方面起到了重要的促进作用,加拿大政府非常重视发展信息技术。在加拿大,"电子政务"是其管理的发展方向。在发展信息技术时,有几个关键问题要解决,一是数据源;二是标准;三是经费。前两者对于政府不成问题,但在资金方面,由于数量太大,比较困难。在这方面,加拿大有独到之处,采用"公私联营"的方式,解决了资金不足的问题。例如加拿大在地理信息系统的建设中,政府非常重视与一些公司的合作,如 DMR 公司、Teranet 土地信息系统公司和 MGP 信息系统公司等。政府提供数据,私人公司出资建立加拿大资源信息系统。这样在加拿大就出现了一批半政府半私人的公司,既保证了信息的权威性,又降低了信息系统建立所需的投入,在提高服务质量的同时,还能保证政府运行的低成本。

4. 注重土地管理的公众参与意识,提高服务参与性

加拿大政府在一些重大的资源产业项目管理中,鼓励公众参与意见,政府认真听取,并酌情采纳。例如在矿山项目上马之前,对矿业开发的环境评价要求非常严格,矿业公司必须向联邦政府或省政府有关部门提交环境评价报告,在有关专家组成的环境评价报告审查组通过之前,项目是绝对不能开工的,审查期间允许任何对该环境评价项目有兴趣的公众参与审查意见,政府根据情况决定是否批准。许多很有前景的项目,因环境问题未通过而被放弃。

5. 保证土地交易的自由性和有偿性

加拿大的私人土地也可以自由买卖或出租。任何个人要使用土地都必须通过购买或租赁方式取得,联邦政府和省政府要使用私人土地也必须向私人购买。联邦政府为国家建设和社会公益事业的需要,有权征用省公有土地,但必须是有偿的。对于省公有土地,一般经过规划后出售或出租给私人使用。通常采用以下几种方式:一是申请,即由私人提出申请,土地部门会同规划、环境等部门共同研究决定是否批准;二是招标,即政府将一些经济价值较高的土地,根据发展社会公益事业的需要,在指明用途后公开招标,私人投资者可以自由参加投标竞争;三是拍卖,即政府为了发展农业生产和其他产业,可以将一些土地公开拍卖;四是查购,即买主直接到土地部门查阅档案,查找政府批准处理的地块目录,如觉得地点、用途和价格合适,当即成交。

五、日本土地管理概述

日本是土地私有制国家,由于人多地少的国情,因此实行了较为集中和统一的土地管理机制和比较严格的土地使用管理。日本的土地个人及法人所有的比例达到 70.7%,掌握在地方各级政府手中的公共土地占 5.6%,另有 23.7% 被日本中央政府所有的土地被视为国家财产。

(一)日本土地管理相关机构和职能

日本政府十分重视土地管理工作,设立了比较统一、健全的土地管理机构——国土厅。国土厅负责合理利用国土资源,确保健康而文明的生活环境,均衡地开发和利用全国土地资源,以利于创造居住舒适的环境,综合地开展有关国土的行政事务。

日本国土厅成立于 1948 年,国土厅成立前,由农林水产省、建设省、通商产业省分别管理各自有关的土地;国土厅成立后,全国城乡土地问题,都划归国土厅统一管理,在国土厅内,主要由土地局负责。它的主要任务是保证城乡土地合理利用和稳定地价。

日本国土厅土地局的内设机构及职能如下。

(1)土地政策课主要职责。调整和协调土地局内部事务;规划、起草和实施地价及其他有关土地的基本政策;编制城乡土地利用白皮书,向国会报告有关国土政策和国土利用情况;实施农用地与居住地组合法;控制农村耕地与非耕地的利用方向;制订和指导国土利用转换计划,如耕地转用于城市用地等;国土利用审议会的总务工作。

(2)土地利用调整课主要职责。指导与调整土地利用基本计划;根据国土利用计划法限制土地交易;其他有关的国土利用计划法的实施。

(3)地价调整课主要职责。调整全国地价,并以法律形式向全国公示各类地价;制定不动产的鉴定评价标准,执行不动产的鉴定评价法律;负责土地鉴定委员会的总务工作;实施国土利用计划法,如有关土地价格等。

(4)国土调查课主要职责。规划和起草国土调查的有关基本政策;制定和实施国土调查法;促进国土调查特别措施的实施。

日本国土厅土地局的主要职能

土地局是日本国土厅的核心部门之一,其主要职责包括:

(1)编制和实施全国城乡土地利用计划。这是土地局的核心工作,主要有以下几项。

①国土利用计划。该计划属长期计划,以未来设想为主,其目的在于综合地、有计划地利用国土。有全国计划和地方计划两种。

②土地利用基本计划。以国土利用计划为基础,以地方(都、道、府、县)为单位编制以便对城市、农业、森林、自然公园与自然保护区等5种土地利用类型进行管理,并逐步调整其利用方针。

③根据各种法律,控制土地的利用。日本有许多法律控制土地的利用,土地局要以这些法律为准绳,控制土地的利用。主要有:用以限制城市的土地利用的《城市规划法》、用以限制农业区域的土地利用的《农业振兴地域法》和《农地法》、用以限制自然公园地域的土地利用的《自然公园法》、用以限制自然保护地域的土地利用的《自然环境保护法》以及用以控制土地交易的《国土利用计划法》。除了通过法律严格限制土地交易,土地局还密切监视土地交易的动向;规定限制区域和实行许可证制度;实行呈报劝告制度,由地方政府审查,并确定是否可以进行交易。通过这些管理措施把土地交易控制在土地局管理的范围内。

(2)对空闲地的管理。对空闲三年没有利用的土地,劝告土地所有者按照要求进行合理利用,并要求在6周内制订出空闲土地的利用计划。

(3)编制国土利用形态分类图表。为了掌握国土利用形态的变化,尤其是土地利用的转化,对国土利用形态要进行分类,并编制有关图表。其项目包括农地、林地、荒地、水域和水路、道路、宅基地、其他用地等,而且每年还要统计各类土地利用的变化,了解土地的转用情况。

(4)管理地价。各级政府要严格控制土地交易,严格限制地价的变动,主要进行3项工作:调查地价、实行土地交易许可制和土地交易申报制、政府公布公示地价。

(5) 组织国土调查。根据《国土调查法》以及《促进国土调查特别措施法》的规定,要对国土的实际情况进行科学地、综合地调查,精确掌握国土情况,调查项目分地籍调查、土地分类调查、水域调查 3 种。这种调查,有计划地分区进行。

国土厅土地局不掌握土地权属管理,土地权属由司法部门负责。具体是日本的不动产登记在属于日本法务省的不动产登记所进行。

(二)日本土地管理的主要做法和经验

1. 综合管理为导向型的土地利用规划

日本土地利用基本规划对各区域土地发挥综合调控和间接管理作用。根据土地利用不同类型划分不同的用途,各区域再依据个别法进行土地利用的限制。日本的土地利用通过国土利用规划和土地利用基本规划进行宏观管理,并通过法律和行政的手段,使宏观管理与微观管理结合起来,形成一个比较系统完善的体系。日本的城市土地利用是以土地私有制和自由市场经济为基础建立的,依法律和行政手段实现土地利用的微观调控,建立比较完整的体系。其特点是着重于宏观的直接调控,同时实行间接的微观调控。

日本土地规划体系

日本土地规划体系由国土综合开发规划、国土利用规划、土地利用基本规划和城市规划等构成。日本土地规划按层次分为全国规划,都、道、府、县规划和市、镇、村规划 3 级,每级规划都是对各自区域内国土合理组织利用所应采取的措施和设想。到目前为止,日本已完成了 5 次国土综合开发规划,根据各项公共事业的性质、建设地点以及计划的实施程度,对国土利用进行综合调整。为确保公共事业建设所需的土地,日本制定了整备计划,确保土地开发的顺利进行。

2. 充分利用土地,严格控制用途

为了缓和土地供需矛盾,日本鼓励建设高层公共住宅。同时,为充分利用土地资源,合理开发地下空间,有效扩展城市容量,提高土地利用率,日本还大力开发地下交通,发展地铁体系,努力扩展土地经济供给能力。为防止城市无序扩张,日本实行土地使用分区管制,严格控制农地转用。日本将城市区域划分为"市街化区域"和"市街化调整区域",在市街化调整区域以外,将农地分为一、二、三类。原则上不许可一类农地转用,许可三类农地转用,当在三类农地中转用有困难或不适当时才准许二类农地转用。

3. 严格控制土地流转

日本对土地流转的管理主要是通过国家法律来完成的,日本先后颁布了《农地法》《农用地利用增进法》《农促法》等法律对土地流转进行了详细的规定,并根据土地流转的现实情况不断改进和完善现有法律。另外,日本建立了一整套的以限制土地交易为主要目的的土地交易管理制度。在该制度体系中,最重要的是土地交易审批制度,用以直接控制某些地区的地价水平及土地使用目的。日本的都、道、府、县各地方政府在自己的行政区范围内确定"限制区域"。限制区域一经确定,其时效一般为 5 年,5 年后,或者重新确定该地区仍然为限制区域,或者自动取消。限制区域确定后,在这个区域内的土地交易如果面积超过一定的标准,就必须得到地方政府的批准。土地交易双方正式签订交易合同以前，必须向地方政府提出申请，政府对土地交易主要是从土地交易价格和土地使用目的两个方面进行审查。交易价格审查以交易土地附近的地价水平及政府确定的限制价格为依据，使用目的审查以城市规划要求为依据。

4. 重视土地调查工作

为了科学地、综合地了解城乡土地利用的实际情况，日本先后颁布了《国土调查法》《国土调查促进特别措施法》等，并从1963年分别制定了3个国土调查的十年计划。这些都说明，政策决策机关对城乡土地资源的利用与管理工作十分重视。

5. 科学地制订国土利用计划

日本在完善的土地利用规划制度及相关法律体系框架下，出台了一系列不同层次、相互协调的综合规划和详尽的调整方案，保障了资源的高效综合利用以及各类用地的合理安排。日本于1974年公布了《国土利用计划》，以加强对国土资源利用的监督。同时，据此，政府又制订出近期（1985年）与远景（2050年）的土地利用规划、土地利用计划、土地征用与土地课税，为日本政府实行土地监督的根本政策。

6. 在国土管理工作中用法制代替人治

日本在第二次世界大战后，所有重大国土管理工作都首先制定有关法律。以法治来约束国土管理工作的进行。日本国土管理的法律，数量之多、范围之广、要求之明确，为世界各国所公认。既有综合性的法律，如《土地基本法》《国土综合开发法》和《国土利用计划法》等，这是有关总揽全局、协调各部门用地的法律，旨在综合和可持续地进行土地利用、开发，也有专门性的法律，使具体操作有法可依，例如，城市土地利用有《城市规划法》。基本法有40多部，加之附属法律，施行的命令，达200多项。

日本土地法律分类

日本政府于1989制定了《土地基本法》，其目的就在于通过达成政府政策目标，完成有计划的土地开发和其他各种层次的公共福利事业。除此之外，围绕着土地使用规划和土地使用限制，日本形成了一个较为庞大的法律体系，各个法律立法目的不同，其相互关系也是错综复杂，但概括来讲可分为以下几类。

(1) 基本法。制定国土开发、规划和土地利用限制等基本政策。如《国土综合开发法》《国土利用计划法》《土地基本法》等。

(2) 地域规划法。制定较大面积区域（如首都圈）土地的使用规划。如《首都圈整备法》《近畿圈整备法》《北海道开发法》等。

(3) 城市开发法。协调城市化进程和农业发展之间土地利用。如《土地规划整理法》《都市规划法》《城市再开发法》和《建筑基准法》。

(4) 用地取得法。这里的用地取得包括为开展公共事业或达成公共目的的土地征收。如《土地收用法》《公共用地取得特别措施法》。关于正当补偿，内阁在1962年还通过了《公共用地取得损失补偿基准》的内阁决议。

(5) 保护历史文化、自然环境等法律。如《森林法》《自然公园法》《自然环境保护法》《城市绿地保护法》等。

7. 有规划地保护和开发林地

为了保证森林的社会用途,日本政府已指定 800 万公顷林地作为"森林保护区",并进行有规划地保护和开发,严禁乱砍滥伐,其中 330 万公顷指定为"国家公园"和"准国家公园",另有 200 万公顷指定为地方级的"县级国家公园",这种保护区的所有权永远属于国家所有。目前,日本森林面积已占国土面积的 66.8%,每座山上都是繁茂的森林,使整个日本国具有良好的生态环境。

8. 实施空闲土地的管制制度

为了提高土地利用强度,使土地发挥更大效用,也为了防止投机性囤积土地,日本建立了空闲地制度,对空闲地的认定作了具体规定。当某一土地被认定为空闲地时,都道府县知事能够以有必要促进这块土地的利用为由,告诉所有者这块土地已属于空闲地,要求土地所有者提出这块土地的利用处理计划,然后再对所有者提出必要的建议或劝告,以使土地得到积极而灵活的利用。

第二节 港澳台地区土地管理概述

一、香港土地管理概述

香港陆地面积 1092 平方千米,包括"香港岛、九龙、新界"本土及离岛部分。香港历史上因清政府与英帝国主义签订的不平等条约,先后被强占强租了香港岛、九龙半岛和新界,达 99 年。1997 年 7 月 1 日,中国恢复了对香港行使主权,实行"一国两制"。近年来,由于香港不断填海造地,陆地面积也逐年有所增加。

香港自古就是中国的领土。鸦片战争后,英帝国主义强迫清朝政府签订了不平等条约,以 99 年为期强占和租借了香港。1984 年 12 月,中英两国政府签订了《中英联合声明》,规定 1997 年 7 月 1 日香港全部归还中国,同时中国恢复对香港行使主权,实现"一国两制",保持香港原有的资本主义制度和生活方式 50 年不变。在 1997 年 7 月 1 日中国对香港恢复行使主权之前,其全部土地统称为"Grown Land",俗称"官地"。《中华人民共和国香港特别行政区基本法》规定:"香港特别行政区境内的土地和自然资源属于国家所有,由香港特别行政区政府管理、使用、开发、出租或批给个人、法人或团体使用或开发,其收入全归香港特别行政区政府支配。"香港土地的使用实行土地租用制,即只租不买断。政府将土地租给房地产开发商或其他土地使用者,要签订土地契约(俗称租约)。此外,香港的土地管理机构和方式并未发生根本变化。

(一)香港土地管理相关机构和职能

香港特别行政区政府的土地管理机构,是整个香港行政机构中的一个组成部分,涉及较多部门,彼此之间存在着错综复杂的关系。香港与土地管理有关的机构,按其职能可划分为决策机构、咨询机构、执行机构和辅助(保障)机构四大类,另外还有一类,即社会服务组织,属于民间组织(图 8-2)。

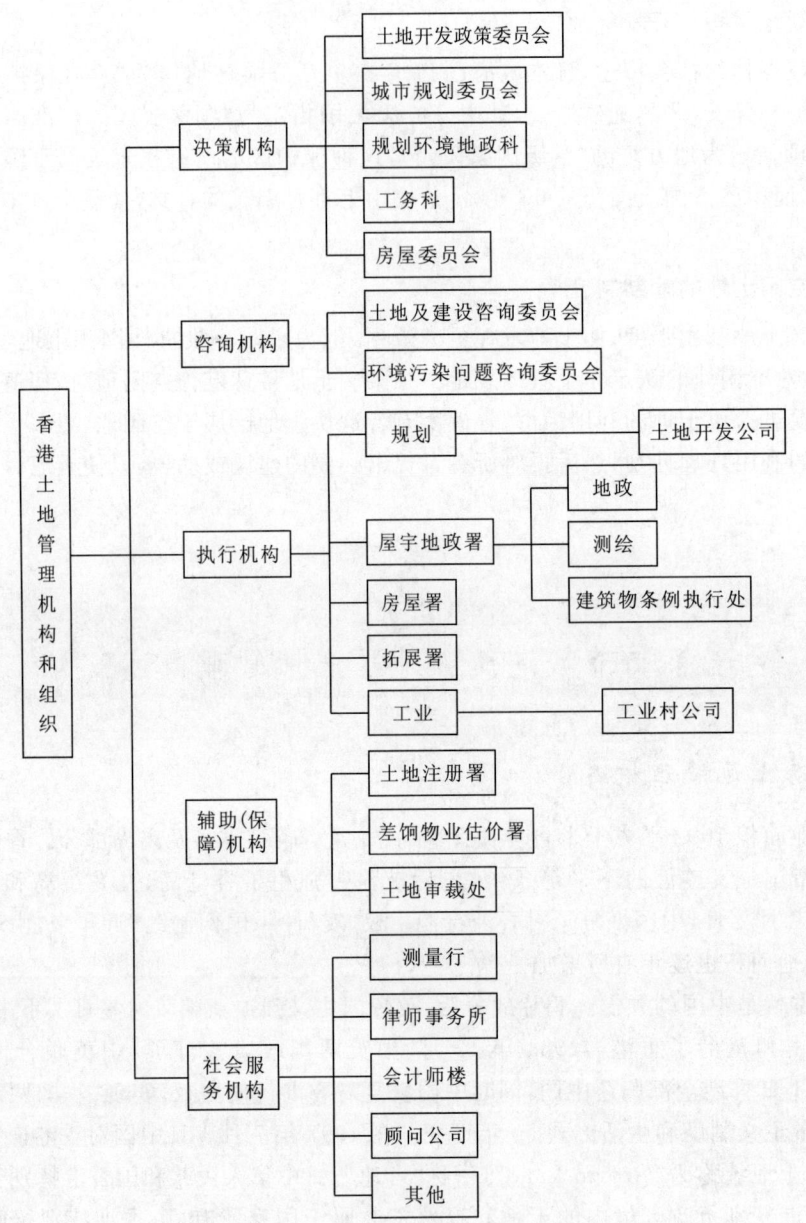

图 8-2 香港土地管理机构与服务组织分类

香港土地管理的决策机构中当推土地开发政策委员会。它是土地政策的最高决策机构。其职责是决定长期发展战略，决定大型土地发展计划，评估土地开发规划，制定土地用途规划标准，制定土地政策等。它的决策通过布政司署下属部门，如：规划环境地政科、工务科等而贯彻执行。作为土地开发政策委员会附属机构的开发进度委员会的主要任务是根据土地开发政策委员会的规定审查和批准"开发规划略图"和"详细蓝图"，并在大型工程的施工与进度方面进行协调配合。

决策机构中仅次于土地开发政策委员会的是城市规划委员会，它是负责香港现有市区规划及待开发市区规划的专门部门。其主要任务是:制定法定分区规划"图略"。该"图略"公之于众征求意见后进行适当修改。该委员会还负责审处改变"图略"所规定的土地开发规划的申请书等。规划环境地政科下属的规划署,实际上是在城市规划委员会的指导下进行工作的。

在规划署指导下的半官方机构——香港土地开发公司,负担着市区重建的任务,主要解决业权分散,面积不足,形态规划、街道设计落后等原因而未能得到充分发展的地区的重建问题。其采取的办法是通过洽商,促进业主有偿出让物产(地产、房产),包括租进、购进,必要时经批准强行征购。土地公司的规划需经城市规划委员会批准。该公司聘请顾问公司对其规划进行研究,规划署则参与监督、评估。

房屋委员会负责统管全部公建住房事宜,包括就公建住房问题向特区提供建议,策划兴建及管理公共屋村、临时房屋等公建住房,以及向低收入市民出租、出售公建住房等;此外,也负责管理公建屋村所附属的商业设施等。房屋署是房屋委员会所直接领导的执行机构。

与土地管理有关的咨询机构首推土地及建设咨询委员会。该委员会的职责范围就是在土地开发、供应、建筑物的建设等方面向政府提出意见和建议,并每半年向公众公布对香港的土地及房地产的现状、发展趋势等做出的预测评估。

规划环境地政科是布政司署下关于土地管理的最重要的决策部门之一,它领导城市规划、环境保护和地政等具体部门,接受土地开发政策委员会等机构的指导甚至领导。在此只具体介绍其下属的屋宇地政署。

屋宇地政署是香港土地管理的最主要机构。该署成立于1986年,由当时的地政署及前建筑拓展署内的建筑物条例执行处合并而成。该署负责一切有关土地管理及建筑物管理方面的事务。该署设有地政处、建筑条例执行处和测绘处等3个职能处,各司其职。地政处的主要职责是:①批租土地及延续批约的期限;②执行批约条款和修订批约条款;③进行土地管制(防止非法占地和倾倒废物等);④征用私人土地,以进行市区重建和环境改善等;⑤评估地价;⑥进行与土地立法有关的工作;⑦管理政府接管的物业。建筑条例执行处的主要任务是监管现有及新建造的楼宇,使之符合建筑物管理条例的规定,达到安全与卫生的要求。测绘处的任务是土地测量及地图制作,为土地管理和利用服务。

工务科是负责除文、体、卫、交通以外的市政建设的决策机构。它领导以下执行机构:水务署主要负责水的收集、储存、滤清以及饮用水、冲厕水的供应;土木工程署主要负责有关填海、渠道、机场、铁路等方面的土木工程以及用土、采石、斜坡稳固等土地控制工程;建筑署主要负责建筑物设计及计划;路政署主要负责策划、设计、建筑及维修公共道路系统;拓展署主要负责新市镇的建设以及港九市区的扩建工作。

土地注册处是土地管理系统中的辅助机构。其主要任务是对一切有关土地的契约进行登记,即将其主要内容摘要录入卡。同时,也为住宅、店铺、工商业楼宇等编制登记卡,记录每项物业按政府契约批出后的业权及其变化的详情。该处还就政府有关土地买卖事宜,为政府拟订物业转让契据及提供有关法律咨询;负责政府契约的签发、续期、更改和注销等事宜;为房屋委员会拟订居者有其屋计划中楼宇的转让契据等。

另一辅助机构是差饷物业估价署。该署的主要任务在于对房屋的租金即"应课差饷租值"进行评估,编制"差饷物业估价表",作为征收差饷的依据。该署之所以是土地管理方面的辅助机构,主要是它通过对租金的评估而保障了政府在房屋(含土地)方面的差饷收入。

香港土地管理系统中的法律上的保障机构是土地审裁处,是香港法院系统中具有地方法院权力的司法机构。在审理某些案件时具有最高法院原讼庭的权力,其具有如下3个主要的司法职能;①裁定政府或有关人士在某幅土地被强制收回或因土地开发而造成减值时,应给予受影响者的赔偿额;②审裁处拥有上诉审裁权,可对差饷物业估价署确定的应课差饷租值等提出上诉;③对屋宇所有权的争议予以审理。

香港的土地管理体系中,还存在着一个相当完善的社会服务组织体系。除了一些官方机构在不同程度上面向社会,为各界提供咨询服务外,还存在着大量的民间商业性的服务组织,如测量行、律师事务所、会计师楼、顾问公司、物业估价行等。此外,还有银行为楼宇购买者所提供的贷款服务等。

(二)香港土地管理的主要做法和经验

1. 土地两权分离,便于管理

香港作为我国的一个行政特区,在其独特的发展历史中,地产业一直是其经济的一大支柱,并对经济发展起着重要的作用。香港地产最具特色的,就是土地所有权和使用权分离的制度。

分析香港土地两权分离的现状,从所有权方面来看,香港土地是政府所有,政府利用土地所有权收益,大力兴建公益性基础设施,投资公共福利性住房。从使用权方面来看,香港任何人或者集团均可通过合法方式取得地产使用权,并均具有通过土地使用权获利受益的机会。因此,分离后的土地两权只是一种形式上的区别,实质上在体现香港每一个公民基本利益上是一致的。作为政府,掌握土地所有权有利于政府调节土地利益的公平;作为土地使用权进入市场,有利于给予公众平等的土地获利权并充分释放土地的生产效益。这是香港地产制度在维护土地利益公平方面的作用。

香港土地两权分离制度对促进社会经济发展更是起到了非常重要的作用。由于土地使用权的可流通,吸引了大量资金,大大刺激了自由市场经济的发展,政府垄断土地所有权,获取收益用于基础设施建设,为经济发展提供基本条件;同时高地价政策可以充实财政收入,从而降低税赋,有利于经济发展。近几年,从香港的总体情况来看,政府从出卖土地使用权所获得的收益占香港财政总收入的10%～40%不等,地产行业收益在香港固定资产投资中约占10%,银行放出于地产业的贷款数约是香港银行总贷款数的30%以上,地产业已经成为香港社会整个国民经济的四大支柱之一,其经济发展中的龙头作用非常明显。

2. 土地管理机构完整而高效

香港土地管理服务的机构和组织主要包括五部分,其中,决策机构所关注的是进行调查研究,进行科学的决策而不参与具体的管理事务。执行机构所关注的是决策的全面、有秩序的贯彻执行,而且各机构分工明确。咨询机构吸收一切有关的官方和民间人士参加,有利于决策的专业化、民主化、科学化。辅助机构从各个侧面系统管理好土地。社会服务组织则在具体事务上成为政府机关的助手和广大市民的代理人,从而大大方便了官民两方。由于各机构与组织分工合理、各司其职、紧密配合,而且一切行动有法可依,从而可做到相互联系、相互制约、相互促进、相互协调,形成规范化、制度化、秩序化的运作,有条不紊,具有很高的效率。另外,管理机构和参与人员的官方与民间的密切配合,使政府的决策能够吸收社会各界的意见,具有社会基础,政策的执行遇到的阻力就比较小,也提高了效率。

3. 土地与房屋的管理有分有合,以分为主,密切配合

在香港虽然奉行"房随地走"的原则,但房屋的管理并不是简单地附属于土地管理。例如,

①屋宇地政署与内地的"房地产管理局"或"国土管理局"并不是一回事,而是以地政为主兼管建筑物条例的执行机构,其所属的地政处虽然不是局级单位,但却在"署"的领导下行使土地署(局级)的职能;②房屋委员会和房屋署也并不相当于内地的房管局或房地产管理局,它的任务主要是涉及到公建住房。土地与房产的注册、估价分属不同的专门机构,分别进行。

4. 香港土地法律体系完整,内容规定明确、具体、透明度高

香港与土地有关的法律大约在 50 部以上,但绝大多数不是专门的土地问题立法,而是包含有关的土地问题。虽然如此,已形成了一套内容各不相同,但又彼此衔接、较为完整的法律体系。香港有几个有关土地房产的较为重要的法律,如《城市设计条例》《建筑物条例》《房产转让及业权条例》《田土注册条例》《官地回收条例》《诉讼时效条例》《土地拍卖条例》等(表8-1)。这些法律对特定的调节对象、内容、双方的权利和义务等都作了明确的规定,对违反法律的处罚也作了具体规定。这些条文一目了然,并且法律由相应的机构来实施,把立法和执法有机地结合起来,法律执行过程透明度高,避免发生纠纷。

表 8-1 香港土地法律体系

地区	类型	备注	具体法律法规
香港岛及南九龙	土地	土地职能机构	《土地审裁处条例》《地产代理条例》
		土地出让、征用及收回	《土地拍卖条例》《土地征用(管有业权)条例》《收回土地条例》
		地籍管理	《土地注册条例》《土地测量条例》
		土地交易	《物业转易及财产条例》
		土地租赁	《政府租契条例》《已拆卸建筑物(原址重新发展)条例》
		土地评估及地价和地税	《地税及地价(分摊)条例》《地租(评估及征收)条例》《分摊条例》
		土地特殊交易与转移	《土地(为重新发展而强制售卖)条例》《土地交易(沦陷时期)条例》《政府土地权(重收及转归补救)条例》《宣道会(香港不动产移转)条例》《分划条例》
		其他有关土地法律条文	《土地(杂项条文)条例》
	房屋	房屋职能机构	《房屋条例》《房屋经理注册条例》
		房屋建造管理	《建筑物条例》《建筑物管理条例》
		房屋交易与租赁	《房屋(租赁上诉)规则》《业主与租客(综合)条例》《分摊条例》
		房屋交通	《房屋(交通)附例》《房屋(交通违例事项)(定额罚款)附例》
		其他有关房屋法律条文	《会社(房产安全)条例》
		城市规划	《城市规划条例》《市区重建区条例》
新界地区		除以上规定外,新界还有特殊规定	《新界条例》《新界土地(豁免)条例》《新界土地(续期)条例》《新界(可续期政府租契)条例》《新界土地交换权利(赎回)条例》

二、澳门土地管理概述

相对于幅员辽阔的祖国大地而言,只有 23.5 平方千米的澳门是个名副其实的袖珍城市,澳门由半岛和氹仔、路环两个岛屿组成,全境面积25.85平方千米。由于历史原因,澳门的人口及经济活动主要集中在澳门半岛。为了界定澳门土地的性质,加强土地管理,澳门政府于1980年7月5日公布了《土地法》,并随着时代的发展对该法规进行了多次修改。在1994年又颁布了《地籍法》。

根据澳门《土地法》,澳门的土地划分为3类:私人业权土地、本地区公用土地、本地区专用土地。但一般只简单分为两类:私家地及政府地(非私家地,即后两类土地)(表8-2)。

表8-2 澳门土地分类情况

土地分类		所包含内容
私家地		私人而非公权团体在某一地段构成永久性业权,此类土地不用缴纳地租。这类土地大致分为两种,一是获澳门现行法律承认,在立契官公署立契并在登记局正式登记后属私人永久拥有的土地;二是被澳门政府视为特殊情况,业权人仅持纱纸契等私人文件所报称的土地。
非私家地	公用土地	受有关法律制度管制并被定为公用的土地,诸如用作发展社会公共设施、绿化、马路等的土地。
	专用土地	不应作为公用或私人业权地段,属于本地区政府所有的专用地段。一般而言,澳门政府将无法确定其权属性质(公共)或私人的空置土地划为此类。这类土地可根据政府需要拨作公用或在法律许可的情况下,将其批给申请者。

(一)澳门土地管理相关机构和职能

1980年《土地法》及1994年《地籍法》对土地管理及地籍管理部门的设置及职责做出了相应的规定,是政府实施土地管理及地籍管理的法律依据。

土地委员会在澳门总督授权下行使土地批租、监督土地利用状况等权限,是澳门政府土地政策的主要执行者。土地委员会由各相关政府机构组成,其中,土地工务运输司司长担任委员会主席,地图绘制暨地籍司司长、土地工务运输司下属土地厅厅长、法律办公室主任、土地委员会支援处处长、物业登记局局长、财政司代表、澳门市政厅代表及海岛市政厅代表共8人任委员。

土地工务运输司下属的土地厅、法律办公室及土地委员会支援处分别负担城市化的研究、分析及有关法律问题。地图绘制暨地籍司为地图编制的实体,负责对每宗地块进行地籍测量及调查,编制包括地块面积、位置及房地产登记编号等内容在内的地籍图。物业登记局负责房地产登记。财政司负责征税。两个市政厅则对各自地区的发展提出意见。

1990年成立的土地工务运输司由原工务运输司与原建设计划协调司合并而成。原工务运输司主管工程设计、监督、道路的建设与维修以及城市规划等工作。原建设计划协调司的前身是1975年成立的地区发展及辅助办公室。4年后改为建设计划协调司,其主要职责是推动包括城市化、基础设施建设及卫生设施建设在内的土地利用开发活动,并研究、分析、协调各公共企业和私营企业的投资建设,设计年度和跨年度的发展计划草案。

物业登记局是澳门最古老的公共部门之一。物业登记局的职责是确保受法律保护的房地产交易的有效运作以及所订合同的有效性,使有关房地产法律行为具有可信性和安全性,同时为房地产信贷提供方便。另外,在实际操作中,由于物业登记局将每一项物业登记的副本都抄送财政司,所以也起到了确保税收的作用。

财政司负责各项税款的征稽,其中与房地产有关的税种有房屋税(业钞)和物业转移税。房屋税是以房屋收益为课税对象的一项直接税,无论房屋是出租还是自用都需缴纳此税;物业转移税是房屋或土地权属发生转移时征收的一个税种。无论房地产是否已在物业登记局注册登记,财政司都根据实际情况,对每宗房地产分配一个房地产记录编号,并据此向房屋所有者征收房屋税(业钞)和土地租金(当房屋建在以租赁方式批出土地上时)。

地图绘制暨地籍司的职能是配合地区发展,绘制与更新澳门地区的地图,编制地籍图,保存及更新地籍资料以及参与有关土地利用及占用的法律活动。在地籍管理方面,地图绘制暨地籍司主要负责土地的划界,即按照规划图则计算出各地块的边界顶点坐标值,先绘制出每个地块的地籍图,再根据利用者或占用者的申请,在现场实测放样,供施工之用。

（二）澳门土地管理的主要做法和经验

1. 较完备的土地立法

以1980年《土地法》和1994年《地籍法》为核心,澳门地区已形成了较完备的土地立法体系。尤其是1980年《土地法》广泛涉及了土地权属、出让、登记、开发义务等与土地相关的法律问题。

2. 强调土地利用的公共性和公益性

在保护所有者、占用者对土地的权利的同时,强调土地的公共性和公益性。这主要体现在土地"因公益而征用的制度"、"保留地"制度以及征收"溢价金"制度上。

3. 较完善的土地管理制度与土地管理机构的重叠

在土地立法的基础上,澳门形成了以土地委员会为核心的较为完整的土地管理部门以及相应的管理制度。

4. 体现政府意志的批租

由于可供开发的成片土地主要掌握在政府手中,所以政府有关土地利用的规划示意图主要通过土地批租的方式得以体现。虽然以维护公共利益为己任的政府意志的体现在原则上得到了保障,但其过程和既定内容的非公开性使政府意志本身的合理性和合法性受到质疑。

三、台湾土地管理概述

（一）台湾土地管理相关机构及职能

我国台湾省的土地基本制度采取"平均地权"制度。即农地农有、市地公有、富源地国有。构成平均地权体系的三大要目。实施方法是:规定地价;照价征税;照价收买;涨价归公。土地的权利被划分为:土地所有权、地上权、永佃权、地役权、抵押权、典权、耕作权和租赁权。此外,土地管理机构,称地政机构,全称是土地行政机关。台湾法规定,"中央、省、县均应设立专管地政的机关"。

1. 台湾中央地政机关及其职能

台湾"中央"主管地政的机关经历多次变更,直到1949年9月在"内政部"内设地政司的改革完成后,其管理机构才最终确定下来,并一直沿用到现在。地政司设司长、副司长各1人。简任技正2人,内分6科。各设科长及技正、技士、科员及办事员。此外,为实现地政资料电子计算机处理,设有地政资料中心。地政司各科职责如下：

第一科为地籍科,负责：有关土地登记事项；有关农地重划策划督导事项；有关土地登记代理人登记管理事项；有关地政人员储训策划事项；有关战地政务地政专业干部储训管理事项；其他有关地籍事项；关于本司不属其他各科的事项。

第二科为地价科,负责：有关平均地权策划实施事项；有关土地及土地改良物估价事项；有关土地及改良物课税标准拟订及减免事项；有关市地重划督导事项；有关土地金融督导事项；有关基地房屋租赁管制事项；其他有关地价事项。

第三科为地权科,负责：有关耕地租赁保障佃农及实施耕者有其田事项；有关地权调整规划督导事项；有关私有地权限制事项；有关工业用地规划督导事项；有关外国人地权处理事项；有关土地征收审核督导事项；有关防空疏散用地征用领用事项；其他有关地权处理事项。

第四科为用地科,负责：有关土地编定及规划督导事项；有关土地开发策划及推行事项；有关区域综合开发计划规划勘测事项；有关公有土地管理事项；有关土地促进利用督导设计事项；有关公有土地划拨事项；其他有关土地利用及公地管理事项。

第五科为测量科,负责：土地测量规划督导事项；地籍图与保管统计督导事项；测量师登记管理事项。

第六科为方域科,负责：有关全国疆界及行政区域规划勘测事项；有关标准与图及志书编印事项；有关水陆图审核事项；有关地图资料收集整理事项；有关地名标准化推行事项；其他有关方域行政事项。

2. 台湾省级地政机关及其职能

台湾现行省地政机关为地政处。地政处下设第一科、第二科、第三科、第四科、第五科、第六科、秘书室及总务室。另外有两个总队,一个为地政处土地重划工程总队,另一个为地政处测量总队。

根据台湾省地政处组织规定,该处的职责如下：负责全省地籍管理、地籍调查、土地测量、土地登记、地目等,铨定调整事项；负责全省平均地权规定地价、地租限制、土地估价、地价册编制、土地税减免事项；负责全省地权调整、三七五减租、公地放租放领、耕者有其田、扶植自耕农事项；负责全省土地调查、土地使用编定及管理、土地征收、土地重划、公地管理拨用、工业用地、荒地开垦事项；负责指导市县地政工作的推进事项；负责其他有关地政事项。

地政处土地重划工程规划总队的职责如下：负责有关农地重划、工程规划设计事项；负责关于农地重划、工程预算编制及施工监督事项；负责关于市地重划、工程规划设计事项；负责关于市地重划、工程预算编制及施工监督事项；负责其他有关农地、市地重划工程事项。

3. 台湾市级地政机关及其职能

台湾规定,直辖市设地政处,其他各市设地政科,均直属市政府。台北市目前地政最高机构为地政处,处下设有5个科和1个技术室。各科室下又设置二股以掌握有关事项。除科室外,台北市设置了5个地政事务所,办理经常业务。其名称分别为：松山地政事务所、古亭地政事务所、建成地政事务所、士林地政事务所、中山地政事务所。另外,有测量队及市地重划委员会的设置,均承处长之命,办理有关测量及市地重划业务。

4. 台湾县级地政机关及其职能

目前,台湾省各县均于县政府设地政科,办理全县地政事宜；并又分区设置地政事务所,办理区内地政事务,每一地政事务所管辖二至四五个乡镇不等。

(二)台湾土地管理的主要做法和经验

1. 重视农地保护

台湾实施土地管制,限制农地向非农业转移,保护土地资源农地保护政策,就是针对因各种原因特别是城市和工业的发展而占用农地,造成农地减少和农业环境恶化的现象,而采取的以稳定农地面积和防止农业污染为目的的一种保护政策。台湾农地保护政策,依保护的性质不同,可分为以下几个方面:限制农地所有权流动,保证农地农有;限制农地变更使用,维持农地农用;实施平均地权,减少农地变更的外部诱因。前述限制农地转移和变更使用,是硬性的消极保护农地的措施。同时,我们看到农地变更使用的最根本原因是土地的农业利用与其他产业利用在利益上的差异。因而保护农地不被占用还必须从经济利益上加以考虑,从农地利用本身即从农业生产收入的提高和变化加以考虑。台湾在这方面的努力主要有两个方面:一是改善农地条件,特别是对农地实施重划作业,提高农地利用及农地本身价值;二是实施平均地权,减少农地变更的增值。

2. 加强办理农地重划和鼓励扩大土地经营规模

从农业本身出发保护农地,实施农地重划。所谓农地重划实际上是针对台湾农家耕地零细分散,丘块细小,排灌水不便及缺乏农田道路等引起的农地利用低效益和其他缺点,而实现的一种综合性土地改良工作。详言之,就是调整地块,平整土地,并鼓励小规模经营的农户或兼业农户把土地让给经营规模较大的农户,以扩大经营规模,可以看出办理农地重划,一方面可提高农业利用效率,另一方面可起到鼓励农民扩大农业经营规模,提高农民所得,稳定农民务农的意愿。

3. 实施都市土地使用分区管制和市地重划

依据地区综合开发计划,实施都市土地使用分区管制和市地重划业务,提高城市土地利用效率,控制对农地的占用,《台湾地区综合开发计划》根据各区域的发展背景与特性,对人口、产业、基础设施、天然资源等在空间上作合理配置,并协调经济社会及文化建设等,采取各种政策措施,消除发展阻力,使各区域有均等发展机会,减少区域间的差距。该计划实际上是台湾土地综合开发的指导总方针,属于目标性、指导性、政策性的长期发展构思与方针,因此,计划的实施还有赖于次一层次的计划即区域计划来完成,并在区域计划的指导下,对都市土地实施都市计划,以改善环境,提高土地利用率,对各都市土地则实施分区管制,控制对农地的占用。

4. 加强土地管理机构的建设

利用现代科技成果推动土地管理工作现代化,台湾土地管理机关分为中央、省(或直辖市)、县3级,各级土地管理机构既包括专设行政机构,又包括临时和辅助机构。前者如政府体系的地政科、地政事务所等;后者主要指为贯彻执行有关政策而设置的委员会等,各机构分工明确,互相协作,并且在管理过程中,积极推行计算机技术在土地管理中的应用,提高了整个机构的效率,推动了土地管理工作的现代化。

5. 土地法制比较齐全,可操作性强

在台湾,除宪法、民法有关土地的条款外,还有土地方面的基本法——《土地法》及《土地法施行法》。它们全面、深入、细致地对土地制度、土地所有权以及地籍管理、土地使用、土地税收、土地征用等方面从法律上作了明确规定。此外,对重要领域,还专门制定了专项法律、规则、细则或办法。例如,在土地登记方面,制定有《土地登记规则》;在土地税收方面,制定有《土地税法》;在土地估价方面,制定有《地价调查估价规则》和《土地建筑物改良物估价规则》。这些土地法规条文严谨详明,便于实际运用和实施,具有很强的可操作性。

6. 台湾土地利用规划体系完善

土地规划体系和内容与台湾的土地管理体制有很大关系,台湾的土地利用规划体系自上而下逐级控制,且相互制约和相互联系。具体而言,分为3个层次:台湾的土地利用规划、台湾区域性土地利用规划、台湾地方性的规划。

台湾的三层次土地利用规划

> (1) 台湾的土地利用规划:台湾的国土综合开发计划,是对全区土地整体上谋求全面发展具有指导性的长期规划,以整个中国台湾地区为实施范围。它包括:人口和经济活动的总体布局,人民生活与工作环境的改善程度和资源的保育与开发(如水、土地、矿物以及文物的保护、开发和分配等)。
>
> (2) 台湾区域性土地利用规划:台湾的区域性土地使用计划分为北部、中部、南部、东部4个区域计划,以及各个部门长期实质发展计划。它是使土地使用更接近区域实际的计划,也可说是使保育、开发更加具体化的计划。
>
> (3) 台湾地方性的规划:台湾地方性的规划是各县、市综合发展计划,以及各县市辖区内的都市发展计划和非都市发展计划,它是在区域计划指导下的更具体的用地计划。而非都市土地则依据区域计划或非都市土地使用计划划分土地使用区及各种使用地。

习题与思考题

1. 谈谈美国和英国土地管理各自的特点和区别。
2. 日本和香港在土地管理的过程中,有哪些相似之处?
3. 从其他国家和地区土地管理的经验中能得到哪些启示?

主要参考文献

蔡玉梅. 英国土地利用规划环境影响评价的启示[J]. 北京土地资源,2005(4):23-25.
陈勇. 英国土地制度及其实践[J]. 山东国土资源,2007(2):5-9.
程瑶. 我国土地资源可持续利用的法律制度研究[D]. 北京:中国地质大学(北京),2009.
付颖哲,徐策. 抑制土地和房地产投机的经验[J]. 宏观经济管理,2001(2):68-69.
何芳,肖宗仁,唐龙. 国外土地管理服务理念[J]. 资源导刊,2008(11):1672-1985.
华彦玲,施国庆,刘爱文. 发达国家土地流转概况[J]. 新农村,2007(2):41-42.
李沂. 美国土地利用控制判例研究[D]. 北京:清华大学,2007.
刘红梅,夏珊珊,王克强. 香港土地法律体系研究[J]. 中国土地科学,2008(9):62-66.
彭珂珊. 我国耕地资源现状、发展趋势与保护对策[J]. 中国科技论坛,1991(6):36-38.
史志强. 国外土地流转制度的比较和借鉴[J]. 东南学术,2009(2):67-71.

孙强,蔡运龙.日本耕地保护与土地管理的历史经验及其对中国的启示[J].北京大学学报(自然科学版),2008,44(2):249-256.

王玉波,唐莹.国外土地利用规划发展与借鉴[J].人文地理,2010(3):101-105.

魏列杰.我所认识的美国林务局[J].甘肃林业,1998(1):56-61.

魏双凤.综观经济学与"公司+基地+农户+都市居民"新模式的关系[J].云南农村经济,2002(5):13-16.

熊红芳,邓小红.美国日本农地流转制度对我国的启示[J].农业经济,2004(11):156-162.

徐建春.联邦德国乡村土地整理的特点及启示[J].中国农村经济,2001(6):75-81.

杨官鹏.日本的土地征收法律制度研究[D].济南:山东大学,2011.

袁剑,王远桂.国外运用市场机制调控城市土地资源给我们的启示[J].上海土地,2007(3):46-49.

附录 农村土地调查管理系统上机实习指导[①]

实习目的

了解农村土地调查数据库建设的基本内容,熟悉 MapGIS 农村土地调查管理系统基本操作,掌握农村土地调查数据变更操作的主要步骤。

实习软件

MapGIS 农村土地调查管理系统。

实习内容

利用 MapGIS 农村土地调查管理系统软件进行农村土地调查数据库变更操作、数据的检查与错误处理、信息检索查询以及数据的统计分析等。

一、软件安装配置

点击 MapGIS 农村土地调查管理系统 Setup.exe 图标进行安装,安装完成后,在"工具"菜单栏点击"系统设置",对数据库进行初始化操作(图1)。

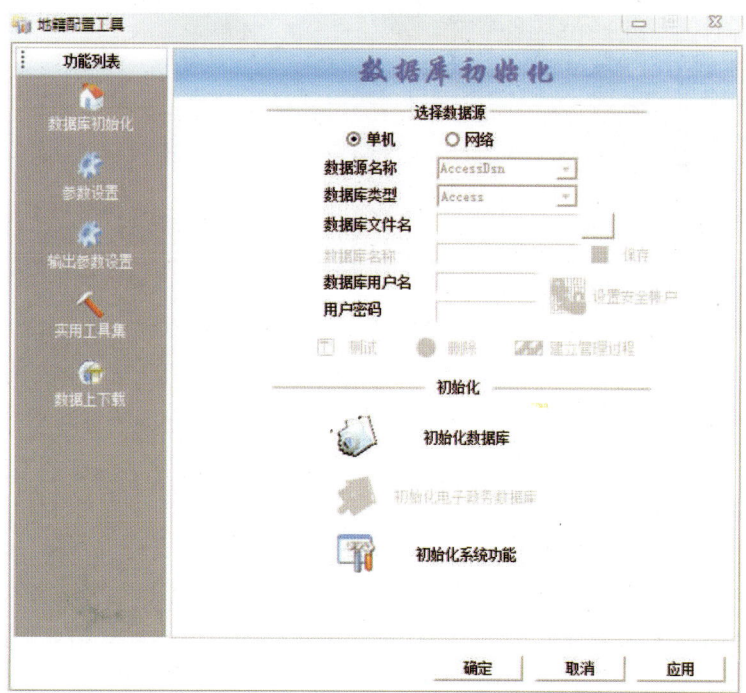

图 1 系统初始化界面

[①]《农村土地调查数据库管理系统使用手册》(武汉中地数码科技有限公司,2008)。

二、界面操作

在菜单栏中按照"工程管理"—"打开工程"—"演示数据库.xyz"的步骤,打开实习演示数据库文件夹中的"演示数据库.xyz",系统呈现出操作界面,共分为系统菜单栏、数据窗口、图形窗口、操作显示窗口等4个部分(图2)。

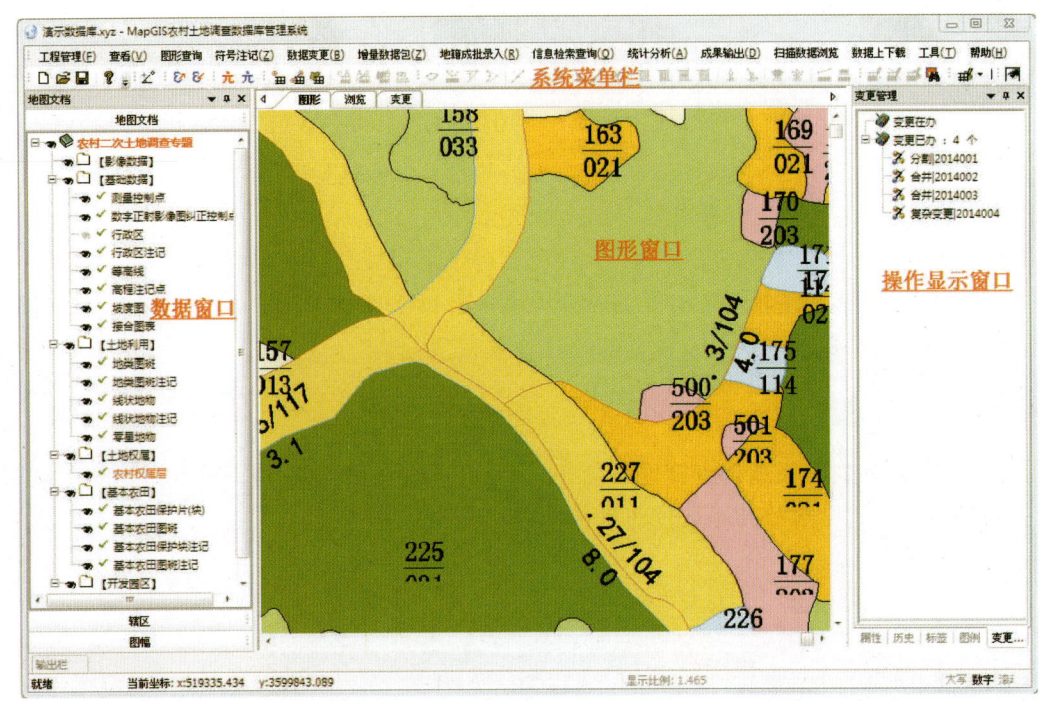

图2 农村土地调查管理系统操作窗口

（一）工具栏介绍

为解析编辑工具,提供了多种解析方法,方便图形编辑; 为点、线、区属性浏览工具; 为介质点、线、区属性查询工具; 为图形快捷查询工具,可输入、导入范围进行图形查询; 为条件跳转工具,可定向查询搜索某一图元; 为取消所选择范围工具; 为鹰眼图层选择工具。

（二）地图文档窗口

该系统组织和管理数据的模式有3种:按图层管理（地图文档）、按辖区管理和按图幅管理,不同的管理模式拥有自己独立的操作窗口,其中地图文档窗口是3种管理模式中最基础的管理窗口。土地调查数据库的成果数据一般是以县为单位按图层存放在数据库中,若干个图层可以组成一个专题组,如:测量控制点、行政区、行政区注记、等高线等图层组成了"基础数据"组,多个组（如土地利用、基础数据、土地权属等）最终组成了一个土地调查专题（图2）。鹰眼 可操作图像的显示与否,对号 表示可编辑,图层名称为红色表示正在编辑。对图层、专题组等点击右键,可对其进行删除、添加、导入、保存、映射导入、查看属性等操作,基本功能与MapGIS类似。

注意：导入与映射导入存在区别：导入菜单可导入专题文件，以导入文件的属性结构为标准导入属性值；映射导入不仅可导入专题文件，还可把导入文件的属性结构字段作为映射字段名，与标准字段名创建字段映射关系，把导入文件的相应的属性值导入，以符合二次调查标准。如果选择"导入"，则只会导入专题文件，而不会创建映射字段名与标准字段名的字段映射关系。

系统对图层的属性操作管理提供了多种功能，一共有以下几个模块：常规设置、显示设置、结构设置、统计和高级设置等（图3）。

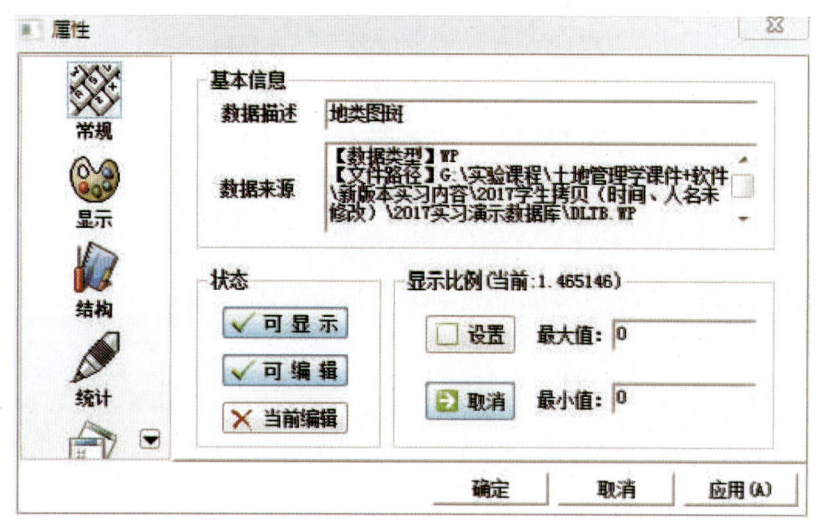

图3　图层属性常规设置操作界面

（1）常规设置：包括图层的基本信息、状态和显示比例信息。其中基本信息包括数据名称、数据类型和文件路径信息；图层状态包括"可显示""可编辑""当前编辑"3种，可通过点击相应按钮进行操作，也可直接点击图层名前的 ▣ 或 ✓ 实现；显示比例操作可根据需要输入图件最大和最小比例值。

（2）显示设置：设置区文件是否需要显示区弧段、填充色、界址点，以及界址点的大小和颜色设置等。

注意：该功能只对区文件起作用。

（3）结构设置：显示点线区文件的属性结构，以及ID、字段名称、字段别名、字段类型、字段长度、小数位数等属性字段，亦可给字段设置别名。

（4）统计：该功能可对图形各类属性情况进行统计，其操作界面如图4所示。

点击统计框内某一"参考字段名"，对应右边会列出所有"参考字段值"。选择"统计字段名"（限数字字段），则系统自动计算记录中的最大值、最小值、平均值以及总数。用户可在该窗口中进行分类统计并将统计结果用多种方式表示。点击"更多"按钮，出现如图5所示界面。

在"分类字段"中选择需要分类字段，然后根据需要进行"分类方法""统计方式"设置。如果分类字段为数值型，则在这里显示这一字段的最大值、最小值、平均值和总数，否则为空。

"分类方法"中的"一值一类"指根据分类字段值的不同来分类，将一个值作为一类来进行统计，"分段分类"则可指定一定的分段长度进行统计，通过点击"设置分类信息"按钮选定的查

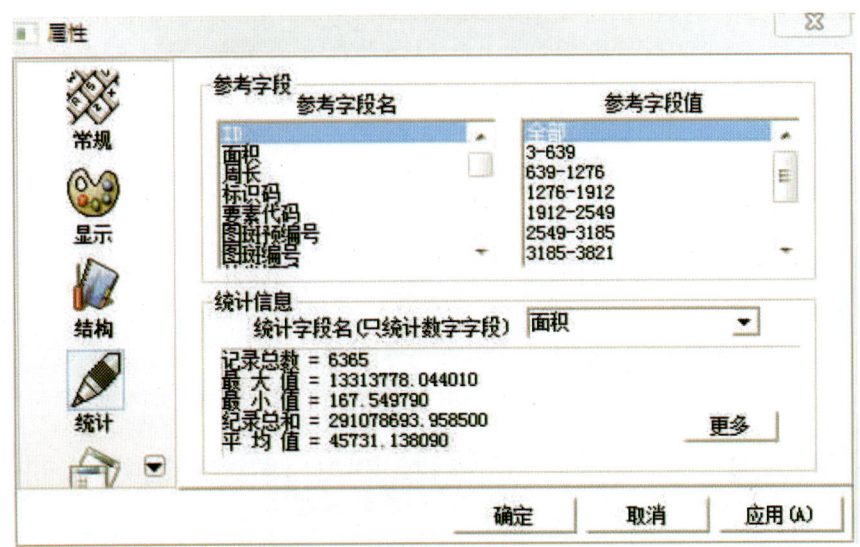

图 4　图层属性统计操作界面

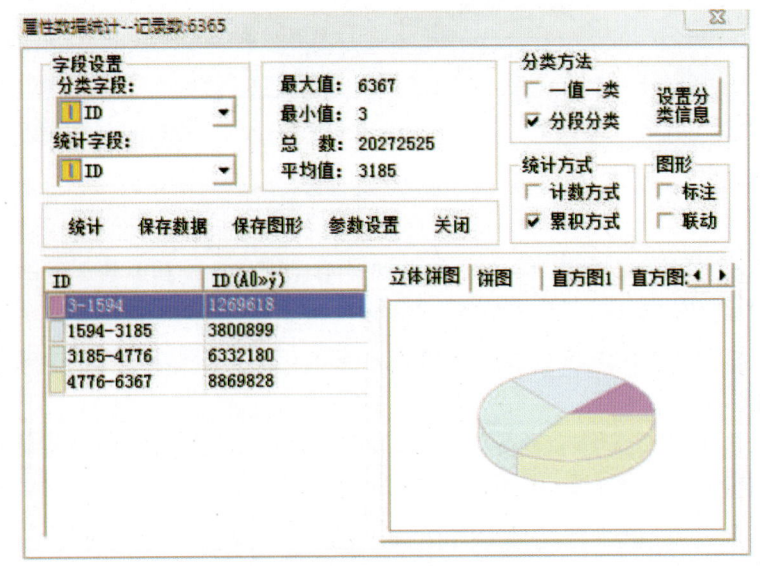

图 5　属性数据统计操作界面

询范围的字段进行分类,输入分段数后可按"均匀分段"(图6)。

注意:分段分类只对数值型的"分类字段"有效,字符型字段只能选择"一值一类",分段数需注意选择,太大没有意义。

"统计方式"分为计数方式和累积方式两种:计数方式是对所有的字段进行计数统计,计数统计只是统计"统计字段"数量的多少;累积方式是将"统计字段"的数值进行累加。对于数字型字段,可以进行计数和累积的方法统计,如面积或周长等。

图形设置方面,可在统计结果图的左侧显示图形对应的统计信息,右侧系统自动生成统计

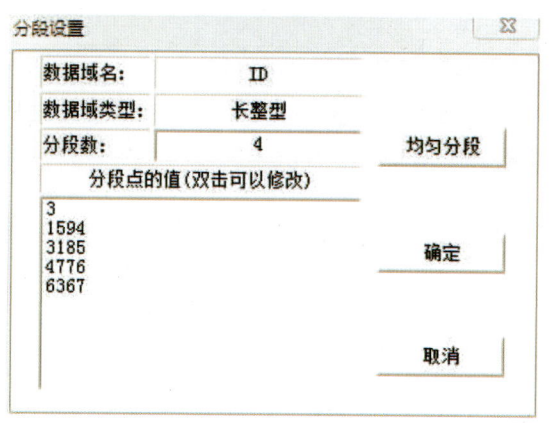

图 6 统计分段设置操作界面

成果图,共有 7 种显示方式:立体饼图、饼图、直方图 1、直方图 2、折线图、立体直方图 1、立体直方图 2。设置完成后,保存图形操作可存储统计图形的点、线、区文件,保存数据可将统计数据保存为文本格式。

(5) 图属浏览:可实现对图层文件的区、弧段或结点进行图属浏览。点击需浏览图层,在输出栏中即可查看图层文件的区、弧段或结点的属性,单击输出栏中的属性记录可实现图形跳转;在输出栏中的标题栏上任意位置单击鼠标右键,用户还可对属性进行排序、另存等操作。

(三) 辖区窗口

辖区是按照权属的隶属关系设置的图层管理窗口,可便捷查看某一行政区域的图层。单击每一个子项右键都会弹出一个菜单,可以"查询跳转"或者"查看属性"。在某一个子菜单上选择"查询跳转"后,图形窗口会跳转到相应的该辖区。"查看属性"菜单则显示该辖区的权属代码和名称。若要输出某类图形,只需在图层上点击右键,选择所要输出的出图类型,系统将进行处理输出该行政区划的图幅(图 7)。

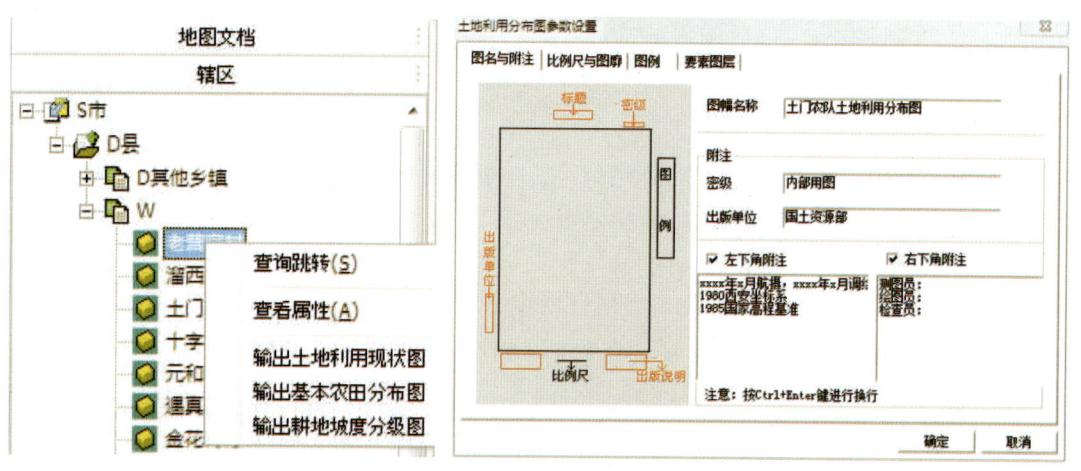

图 7 地图文档显示及土地利用分布图参数设置界面

(四)图幅窗口

图幅是按照全国农村土地调查的标准分幅图进行划分。与辖区窗口类似,要输出某一图幅的图形,只需选中图幅点击右键,选择输出即可。同时在右键中还提供了"查看图形""图幅查询""图幅跳转"等功能(图8)。

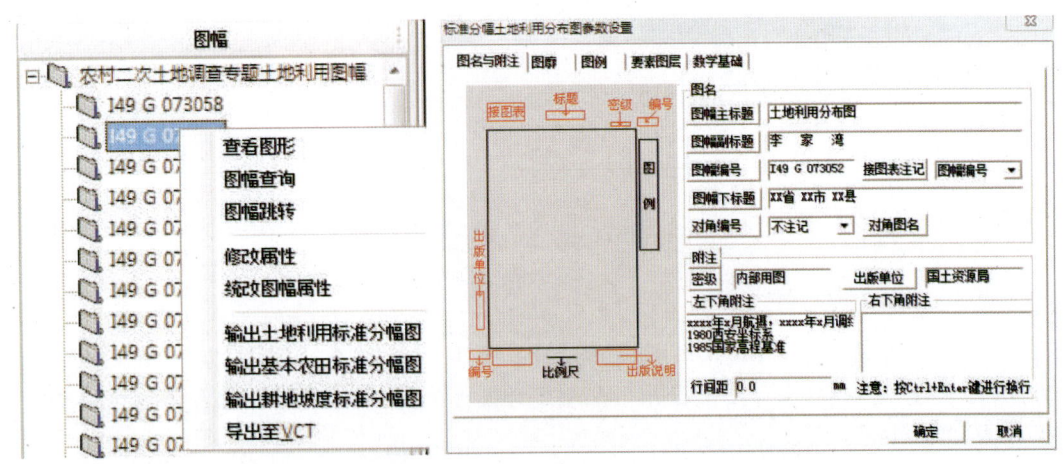

图8 图幅文档显示及土地利用分布图参数设置界面

(五)属性窗口

属性窗口的作用在于显示地图文档窗口下图元的属性信息,浏览单个点、线、区属性等,选择工具栏上相应图标,用鼠标在视图窗口中选择处于当前编辑状态图层中的图元,被选中的实体将闪烁显示,在属性窗口中即可查看该图元属性。

(六)历史窗口

历史窗口是对系统历史数据、图形等的记录和管理,主要有裁剪分析、宗地图、统计出表、数据汇总、土地利用现状图、基本农田分布图、耕地坡度分级图等多项内容。对应项含有丰富的右键功能,主要有定位目标、图形浏览、删除等,对操作记录查询、修改、保存等提供了重要功能。

(七)变更管理窗口

在本系统中利用变更项目来管理变更数据,变更项目的相关操作包括以下功能:新建变更项目、打开变更项目、保存变更项目、删除变更项目、关闭变更项目、提交变更项目入库、导入变更项目、导出变更项目、查看项目属性、输出变更记录表、历史恢复、历史撤销等。在进行变更操作前,需要新建一个变更项目,建好后项目名称便出现在"变更管理"窗口的"变更在办"栏目下,变更完成后,需点击操作图层右键,将其提交入库做永久变更。

三、数据变更

数据变更主要是对农村土地调查过程中土地利用现状的变更操作进行管理。农村土地调查管理系统提供了多种类的数据变更操作,以满足日常工作的需要。

（一）变更管理

在操作显示窗口的变更管理窗口中，有"变更在办"和"变更已办"两个栏目（图9），所有的变更项目均在这里进行管理操作。具体操作时，需在"变更在办"菜单栏点击右键进行操作，如新建变更项目、项目属性查询、提交入库等操作。

注意：新建变更项目范围确定分点选范围和导入范围两种，可依据实际情况自主选择。

图9　变更管理操作界面

（二）变更设置

在数据变更菜单栏中，变更参数设置主要包括"新建变更设置""面积限制设置"和"其他"三大部分（图10）。

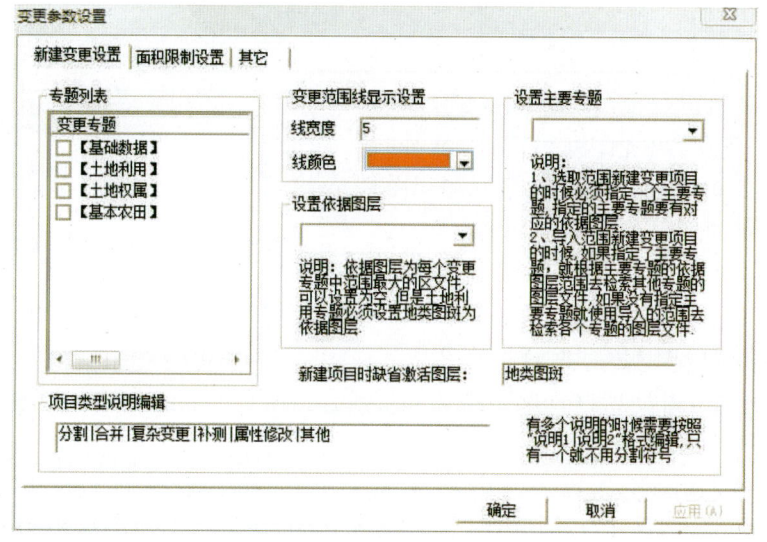

图10　变更参数设置操作界面

1. 新建变更设置

新建变更设置包含多项内容：变更专题主要用来勾选需要进行变更操作的专题；变更范围显示设置主要对变更项目外框范围线的宽度和颜色进行设置；设置依据图层主要是对变更专题中的图层进行选择。设置主要专题则是当创建多个专题的变更项目时，选择某一个专题的区范围去查找其他专题的数据。

2. 面积限制设置

该设置内容包括碎图斑面积和线状地物宽度两大类。该设置项可依据全国土地调查技术规程，设置变更项目可提交的各种地类的图斑最小面积。设置完毕后，系统会对最小图斑面积进行自动识别，当提交的项目中存在小于设置项中的面积值的碎小图斑时，系统会提示不允许提交项目；在用户确认该提示后，系统将自动在碎小图斑的图形上添加标签。

3. 其他

其他设置用来设置除上述两种之外的其他设置项。其中地类编码长度、图斑编号长度和扣除地类编码分别用来控制变更操作中的地类编码长度、变更过程中所产生新图斑的图斑编号长度，以及变更操作中扣除的地类编码。

提交入库过程检查项可对碎图斑、碎线、图斑面积合理性进行检查，其中碎图斑和碎线是依据面积限制设置中的值进行检查，检测图斑面积合理性检查是确定是否存在图斑地类面积为负值的情况。另外还可对更新地类界线类型、容差半径以及影像、解析编辑等进行设置。

（三）变更操作

1. 分割

右击操作显示窗口中的"变更在办"，新建项目（点选范围）出现下列对话框，填写"变更记录号"和"项目类型说明"后点击图像窗口要变更的区域或其他对象，点击后图形闪烁，在对话窗口处确定，即建立变更项目（图11）。

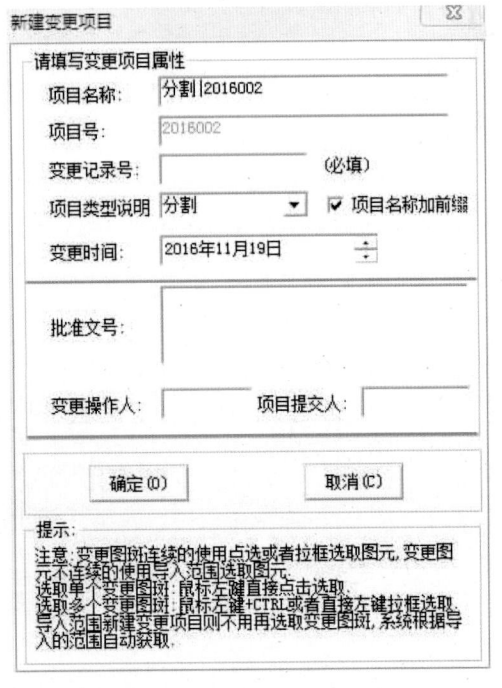

图 11　新建变更项目操作界面

选择解析编辑 ，点击 输入线按钮，用鼠标在变更图形处划线。然后在菜单栏处点击"数据变更"—"土地利用编辑"—"分割"，出现询问"是否确认使用当前解析编辑中记录的数据"，点击"是"，即出现"填写分割后属性"的对话框（图12），可填写分割变更后的"地类编码""权属性质"等信息。对于分割线，可作为线状地物，亦可作为边界线。如果是线状地物，则需填写属性信息，若是边界线则不用填写。操作完成后，右击变更在办的项目，提交入库，变更项目出现在变更已办，即分割完成。

2. 合并

与分割相似，需要新建变更项目进行操作，只是在选择区域时要用 Ctrl 键选择两个区域，点击菜单栏"数据变更"—"土地利用编辑"—"合并"。然后左击鼠标按住不放，拉动到覆盖所有选定区域，放开左键点击右键，出现"属性编辑"对话框填写属性即可。

3. 复杂变更

与分割和合并有所不同，复杂变更需要导入一个封闭的多边形，将区域内属性更改为一致。首先在"变更在办"新建项目（导入范围），出现"解析编辑"对话框（图13）；其次用划线工具在图像中画出多边形，点击"封闭"；随后点击"应用"按钮，出现"新建变更项目"对话框。填写完毕后使用菜单栏"数据变更"—"土地利用编辑"—"复杂变更"功能完成变更，之后填写属性即可。

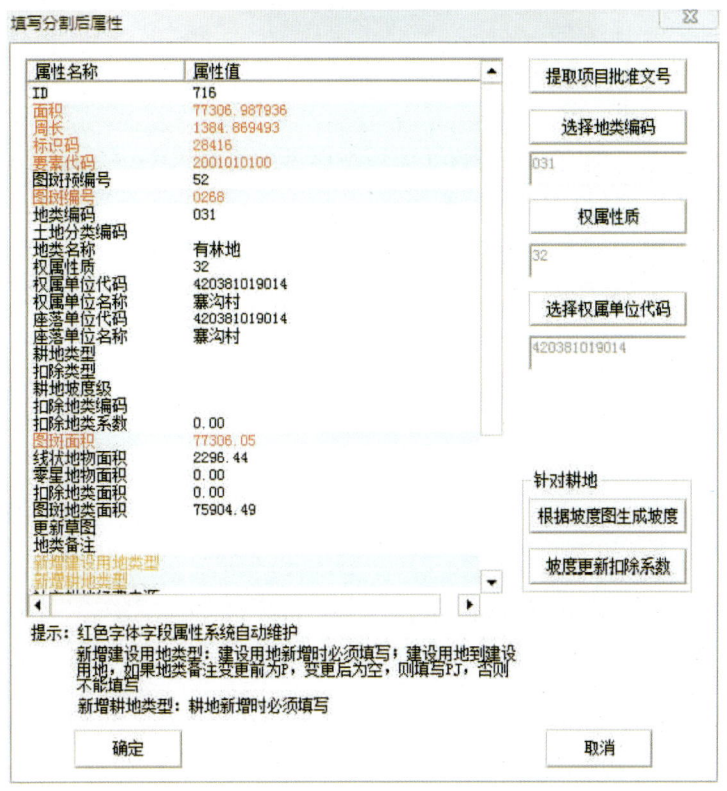

图 12 分割后图斑属性填写界面

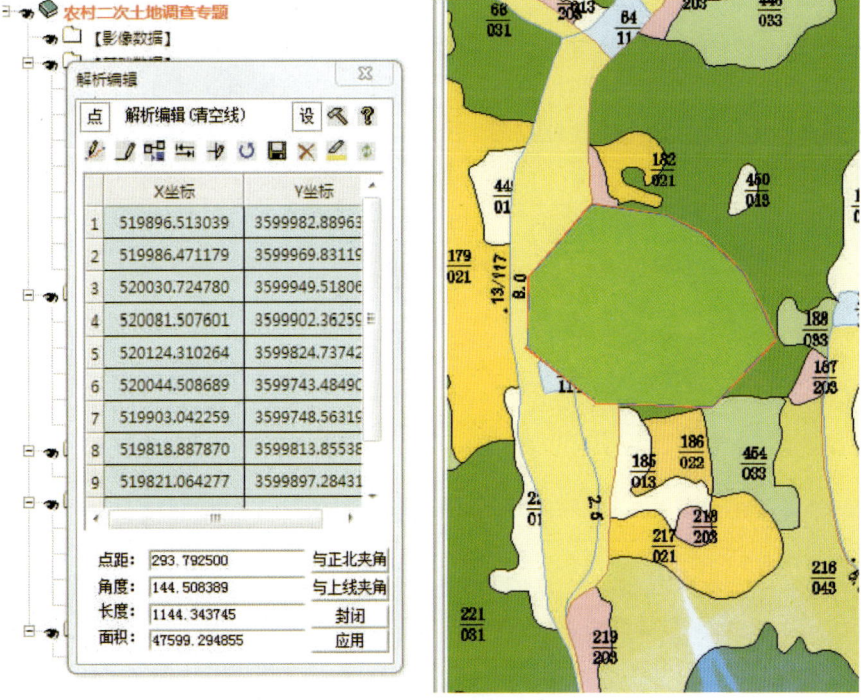

图 13 复杂变更操作界面

四、数据检查及处理

（一）碎小图斑检查

在进行了数据变更后用户可利用该功能检查所做变更是否产生了碎小图斑，可根据该检查结果，修改所做的变更操作。进行数据变更后，在变更项目未提交时，该功能处于可用状态，可选择该功能进行检查。如果产生了碎小图斑会弹出碎小图斑列表，需要进行相应的合并操作进行修改；如果未产生碎小图斑，则弹出不存在碎小图斑的提示框。

（二）图斑面积检查

在进行了数据变更后用户可利用该功能检查图斑面积或图斑地类面积中是否存在负值或等于零的情况。同样，用户可根据该检查结果，修改所做的变更操作，在变更项目未提交时，该功能处于可用状态。若执行该功能后，提示"存在'图斑地类面积'为负的图斑"，则需要在"数据变更"—"变更数据检查"—"图斑面积检查"操作中，找到面积为负的图斑，然后合并，若不存在则弹出"不存在地类面积为负的图斑"。

（三）碎线检查

碎线检查与碎小图斑检查和图斑面积检查操作过程类似，可参照进行碎线的检查修正。

五、信息检索查询

信息检索查询主要提供了专题属性查询、地籍号查询、地理位置查询等多项功能，可通过该功能输入地籍号或者土地证号来查询宗地。

（一）专题属性查询

专题属性查询模块可专门针对界址点属性、界址线属性和宗地属性进行查询，可单独就某一个点或一条线进行查询，也可同时对多个点或多条线进行查询。同时对多个界址点属性查询界面如图14所示，选择不同的界址点号，可查询对应界址点的属性。界址线和宗地属性查询界面与之类似。

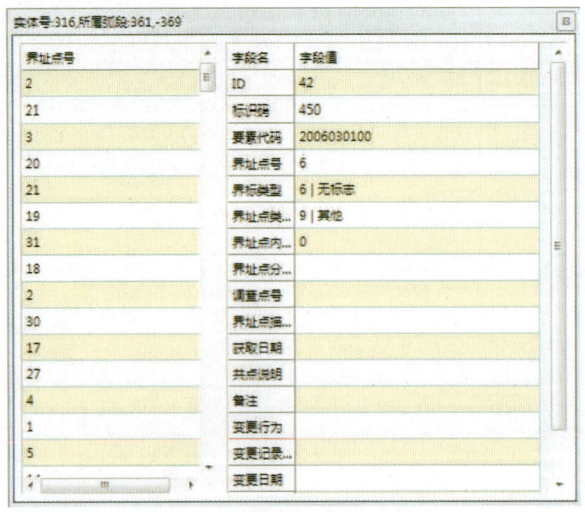

图14　界址点属性查询

（二）地籍号查询

选择"地籍号查询"功能菜单，系统弹出输入"地籍号"和"土地证号"对话框（图15）。

输入"地籍号"，按下"确定"按钮后，在图形窗口将放大该宗地并在窗口中央闪烁显示，此时可以对宗地进行各种编辑、查询等操作。若输入"地籍号"和"土地证号"有误，系统将弹出"该地籍号对应的图形尚不存在"的对话框。也可通过选择"最大宗地号"查询到某一行政区范围内最大的宗地号，跳转到该宗地进行查询。

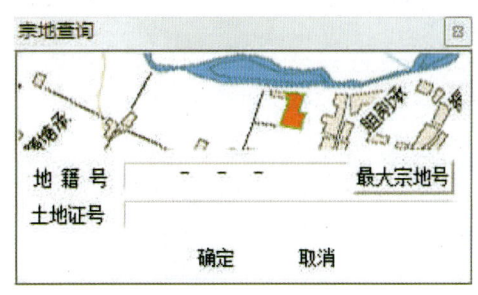

图15　地籍号查询

（三）地理位置查询

该功能通过输入地名，查询到图形上相应的的地理位置，同时也支持模糊查询功能。只需在地名栏中输入查询信息，即可查询，查询结果在下部信息栏中列表显示。双击该记录，图形窗口能够定位到要查找的地理位置。

注意：若要使用此功能必须先进行"更新地名查询表"操作，建立地图地名库。

六、统计分析

（一）导入范围分析

导入范围分析可以在图形内任意裁剪出一个区域，计算该区域内的各种专题数据的统计表。裁剪范围有两种导入方式：通过工具菜单下面的"解析编辑"输入坐标或者导入文件，也可以直接选择一个区文件作为裁剪范围框。

点击"统计分析"下"导入范围分析"，首先需要确定分析范围，可以通过解析编辑导入线文件或者文本文件，也可以通过点击"浏览"按钮从外部导入一个区文件作为分析范围。当通过解析编辑获取导入范围时，点击"提取"按钮，可将解析范围线所在图斑划入分析范围内进行分析，若不勾选"提取"，则只分析解析编辑范围内的数据。选定裁剪分析的方式后，点击"裁剪分析"按钮，系统弹出"图形浏览"框，可以查看经过裁剪的图形。在导入范围分析图层上单击图层，可以看到该图层裁剪范围内的图元列表（图16）。

同时，系统还提供了两种分析方式，按专题分析和按统计出表类型分析：

（1）按专题裁剪分析时，选择专题类型，结果如图17所示。面积统计的结果以专题模式显示，点击"面积统计"专题下的"土地利用范围分析"及"基本农田范围分析"，会输出所裁剪图形的面积统计结果。

（2）按统计出表类型分析时，可选择需要进行统计的表格类型进行分析，系统提供了多种表格类型。

分析完成后，关闭图形浏览窗口，导入的范围图保存在"历史"窗口的"裁剪分析"下。右键单击"裁剪分析"下的文件有如下功能：定位目标、图形浏览、删除、刷新。其中通过"定位目标"操作可以定位到导入范围后裁剪工程所在的目录，"浏览"和"删除"操作可对图形进行再浏览和删除历史项目。

面积统计显示统计的表格类型。点击面积统计专题下的统计表格类型，以 Excel 形式输

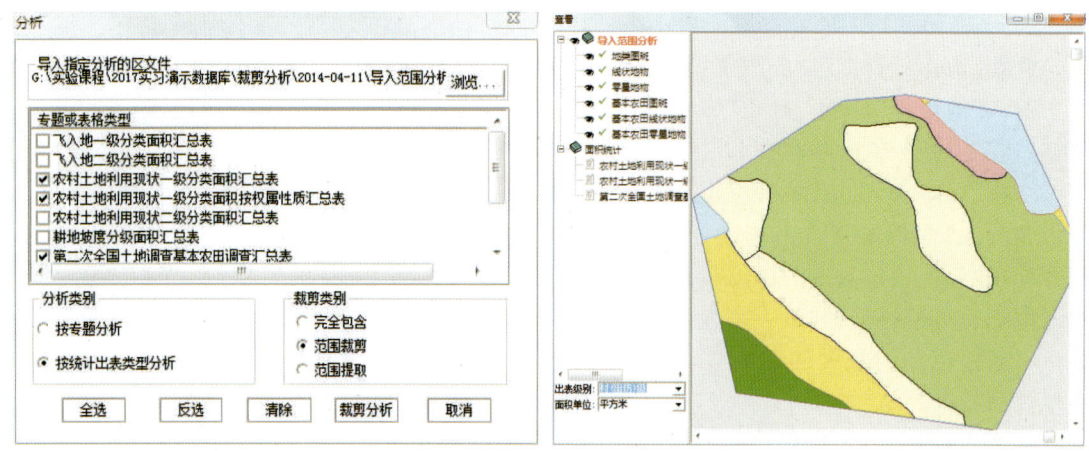

图 16　裁剪分析操作窗口

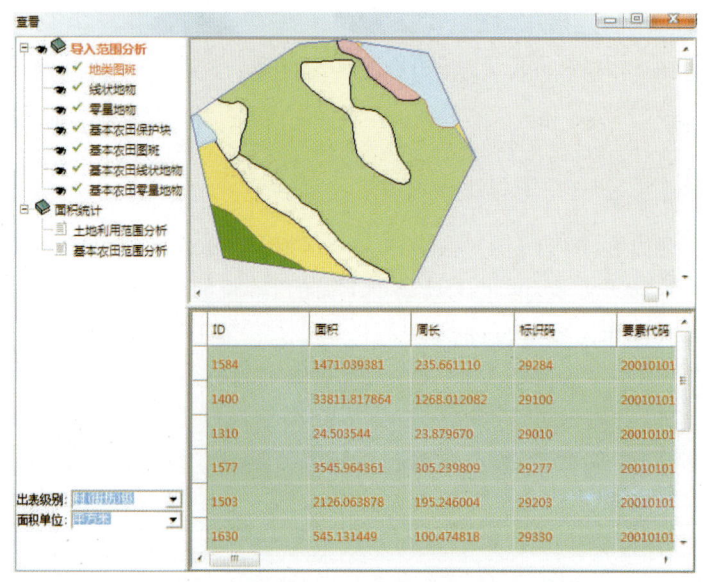

图 17　按专题分析裁剪输出操作结果

出图形相应面积统计表(图 18)。

(二)区缓冲分析

该功能可以对任意一块或多块图斑、宗地进行缓冲分析。具体操作方法为:选择该功能后在图上选中一个区,在该区域单击鼠标右键,系统弹出"区缓冲分析"对话框,区缓冲分析包括"直接分析"和"缓冲分析"两种(图 19)。

(1)"直接分析"分为"分析整个区(含子区)"和"分析整个区(不含子区)"两种。"分析整个区(含子区)"既可以分析单个图斑也可以分析包含子区的图斑。"分析整个区(不含子区)"既可以分析单个图斑也可以分析包含子区的图斑,对包含子区的图案进行分析时不分析图斑内的子区。

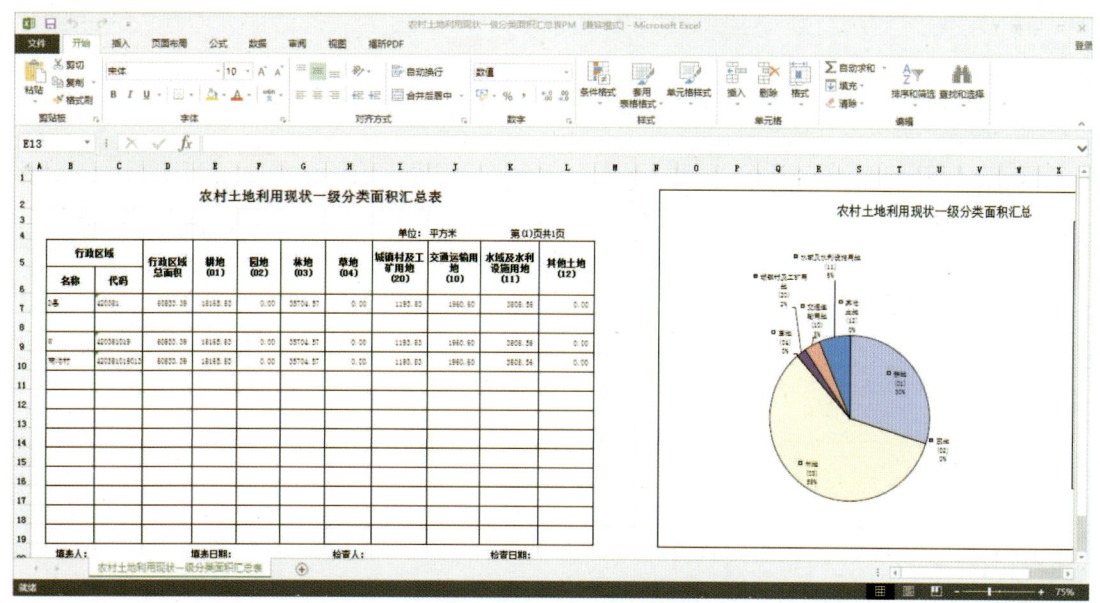

图 18　统计结果输出表

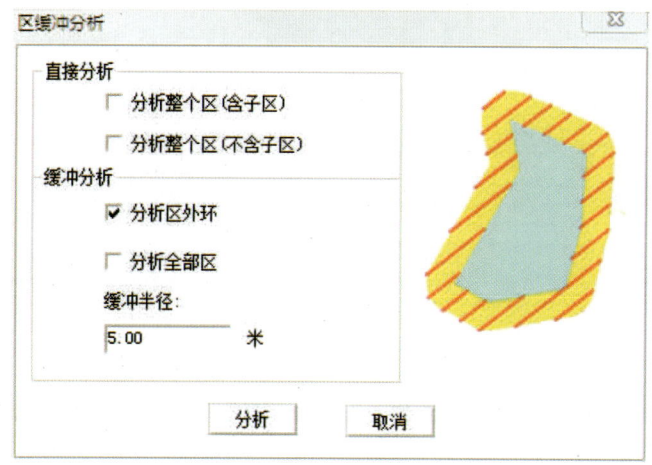

图 19　区缓冲分析操作界面

注意:分析包含子区的图斑时连同图斑内的子区一起分析。

(2)缓冲分析包括"分析区外环"和"分析全部区"两部分。"分析区外环"指分析图斑外边界缓冲范围内的区域;"分析全部区"指分析图斑及图斑边界外缓冲区范围。缓冲区范围可通过设置"缓冲半径"来确定(图 20)。

(3)直接分析和缓冲区分析完成后,在左边对话框中"面积统计"下双击相应表格名称,则分析结果会以 Excel 表格形式显示(图 21)。

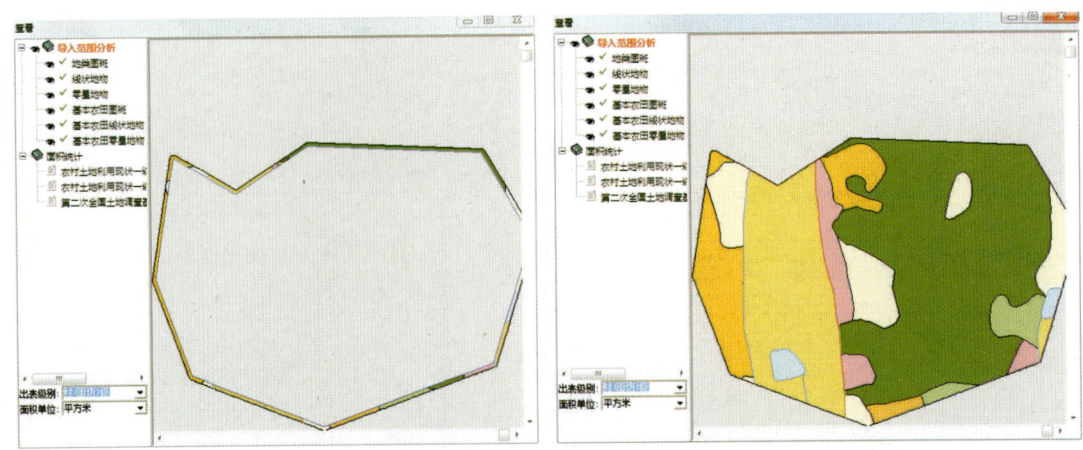

图 20　区缓冲分析区外环效果与分析全部区效果

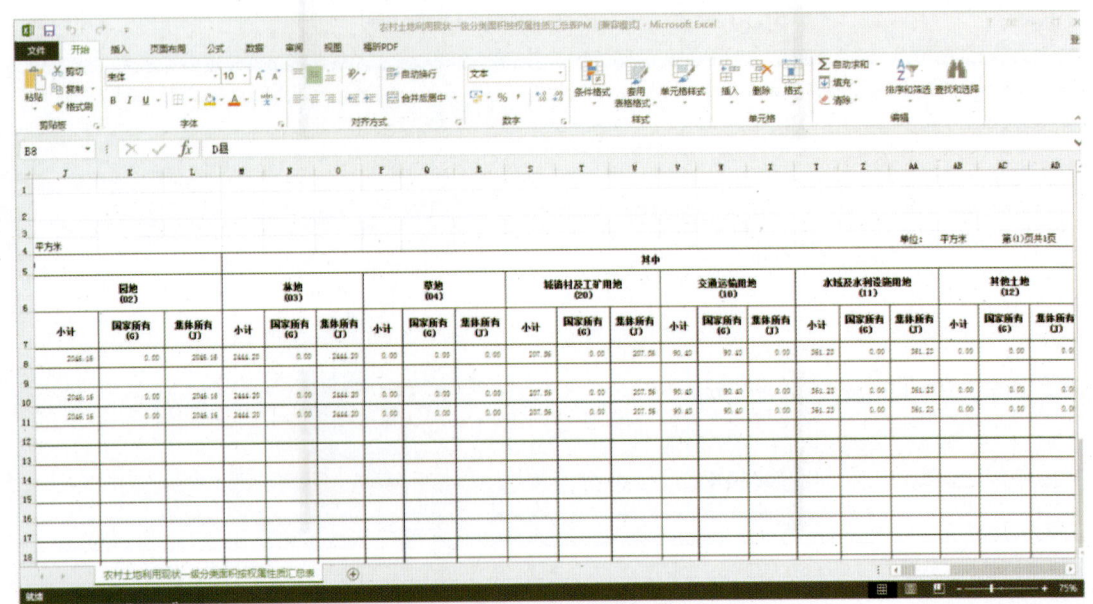

图 21　缓冲区分析结果输出表

实习作业

1. 根据地类编码或辖区统计各个地类的图斑面积。
2. 说明地类图斑、线状地物和零星地物的属性结构有何异同。